研究&方法

結構方程模型分析實務
SPSS與SmartPLS的運用

陳寬裕 著

五南圖書出版公司 印行

　　結構方程模型（structural equation model, SEM）結合了傳統統計學上的因素分析與路徑分析技術，是一種運用假設檢定技術，而對有關現象的內在結構理論，進行分析的一種統計方法。結構方程模型除了可以處理觀察變數與潛在變數以及各潛在變數之間的關係外，同時也考慮了誤差變數的問題。而一般我們所常用的統計方法如迴歸分析、主成分分析、因素分析、路徑分析及變異數分析等，其實都可看成是結構方程模型的特例。因而，結構方程模型的本質上即都具有上述統計方法所無法比擬的優點。也正因為如此，近年來，結構方程模型在心理學、教育學、管理學以及行為科學等領域中，都能被廣泛的應用。

　　回顧過去幾年，個人在學習與運用結構方程模型的過程中，遭遇到不少困境，也因而走了不少冤枉路。有鑑於此，後學本著從實務面學習結構方程模型分析的初衷，而編寫本書。期盼有心學習結構方程模型分析的研究者能更簡單、更有效率的理解其概念並運用於實際的論文研究中。相信對於初次接觸結構方程模型的初學者而言，皆能透過書中實際的論文範例而理解結構方程模型的基本概念並學會運用SmartPLS執行結構方程模型分析的過程。

　　過往，以共變數為基礎的結構方程模型（CB-SEM）發展已相當成熟（運用Amos、Lisrel、EQS等軟體來執行），且應用在許多科學領域，大眾較為熟悉。但CB-SEM在實務應用時仍有許多的限制（如常態性要求、須大樣本等），故近期有不少研究者紛紛改用PLS-SEM來發展、驗證模型（以SmartPLS軟體執行），且似有後浪推前浪之勢。因此本書也將聚焦於偏最小平方法結構方程模型（PLS-SEM）的原理與運算、統計特性與應用，以及其優勢和限制。

　　本書特別適用於需進行學術論文寫作或個案專題者，另外亦非常適合於教學單位授課時使用。其內容幾乎涵蓋了一般論文或專題中，運用結構方程模型時，所需用到的各種分析方式，諸如：收斂效度檢驗、區別效度檢驗、潛在變數的路徑分析、中介變數檢驗、多群組結構方程模型分析與干擾變數檢驗等。而且書中幾乎所有的範例都是實際碩士論文的原始資料與分析結果，期盼讓讀者能身歷其境，融入研究之情境中。

本書得以順利出版，首先感謝五南圖書公司的鼎力支持與協助，其次感謝對我容忍有加的家人以及默默協助我的同事、學生。由於編寫時間倉促、後學水準亦有限，錯誤之處，在所難免，敬請批評指正，後學不勝感激！

陳寬裕

謹識於 屏東科技大學休閒運動健康系

pf.kuan.yu.chen@gmail.com

2018年7月

目　錄

使用本書前

　　本書可應用在兩個方面，一者可作爲大學院校「進階統計學」或「應用統計學」教科書；另一則可作爲大學生製作專題或研究生完成論文時的參考書。使用本書時，建議讀者先行閱讀下列說明：

一、範例檔與習題檔的使用

　　本書中所有的範例與習題皆附有相關檔案，檔案爲ZIP格式（檔名：sem_smartpls.zip）。於下載後，使用解壓縮程式解開即可使用。下載網址如下：

　　範例檔與習題檔的網址：https://goo.gl/3cHF74

　　解壓縮後，「sem_smartpls」資料夾中包含三個子資料夾，其名稱分別爲「example」、「exercise」與「pls_all」。「example」（範例檔）與「exercise」（習題檔）子資料夾中，將依各章序號存放檔案，範例檔的編號以「ex」爲頭文字、習題檔則以「hw」爲頭文字。而「pls_all」子資料夾中則儲放SmartPLS的專案檔與資料檔（*.sav與*.csv）。欲使用檔案時，可依下列方式，找到檔案。

1. 欲開啓「第3章」之「範例3-6」所使用的SPSS資料檔時，其檔案路徑即爲：
   路徑：「..\sem_smartpls\ example\chap03\ex3-6.sav」
2. 欲開啓「第7章」之「習題7-2」所使用的SPSS資料檔時，其檔案路徑即爲：
   路徑：「..\sem_smartpls\ exercise \chap7\hw7-2.sav」
3. 欲開啓第9章之後的SmartPLS專案時，只要將路徑：「..\sem_smartpls\pls_all」設爲工作空間即可。或者，亦可複製「pls_all」資料夾內的所有檔案至您所指定的工作空間中。

二、教學影音檔的使用

　　以本書爲「進階統計學」或「應用統計學」教材時，課程內容可依本書的目錄循序漸進，在每週3小時的課程中，若能配合教學影音檔的使用，當可完成全部章節的課堂教學。而課程若爲每週2小時的話，則建議教師能以課程目標爲考量，選取部分章節於課堂教學，另以家庭作業方式與配合影音教材使用，鼓勵學生自行學習、研究其餘章節。

　　教學影音檔已發布於「YouTube」影音平臺。使用時讀者可藉由蒐尋關鍵字「結構方程模型分析實務：SPSS與SmartPLS的運用」或下列網址或掃描書中各範例的QR code，而選擇、觀賞所需的教學影音檔。本書之頻道網址如下：

本書的YouTube頻道之網址為：https://goo.gl/xpo3mP

QR code：

　　欲觀賞本書的教學影音檔時，可於各章節中，直接掃描附於各「範例題目」或「操作步驟」旁的QR code。另外，亦可至本書的YouTube頻道，然後依「範例編號」即可找到所需的教學影音檔。例如：欲觀賞「範例7-3」的教學影音檔時，只需至本書的YouTube頻道中，然後找到標題名稱為「SmartPLS：範例7-3」的影音檔即可。

第1章

問卷資料檔的建立

回收的問卷資料，經適當的編碼，並於Excel或SPSS中輸入好資料之後，才能利用SPSS所提供的各種統計功能，依研究者的需求進行統計分析任務。在本章中，將說明如何以回收的問卷資料建立成可分析用的資料檔。

本章內容包括：

(1) 李克特量表。

(2) 範例問卷的結構。

(3) 製作問卷的編碼格式表。

(4) 將Excel資料檔匯入至SPSS。

1-1 李克特量表

李克特量表（Likert scale，如圖1-1的第一部分）是由Rensis Likert於1932年所發展出的「一種能反應受訪者（研究對象）心理狀態的量表」。它常被使用於問卷中，而且是目前調查研究（survey research）領域中使用最廣泛的量表。當受訪者於回答李克特量表之題項時，即可具體的反應出受訪者對該題項所陳述之內容的認同程度。

第一部分：品牌忠誠度 ※請針對您的服務經驗，回答下列相關問項，請於□中打「✓」，謝謝！	極不同意	很不同意	不同意	普通	同意	很同意	極為同意
1. 購買85度C的產品對我來說是最好的選擇。	□	□	□	□	□	□	□
2. 我是85度C的忠實顧客。	□	□	□	□	□	□	□
3. 當我有需求時，我會優先選擇85度C。	□	□	□	□	□	□	□
4. 我願意繼續購買85度C的產品。	□	□	□	□	□	□	□
5. 我會向親朋好友推薦85度C的產品。	□	□	□	□	□	□	□

第二部分：基本資料，請於□中打「✓」。

1. 性 別： □ 男　　　□ 女

2. 年 齡： □ 19 歲以下　□ 20~39 歲　　□ 40~59 歲　　□ 60 歲以上

3. 學 歷： □ 國中及以下　□ 高中(職)　　□ 大學　　　　□ 研究所(含)以上

4. 職 業： □ 學生　　　□ 軍公教　　　□ 勞工　　　　□ 自由業

圖1-1　李克特量表範例

本質上，李克特量表屬於評分加總式量表（summated rating scales）的一種。設計時，須對特定變數內的每一個構面（dimension）皆設計數個題項（item），以評量每位受訪者的心理或判斷反應（如：同意程度）。分析時，題項中的每一個回答選項皆須給予一個數值（如表1-1），以代表受訪者對該題項的認同程度（或稱為：對該題項的認知），將每位受訪者在同一個構面的所有題項之得分加總，即是受訪者對該構面的整體認知程度或評量態度。上述中，每一個回答選項所指定的數值，其數值類型屬於區間尺度（interval scale），但亦可被視為屬於比率尺度（rating scale）的一種。

表1-1　正向題與反向題給分方法

	極不同意	很不同意	不同意	普通	同意	很同意	極為同意
正向題	1	2	3	4	5	6	7
反向題	7	6	5	4	3	2	1

李克特量表之回答選項的數量常介於3～11個之間，通常以使用5個選項最多（李克特五點量表），7個選項次之（李克特七點量表），9個選項再次之。當量表所設計之回答選項的數量不同時，後續所呈現的統計數值所代表的意義亦會有所不同。其原因在於，回答選項的數量將在誤差與成本之間權衡（trade-off）。當所設計之回答選項的數量愈多時，雖受訪者可以愈精確的選擇其所相對應的心理感受程度，致使感受程度與評量數值之間的誤差降低；然回答選項數量愈多時，回答問題時所考慮的時間即會增加，因此受訪者容易產生疲勞現象。導致在相同的時間內，降低了可作答的題項，且問卷施測的品質、效率亦有可能隨之而降低。此外，在李克特量表中，通常每一個回答選項所代表的數值，通常也不會揭露在問卷中，以免干擾受訪者回答時的情境，造成閱讀負擔與產生測量誤差。

1-1-1　建立李克特量表的步驟

一般而言，建立李克特量表的步驟，大略如下：

1. 首先，根據研究議題之需要，確認研究議題中所包含的主要構面（態度或心理認知）的種類與數量。接著針對各主要構面，分別建立有關該特定構面之題庫，題庫中應包含大量且可測量主構面意涵之題項，這些題項的來源最好有所本（即引用過往文獻），然後隨機的排列這些題項。題項必須包含正向題與反向題。若以

七點量表而言，同意程度大致上可分為七個等級：1.極不同意、2.很不同意、3.不同意、4.普通、5.同意、6.很同意、7.極為同意（如表1-1）。

2. 邀請一組專家（建議由產、官、學界等三方面專業人士組成），請各專家對各構面態度之題庫中的各題項表達看法。以作為後續題項之遣詞用句釜正、評估適用性之參考，以符合學術性文章對於內容效度或專家效度之要求。

3. 進行問卷預試，有效問卷約50～110份。

4. 進行項目分析（item analysis），以評估各題項的適切性。題項的適切與否將依據其是否具有鑑別力和區別力（power of discrimination）判定。鑑別力和區別力較差的項目將予以刪除。

5. 進行信度分析（reliability analysis）以確認量表中各題項的內部一致性。在此過程中，會建議將導致整體量表信度下降之題項予以刪除，以提高整體量表信度。

6. 進行正式問卷施測。一份符合學術嚴謹性要求的研究，其樣本的數量大小常讓研究者困擾。一般決定樣本數大小的原則可根據抽樣理論。根據抽樣理論中的中央極限定理和大數法則，樣本數大小（N）可以根據下列的公式計算出來：

$$N = P(1 - P)(\frac{Z_{\alpha/2}}{e})^2 \qquad\qquad （式1-1）$$

式1-1中，N代表樣本數、P為各選項受訪者填答的百分比、$Z_{\alpha/2}$為標準常態機率值、α為顯著水準、e為可容許的抽樣誤差。一般而言，研究者決定樣本數時，通常會假設研究中所要求的信賴水準（$1-\alpha$）是0.95（95%），採用大樣本時，二項分配或樣本比例之分配近似常態的概念（即大數法則），則在95%的信賴水準時，其所對應的臨界值為1.96（$Z_{\alpha/2}$）。

式1-1原本是運用於樣本比例的估計中，P即為樣本比例，而P（1-P）所代表的意義即是母體之異質程度（variability）。運用於問卷調查之統計時，因各選項之填答狀況非常難以預估，因此在評估樣本異質性時，可採P = 0.5，這是個最保守的策略，因為變異數最大的情況會發生在P = 0.5時。此外，在考量問卷施測時之拒簽率、廢卷率以及其他不可抗拒等因素所導致的誤差，採可容許之抽樣誤差不大於5%（e = 0.05），在這樣的條件下，根據式1-1所計算出來的正式問卷調查份數為384份。所以「384」個樣本數，即成為一般問卷調查時，決定樣本數的一個基準。

另外，依據Roscoe（1975）研究指出：(1)適合研究的樣本數目，以30～500個樣本數較為恰當；(2)當從事多變量的研究時，樣本數至少須大於研究變數之題項的10倍或10倍以上為最佳。

1-1-2　問卷與量表的差異

　　雖然問卷與量表都可被研究者用來協助蒐集資料。就本質而言，問卷與量表也都是一種測量個體之行為和態度的技術。因此，它們的主要功能都在於測量，特別是針對某些主要變數的測量。雖然問卷和量表都可以用來蒐集資料，但兩者基本上還是有一些差異存在的（王俊明，2004）：

(一) 量表需要理論的依據，問卷則只要符合主題即可

　　通常量表的編製須根據學者所提的理論來決定其編製的架構，例如：若要編製品牌形象量表時，可根據Aaker（1996）的相關理論或研究成果來編製。在Aaker（1996）的研究中，將品牌形象分為「品牌特質」、「品牌價值」與「企業聯想」等三個構面。因此，量表編製者可依照這三個構面編成一份有三個分量表的品牌形象量表。然而在編製問卷時較簡單，研究者只要先將所研究的主要議題釐清，並將所要了解的問題逐一臚列出來，即可依序編排出內含多個問項的問卷。

(二) 量表的各分量表都要有明確的定義，問卷則無此要求

　　在編製量表時，若沒有分量表，編製者就必須為該量表定義操作型定義（operational definition），所謂操作型定義即是研究者對研究變項或名詞提出一種可以測量、量化、具體、可重複試驗的基本說明與解釋，以便可將抽象的變項概念予以具體化，並據此可製作出量表中的各題項。若所編製的量表包含有若干個分量表，則各個分量表亦需將其定義加以界定清楚。根據操作型定義，一方面讓編製者在編題時能契合各個分量表的主題，另一方面是讓閱讀者能了解此量表之各個分量表具有何種意義。

(三) 量表以各分量表為單位來計分，問卷是以各題為單位來計次

　　若量表具有若干個分量表，其計分的方式是以各個分量表為單位。由於量表中各題項中的每一個回答選項通常屬區間尺度。因此，研究者只要將分量表中每一題的分數相加即可。問卷則和量表不同，它是以單題為計算單位，亦即是以每一題的各個選項得分來計算其次數。

(四) 量表的計算單位是分數，而問卷的計算單位通常是次數

　　由於量表是將各題的分數相加而得到一個分數，因此所得的分數可視為連續變

數。而問卷是以各題的選項來計次，所得的結果是各個選項的次數分配，此乃屬於間斷變數。

1-2　範例問卷的結構

本書中，所使用的範例資料檔，是一份碩士論文的真實資料，該份論文主要在研究【品牌形象、知覺價值與品牌忠誠度之關係】，完整問卷內容如附錄一。原始問卷包含三個量表，共包含四個主要部分，分別為品牌形象量表（構面）、知覺價值量表（構面）、品牌忠誠度量表（構面）與受訪者基本資料，分別描述如下：

1-2-1　範例問卷的結構

樹狀結構（tree structure）是一種能將特定事務之階層式構造特質，以圖形方式表現出來的一種方法。其名稱源自於以樹的外觀象徵來表現出特定事務架構之間的關係。在圖形的呈現上，它是一個上下顛倒的樹，其根部在上方，是資料的開頭，而下方的資料則稱為葉子。

問卷的架構若能以樹狀結構圖呈現，將更有助於理解問卷設計的邏輯與各主構面、子構面、題項間的關係。本書中，範例問卷包含四個主要部分，分別為品牌形象主構面、知覺價值主構面、品牌忠誠度主構面與受訪者基本資料，如圖1-2。其中，品牌形象主構面又可分為三個子構面，分別為品牌價值子構面（3個題項）、品牌特質子構面（3個題項）與企業聯想子構面（3個題項）；而知覺價值主構面則包含：品質價值（2個題項）、情感價值（2個題項）、價格價值（2個題項）及社會價值（2個題項）等四個子構面。品牌忠誠度主構面，以單構面之題項衡量，共包含5題問項。受訪者基本資料部分，主要的調查內容有性別、婚姻狀況、年齡、目前職業、教育程度與平均月收入。

1-2-2　範例問卷的第一部分：品牌形象

Aaker（1996）以消費者對獨特產品類別或品牌聯想來闡釋品牌形象。他認為品牌形象係建構在三種知覺層面上，即品牌對應產品價值、品牌對應個人特質及品牌對應企業聯想。由於Aaker（1996）所主張之品牌形象的構成要素符合本研究對品牌形象之定義，因此本研究將以品牌價值（3個題項）、品牌特質（3個題項）與企業聯想

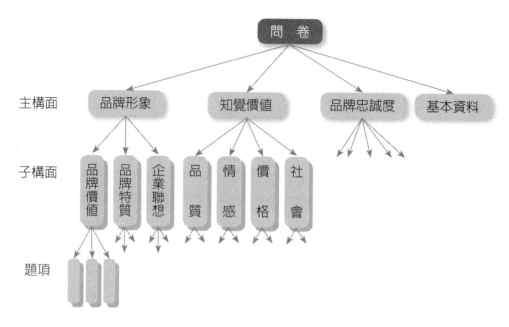

圖1-2　範例問卷的樹狀結構圖

（3個題項）等面向，作爲衡量品牌形象的三個子構面。所有題項皆以Likert七點尺度法來衡量消費者對各子構面的認知程度，分別以「極不同意」、「很不同意」、「不同意」、「普通」、「同意」、「很同意」與「極爲同意」區分爲七個等級，並給予1、2、3、4、5、6、7的分數。如表1-2所示。

表1-2　品牌形象構面之操作型定義與衡量題項

構面	操作型定義	衡量題項（變數名稱）
品牌價值（bi1）	消費者對此一品牌的功能性利益與品質之知覺。	1.個案公司的產品風味很特殊。（bi1_1） 2.個案公司的產品很多樣化。（bi1_2） 3.個案公司和別的品牌有明顯不同。（bi1_3）
品牌特質（bi2）	消費者對此一品牌的情感連結與自我表現聯想。	4.個案公司很有特色。（bi2_1） 5.個案公司很受歡迎。（bi2_2） 6.我對個案公司有清楚的印象。（bi2_3）
企業聯想（bi3）	消費者對此一品牌的提供者或企業的情感連結。	7.個案公司的經營者正派經營。（bi3_1） 8.個案公司形象清新。（bi3_2） 9.個案公司讓人聯想到品牌值得信任。（bi3_3）

1-2-3　範例問卷的第二部分：知覺價值

　　知覺價值是來自於讓顧客期望自產品所獲得的利益高於消費者長期付出的成本。本研究將採用Sweeney and Soutar（2001）提出的四個子構面來衡量消費者的知覺價值。這四個子構面包含：品質價值（2個題項），情感價值（2個題項），價格價值（2個題項）及社會價值（2個題項）。所有題項皆以Likert七點尺度法來衡量消費者對各子構面的認知程度，分別以「極不同意」、「很不同意」、「不同意」、「普通」、「同意」、「很同意」與「極為同意」區分為七個等級，並給予1、2、3、4、5、6、7的分數。而問卷中若有反向題時，尚必須將上列七個尺度衡量依次給予反向7、6、5、4、3、2、1的分數，分數愈高表示消費者對該子構面的認知同意程度愈高。觀察表1-3，明顯的，衡量問項中，「價格價值」子構面的兩個題項皆屬反向題，將來進行統計分析前，資料需先進行反向計分。如表1-3所示。

表1-3　知覺價值構面之操作型定義與衡量題項

構面	操作型定義	衡量題項（變數名稱）
品質價值（pv1）	來自對產品的知覺品質或期望效果	1.我認為個案公司的產品，其品質是可以接受的。（pv1_1） 2.我不會對個案公司之產品的品質，感到懷疑。（pv1_2）
情感價值（pv2）	來自對於產品的感覺或感動	3.我會想使用個案公司的產品。（pv2_1） 4.使用個案公司的產品後，會讓我感覺很好。（pv2_2）
價格價值（pv3）	來自長期或短期的投入金錢成本	5.我認為個案公司的產品價格不甚合理。（pv3_1） 6.我認為以此價格購買個案公司的產品是不值得的。（pv3_2）
社會價值（pv4）	來自產品對社會自我認知的影響力	7.我認為個案公司的產品，能符合大部分人的需求。（pv4_1） 8.使用個案公司的產品後，能讓其他人對我有好印象。（pv4_2）

1-2-4　範例問卷的第三部分：品牌忠誠度

　　品牌忠誠度構面，主要將衡量顧客受品牌知名度與品牌形象之影響，對該品牌之忠誠行為與態度。由於研究目的偏重於實務運用性質，因此參考Chaudhuri（2001）之主張，以單構面之題項衡量消費者對個案公司品牌之忠誠行為。共包含5題問項，所有題項皆以Likert七點尺度法來衡量消費者對各子構面的認知程度，分別以「極不同意」、「很不同意」、「不同意」、「普通」、「同意」、「很同意」與「極為同意」區分為七個等級，並給予1、2、3、4、5、6、7的分數。如表1-4所示。

表1-4　品牌忠誠度構面之操作型定義與衡量題項

構面	操作型定義	衡量題項（變數名稱）
品牌忠誠度（ly）	消費者對同一品牌的購買經驗與行為承諾	1.購買個案公司的產品對我來說是最好的選擇。（ly1） 2.我是個案公司的忠實顧客。（ly2） 3.當我有需求時，我會優先選擇個案公司。（ly3） 4.我願意繼續購買個案公司的產品。（ly4） 5.我會向親朋好友推薦個案公司的產品。（ly5）

1-2-5　範例問卷的第四部分：受訪者基本資料

此部分主要將進行受訪者的基本資料調查，主要的調查內容有性別、婚姻狀況、年齡、目前職業、教育程度與平均月收入。所有題項的衡量尺度皆屬名目尺度。

1-3　製作問卷的編碼格式表

當問卷經調查、蒐集後，必須整理為特定的格式，並進行登錄以供電腦分析之用。此過程大致可分為四個步驟：

1. 決定格式：由於各種統計分析套裝軟體對於資料格式的要求不盡相同。因此，研究者在整理資料時，須根據所選定的統計分析套裝軟體之資料格式要求，進行編碼與登錄輸入的動作。一般而言，其原則是每個受訪者對各題項的回答應按照順序編碼，且每個受訪者的資料有相同的欄位數（題項數），每一題項皆有相對應的欄位（變數），同一題項應登錄在相同的欄位上。

2. 編碼（coding）：將問卷中每個題項之每一個答案選項給予一個對等的代表數字，就稱之為編碼。通常這項工作在製作問卷的內容時，大部分編碼的動作就已經確定了。編碼的過程也常與題項的陳述方法、格式，及問卷整體格式等有關。

3. 資料登錄輸入：將資料鍵入Excel、SPSS等套裝軟體中。

4. 資料檢核：進行統計分析之前，進行檔案的檢查工作，以確保其準確、完整及一致性。

為順利完成問卷之登錄作業，通常研究者會先為問卷擬定「編碼格式表」，並據

以進行欄位（變數）格式之設定與欄位（變數）值的指定，以確保後續之資料登錄輸入作業能具有準確、完整及一致性。通常一份問卷會有一份專屬的編碼格式表（如表1-5）。編碼格式表通常有些固定欄位是必須的，例如：構面名稱、子構面名稱（可選）、欄位編號、變數名稱、變數標籤、取值、數值標籤與遺漏值等欄位。編碼格式表如同資料登錄時的作戰計畫，非常有助於資料檔的建立。希望讀者於建立問卷資料檔時，都能養成好習慣，先建立如表1-5的編碼格式表，然後再依各欄位（變數）的編碼格式，逐個欄位定義、輸入資料。如此亦將能增進建檔的效率與正確性。

此外，為方便讀者日後自行製作編碼格式表，本書亦有提供制式空白的編碼格式表，其檔案位於「範例檔案\example\chap01\ex1-1.doc」中。請讀者自行取用。

表1-5　問卷的編碼格式表（以圖1-1的問卷為例）

構面名稱	欄位編號	變數名稱	變數標籤	數值	數值標籤	遺漏值
品牌忠誠度	1～5	q1～q5	第N題問項	1～7	—	9
基本資料	6	性別	—	1	男	9
				2	女	
	7	年齡	—	1	19歲以下	9
				2	20～39歲	
				3	40～59歲	
				4	60歲或以上	
	8	學歷	—	1	國中及以下	9
				2	高中職	
				3	大學	
				4	研究所以上	
	9	職業	—	1	學生	9
				2	軍公教	
				3	勞工	
				4	自由業	

▶ 範例1-1　參考附錄一中，論文【品牌形象、知覺價值與品牌忠誠度關係之研究】的原始問卷。請開啟ex1-1.doc，並為這份問卷建立編碼格式表。

請讀者先行參考第1-2節中，對論文【品牌形象、知覺價值與品牌忠誠度關係之研究】的原始問卷介紹。接下來，我們將先建立編碼格式表。

從原始問卷中不難理解，原始問卷共包含四個主要部分，分別為品牌形象構面、知覺價值構面、品牌忠誠度構面與基本資料。

第一部分：品牌形象中又包含三個子構面，分別為品牌價值（3個題項，bi1_1～bi1_3）、品牌特質（3個題項，bi2_1～bi2_3）與企業聯想（3個題項，bi3_1～bi3_3）。

第二部分：知覺價值則包含四個子構面，分別品質價值（2個題項，pv1_1～pv1_2），情感價值（2個題項，pv2_1～pv2_2），價格價值（2個題項，pv3_1～pv3_2）及社會價值（2個題項，pv4_1～pv4_2）。

第三部分：品牌忠誠度，為單構面之題項衡量，共包含5題問項，分別為ly1到ly5。

原始問卷中的第一部分、第二部分與第三部分皆採用李克特七點量表，建立資料檔時，為了將來計算與分析方便，這些問項變數的型態應設為數值型的「區間尺度」。

基本資料部分包含：性別、婚姻狀況、年齡、目前職業、教育程度與平均月收入。所有題項的衡量尺度皆屬「名義尺度」。由於各題項的選項互異，因此須特別注意【數值】標籤的設定。

為問卷資料建立編碼格式表的詳細步驟如下：

(操)(作) 步驟

步驟1：開啟資料夾（範例檔案\example\chap01）中的「ex1-1.doc」，「ex1-1.doc」是一張通用的空白編碼格式表，可重複使用於各類研究中。

步驟2：依序完成各變數的格式定義，完成後的編碼格式表，如表1-6。

本範例的詳細操作過程，讀者亦可自行參閱影音檔「ex1-1.wmv」。

◆ 1-4　將Excel資料檔匯入至SPSS ◆

編碼格式表就像是建立資料檔時的作戰策略，它有助於資料檔的建立，增進建檔的效率與正確性。在範例1-1中，原始問卷的編碼格式表已製作完成，接著就可於套裝軟體中，為已蒐集回來的問卷資料進行建檔工作。Excel試算表軟體是一套優秀的數值處理軟體，對於需大量的輸入數值時，使用Excel軟體操作起來較SPSS簡便，故建議使用者，對於問卷資料的輸入，最好使用Excel試算表軟體來建檔，而不要直接

使用SPSS建檔。

▶ 範例1-2

參考【品牌形象、知覺價值與品牌忠誠度關係之研究】的原始問卷與範例1-1所完成的編碼格式表（表1-6）。「ex1-2.xls」為該問卷之回收樣本的原始資料檔，試將該Excel檔案讀入SPSS中，完成後請另存新檔為「ex1-2 ans.sav」。

　　由於需大量的輸入數值時，使用Excel軟體操作起來會比SPSS較為簡單與便捷。因此，研究者於蒐集大量的樣本資料後，對於這些原始問卷資料的處理，大部分的研究者都會直接在Excel試算表軟體作輸入，然後再轉換為SPSS格式的資料檔案，最後才利用SPSS等專業的統計軟體進行分析。

　　根據範例1-1所完成的編碼格式表（如表1-6），我們就可先在Excel軟體中，為各題項建立欄位名稱（即變數名稱），然後即可直接將所蒐集回來的樣本資料，直接進行輸入工作了，但在Excel軟體中，變數標籤、數值標籤與遺漏值，我們並不會先輸入，而是等到於SPSS中匯入Excel檔後，才於【變數視圖】視窗中予以定義。依題意，回收樣本之原始資料已輸入「ex1-2.xls」中，如圖1-3所示。

　　在「ex1-2.xls」中可明顯看到，編碼格式表的第四欄「欄位（變數）名稱」，未來在Excel工作表中輸入資料時，即被當作成各欄的標題了。這些標題將來匯入SPSS時，會直接轉換為變數名稱。

表1-6　範例問卷之編碼格式表

主構面名稱	子構面名稱	欄位編號	欄位（變數）名稱	變數標籤	數值	數值標籤	遺漏值
品牌形象	品牌特質	1～3	bi1_1～bi1_3	無	1～7	無	9
	品牌價值	4～6	bi2_1～bi2_3	無			
	企業聯想	7～9	bi3_1～bi3_3	無			
知覺價值	功能價值	10、11	pv1_1～pv1_2	無	1～7	無	9
	情感價值	12、13	pv2_1～pv2_2	無			
	價格價值	14、15	pv3_1～pv3_2	無			
	社會價值	16、17	pv4_1～pv4_2	無			
品牌忠誠度	—	18～22	ly1～ly5	無	1～7	無	9
基本資料	性別	23	性別	無	1	女	9
					2	男	
	婚姻	24	婚姻	無	1	未婚	
					2	已婚	

表1-6　範例問卷之編碼格式表（續）

主構面名稱	子構面名稱	欄位編號	欄位（變數）名稱	變數標籤	數值	數值標籤	遺漏值
基本資料	年齡	25	年齡	無	1	20歲以下	9
					2	21～30歲	
					3	31～40歲	
					4	41～50歲	
					5	51～60歲	
					6	61歲以上	
	職業	26	職業	無	1	軍公教	9
					2	服務業	
					3	製造業	
					4	買賣業	
					5	自由業	
					6	家庭主婦	
					7	學生	
					8	其他	
	教育	27	教育	無	1	國小（含）以下	9
					2	國中	
					3	高中（職）	
					4	專科	
					5	大學	
					6	研究所（含）以上	
	月收入	28	月收入	無	1	15,000元以下	9
					2	15,001～30,000元	
					3	30,001～45,000元	
					4	45,001～60,000元	
					5	60,001～75,000元	
					6	75,001～90,000元	
					7	90,001～120,000元	
					8	120,001元以上	

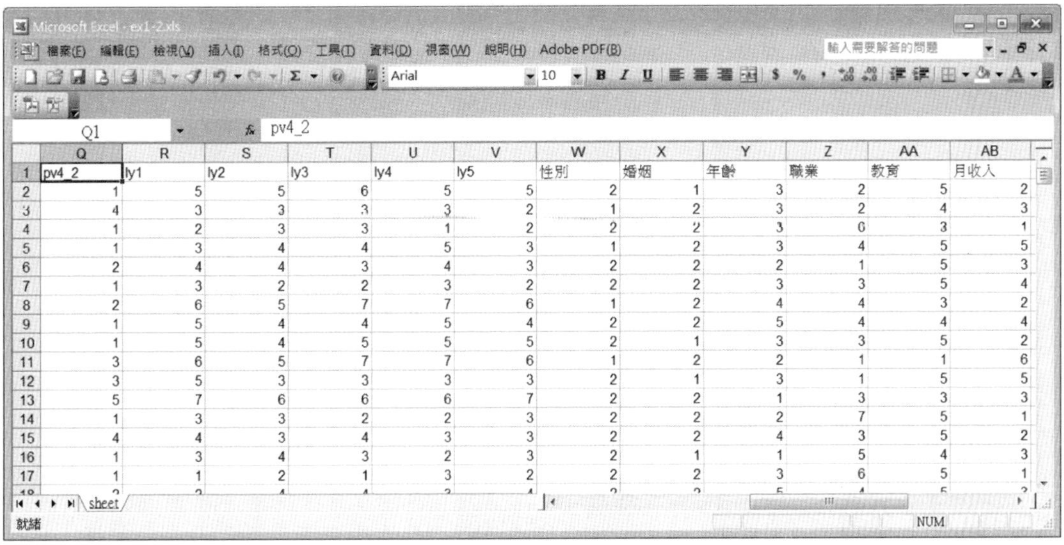

	Q	R	S	T	U	V	W	X	Y	Z	AA	AB
1	pv4_2	ly1	ly2	ly3	ly4	ly5	性別	婚姻	年齡	職業	教育	月收入
2	1	5	5	6	5	5	2	1	3	2	5	2
3	4	3	3	3	3	2	1	2	3	2	4	3
4	1	2	3	3	1	2	2	2	3	6	3	1
5	1	3	4	4	5	3	1	2	3	4	5	5
6	2	4	4	3	4	3	2	2	2	1	5	3
7	1	3	2	2	3	2	2	2	3	3	5	4
8	2	6	5	7	7	6	1	2	4	4	3	2
9	1	5	4	4	5	4	2	2	5	4	4	4
10	1	5	4	5	5	5	2	1	3	3	5	2
11	3	6	5	7	7	6	1	2	2	1	1	6
12	3	5	3	3	3	3	2	1	3	1	5	5
13	5	7	6	6	6	7	2	2	1	3	3	3
14	1	3	3	2	2	3	2	2	2	7	5	1
15	4	4	3	4	3	3	2	2	4	3	5	2
16	1	3	4	3	2	3	2	1	1	5	4	3
17	1	1	2	1	3	2	2	2	3	6	5	1

圖1-3　範例問卷之資料檔（ex1-2.xls）

操作步驟

接下來，我們只須將Excel資料檔讀入SPSS中後，就可進行較專業的統計分析工作了。在SPSS中讀入Excel資料檔的詳細步驟如下：

步驟1：在確認範例問卷之資料檔（ex1-2.xls）已關閉的情形下，啓動SPSS，然後執行【檔案】/【開啓】/【資料】。

步驟2：待出現【開啓資料】對話框後，先找到目標檔案所在的資料夾（範例檔案\example\chap01），再指定待讀入的【檔案類型】。方法是按【檔案類型】右邊的向下箭頭以展開下拉式清單，然後從清單中選擇檔案類型：【Excel (*.xls, *.xlsx, *.xlsm)】，此時以「.xls」爲副檔名的Excel檔案會顯示在該資料夾中。從中選取「ex1-2.xls」，然後按【開啓】鈕。如圖1-4所示。

步驟3：接下來，會彈出如圖1-5所示的【開啓Excel資料來源】對話框。通常Excel資料表的第一列是每行資料的標題。在將這種格式的資料表轉換成SPSS檔案時，透過勾選【從資料第一列開始讀取變數名稱】選項，可將Excel資料表的第一列之標題自動轉換成SPSS資料檔案的變數名稱。

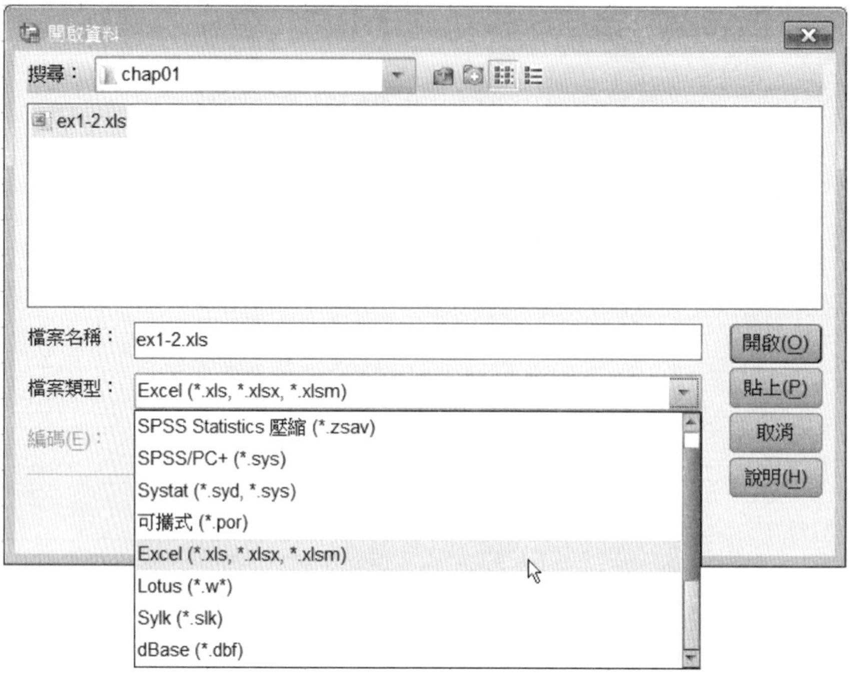

圖1-4　選取Excel檔案「ex1-2.xls」

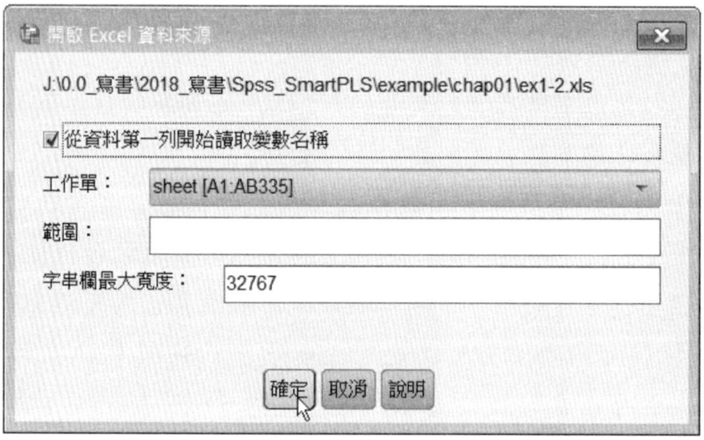

圖1-5　【開啓Excel資料來源】對話框

步驟4：按【確定】鈕，即可將Excel資料檔匯入到SPSS的【資料檢視】視窗
中，如圖1-6。

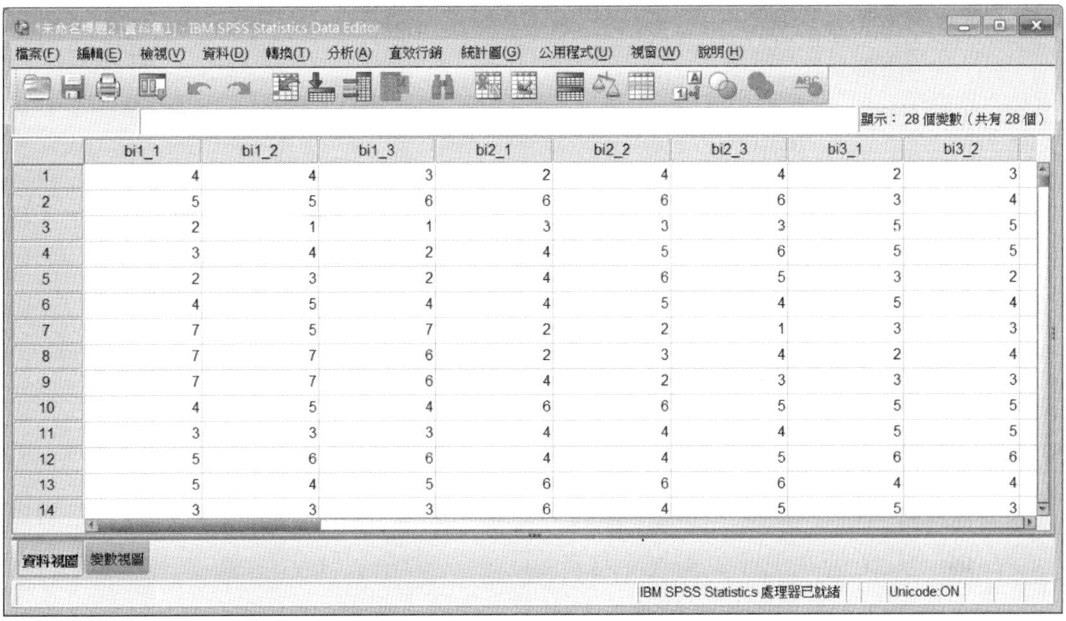

圖1-6　Excel資料檔已匯入SPSS中

步驟5：完成讀入Excel資料檔後，若有需要，尚可針對各變數的型態、數值標籤等作必要的修改，如圖1-7。

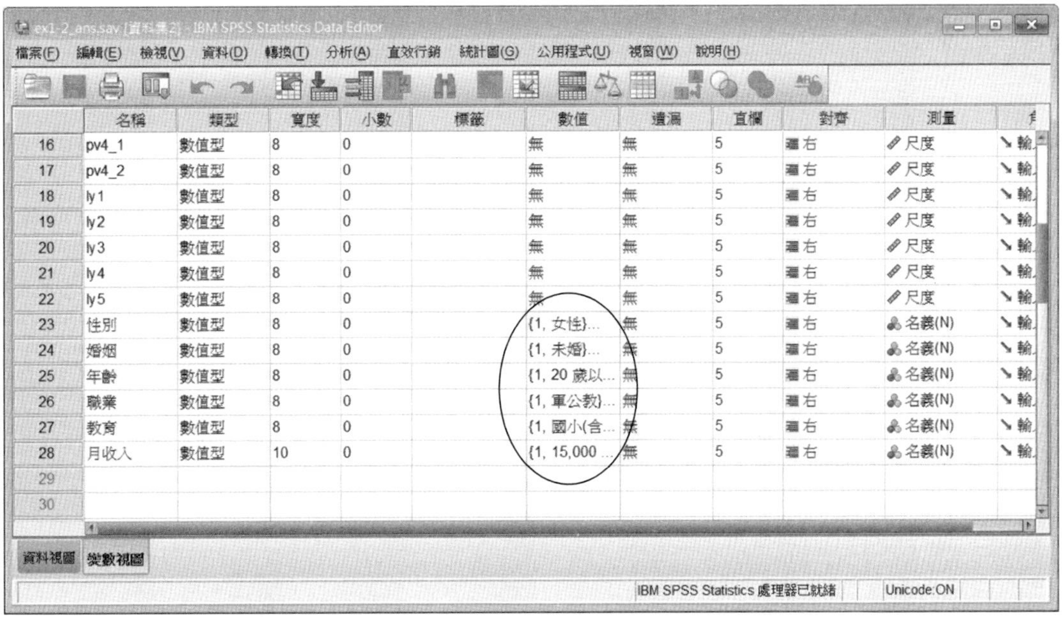

圖1-7　設定各變數的型態與數值標籤

步驟6：執行【檔案】／【另存新檔】，輸入檔名「ex1-2_ans.sav」，即可匯入完成。

步驟7：詳細操作過程，讀者亦可自行參閱影音檔「ex1-2.wmv」。

習　題

練習 1-1

　　附錄二為「遊客體驗、旅遊意象與重遊意願關係之研究」的原始問卷，請開啟 hw1-1.doc，為這份問卷建立編碼格式表。此外，資料檔「hw1-1.xls」為問卷經回收後，根據編碼格式表與所輸入的填答資料製作而成，請將資料檔「hw1-1.xls」讀入至SPSS中，讀入後，請更改遊客體驗、旅遊意象與重遊意願構面中，各題項的【變數名稱】、【欄位寬度】、【小數位數】等屬性，而對於遊客特性中的各變數，請依各題項的選項值，設定【數值】標籤屬性。完成後，請存檔為「遊客體驗_原始資料.sav」。

第**2**章

資料的編輯和轉換

　　基本上，資料輸入完成後，即可以利用SPSS所提供的各種統計功能，依研究者的需求進行統計分析了。但有些時候，由於沒有按照實際研究需求進行抽樣，或在資料分析過程中，研究者為了達到特定的目的需求，往往須要利用既有的資料重新加以分類、計算、重新計分……等處理後，再進行統計分析。在這樣的情況下，就需要先對原始資料進行編輯和轉換工作了。本章內容包括：

　　(1) 資料常態性的檢測。

　　(2) 離群值檢測。

　　(3) 橫向計算。

　　(4) 反向題重新計分。

　　(5) 資料分組。

　　(6) 計算分組平均數。

2-1　資料常態性的檢測

　　很多連續性數值之統計方法的前提假設（assumption），常假定所處理的資料必須要符合常態分配（normal distribution）的特質。故在進行統計分析前，研究者應先檢測樣本資料是否可以符合此前提假設。如果不符合，則不可以使用該統計方法；而應先進行資料的轉換（transformaiton），使能符合常態分配的特質後，再進行後續的統計分析。

　　大多數人應該都聽過或了解「常態分配」的意思。譬如說，學生考試的結果一般都是中等成績的學生占大多數，而考的很差或很優異的學生就占少數。這種普遍現象，畫出來的次數曲線就像是圖2-1。這是個多麼漂亮的曲線啊！然而在數學上，它背後的函數表示方式卻是有點複雜，如式2-1。此外，「常態分配」的現象或概念似乎也常存在於我們的自然環境及人類社會中，對於這種現象，每個人或多或少都能意識到它的存在，但卻也都有不同的感受。

$$f(x) = \frac{1}{\sigma\sqrt{2\pi}} e^{-\frac{1}{2}(\frac{x-\mu}{\sigma})^2}$$

（式2-1）

π：圓周率（約為3.1416）　　　e：自然對數底（約為2.7183）

μ：分配平均數　　　　　　　　σ：分配標準差

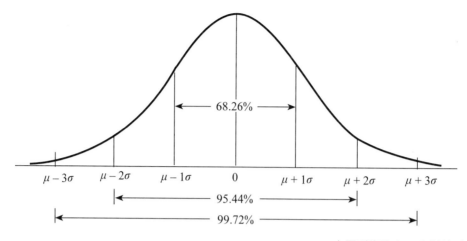

本圖形修改自：方世榮（2005）

圖2-1　常態分配圖

2-1-1　常態資料的分布特性

統計學中，所謂分配（distribution）是指某變數其所有取值之出現次數的分布狀況。在平面座標中，常以橫軸爲變數之各取值，縱軸爲出現頻率的平面座標圖來呈現分配狀況。常態分配又稱爲高斯分布（Gaussian distribution），它是一種以平均值（mean）爲中心，標準差（standard deviation）爲橫軸座標之基本單位、次數頻率爲縱軸座標，所繪製的資料分布圖，其形狀爲覆鐘形的對稱圖形（如圖2-1）。常態分配中，資料分布概況，具有以下的特性：

☞ 橫軸座標介於$\mu \pm 1\sigma$的區間，將含有全樣本之68.26%的個體。
☞ 橫軸座標介於$\mu \pm 2\sigma$的區間，將含有全樣本之95.44%的個體。
☞ 橫軸座標介於$\mu \pm 3\sigma$的區間，將含有全樣本之99.72%的個體。
☞ 95%的個體會落在橫軸座標$\mu \pm 1.96\sigma$的區間內。
☞ 99%的個體會落在橫軸座標$\mu \pm 2.58\sigma$的區間內。

2-1-2　常態圖的外觀特性

常態分配除具有前一小節中所描述的分布特性外，在分配圖的外觀上，亦具有下列的基本特性：

1. 常態分配圖形具有單一主峰（single peak），且左、右對稱。其平均值位置在圖形的正中央。愈接近平均值的數值出現的頻率愈高，愈遠離平均值的數值出現的頻率愈低。且平均值、中位數（median）、眾數（mode）之數值、圖形位置均相同。

2. 左偏（skew to left）：圖形尾部拖向左側延伸，含有極小值，其主峰會偏向右邊，此時，眾數 > 中位數 > 平均值。

3. 右偏（skew to right）：圖形尾部拖向右側延伸，含極大值，其主峰偏向左邊，此時，眾數 < 中位數 < 平均值。

2-1-3　檢測變數之常態性

常態性（normality），是指樣本觀察值的分配結構要符合常態分配的特性。有很多推論統計分析（如相關分析、迴歸分析……等），樣本資料都需要符合常態性假設的條件，才能獲得可靠有效的分析結果。在本小節中，我們將介紹變數之常態性的檢驗法。檢驗變數分配之常態性的方法大致上有三種，分別為：

1. 用圖形來觀察資料的常態性。
2. 利用假設檢定來判斷資料的常態性。
3. 運用變數分配的偏態（skewness）和峰度（kurtosis）等統計量。

第1、2種檢測方法可使用【探索】功能達成，第3種檢測方法則須先應用【描述性統計資料】功能，算出變數的偏態和峰度，當偏態與峰度絕對值皆小於2時，則可認定觀察變數具常態性（Bollen and Long, 1993）。偏態與峰度值的計算於本書第3章中再予以介紹，本章將只說明如何運用【探索】功能檢測變數之常態性。

【探索】功能（explore）是【描述性統計資料】功能的各種子功能選項中，功能最為強大的一個。它可對變數進行更為深入、詳盡的描述性統計分析。主要的應用時機為：對資料的性質、分配特徵等完全不清楚時，進行探索之用。研究者執行【探索】功能即可對變數進行初步的檢視。也就是說，【探索】功能可在一般描述性統計指標的基礎上，增加能描述資料其他特徵的文字與圖形，使輸出顯得更加細緻與全面化，而這將有助於研究者思考對資料進行進一步分析的方案。該功能可以檢查資料是否有錯誤、考察樣本分配特徵以及對樣本分配之規律性作初步的考察。

樣本分配特徵對統計分析的重要性非常大，許多分析方法對資料的分配都有一定的要求，例如：在某些分析方法中，要求樣本必須來自常態母體；對兩組資料平均值

的差異性檢定，則需要根據其變異數是否相等而選擇計算公式。另外，研究者總希望能簡單的透過對樣本資料的初步觀察，而盡可能的發現樣本資料內在的一些規律性，如兩個變數是否具有某種相關性等。此外，在一般情況下，過大或過小的資料可能是異常值或是錯誤資料。對這樣的資料要找出來並加以剔除，因為異常值和錯誤資料往往對分析結果影響很大，導致不能真實掌握資料的母體特徵。

此外，【探索】功能尚能提供在分組或不分組的情況下，常用的統計量與圖形，其結果一般會以圖形的方式將異常值、非正常值、遺漏值以及資料本身的特點表示出來。【探索】功能也可以用於找出、確認異常值、遺漏值和進行假設檢定。本節將討論如何利用【探索】功能，透過各種圖形以及基本統計量等，對資料的常態性進行初步的檢測。

▶ 範例2-1　　資料檔ex2-1.sav為論文【品牌形象、知覺價值與品牌忠誠度關係之研究】的原始資料檔，試探討該筆資料是否具有常態性。

本論文主要在探討品牌形象、知覺價值與品牌忠誠度等三個主構面的關係，故未來進行描述統計或推論統計等高階統計分析時，主要亦是針對此三個主構面。因此，判斷問卷資料檔ex2-1.sav是否具有常態性時，將針對受訪者對品牌形象、知覺價值與品牌忠誠度等三個主構面之題項的得分狀況而評定。

基於此，研究者須先求算出每一個受訪者對於這三個主構面的總得分（常被稱為「量表總分」），進而探討變數「量表總分」的常態性即可完成任務。計算量表總分時，要特別注意題項中是否包含反向題，若存在反向題則須先將反向題重新計分後，才能求算量表總分。反向題重新計分與求算量表總分的方法，將在後續章節中（第2-3節）陸續介紹。

在問卷資料檔ex2-1.sav中，變數「量表總分」已計算完成。研究者於開始進行高階的統計分析之前，想先在一般描述性統計指標的基礎上，探索樣本資料是否具有常態性，以初步掌握資料的穩定性，為將來較為高階的統計分析奠定基礎。

操作 步驟

步驟1：開啟ex2-1.sav後，執行【分析】／【描述性統計資料】／【探索】，即可開啟【探索】對話框（本書所使用的Spss版本為第22版）。

步驟2：在【探索】對話框中，將變數「量表總分」選入【因變數清單】中。

步驟3：按【圖形】鈕，開啟【圖形】對話框，勾選【描述性統計資料】欄內的
　　　　【直方圖】核取方塊與【常態機率圖附檢定】，然後按【繼續】鈕，返
　　　　回【探索】對話框。

步驟4：於【探索】對話框中，按【確定】鈕，即可開始執行探索分析。

步驟5：詳細的操作過程，讀者亦可自行參閱影音檔「ex2-1.wmv」。

▶報表解說

　　執行【探索】功能後，可發現產生的報表相當長，在此我們將分階段進行說明。

(一) 用圖形來觀察資料的常態性

　　一般來說，可以透過繪製資料的直方圖，來直觀地判斷「樣本資料的分配是否符合常態性」。圖2-2就是原始問卷資料的直方圖。

　　從圖2-2中可以看到，除了幾個偏離值外，原始問卷資料的直方圖具有近似於常態分配的特性，這說明了原始問卷資料應具有不錯的常態性。由於用以產生圖2-2的資料之樣本數較大，所以圖形是個還算不錯的單峰圖形。但是如果樣本數不夠大時，那麼直方圖看起來就會比較不像常態分配，因而也就很難利用這種直方圖來評價資料的常態性了。

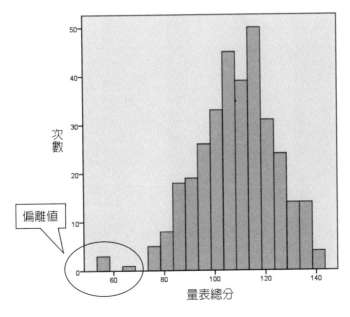

圖2-2　原始問卷資料的直方圖

因此，除了直方圖之外，還有一種圖形也可以用來判斷資料的常態性，那就是Q-Q圖。它在樣本數較小時，比一般的直方圖更容易判斷。使用相同的資料，可以繪製如圖2-3所示的常態Q-Q圖和圖2-4所示的取消趨勢常態Q-Q圖。

圖2-3爲常態QQ機率圖，如果資料呈常態分配的話，那麼常態QQ機率圖中的資料點應會和代表標準常態分配的對角線重合或於對角線附近上、下分布。由圖2-3可見，雖然資料分布狀況較爲隨機，但資料基本上大都還是在對角線附近上、下分布的，只是有幾個資料較爲偏離而已（在圖2-3中被圈起來的部分）。但整體而言，資料並未出現明顯違反常態分配的情況。

爲了更仔細的觀察，我們也可以看圖2-4的取消趨勢常態QQ圖。該圖反映的是，按標準常態分配所計算的理論值與實際資料值之差的分配情況。如果資料服從常態分配，則該差值應會較均勻的分布在Y = 0（與標準常態分配差異爲0之義）這條直線上、下。由圖2-4可見，除幾個資料點離理論分配線較遠外，其他點的分布大致上也都沿Y = 0這條水平基準直線而上、下分布。由此可見，資料應可被認爲是服從常態分配的。

在一些較爲複雜的統計方法中，資料的常態性假設往往是最基本的要求。因此，資料的常態性在統計分析過程中占有舉足輕重的地位。雖然從圖形可以直觀的判斷資料是否符合常態分配，但是爲求論文的嚴謹性，對於資料常態性的認定，還是透過Kolmogorov-Smirnov檢定來檢驗會比較妥當。

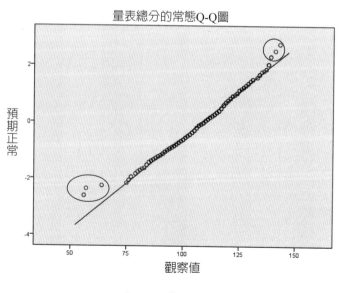

圖2-3　常態QQ圖

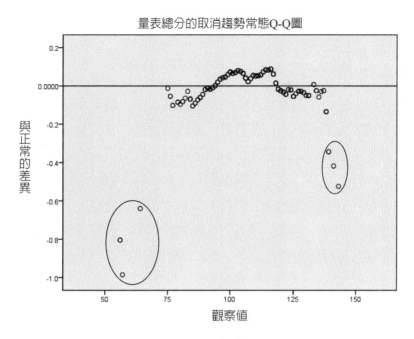

圖2-4　取消趨勢常態QQ圖

(二) 利用假設檢定來判斷資料的常態性

　　圖形雖然可直觀的協助我們判斷常態性，但是絕對無法取代以精確的數學計算和推理爲基礎的假設檢定。在SPSS中，也可以進行資料的常態性檢定，這個檢定名爲Kolmogorov-Smirnov檢定（簡稱K-S檢定）。K-S檢定的虛無假設是：資料符合常態性。如果檢定結果中的顯著性小於0.05，那麼就可以拒絕虛無假設，而有理由認爲資料的分配並不是常態的。

　　從表2-1的K-S常態檢定中可以看到顯著性是0.2大於0.05，所以不能拒絕虛無假設，亦即沒有足夠的證據顯示可以否定資料分配的常態性。因此，可以認定原始問卷的樣本資料是具有常態性的。

表2-1　K-S常態檢定

常態檢定

	Kolmogorov-Smirnov[a]			Shapiro-Wilk		
	統計資料	df	顯著性	統計資料	df	顯著性
量表總分	.045	334	.200[a]	.986	334	.003

a：Lilliefors顯著更正。

2-2 離群值檢測

離群值英文為outlier，跟臺語的「奧梨ㄚ」，音、義都蠻接近的，都具有不符常態標準的味道。離群值包含偏離值與極端值兩種類型，一般是指某一個觀察值與其他觀察值的數值呈現很大的差異。也就是說，離群值會遠大於或遠小於同一筆數據中的其他觀察值。故研究者常因此而懷疑該觀察值與其他觀察值並不是經由同一機制所產生的（Stevens, 1990），這代表著該觀察值的可信度有待驗證。離群值的存在，將會嚴重影響到很多統計分析的估計值。例如：從基本的母體特徵、平均值估計到兩個變數之間的線性相關，甚至一些統計模型的參數估計值等，都有可能因離群值的存在而產生偏差。如果這些離群值沒有在資料分析的初始階段或過程中被檢驗出來，則後續的結果詮釋將會有所偏誤（譚克平，2008）。

過往文獻中已提出多種判斷離群值的方法，在此只介紹兩種較容易執行及較常見的方法，即標準化值法（standardized value）與盒形圖法。

一、標準化值法

如果已能確認某變數資料符合常態分配的話，最常見的檢測方法是「將資料轉成標準化值（或稱Z分數）」來進行判斷。也就是說，先算出每筆資料離開平均值的距離（即離差分數，deviation score），再除以該變數的標準差後，所得的數值即為標準化值（又稱Z分數）。根據常態分配的性質，約有99%資料的Z分數會落在平均值的正負3個標準差之內，因此有一些文獻會將Z分數大於3或小於–3的數據視為離群值（例如：Shiffler, 1988; Stevens, 1990）。利用SPSS計算標準化值的方法，留待第3-3節中，再予詳細說明。

二、盒形圖法

盒形圖（Box-Whisker Plot，簡稱Box Plot）是資料的一種圖形展示法，從視覺上即可有效的找出資料之五種主要的表徵值，這五種主要表徵值如：資料之集中趨勢（中位數）、變異數、偏態、最小值、最大值等。因此，盒形圖又稱「五指標摘要圖」（five-number summary plot）（如圖2-5）。

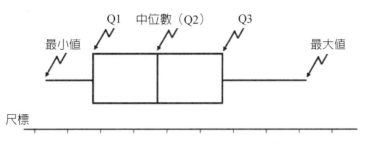

圖2-5 盒形圖

Q1：第一「四分位數」或稱為第25百分位數。
Q2：第二「四分位數」或稱為中位數。
Q3：第三「四分位數」或稱為第75百分位數。

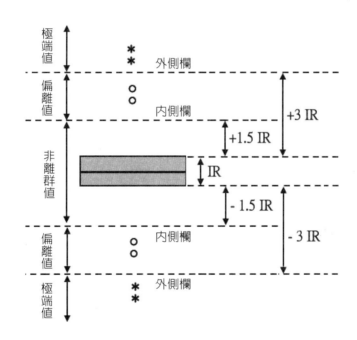

圖2-6 運用盒形圖辨認離群值

　　利用盒形圖辨認離群值是種相當簡便的方法。為了方便說明，假設盒形圖是以垂直的方式呈現，如圖2-6所示。盒形圖中盒子內的水平線，代表變數資料的中位數，盒子上下兩端的水平線分別稱為上樞紐（upper hinge）及下樞紐（lower hinge），上樞紐代表該變數的第75百分位數（Q3），下樞紐則為第25百分位數（Q1）。這兩個樞紐的值，一般視為是該變數的第75及第25百分位數。上、下樞紐之間的距離稱為四分位距（interquartile range, IR），它代表盒形圖中盒子的高度。此外，內側欄

（inner fence）是指離開上及下樞紐以外1.5個四分位距的距離（記為1.5*（Q2-Q1）或1.5*IR），外側欄（outer fence）是指離開上及下樞紐以外3個四分位距的距離（記為3*（Q2-Q1）或3*IR）。偵測離群值時，方法如下：

1. 偏離值：落於內、外側欄之間的觀察值（1.5*IR至3*IR之間），即稱為偏離值。它屬於離群值的一種類型。在SPSS的輸出報表中，會以「o」標示出來。
2. 極端值：落於外側欄外的觀察值（大於3*IR），即稱為極端值。它亦屬於離群值的一種類型。在SPSS的輸出報表中，會以「*」標示出來。

▶ 範例2-2

資料檔ex2-2.sav為論文【品牌形象、知覺價值與品牌忠誠度關係之研究】的原始資料檔，試探討該筆資料是否具有偏離值或極端值，若有，請刪除之。

在這個範例中，主要將練習製作盒形圖，並據以辨識出偏離值或極端值。如同範例ex2-1，主要的研究變數是「量表總分」，且已計算完成。其操作步驟和範例ex2-1相似。

操作步驟

步驟1：開啟ex2-2.sav後，執行【分析】／【描述性統計資料】／【探索】，即可開啟【探索】對話框。

步驟2：在【探索】對話框中，將變數「量表總分」選入【因變數清單】中。

步驟3：按【統計資料】鈕，開啟【統計資料】對話框，勾選【偏離值】選項，然後按【繼續】鈕，返回【探索】對話框。

步驟4：按【圖形】鈕，開啟【圖形】對話框，選擇【盒形圖】欄中的【結合因素層級】選項，然後按【繼續】鈕，返回【探索】對話框。

步驟5：於【探索】對話框中，按【確定】鈕，即可開始執行探索分析。

步驟6：詳細的操作過程，讀者亦可自行參閱影音檔「ex2-2.wmv」。

▶ 報表解說

首先，可看到如表2-2的【觀察值處理摘要】報表，該報表中列出了樣本資料的基本情況，包括總個案數、有效個案數和遺漏值的數量。由表2-2可知，總個案數有334個受訪者，並沒有具遺漏值的受訪者。

表2-2 【觀察值處理摘要】報表

	觀察值					
	有效		遺漏		總計	
	N	百分比	N	百分比	N	百分比
量表總分	334	100.%	0	0.0%	334	100.0%

表2-3是變數「量表總分」的描述性統計資料表，這個報表中列出了變數「量表總分」的各種描述性基本統計量。

表2-3 【描述性統計資料】報表

		統計資料	標準錯誤
量表總分	平均數	108.69	.844
	95%平均數的信賴區間　　下限	107.03	
	上限	110.35	
	5%修整的平均值	109.04	
	中位數	109.50	
	變異數	237.681	
	標準偏差	15.417	
	最小值	56	
	最大值	143	
	範圍	87	
	內四分位距	20	
	偏斜度	-.421	.133
	峰度	.394	.266

表2-4則為【極端值】報表，報表中顯示了「量表總分」的資料值分配，最大和最小值各取五個。雖然SPSS將這10個觀察值列入【極端值】報表中，但並不代表它們的確為偏離值或極端值，最終仍須運用盒形圖加以辨識較為精確。例如：以數值的第一列來看，「量表總分」的最大值為143分（其所屬的個案編號為資料檔中第「89」個個案），雖目前已被列為極端值，然從後續的盒形圖辨識過程中，可確認其既非偏離值，也非極端值。

表2-4　【極端值】報表

			個案編號	數值
量表總分	最高	1	89	143
		2	101	141
		3	91	139
		4	92	139
		5	49	138[a]
	最低	1	16	56
		2	3	56
		3	324	57
		4	5	64
		5	118	75

　　圖2-7即為變數「量表總分」的盒形圖。觀察「量表總分」的觀察值分布，共有四個偏離值（以「o」標示），其個案編號分別為編號第3、5、16與324號，沒有極端值（*號）。對於這些偏離值研究者可以考慮從資料檔中予以刪除，以避免日後分析上的困擾。

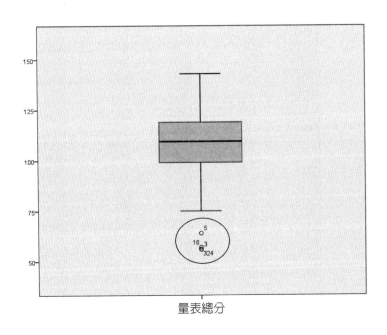

圖2-7　變數「量表總分」的盒形圖

2-3　橫向計算

　　在資料分析的過程中，為了達到特定的研究目的需求，研究者往往須利用既有的原始資料產生新的資料。這時就須對原始資料進行轉換或計算的工作了。所謂資料轉換或計算，就是利用已輸入完成的原始資料，透過某種轉換或計算公式來產生新的資料，以便能為特定的統計分析目的提供格式完備的研究資料。

　　在很多情況下，研究者是無法直接利用原始資料進行分析的；而須對原始資料進行進一步的整理。這時就須要用到SPSS資料轉換或計算的一些方法了。熟練掌握並應用這些方法，可以在資料處理過程中收到事半功倍的效果，尤其是可以省去大量手工輸入資料的時間與精力。

　　在SPSS中，所有的分析與計算，其預設的計算方式都是縱向計算的（如圖2-8）。換言之，SPSS預設的【描述性統計資料】中的計算功能（如求平均數、標準差……等），都是針對特定變數在所有的個案下進行計算的。比如說，利用【描述性統計資料】功能，要求算「pv1_1」這個變數的平均數。此時，SPSS它是針對檔案中的所有個案數，於「1.個案公司的產品風味很特殊。（pv1_1）」這個題項的答題得分進行平均而計算的。因此，縱向計算的特徵就是針對特定變數，於所有個案間進行計算。從SPSS的【資料視圖】視窗來看，它的計算方向是屬於「縱向」進行的。這個縱向的計算方向，也是SPSS所有的計算功能所預設的方向。

　　然而，這種縱向的計算方向，有時並不符合研究者實際的計算需求。例如：假設我們想比較男、女生對於個案公司的「品牌形象」構面之認知程度是否有顯著差異時，就遇到一個問題了。由於「品牌形象」構面是由三個子構面、共9個題項所構成，故若針對這9個題項逐題比較的話，不僅費時而且煩雜。試想，若能將每個受訪者（個案）的這9個題項得分先予平均（代表每一個個案之「品牌形象」構面認知的平均得分）後再比較，那麼分析工作將變的很簡單。而求取每一個個案「品牌形象」構面認知之平均得分（bi1_1～bi3_3等9個變數的平均）的過程，從SPSS的【資料視圖】視窗來看，它的計算方向即是屬於橫向進行的（如圖2-8）。因此，橫向計算的特徵就是針對特定某個個案，於諸多變數間進行計算。而這橫向計算的方式，在SPSS中必須透過【計算變數】功能且須由使用者自行定義計算公式來達成。

縱向計算：針對變數進行計算

個案編號	pv1_1	pv1_2	pv1_3	個案平均得分
1	3	2	5	3.33
2	4	5	4	4.33
3	5	6	7	6.00
4	7	3	3	4.33
5	4	5	2	3.67
變數平均得分	4.60	4.20	4.20	

橫向計算：針對個案進行計算

圖2-8　縱向計算與橫向計算示意圖

▶ 範例2-3

在論文【品牌形象、知覺價值與品牌忠誠度關係之研究】中，「品牌形象」這個變數中包含了三個子構面，分別為：品牌價值（3個題項）、品牌特質（3個題項）與企業聯想（3個題項）。請開啓其資料檔「ex2-3.sav」，試計算每一個個案之品牌價值、品牌特質、企業聯想與整體品牌形象認知（9個題項）的平均得分。計算完成後，請另存新檔為「ex2-3-ans.sav」。

在此，我們將練習【計算變數】功能的操作。論文【品牌形象、知覺價值與品牌忠誠度關係之研究】中，品牌形象這個變數，包含「品牌價值」、「品牌特質」與「企業聯想」等三個子構面。測量時，「品牌價值」子構面有三題問項（bi1_1～bi1_3）、「品牌特質」子構面有三題問項（bi2_1～bi2_3）、「企業聯想」子構面有三題問項（bi3_1～bi3_3）。因此，整體品牌形象認知即包含9個題項（bi1_1～bi3_3）。

依題意，我們將計算出每一個個案（受訪者）於「品牌價值」、「品牌特質」、「企業聯想」與整體「品牌形象」認知等四個變數的平均得分，並將這些計算出來的新資料，以新的變數來儲存。由於計算「品牌價值」、「品牌特質」、「企業聯想」與「品牌形象」等變數之個案平均得分的操作過程均類似。故在此將只示範「品牌價值」子構面之個案平均得分（新變數名稱取為bi1）的操作過程。

操作步驟

步驟1：開啓ex2-3.sav，執行【轉換】/【計算變數】，開啓【計算變數】對話框。

步驟2：在【目標變數】輸入框中，請輸入新的變數名稱「bi1」，以儲放「品牌價值」子構面之個案平均得分。

步驟3：在【計算變數】對話框左邊的【數值運算式】輸入框中，輸入計算「品牌價值」子構面之個案平均得分的運算式。由於「品牌價值」子構面由bi1_1、bi1_2與bi1_3等三個題項所衡量，故「品牌價值」子構面之個案平均得分的計算方式如下：

bi1 = (bi1_1 + bi1_2 + bi1_3)/3
或bi1 = sum(bi1_1 to bi1_3)/3

依此計算方式，研究者可在【數值運算式】輸入框中，輸入運算式「(bi1_1 + bi1_2 + bi1_3)/3」或「sum(bi1_1 to bi1_3)/3」。研究者要計算累加的變數時，若其變數名稱之編碼方式，具有連續性的特質時，即可使用「sum」函數來進行加法運算，其方法是sum（第一個變數名to最後一個變數名）。

步驟4：輸入運算式後，按【確定】鈕後，SPSS即可開始執行計算工作。計算完成後，可發現原始資料檔將多出一個新變數名稱「bi1」，此變數即代表每一個受訪者對個案公司之「品牌價值」的認知（「品牌價值」的平均得分）。如圖2-9所示。

步驟5：重複上述步驟，可繼續完成「品牌特質」、「企業聯想」與「品牌形象」等變數之個案平均得分的計算。計算完成後，請另存新檔為「ex2-2-ans.sav」。請留意，SPSS之資料檔的副檔名為「*.sav」。

步驟6：詳細的操作過程，讀者亦可自行參閱影音檔「ex2-3.wmv」。

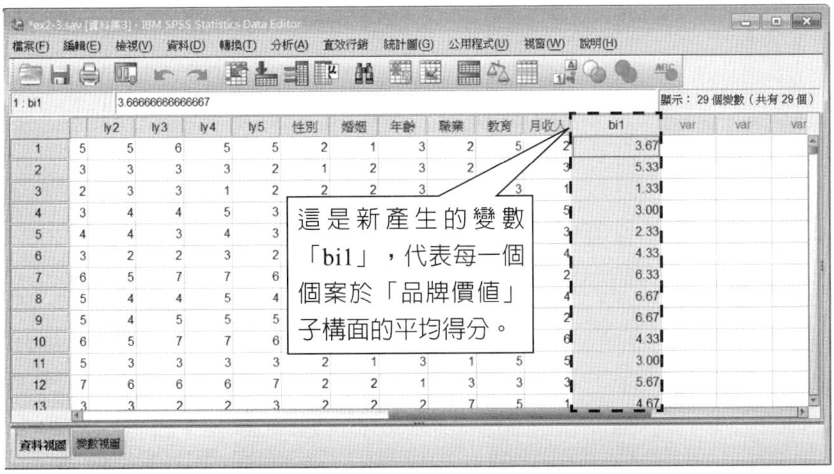

圖2-9　計算變數之執行結果

◆ 2-4　反向題重新計分 ◆

　　一般而言，研究者所設計出的問卷中通常都會包含正向題與反向題。正向題是指正面敘述的句子，如「我認為參與休閒活動有助於健康」；而反向題則指帶有否定敘述意味的句子，如「我不認為參與休閒活動有助於健康」。反向題為問卷設計時的普遍技術。為了避免受訪者於填寫問卷時草率作答，一般研究者常會在所設計的問卷中安插幾題反向題，藉以偵測受訪者是否符合專心作答的狀態。例如：論文【品牌形象、知覺價值與品牌忠誠度關係之研究】的原始問卷中，第二部分知覺價值構面的第5、6兩題，即被設計成反向題。如下：

> 5. 我認為個案公司的產品價格不甚合理（pv3_1）。
> 6. 我認為以此價格購買個案公司的產品是不值得的（pv3_2）。

　　問卷調查分析過程中，在量表、問卷設計時，很多研究者經常會用到的衡量工具是Likert七等尺度法（李克特七點量表）。李克特量表具有任意原點的特質，主要用來衡量「程度」，多半視為區間尺度，舉凡同意度、偏好度、滿意度、理想度、重要性、意向……等程度上的問題，大多可以使用李克特量表呈現之。此外，根據Likert七等尺度法所設計的量表，編製上較容易，並且也能兼顧良好的信度與效度。Likert七等尺度法中，假設每個選項上皆具有同等量值、但不同受訪者對同一選項的反應有程度上的差異。在量表計分時，每個題項的選項由「極不同意」、到「極為同意」分為七個選項，正向題分別給予1、2、3、4、5、6、7分，而反向題的題項計分時，便要給予7、6、5、4、3、2、1分。

　　量表題項加總時必須要注意的是，這些量表題項的方向必須一致。也就是說，統計分析前的首要工作就是要將題項的計分方式化為一致。因此，以正向題為基準的話，須將反向題反轉重新計分，否則其與正向題的分數會互相抵消。但若量表中沒有反向題時，則此操作可予以省略。

　　在論文【品牌形象、知覺價值與品牌忠誠度關係之研究】的原始問卷中，第二部分知覺價值構面使用了8個題項加以衡量，其中有6題正向題、2題反向題（第5與第6題等兩題）。對正向題而言，受訪者對題項答題的分數愈高，表示受訪者對該題項的認同度也愈高。然而，對於反向題而言，如果受訪者勾選「非常不同意」（原始計分編碼數值為1，分數得分最低）時，則將代表著其所知覺的認同度應該愈高（分數

得分最高）。顯而易見，正、反向題對於認同度的計分方式正好相反。在這樣的情形下，為達計分的一致性，研究者通常須將反向題的分數予以反轉，即將原本得分為1分者轉為7分、原本得分為2分者轉為6分、原本得分為3分者轉為5分、原本得分為5分者轉為3分、原本得分為6分者轉為2分、原本得分為7分者轉為1分後，再正式進行統計分析。

上述的反向題重新計分後，也須使用變數加以儲存。但由於我們不想讓原始檔案的規模，因為要儲存反向題重新計分後的結果而增加一個新變數。因此，在SPSS中，我們將使用【重新編碼成同一變數】的功能來完成。

▶ 範例2-4

資料檔ex2-4.sav為論文【品牌形象、知覺價值與品牌忠誠度關係之研究】的原始資料檔，由於問卷第二部分知覺價值構面的第5、6兩題為反向題，試予以反向重新計分，並計算量表總分。計算完成後，請另存新檔為「ex2-4-ans.sav」。

在本範例中，由於論文【品牌形象、知覺價值與品牌忠誠度關係之研究】之原始問卷的第二部分知覺價值構面的第5、6兩題（pv3_1與pv3_2）為反向題，為求計分的一致性，因此須予以反向重新計分，以利後續研究分析工作之進行。此外，為避免資料檔的複雜化，當資料進行重新計分後，所產生的新值，我們希望它能儲存在原來所屬的變數中，此時，就須用到SPSS的【重新編碼成同一變數】功能了。

操作 步驟

步驟1：執行【轉換】／【重新編碼成同一變數】，隨即開啟【重新編碼成同一變數】對話框。

步驟2：【重新編碼成同一變數】對話框的左半邊已列出所有的待選變數名稱，由於第二部分知覺價值構面的第5、6兩題為反向題，其變數名稱分別為pv3_1與pv3_2。因此選定這兩個變數名稱，然後按➡鈕，將該變數名稱移到右邊的【數值變數】清單方塊中。

步驟3：於【重新編碼成同一變數】對話框中，按【舊值與新值】鈕，打開【舊值與新值】子對話框，然後在左邊的【舊值】方框中選取【數值】，然後在其下方的輸入欄中輸入「1」，接著在右邊的【新值】方框中選取【數值】，並在其後方的輸入欄中輸入「7」，然後按【新增】鈕，即

可完成將原本分數為「1」轉換為分數「7」的設定。依上述作法，陸續
完成2→6、3→5、5→3、6→2、7→1的設定後，按【繼續】鈕。如圖
2-10所示。

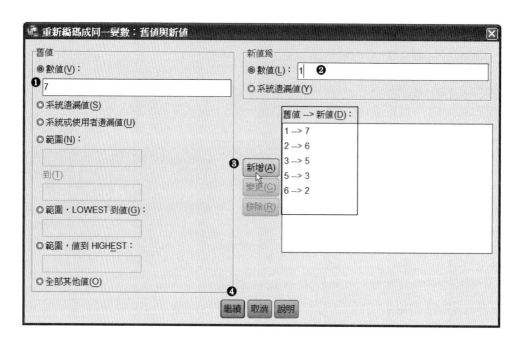

圖2-10　反向重新計分設定

步驟4：於【舊值與新值】子對話框中，按【繼續】鈕後，回到【重新編碼成同
　　　　一變數】對話框，再按【確定】鈕，即可完成所有的反向題重新計分工
　　　　作。回到【資料視圖】視窗，檢查可發現反向題重新計分前與後的數值
　　　　差異。如圖2-11。

步驟5：完成反向題重新計分的工作後，接下來，即可計算「量表總分」了。繼
　　　　續執行【轉換】／【計算變數】，開啟【計算變數】對話框。

步驟6：在【目標變數】輸入框中，請輸入新的變數名稱「量表總分」，以儲放
　　　　品牌形象（9題）、知覺價值（8題）與品牌忠誠度（5題）等主構面之
　　　　各題項（共22題）的加總得分。

步驟7：在【計算變數】對話框左邊的【數值運算式】輸入框中，輸入計算「量
　　　　表總分」之運算式。請在【數值運算式】輸入框中，輸入運算式「sum
　　　　(bi1_1 to ly5)」。

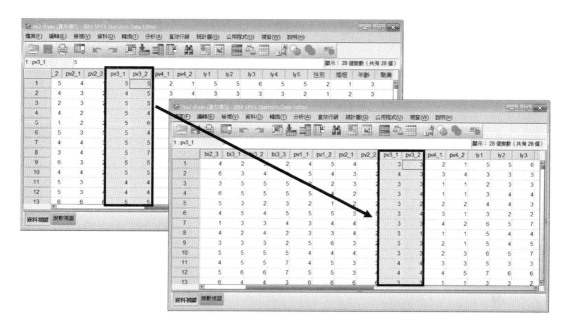

圖2-11　反向重新計分前、後數值之差異

步驟8：輸入運算式後，按【確定】鈕後，SPSS即可開始執行計算工作。計算完
　　　　成後，可發現原始資料檔將多出一個新變數名稱「量表總分」，此變數
　　　　即代表品牌形象（9題）、知覺價值（8題）與品牌忠誠度（5題）等主
　　　　構面之各題項的加總得分。如圖2-12。

步驟9：詳細的操作過程，讀者亦可自行參閱影音檔「ex2-4.wmv」。

2-5　資料分組

　　在SPSS中，除了可以將重新編碼後的結果存入原有變數外，也可將其結果存入
不同的變數中。在我們進行統計分析的過程中，這種作法很常見。尤其是當原始資料
的編碼格式不符合研究需求或欲簡化資料時，就須進行資料的轉換工作。例如：研究
者欲根據原始資料的某個變數值，而將資料重新進行分組時。研究者於轉換資料後，
通常也想保留原始的資料編碼格式，此時，就可以選擇使用【重新編碼成不同變數】
功能了。因為，使用【重新編碼成不同變數】功能，除了可保留原有的資料編碼格式
外，又可產生另一個新變數來存放轉換後的結果。

　　在本節中，將透過兩個範例來說明，對原始資料重新編碼後，將重新編碼結果存

	ly4	ly5	性別	婚姻	年齡	職業	教育	月收入	量表總分	var	var	var	var
1	6	5	5	2	1	3	2	5	2	77.00			
2	3	3	2	1	2	3	2	4	3	87.00			
3	3	1	2	2	2	3	6	3	1	56.00			
4	4	5	3	1	2	3	4	5	5	79.00			
5	3	4	3	2	2	2	1	5	3	64.00			
6	2	3	2	2	2	3	3	5	4	81.00			
7	7	7	6	1	2	4	4	3	2	91.00			
8	4	5	4	2	2	5	4	4	4	77.00			
9	5	5	5	2	1	3	3	5	2	86.00			
10	7	7	6	1	2	2	1	1	6	101.00			
11	3	3	3	2	1	3	1	5	5	84.00			
12	6	6	7	2	2	1	3	3	3	115.00			
13	2	2	3	2	2	2	7	5	1	88.00			

圖2-12　量表總分計算完成

入不同變數的強大功能，這個功能在未來進行統計分析的過程中常常會被使用到，希望讀者能多加練習。

▶ 範例2-5

資料檔ex2-5.sav為論文【品牌形象、知覺價值與品牌忠誠度關係之研究】的原始資料檔。由於研究的需求，有必要將受訪者的年齡重新分組。因此，須將「年齡」變數依下列規則，重新編碼成新變數「年齡層」，以對受訪者依「年齡層」重新分組。

30歲以下：改稱為青年，其數值代碼為1。

31～50歲：改稱為壯年，其數值代碼為2。

51歲以上：改稱為老年，其數值代碼為3。

計算完成後，請另存新檔為「ex2-5-ans.sav」。

論文【品牌形象、知覺價值與品牌忠誠度關係之研究】的原始問卷中，有關年齡的問項如下：

3. 年齡：	□ 20歲以下	□ 21～30歲	□ 31～40歲	□ 41～50歲
	□ 51～60歲	□ 61歲以上		

由「年齡」題項之選項中，不難理解，受訪者將被「年齡」變數分成6組。且受訪者於填答問卷的過程中，若勾選20歲以下時，則研究者編碼時將編碼為「1」，歸類為第1組；若勾選21～30歲時，則研究者編碼時將編碼為「2」，歸類為第2組；依序類推。

由於研究的需要，研究者打算將受訪者的年齡階層分為三個階層（3組）即可，以避免後續的檢定分析太過於複雜（組別太多）。因此，研究者訂定了將受訪者的年齡階層重新分組的規則。這些規則如題目所示，當受訪者的年齡在「30歲以下」時，這些受訪者將被重新定義成「青年」組，這個規則在SPSS中的意義即是，原本答題為「1」或「2」的受訪者（年齡變數的值為1或2），將被重新編碼為「1」，並儲存在新變數【年齡層】中，且將被歸類為「青年」組。原本答題為「3」或「4」的受訪者（年齡變數的值為3或4），將被重新編碼為「2」，並儲存在新變數【年齡層】中，且將被歸類為「壯年」組。原本答題為「5」或「6」的受訪者（年齡變數的值為5或6），將被重新編碼為「3」，並儲存在新變數【年齡層】中，且將被歸類為「老年」組（如圖2-13）。這些舊值與新值的轉換，由於會產生新的變數，因此我們將會利用到重新編碼的儲存成不同變數的功能，來進行操作。

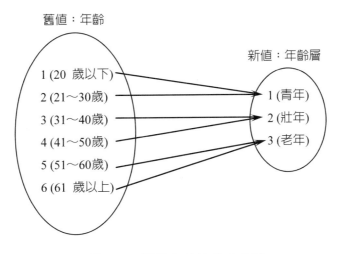

圖2-13　資料重新編碼示意圖

操作 步驟

步驟1：開啟ex2-5.sav後，執行【轉換】／【重新編碼成不同變數】。

步驟2：出現【重新編碼成不同變數】對話框後，該對話框的左半邊已列出所有的待選變數名稱，由於須對「年齡」變數重新編碼，因此先選定「年齡」變數，然後按 🔙 鈕，將該變數名稱移到右邊的【數值變數】清單方塊中。

步驟3：在最右邊【輸出之新變數】框內的【名稱】輸入欄中填入新的變數名稱「年齡層」，然後按【變更】鈕，即可於未來將轉變後的值，存入新變數「年齡層」中。如圖2-14所示。

圖2-14　【重新編碼成不同變數】對話框

步驟4：按【舊值與新值】鈕，打開【舊值與新值】子對話框，然後在左邊的【舊值】方框中選取【數值】，並在其下方的輸入欄中輸入「1」，接著在右邊的【新值】方框中選取【數值】，並在其後方的輸入欄中輸入「1」，接著按【新增】鈕，重複上述步驟，陸續完成2→1、3→2、4→2、5→3、6→3的設定後，按【繼續】鈕。如圖2-15所示。

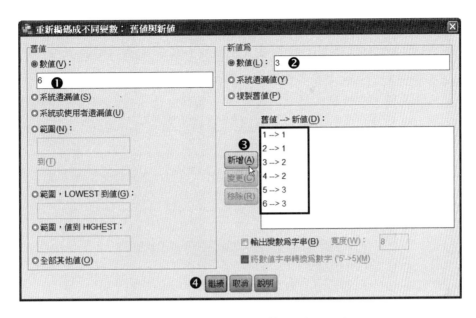

圖2-15 【舊值與新值】的轉換設定

步驟5：於【舊值與新值】子對話框中，按【繼續】鈕後，回到【重新編碼成
不同變數】對話框，再按【確定】鈕，即可完成所有的設定工作。回到
【資料視圖】視窗，檢查即可發現「年齡」值已轉換爲「年齡層」。如
圖2-16所示。

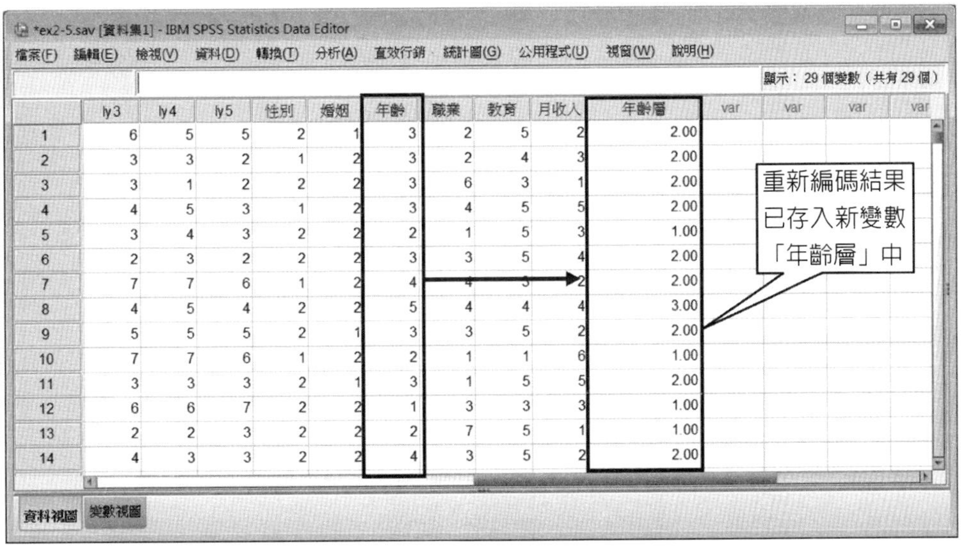

圖2-16 轉換完成

步驟6：雖然我們已將「年齡」值（1, 2, 3, 4, 5, 6）轉換為「年齡層」值（1, 2, 3）。然而依題意，須再對「年齡層」值，再予以定義。這個定義工作將在資料檔的【變數視圖】視窗中，變數的【數值】標籤欄位中設定。首先按「年齡層」變數的【數值】欄位，待出現▦鈕後，按▦鈕，即可出現【數值】標籤對話框。在【數值】輸入框中輸入1，【標籤】輸入框中輸入「青年」，再按【新增】鈕即可完成「1 = "青年"」之定義，依上述作法陸續完成「2 = "壯年"」與「3 = "老年"」的定義，如圖2-17所示。

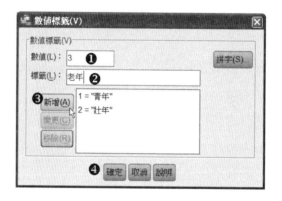

圖2-17　定義「年齡層」的數值標籤

步驟7：定義完成後，按【確定】鈕，即可完成設定。

步驟8：詳細的操作過程，讀者亦可自行參閱影音檔「ex2-5.wmv」。

▶ 範例2-6 　資料檔ex2-6.sav為論文【品牌形象、知覺價值對品牌忠誠度關係之研究】的原始資料檔。試依據每個個案之【量表總分】，並依下列規則，建立一個新變數「分組」。

量表總分小於第25百分位數者：改稱為低分組，其數值代碼為1。

量表總分大於第75百分位數者：改稱為高分組，其數值代碼為2。

計算完成後，請另存新檔為「ex2-6-ans.sav」。

論文【品牌形象、知覺價值與品牌忠誠度關係之研究】的原始問卷中，扣除掉「第四部分：基本資料」的題項後，剩餘題項為可用以衡量「品牌形象」（9題）、「知覺價值」（8題）與「品牌忠誠度」（5題）等三個構面的題項，共22題。現針

對每個個案所填答的這22個題項之得分進行加總，加總後的結果將存入變數「量表總分」中。此加總過程，已計算完成，並儲存在ex2-6.sav中了（量表總分欄位）。當然，對於量表總分的計算，讀者亦可自行應用【轉換】／【計算變數】功能，自行練習看看（可參考範例2-4）。

依題意，我們須要根據變數「量表總分」的第25百分位數與第75百分位數，將所有個案依題目所設定的規則而分組。亦即將變數「量表總分」重新編碼成不同的變數「分組」，然後再設定「分組」變數的【數值】標籤為「低分組」與「高分組」。

本題於重新編碼成不同變數時，和範例2-5最大的差異在於【舊值與新值】子對話框的設定，由於本題不再是原始得分之數值的轉換，而是數值範圍的轉換，因此於【舊值與新值】子對話框中，我們將設定該對話框中左側【舊值】方框中的【範圍】選項。詳細操作過程如下：

操作步驟

步驟1：先求取量表總分的第25百分位數與第75百分位數。開啟ex2-6.sav後，執行【分析】／【描述性統計資料】／【次數】。待開啟【次數】對話框後，先於左下角，取消勾選「顯示次數分配表」選項，然後將變數「量表總分」選入左方的【變數】框內。

接著，按【統計資料】鈕，開啟【統計資料】子對話框，勾選【百分位數】，並於其後方之輸入欄中輸入「25」，然後按【新增】鈕。最後，再於【百分位數】後方之輸入欄中再次輸入「75」，再按【新增】鈕，即可完成求取第25百分位數與第75百分位數的相關設定（如圖2-18）。最後，按【繼續】鈕，回到【次數】對話框後，按【確定】鈕，即可從報表得知第25百分位數與第75百分位數的數值分別為99與119。

步驟2：執行【轉換】／【重新編碼成不同變數】。待出現【重新編碼成不同變數】對話框後，可發現該對話框的左半邊已列出所有的待選變數名稱，由於須對變數「量表總分」重新編碼，因此先選定「量表總分」變數，然後按➡鈕，將該變數名稱移到右邊的【數值變數】清單方塊中。

步驟3：在右邊【輸出之新變數】項下的【名稱】框中填入新變數名稱「分組」，然後按【變更】鈕，即可於未來將轉變後的值存入新變數「分組」中。

步驟4：按【舊值與新值】鈕，打開【舊值與新值】子對話框，然後在左邊的

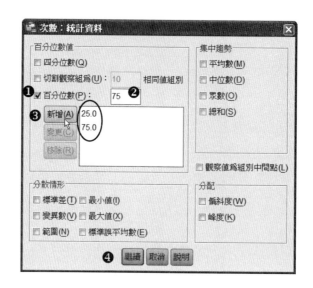

圖2-18　求取第25百分位數與第75百分位數

【舊值】方框中核取【範圍，LOWEST到值】選項，然後在其下方的輸入欄中輸入「99」，接著在右邊的【新值】方框中選取【數值】，並在其後方的輸入欄中輸入「1」，接著按【新增】鈕。接著重複上述步驟，在左邊的【舊值】方框中核取【範圍，值到HIGHEST】選項，然後在其下方的輸入欄中輸入「119」，接著在右邊的【新值】方框中選取【數值】，並在其後方的輸入欄中輸入「2」，接著按【新增】鈕，再按【繼續】鈕。即可完成分組的設定工作。如圖2-19所示。

步驟5：於【舊值與新值】子對話框中，按【繼續】鈕後，回到【重新編碼成不同變數】對話框，再按【確定】鈕，即可完成所有的設定工作。回到【資料視圖】視窗，檢查即可發現已依「量表總分」的值轉換為「分組」。如圖2-20所示。

步驟6：雖然我們已將「量表總分」值轉換為「分組」值（1,2）。然而依題意，須再對「分組」值，再予以定義。這個定義工作將在資料檔的【變數視圖】視窗中，變數的【數值】標籤欄位中設定。首先按「分組」變數的【數值】欄位，待出現██鈕後，按██鈕，即可出現【數值標籤】對話框。在【數值】輸入框中輸入1，【標籤】輸入框中輸入「低分組」，再按【新增】鈕即可完成「1=“低分組”」之定義，依上述作法亦可完成「2=“高分組”」。

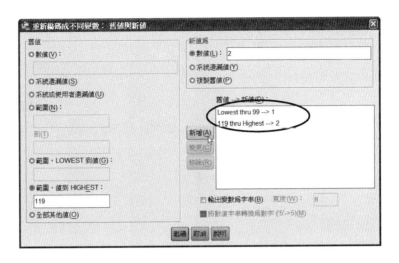

圖2-19【舊值與新值】的轉換設定

	ly5	性別	婚姻	年齡	職業	教育	月收入	量表總分	分組	var	var	var	var	va
25	6	2	1	2	1	4	6	95	1.00					
26	5	2	2	4	4	5	2	99	1.00					
27	5	2	2	3	4	5	3	97	1.00					
28	6	1	2	5	3	5	2	107	.					
29	7	2	1	3	6	4	1	110	.					
30	5	2	2	2	1	5	3	106	.					
31	5	1	1	2	1	5	4	102	.					
32	5	2	2	3	4	5	3	96	1.00					
33	7	2	2	3	6	4	4	124	2.00					
34	7	2	2	2	7	5	1	119	2.00					
35	4	1	2	4	3	2	6	100	.					
36	6	1	2	3	3	5	3	112	.					
37	7	2	1	3	4	5	4	125	2.00					

低於99分者，編為低分組（代碼1）；高於119分者，編為高分組（代碼2）；介於99（不含）至119（不含）之間者，則不予以分組。

圖2-20　分組完成

步驟7：定義完成後，按【確定】鈕，即可完成設定。

步驟8：詳細的操作過程，讀者亦可自行參閱影音檔「ex2-6.wmv」。

2-6　計算分組平均數

在SPSS中，欲計算分組平均數時，最常使用的功能為【觀察值摘要】功能。【觀察值摘要】可以用來計算指定變數的分組統計量。其中，分組變數可以是一個，也可以有多個。如果是多個的話，將在所有水準（分組變數的取值）間進行交叉組合計算。在每個組別中，變數的值也可以選擇要顯示出來或不顯示。而對大資料集而言，也可以僅列出排序較前面的幾個觀察值。

▶ 範例2-7

資料檔ex2-7.sav為論文【品牌形象、知覺價值與品牌忠誠度關係之研究】的原始資料檔。試依範例2-5中「年齡層」的分組方式，計算各分組中品牌形象構面（bi）、知覺價值（pv）與品牌忠誠度（ly）之整體認知狀況的平均數與標準差，並填製表2-5（範例檔案\example\chap02\表2-5.doc）。

表2-5　青、壯、老年於各主構面之平均值與標準差

	品牌形象（9題）		知覺價值（8題）		品牌忠誠度（5題）	
	平均數	標準差	平均數	標準差	平均數	標準差
青年						
壯年						
老年						

操作步驟

步驟1：開啓ex2-7.sav後，請參考範例2-5，先將「年齡」變數轉換為「年齡層」，以便將所有的受訪者依其年齡分布分為青年、壯年與老年等三組。

步驟2：依下列各公式，以橫向計算方式（【轉換】／【計算變數】）先計算出每個個案之品牌形象、知覺價值與品牌忠誠度的整體認知程度。

品牌形象的整體認知程度（bi）＝ sum(bi1_1 to bi3_3)/9

知覺價值的整體認知程度（pv）＝ sum(pv1_1 to pv4_2)/8

品牌忠誠度的整體認知程度（ly）＝ sum(ly1 to ly5)/5

步驟3：分組完成後，接著，執行【分析】／【報表】／【觀察值摘要】。待開啓【觀察值摘要】對話框後，將代表品牌形象、知覺價值與品牌忠誠度

整體認知的變數bi、pv與ly選入【變數】清單方塊中。接著將分組變數「年齡層」選入【分組變數】清單方塊中。

步驟4：於【觀察值摘要】對話框的左下角，取消勾選【顯示觀察值】核取方塊。

步驟5：按【統計資料】按鈕，開啓【統計資料】對話框，請選取平均數、標準差等統計量作爲要輸出的統計量（即將平均數、標準差移到右邊的【儲存格統計資料】清單方塊中）。按【繼續】鈕，回到【觀察值摘要】對話框。

步驟6：設定完成後，按【確定】鈕，即可開始製作觀察值摘要報表，然後將資料填入「範例檔案\example\chap02\表2-5.doc」的表2-5中。

步驟7：詳細的操作過程，讀者亦可自行參閱影音檔「ex2-7.wmv」。

▶ 報表解說

【觀察值摘要】分析的輸出結果如下：

表2-6　各年齡層的受訪者對品牌形象、知覺價值與品牌忠誠度之整體認知狀況

年齡層		bi	pv	ly
青年	平均數	5.1148	4.8844	4.9867
	標準偏差	.90484	.80001	1.46551
壯年	平均數	5.1315	4.6694	4.8876
	標準偏差	.92532	.82751	1.36326
老年	平均數	5.1407	4.5917	4.9511
	標準偏差	.80522	.77350	1.34242
總計	平均數	5.1267	4.7362	4.9317
	標準偏差	.90017	.81627	1.39476

表2-6的【觀察值摘要】表中，列出了各年齡層的受訪者對品牌形象、知覺價值與品牌忠誠度之整體認知狀況。首先會依不同年齡層顯示出品牌形象、知覺價值與品牌忠誠度的平均數與標準差，然後再列出年齡層的彙總情況。從表2-6中可發現：品牌形象的整體認知中，年齡層爲「老年」的受訪者對個案公司之整體品牌形象的認同度較高；在知覺價值的整體認知方面，則以「青年」的受訪者對個案公司之整體知覺價值的認同度較高；而於品牌忠誠度的整體認知方面，也是以「青年」的受訪者對個案公司之品牌忠誠度較高。

　　雖然，從表2-6的分析數據中，可大略看出各分組於各構面的認知有所差異。然研究者不能因表面的數據差異而據以認定該差異是確實存在的。畢竟抽樣往往是具有誤差的，這些差異或許是因誤差引起的也說不定。如果要確認各分組是否真的有差異時，最好還是從科學的角度加以檢驗較為保險，此科學技術即是日後我們將學習的「假設檢定」。

習 題

練習 2-1

附錄二為論文「遊客體驗、旅遊意象與重遊意願關係之研究」的原始問卷，該問卷的原始資料檔為「hw2-1.sav」，試求算下列問題：

1. 試算出每位受訪者於遊客體驗構面的平均得分與感官體驗、情感體驗、思考體驗、行動體驗及關聯體驗等五個子構面的平均得分，新變數的名稱請依序分別設定為「exp_avg」、「exp1_avg」、「exp2_avg」、「exp3_avg」、「exp4_avg」與「exp5_avg」。

2. 試算出每位受訪者於旅遊意象構面的平均得分與產品意象、品質意象、服務意象及價格意象等四個子構面的平均得分，新變數的名稱請依序分別設定為「im_avg」、「im1_avg」、「im 2_avg」、「im 3_avg」與「im 4_avg」。

3. 試算出每位受訪者於重遊意願構面的平均得分，新變數的名稱請設定為「rv_avg」。

4. 計算完成後，請另存新檔為「hw2-1-ans.sav」。

練習 2-2

參考附錄二中，論文「遊客體驗、旅遊意象與重遊意願關係之研究」的原始問卷，並開啓「hw2-2.sav」，由於研究的需要，須將「年齡」欄位依下列規則，重新編碼成新變數「年齡層」。計算完成後，請另存新檔為「hw2-2-ans.sav」，並計算各年齡層的受訪者，其於遊客體驗、旅遊意象與重遊意願等三構面的平均數與標準差，並完成表2-7。

30歲以下：改稱為青年，其數值代碼為1。

31~50歲：改稱為壯年，其數值代碼為2。

51歲以上：改稱為老年，其數值代碼為3。

表2-7　各年齡層的受訪者對遊客體驗、旅遊意象與重遊意願之整體認知狀況

	遊客體驗（21題）		旅遊意象（15題）		重遊意願（5題）	
	平均數	標準差	平均數	標準差	平均數	標準差
青年						
壯年						
老年						

練習 2-3

參考附錄二中，論文「遊客體驗、旅遊意象與重遊意願關係之研究」的原始問卷，並開啟「hw2-3.sav」，請依照每位受訪者的量表總分（共41題），進行分組。分組的原則如下：

量表總分小於第25百分位者：改稱為低分組，其數值代碼為1。
量表總分大於第75百分位者：改稱為高分組，其數值代碼為2。

計算完成後，請另存新檔為「hw2-2-ans.sav」。並計算各分組的受訪者，其於遊客體驗、旅遊意象與重遊意願等三構面的平均數與標準差，並完成表2-8。

表2-8　高、低分組的受訪者對遊客體驗、旅遊意象與重遊意願之整體認知狀況

	遊客體驗（21題）		旅遊意象（15題）		重遊意願（5題）	
	平均數	標準差	平均數	標準差	平均數	標準差
低分組						
高分組						

練習 2-4

參考附錄二中，論文「遊客體驗、旅遊意象與重遊意願關係之研究」的原始問卷，並開啟「hw2-4.sav」，請比較【遊客體驗】之平均得分大於4（高體驗組）與低於4（低體驗組）的受訪者在重遊意願構面的平均數與標準差，並完成表2-9。

表2-9　各分組的受訪者對重遊意願之整體認知狀況

	重遊意願（5題）	
	平均數	標準差
高體驗組		
低體驗組		

第3章

基本統計分析

在SPSS中，所謂的「基本統計分析」指的是【分析】功能選單下的【描述性統計資料】分析（descriptive statistics）功能，這項功能是SPSS統計分析的重要功能，也是一般我們進行統計工作的起始點。

透過【描述性統計資料】功能，研究者可以得到許多統計學上常使用的基本統計量，如平均數、中位數、百分位數、變異數、標準差、標準誤差、最大值、最小值、全距、偏態和峰度等。而且也能進行資料的常態性檢定、獨立性檢定……等，進而理解單變數資料的特徵和多變量資料間的相互關係。此外，還可以依照使用者所設定的格式來輸出報表。

在本章將包含以下的內容：

(1) 製作基本資料分析表。

(2) 主要變數的現況分析。

(3) 標準化值。

3-1 製作基本資料分析表

基本資料分析表（如表3-1），幾乎是所有的專題、論文於統計分析時第一個產出的報表。其主要的目的在於描述受訪者各項社經背景資料的分布狀況，這將有助於研究者檢視經由抽樣調查所得到的受訪者樣本是否符合研究議題的設定（如母體代表性、抽樣誤差）。基本上，表3-1的基本資料分析表其本質應是種次數分配表。

一般而言，最基本的統計分析往往都是從次數分配開始的。透過次數分配能夠清楚了解變數之取值狀況，對掌握資料的特徵是非常有用的。例如：對問卷資料的統計分析過程中，通常會先去分析本次調查之受訪者的基本資料，如受訪者的總人數、年齡區間、職業、性別、婚姻狀況……等基本資料。透過這些分析，便能夠輔助研究者了解樣本是否具有母體代表性，或者抽樣是否存在系統偏差等，並以此確認未來相關問題分析的代表性和可信度。

次數分配表是描述性統計中最常被使用的方法之一，【次數分配表】功能就是專門為產生次數表而設計的。它不僅可以產生詳細的次數表，還可以依照研究需求顯示出某百分位數的數值，以及常用的長條圖，圓形圖等統計圖。使用【次數分配表】功能可以方便地對資料按組別進行歸類整理，形成各變數的不同水準的次數分配表和圖形，以便對各變數的資料特徵和觀察值分配狀況能先有一個概括性的認識。次數分配表是描述性統計中最常用的方法之一，它還可對資料的分配趨勢進行初步分析。

▶範例3-1

參考附錄一中，論文【品牌形象、知覺價值與品牌忠誠度關係之研究】的原始問卷，並開啓ex3-1.sav和ex3-1.doc，試對受訪者的各項基本資料製作【次數分配表】，完成後並將資料彙整如表3-1。

　　表3-1為一般論文中常見的受訪者基本資料分析表，這個表中描述著受訪者的基本社經背景資料，如受訪者的總人數、性別、年齡、職業、婚姻狀況……等基本資料。透過這些分析，可讓我們了解受測樣本的基本構造，進而輔助研究者了解樣本是否具有母體代表性，或者抽樣是否存在系統偏差等，並據以確認未來相關統計分析之結果的代表性和可信度。

　　基本上，表3-1只是次數分配表的基本應用與彙整而已。在SPSS中的操作很簡單，只是塡這個表有點麻煩。但是，若能善用Microsoft Excel套裝軟體，那麼將可達事半功倍之效。表3-1的空白表格已製作完成，並存放在「範例檔案\example\chap03」資料夾中，其檔名爲「ex3-1.doc」。請讀者自行開啓並應用。

表3-1　受訪者基本資料分析表（樣本數：334）

顧客基本資料		樣本數	比例%	顧客基本資料		樣本數	比例%
性別	女	133	39.82	教育程度	國小（含）以下	6	1.80
	男	201	60.18		國中	8	2.40
婚姻	未婚	117	35.03		高中（職）	80	23.95
	已婚	217	64.97		專科	97	29.04
年齡	20歲以下	39	11.68		大學	130	38.92
	21～30歲	81	24.25		研究所（含）以上	13	3.89
	31～40歲	112	33.53	平均月收入	15,000元以下	46	13.77
	41～50歲	57	17.07		15,001～30,000元	86	25.75
	51～60歲	32	9.58		30,001～45,000元	112	33.53
	61歲以上	13	3.89		45,001～60,000元	51	15.27
職業	軍公教	48	14.37		60,001～75,000元	21	6.29
	服務業	69	20.66		75,001～90,000元	15	4.49
	製造業	93	27.84		90,001～120,000元	1	0.30
	買賣業	62	18.56		120,001元以上	2	0.60
	自由業	11	3.29				
	家庭主婦	20	5.99				
	學生	27	8.08				
	其他	4	1.20				

(操)(作) 步驟

步驟1：開啟ex3-1.sav後，執行【分析】／【描述性統計資料】／【次數】。

步驟2：待開啟【次數】對話框後，於左方的待選變數欄中，將性別、婚姻、年齡、職業、教育與月收入等變數選入【變數】欄中。

步驟3：勾選【次數】對話框下方的【顯示次數分配表】選項，然後按【確定】鈕，即可於輸出報表中，顯示出各變數的次數分配表，如圖3-1所示。

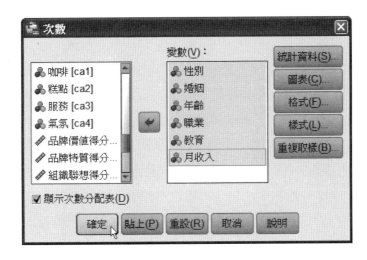

圖3-1　設定【次數】對話框

步驟4：執行後，即可輸出內含各變數之次數分配表的輸出報表，如表3-2。另外，若有需要的話也可對輸出報表存檔，存檔時請注意，輸出檔的附檔名為「*.spv」。

表3-2　次數分配表（僅以變數「年齡」為例）

		次數	百分比	有效百分比	累積百分比
有效	20歲以下	39	11.7	11.7	11.7
	21～30歲	81	24.3	24.3	35.9
	31～40歲	112	33.5	33.5	69.5
	41～50歲	57	17.1	17.1	86.5
	51～60歲	32	9.6	9.6	96.1
	61歲以上	13	3.9	3.9	100.0
	總計	334	100.0	100.0	

步驟5：開啓「ex3-1.doc」，接下來，即可將輸出報表中各項基本資料的次數分配表，抄錄到空白的表3-1中了。抄錄過程或許讀者會覺得過於費力、費時，此時也可考慮利用Microsoft Excel輔助填製表3-1。此方法是將輸出報表中的各變數之次數分配表先複製到Microsoft Excel，再經由Microsoft Excel整理好各資料的格式後，再複製至「ex3-1.doc」的表3-1中，即可輕鬆完成表3-1之基本資料表的製作任務了。

步驟6：詳細的操作過程，讀者亦可自行參閱影音檔「ex3-1.wmv」。

▶ 報表解說

本研究主要針對個案公司之消費者進行問卷調查，經實際發放400份問卷後，實際回收373份問卷，扣除填答不完整、亂填等回收問卷後，本研究實際回收334份有效問卷。

本研究之人口統計變數包括「性別」、「婚姻」、「年齡」、「職業」、「教育程度」與「平均月收入」等六項。受訪者基本屬性分析結果如表3-1所示。受訪者樣本中，男性占60.18%，女性占39.82%，男性占多數；從婚姻狀況來看，已婚者占多數（64.97%）；在教育程度方面，以大學或專科學歷（67.96%）占多數；在年齡的分布中以31～40歲（33.53%）占多數，其次是21～30歲（24.25%）；在職業方面以製造業（27.84%）占多數，其次是服務業（20.66%）；在平均月收入方面以30,001～40,000（33.53%）占最多，其次是15,001～30,000（25.75%）。

經由受訪者基本屬性分析得知，個案公司的消費族群中，有相當高的比率屬青、壯年齡層、高等教育程度與中等所得；而職業則以製造業、服務業、買賣業與公教人員居多，男、女消費者之分布狀況則以男性居多。

3-2 描述性統計資料

問卷資料分析的過程中，利用次數分配表初步掌握受訪者基本資料之分布狀況後，通常還需要更精確的掌握區間尺度型態資料的分配特徵（即研究變數的現況），這時就需要精確計算各變數的基本描述統計量了。例如：對於論文【品牌形象、知覺價值與品牌忠誠度關係之研究】的問卷資料，通常研究者會去分析各個構面的現況，這時就須去計算這些構面變數的平均數、標準差、偏態、峰度……等描述性統計量，以便能更進一步準確的掌握資料的集中趨勢、分散趨勢與分布狀況等特徵。

在SPSS中，雖然可用以求取變數之描述性統計量的功能還相當多。如：【OLAP多維度報表】、【觀察值摘要】、【描述性統計資料】等功能。但是基本上，若研究需求是希望求取「分組」的描述性統計量時，那麼應該使用【OLAP多維度報表】或【觀察值摘要】功能；而在「不須分組」的情況下時，求取描述性統計量時，則應使用本節所將介紹的【描述性統計資料】功能。

【描述性統計資料】功能是對連續性資料之統計分析中，應用最多的一個功能，它可對變數進行描述性統計分析，以計算並列出一系列相關的統計指標，包括平均值、算術和、標準差、最大值、最小值、變異數、全距、平均值標準誤差、峰度和偏態……等。在【描述性統計資料】功能中，還有個特殊功能，那就是可將原始資料轉換成標準化分數（Z值），並以變數的形式存入資料檔中，供以後分析之用。所謂「Z」值是指某原始數值比其樣本平均值高或低多少個標準差，高的為正值，低的為負值，相等的為零。

3-2-1 描述資料集中趨勢的統計量

常見的描述性統計資料大致可以分為三大類。第一，描述集中趨勢的統計量；第二，描述分散程度的統計量；第三，描述分配型態的統計量。一般而言，只要能掌握這三類統計量就能夠極為精確和清晰地把握資料的分配特徵。

集中趨勢是指一組資料向某一中心點靠攏的傾向。因此，計算集中趨勢統計量的目的，正是要尋找到一個能夠反映資料一般水準的「代表值」或「中心值」。常見的集中趨勢統計量包含平均值、中位數與眾數。這些集中趨勢統計量中，平均值（mean）是一個最常用的「代表值」或「中心值」，又稱「算術平均數」。在統計學中，平均值占有重要的地位，它反映了某變數所有取值的集中趨勢或平均水準。

平均值的數學定義為：$\bar{x} = \dfrac{1}{n}\sum_{i=1}^{n} x_i$　　　　　　　　　　（式3-1）

其中，n代表樣本數，x_i為各樣本觀察值。從平均值的數學定義可以清楚的看出，平均值具有以下的特點：

一、平均值的計算使用了所有樣本的資料值。
二、平均值代表了資料的一般水準。
三、平均值的大小易受到資料中極端值的影響。

此外，還有其他一些描述資料集中趨勢的統計量，如中位數（median，即一組資料由小排到大後，位於中間位置上的資料值）、眾數（mode，即一組資料中出現次數最多的資料值）等。這些集中趨勢統計量都具有各自的特性。在實際應用中，應根據這些統計量的不同特性和實際問題，選擇合適的統計量。例如：在評價全國人民的所得水準時，一般會使用中位數；鞋廠在制定各種型號的鞋子的生產計畫時，應該會運用眾數等。

3-2-2 描述資料分散程度的統計量

分散程度是指一組資料中的各觀察值遠離其「中心值」的程度。描述資料的分配狀況時，若僅簡單的使用平均值等「中心值」來描述，並不能得到盡善盡美的結果，應該還須再考察資料分配的分散程度。即考察所有資料相對於「中心值」的分散程度。如果各觀察值都能緊密地集中在「中心值」的附近，那麼可推斷資料的分散程度較小，而這現象正可說明這個「中心值」確實是全部觀察值的「代表」。因此我們可以說，「中心值」對全部觀察值而言，它的代表性良好；相反的，如果各觀察值僅是鬆散地分配在「中心值」的附近，那麼可推斷資料的分散程度較大，這時「中心值」則較不具有代表性。因此，同時考量「中心值」和相對於「中心值」的分散程度的交互作用，才能對資料特徵進行比較完整的描述。

可以用以描述資料分散程度的統計量如下：

(一) 樣本標準差（standard deviation: Std Dev）

樣本標準差（s）描述了各觀察值和平均值間的平均離散程度。樣本標準差的數學定義為：

$$s = \sqrt{\frac{1}{n-1}\sum_{i=1}^{n}(x_i - \overline{x})^2} \qquad （式3-2）$$

上式中x_i為各樣本觀察值、$\overline{x}$為平均值、「$x_i - \overline{x}$」亦稱為離差，不難理解樣本標準差的實質意義為離差平方和之平均值的平方根。故可明顯看出，樣本標準差描述了各觀察值相對於平均值的平均離散程度；樣本標準差愈大，即說明各觀察值之間的差異程度愈大，距平均值這個「中心值」的分散趨勢也愈大。樣本標準差具有計量單位。

(二) 樣本變異數（variance）

樣本變異數也是一種可用以描述各觀察值間離散程度的統計量。樣本變異數的數學定義為：

$$\sigma^2 = \frac{1}{n-1}\sum_{i=1}^{n}(x_i - \bar{x})^2 \qquad\qquad （式3-3）$$

明顯的，樣本變異數就是樣本標準差的平方；樣本變異數值愈大，各觀察值之間的差異程度也愈大，距平均值這個「中心值」的分散趨勢也越大。基本上樣本變異數是沒有計量單位的。

(三) 全距（range）

全距這個在統計學中常用的統計量，在中文版的SPSS中將被翻譯為「範圍」。它的意義為各觀察值中的最大值（maximum）與最小值（minimum）之差的絕對值。全距也是一種可用來描述各觀察值間離散程度的統計量。在相同樣本大小之情況下的兩組資料，全距大的資料比全距小的資料分散。全距若非常小，這就意味著各觀察值基本上大都是集中在一起的。

另外，SPSS還能夠計算樣本平均值的標準誤差簡稱為標準誤（standard error of mean）。眾所周知，樣本資料是來自母體的，樣本的描述統計量可以反映出母體資料的特徵。由於抽樣誤差的存在，使得樣本資料不一定能夠完全準確地反映母體，它與母體的真實值之間存在著一定的差異。因此樣本平均值與母體平均值之間或多或少將存在著一些差異。

若我們抽樣很多次，那麼我們將會得到若干個不同的樣本平均值。當每次抽樣的樣本數夠大時，這些樣本平均值會服從常態分配，即 $\bar{X} \sim N(\mu, \sigma^2/n)$。其中，$\mu$為母體平均值，$\sigma^2$為母體變異數，$n$為樣本數。可見，樣本平均值與母體平均值的平均差異（離散）程度（即變異數），即為σ^2/n。因此，樣本平均值的標準誤差（標準誤）的數學定義為：

$$\text{standard error of mean} = \frac{\sigma}{\sqrt{n}} \qquad\qquad （式3-4）$$

由此可見，標準誤是描述樣本平均值與母體平均值之間平均差異程度的統計量。它反映了樣本平均數的離散程度。標準誤愈小，即表示樣本平均數與母體平均數愈接近。

3-2-3　描述分配型態的統計量

　　集中趨勢統計量和分散統計量是表達資料分配狀況的兩個重要特徵。爲能更清楚、更廣泛的了解資料分配的特性，還應掌握資料的分配型態。所謂資料的分配型態主要是指資料的分配是否對稱，偏斜程度，陡峭程度等指標。

　　描述分配型態的統計量主要有兩種，如下：

(一) 峰度（kurtosis）

　　峰度是描述觀察值分配型態陡峭程度的統計量。峰度係以具有相同變異情況的常態分配爲基礎而進行比較的，它可用以了解一個對稱性的樣本分配的峰點是否處於相對比較扁平或高聳的狀況。當資料分配的峰度較高時，表示該分配在接近平均數附近時，是比較高聳的，坡度因此也較陡；而當資料分配的峰度較低時，則表示該分配在接近平均數附近，是比較扁平的。

　　峰度的數學定義爲：

$$Kurtosis = \frac{1}{n-1}\sum_{i=1}^{n}\frac{(x_i-\bar{x})^4}{s^3}-3 \qquad （式3-5）$$

　　式3-5中說明了，當資料分配狀況與標準常態分配的陡峭程度相同時，峰度值會等於0；峰度大於0表示資料的分配狀況比標準常態分配更陡峭；而當峰度小於0表示資料的分配狀況比標準常態分配更扁平。

(二) 偏態（skewness）

　　偏態是種描述觀察值分配型態之對稱性的統計量。當一個分配的尾巴向右一直延伸，那麼，我們稱它爲「正偏態」（positively skewed）或右偏。同樣的，當一個分配的尾巴向左一直延伸，那麼，我們稱它爲「負偏態」（negatively skewed）或左偏。所以，偏態的範圍可以從負的無限大到正的無限大。

　　偏態的數學定義爲：

$$Skewness = \frac{1}{n-1}\sum_{i=1}^{n}\frac{(x_i-\bar{x})^3}{s^3} \qquad （式3-6）$$

　　式3-6中說明了，當資料分配爲對稱分配時，正、負總偏差相等，偏態值等於0；當分配爲不對稱分配時，正負總偏差不相等，偏態值將大於0或小於0。偏態值大於0時，表示正偏差值大，爲正偏態或稱右偏，這時直方圖中有一條長尾會拖往右邊；偏態小於0時，表示負偏差數值較大，爲負偏態或稱左偏，這時直方圖中有一條長尾拖

往左邊。偏態絕對值愈大，表示資料分配型態的偏斜程度愈大、愈不對稱。

▶ 範例3-2

參考論文【品牌形象、知覺價值與品牌忠誠度關係之研究】的原始問卷，並開啟ex3-2.sav和ex3-2.doc，試對「品牌形象」構面進行現況分析，並完成表3-3。

論文【品牌形象、知覺價值與品牌忠誠度關係之研究】的原始問卷中，「品牌形象」構面共有三個子構面，分別為「品牌價值」、「品牌特質」與「企業聯想」。其中「品牌價值」有3題問項，「品牌特質」有3題問項，「企業聯想」亦有3題問項，共計9題問項。依題意，我們須對「品牌形象」構面進行描述性統計，並完成表3-3的製作，以了解受訪者對該構面之認知現況。

表3-3　「品牌形象」構面現況分析表

題號	構面	問項	平均數	標準差	偏態	峰度	構面排序	總排序	構面平均
1	品牌價值	85度C的產品風味很特殊。	5.09	1.45	-0.57	-0.23	1	7	
2		85度C的產品很多樣化。	4.98	1.47	-0.45	-0.45	3	9	5.02
3		85度C和別的品牌有明顯不同。	4.99	1.38	-0.51	-0.19	2	8	
4	品牌特質	85度C很有特色。	5.13	1.38	-0.44	-0.41	3	6	
5		85度C很受歡迎。	5.18	1.38	-0.60	-0.25	2	4	5.16
6		我對85度C有清楚的印象。	5.19	1.36	-0.60	-0.11	1	3	
7	企業聯想	85度C的經營者正派經營。	5.22	1.37	-0.50	-0.52	1	1	
8		85度C形象清新。	5.17	1.33	-0.49	-0.32	3	5	5.19
9		85度C讓人聯想到品牌值得信任。	5.19	1.46	-0.50	-0.64	2	2	

操作步驟

步驟1：開啟ex3-2.sav後，執行【分析】／【描述性統計資料】／【描述性統計資料】，即可開啟【描述性統計資料】對話框。

步驟2：待開啟【描述性統計資料】對話框後，於左方的【待選變數】清單方塊中，將衡量「品牌形象」構面的題項bi1_1～bi1_3、bi2_1～bi2_3、bi3_1～bi3_3等變數，選入右方的【變數】清單方塊中。然後，於左下角取消勾選【將標準化的數值存成變數】選項，接著按【選項】鈕，待開啟【選項】對話框後，勾選【平均數】、【標準差】、【峰度】與【偏斜度】（即偏態）。如圖3-2。

圖3-2　設定【描述性統計資料】之【選項】對話框

步驟3：設定好【選項】對話框後，按【繼續】鈕回到【描述性統計資料】對話框，接著按【確定】鈕，即可於輸出報表中輸出有關描述性統計量的相關報表，如表3-4所示。

表3-4　描述性統計表

	N	平均數	標準偏差	偏斜度		峰度	
	統計資料	統計資料	統計資料	統計資料	標準錯誤	統計資料	標準錯誤
bi1_1	334	5.09	1.446	−.571	.133	−.232	.266
bi1_2	334	4.98	1.470	−.454	.133	−.452	.266
bi1_3	334	4.99	1.383	−.511	.133	−.192	.266
bi2_1	334	5.13	1.381	−.441	.133	−.407	.266
bi2_2	334	5.18	1.378	−.605	.133	−.246	.266
bi2_3	334	5.19	1.357	−.600	.133	−.112	.266
bi3_1	334	5.22	1.366	−.498	.133	−.522	.266
bi3_2	334	5.17	1.332	−.487	.133	−.322	.266
bi3_3	334	5.19	1.458	−.500	.133	−.636	.266
有效的N（完全排除）	334						

步驟4：開啟「ex3-2.doc」，接下來，即可將輸出報表（表3-4）中各項統計資料，抄錄到空白的表3-3中了。抄錄過程或許讀者會覺得過於費力、費時，此時也可考慮利用Microsoft Excel輔助填製表3-3。此方法是將表3-4

先複製到Microsoft Excel，再經由Microsoft Excel整理好各資料的格式後，再複製至「ex3-2.doc」的表3-3中，即可輕鬆完成表3-3之基本資料表的製作任務了。

步驟5：詳細的操作過程，讀者亦可自行參閱影音檔「ex3-2.wmv」。

▶ 報表解說

經由執行【描述性統計資料】後，可輕易輸出有關樣本資料的各項基本統計量。這些統計量若能經適當的表格化處理後，可供研究者研判各主要變數於受訪者心中的認知程度，並進行初步的比較與對各變數的現況進行分析。表3-3的現況分析結果，在專題或論文中可作以下的分析結論。

「品牌形象」構面的現況分析結果，如表3-3所示。於本研究中「品牌形象」構面共包含三個子構面，分別為「品牌價值」、「品牌特質」與「企業聯想」，共有9個衡量題項。一般而言，偏態與峰度係數如果介於±2之間，則可研判資料符合常態分配（Mardia, 1985）。從偏態與峰度係數來看，其值分別介於–0.605～–0.441、–0.636～–0.112間。因此，可認為「品牌形象」構面的樣本資料分配狀況大致上可服從常態分配。

再從平均得分觀之，消費者對整體「品牌形象」構面的認知程度中，以「企業聯想」子構面的平均數最高，達5.19，其次為「品牌特質」子構面（5.16）、最低則為「品牌價值」子構面（5.02）。

在「品牌價值」子構面中，以「1. 85度C的產品風味很特殊。」題項的得分最高（5.09），其次為「3. 85度C和別的品牌有明顯不同。」（4.99），最低則為「2. 85度C的產品很多樣化。」（4.98）。然各題項之得分差異並不大。

在「品牌特質」子構面中，以「6. 我對85度C有清楚的印象。」題項的得分最高（5.19），其次為「5. 85度C很受歡迎。」（5.18），最低則為「4. 85度C很有特色。」（5.13）。

在「企業聯想」子構面中，以「7. 85度C的經營者正派經營。」題項的得分最高（5.22），其次為「9. 85度C讓人聯想到品牌值得信任。」（5.19），最低則為「8. 85度C形象清新。」（5.17）。

而就品牌形象的各衡量題項而言，「企業聯想」子構面中的「7. 85度C的經營者正派經營。」的認同度最高，其次為「企業聯想」子構面中的「9. 85度C讓人聯想到品牌值得信任。」，再其次為品牌特質構面的「6. 我對個案公司有清楚的印象」，

而認同度較低的後三名則全部皆為「品牌價值」子構面的題項，分別為「1. 85度C的產品風味很特殊。」、「3. 85度C和別的品牌有明顯不同。」與「2. 85度C的產品很多樣化。」。

綜合而言，三個品牌形象之子構面中，認同度最強之構面為「企業聯想」子構面，其次為「品牌特質」；最差者為「品牌價值」子構面。但是其間的差異不大，其得分約屬中上程度。由此可知，一般消費者對於「85度C」的品牌形象、產品風味與印象尚能認同，且已能清楚的對「85度C」的市場定位明確釐清。雖是如此，一般消費者仍對「85度C」的產品多樣化、特色與形象清新度，則普遍認為尚有改進空間。

3-3 標準化值

對於具有不同水準或不同單位的資料，在進行統計分析之前，往往需要進行預先處理，使資料能在更平等的條件下進行分析。對於這類資料的預處理工作，最常使用的方法就是將資料予以標準化（standardization）。例如：小明的統計學期中考成績為71分，全班的平均是62分，標準差3分；另其期末考成績為80分，班上的平均是70分，標準差5分，試問小明的成績在班上名次是進步或退步呢？

雖然從小明的期中、期末考成績來看，明顯的是分數有增加，名次進步的機率應較大。但是若考慮到兩次考試的難易度、鑑別力、情境……等因素或有差異，故名次的變化應要有更嚴謹的評估標準。也就是說，單純的從分數來判斷小明成績進步或退步，將失之偏頗。故於名次的評估上，除應考量全班的平均數外，也應該將標準差的概念考慮進來。由於名次具有「位置」的概念，如果能了解兩次考試，小明的成績於班上所占的位置於何處，就可得知小明在班上名次是進步或退步了。在此考量下，必須找出一個基準點，然後測量期中、期末成績離這個基準點有多少「距離」，且這個評估「距離」的單位也要一致才行。據此，最簡單的方法就是將平均數訂為基準點，且以標準差為「距離」的單位，就可解決這種具比較性的問題了。

在此情形下，若能回答出下列兩個問題，名次問題就可輕易獲得解決：

(1)小明的統計學期中考成績距全班期中平均有多少個標準差的距離？

(2)小明的統計學期末考成績距全班期末平均有多少個標準差的距離？

不難理解第(1)個問題的答案就是（71 − 62）/3 = 3，也就是期中考成績距全班期中平均有3個標準差；而第(2)個問題的答案為（80 − 70）/5 = 2，也就是期末考成績

距全班期末平均只有2個標準差。明顯的，小明的成績在班上名次是退步了。

　　上述解題過程中，該「距離」的值，就是統計學中所稱的標準化值（standardized value）。所謂標準化就是將樣本中的某個觀察值減去樣本平均數後再除以樣本標準差的過程，這個過程中所得的值就稱為標準化值。因此，所謂的標準化值的真正意義為，不管樣本資料的水準或單位，某觀察值與平均數的距離有幾個標準差之意。標準化值是我們經常用來衡量資料之相對位置的指標數據，標準化值也稱為Z值，標準化值的計算公式如下：

$$Z_i = \frac{x_i - \bar{x}}{s} \qquad\qquad （式3-7）$$

　　其中，x_i為樣本資料的第 i 個觀察值，$\bar{x}$為樣本資料的平均數，s為標準差。

　　從式3-7的計算公式中不難明瞭，Z值所代表的意義為資料x_i在整體資料中所在的相對位置。例如：如果在你所任職的公司中，你的「所得」的標準化值Z值為2，這表示你的「所得」是在「全體員工平均所得」以上的兩個標準差之位置，所以從近似鐘形分配資料或常態分配的經驗法則來看，你是一個高所得者（前2.5%）。因為根據常態分配的特性，約有95%的觀察值會落在正、負兩個標準差的範圍內。

　　此外，第2章曾提及利用標準化值也可以判斷離群值。如果研究者已能確認某變數資料符合常態分配的話，那麼最常見的檢測離群值方法，非「標準化值（或稱Z分數）」莫屬。根據常態分配的性質，約有99%資料的Z分數會落在平均值的正負3個標準差之內，因此過往文獻上，會將Z分數大於3或小於–3的數據視為離群值（例如：Shiffler, 1988; Stevens, 1990）。

▶ 範例3-3

　　資料檔ex3-3.sav，為論文【品牌形象、知覺價值與品牌忠誠度關係之研究】的原始資料檔。請開啟ex3-3.sav，試計算「量表總分」的標準化Z值，並從資料檔中刪除具離群值的個案資料，完成後請另存新檔為「ex3-3-ans.sav」。

　　論文【品牌形象、知覺價值與品牌忠誠度關係之研究】的原始問卷中，扣除掉「第四部分：基本資料」的題項後，剩餘題項為可用以衡量「品牌形象」（9題）、「知覺價值」（8題）與「品牌忠誠度」（5題）等三個構面的題項，共22題。現針對每個個案所填答的這22個題項的得分進行加總，加總後所得的值即所謂的「量表總

分」。此加總過程，已計算完成，並已儲存在ex3-3.sav中了。

現在，我們將計算變數「量表總分」的標準化值。藉由標準化值可偵測是否存在離群值，並據以刪除具離群值的個案資料。

(操)(作) 步驟

步驟1：開啓ex3-3.sav後，執行【分析】／【描述性統計資料】／【描述性統計資料】，即可開啓【描述性統計資料】對話框。

步驟2：待開啓【描述性統計資料】對話框後，於左方的待選變數欄中，將變數「量表總分」選入右方的【變數】欄中，並勾選【將標準化的數值存入變數】核取方塊。選取此核取方塊，就會將所選取的變數進行標準化而產生相對應的Z值，並且會爲該值自動建立一個新變數名稱而儲存在資料檔中，新變數名會在原變數名稱前加上「Z」。例如：變數「量表總分」所相對應產生的新變數名稱爲「Z量表總分」。

步驟3：按【確定】鈕後，即可在原始資料檔的最後一欄，產生代表各標準化值的新變數名稱「Z量表總分」，如圖3-3所示。

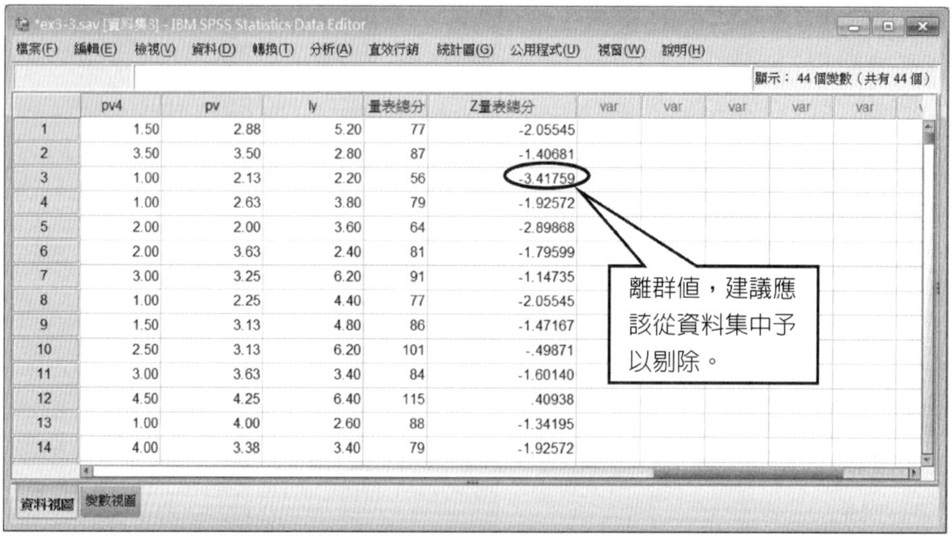

圖3-3　標準化值會以變數的型態儲存

步驟4：求取標準化值後，找出Z分數大於3或小於–3的數據，並刪除該個案資料。

步驟5：詳細的操作過程，讀者亦可自行參閱影音檔「ex3-3.wmv」。

▶ 報表解說

依據經驗法則，針對常態分配或近似鐘形分配的資料集而言，大約68%的資料與平均數的差距在一個標準差內；而大約95%的資料與平均數的差距在二個標準差內；且幾乎所有的資料（99%）與平均數的差距在三個標準差內。

以圖3-3中，第一個個案的標準化值為「−2.055」來看，其「量表總分」大約在平均值以下兩個標準差的位置。因此，根據經驗法則，其「量表總分」約處於「後2.5%」之位置，可研判此個案對「品牌形象」、「知覺價值」與「品牌忠誠度」的認知程度相對於其他個案而言是偏低的。

一般而言，觀察值之標準化值比「−3」還小或比「+3」還大時，就是離群值（outliers，臺語叫「奧梨ㄚ！」，有異曲同工之妙）。這些離群值建議應該從資料集中予以剔除，如圖3-3中的第3個個案，即屬具離群值的個案。

習　題

練習 3-1

參考附錄二中，論文「遊客體驗、旅遊意象與重遊意願關係之研究」的原始問卷，並開啟hw3-1.sav與hw3-1.doc，試完成下表，並敘述分析結果。

表3-5　遊客基本資料分析表（樣本數：　　　　）

顧客基本資料		樣本數	比例%	顧客基本資料		樣本數	比例%
性別	女			教育程度	國小（含）以下		
	男				國中		
婚姻	未婚				高中（職）		
	已婚				專科		
年齡	20歲以下				大學		
	21～30歲				研究所（含）以上		
	31～40歲			平均月收入	15,000元以下		
	41～50歲				15,001～30,000元		
	51～60歲				30,001～45,000元		
	61歲以上				45,001～60,000元		
職業	軍公教				60,001～75,000元		
	服務業				75,001～90,000元		
	製造業				90,001～120,000元		
	買賣業				120,001元以上		
	自由業						
	家庭主婦						
	學生						
	其他						

資料來源：本研究整理

練習 3-2

參考附錄二中，論文「遊客體驗、旅遊意象與重遊意願關係之研究」的原始問卷，並開啟hw3-2.sav與hw3-2.doc，試對遊客體驗、旅遊意象與重遊意願等構面進行現況分析，並完成表3-6、表3-7與表3-8，且針對現況分析結果，提出你的看法。

表3-6　遊客體驗現況分析表

題號	構面	問項	平均數	標準差	構面排序	總排序	構面平均
1	感官體驗	1.秀麗的山水風景，非常吸引我。					
2		2.豐富的歷史文物，非常吸引我。					
3		3.我覺得這次旅遊，非常富有趣味。					
4		4.我覺得這次旅遊，行程豐富精彩。					
5	情感體驗	5.看到美麗的景緻，令我心情放鬆。					
6		6.看到豐富的文物，能激發我思古之情。					
7		7.看到美麗的景緻，讓我感到歡樂愉快。					
8		8.當地的景色，令我感動。					
9		9.當地歷史文物，令我感動。					
10	思考體驗	10.透過這次旅遊，頗發人省思，令我有所思考。					
11		11.透過這次旅遊，引發我的好奇心。					
12		12.透過這次旅遊，引發我去做一些聯想或靈感的啟發。					
13		13.透過這次旅遊，能激發我創意思考。					
14	行動體驗	14.看到美景，我很想分享觀賞的心得。					
15		15.看到歷史文物，我很想分享觀賞的心得。					
16		16.看到美景，我很想拍照、錄影留念。					
17		17.看到歷史建物，我很想拍照、錄影留念。					
18	關聯體驗	18.我會想購買與當地相關的紀念品。					
19		19.透過這次旅遊，讓我產生環境維護的認同感。					
20		20.會因美麗的景緻，而聯想到西拉雅國家風景區。					
21		21.透過這次旅遊，西拉雅會成為我平常談論的話題。					

表3-7　旅遊意象現況分析表

題號	構面	問項	平均數	標準差	構面排序	總排序	構面平均
1	產品	1.自然風景優美。					
2		2.平埔族文化保存良好。					
3		3.知名度高。					
4	品質	4.開車環湖賞景令人愉悅。					
5		5.整體氣氛令人心情放鬆。					
6		6.通往本風景區交通便利。					
7		7.遊憩安全設施良好。					
8		8.地方公共服務設施完善。					
9	服務	9.整體旅遊環境乾淨。					
10		10.旅遊資訊充足。					
11		11.相關服務人員能提供遊客迅速且即時的服務。					
12		12.區內相關服務人員的服務態度良好。					
13		13.旅遊活動的各項安排均能提供遊客便利。					
14	價格	14.個人平均旅遊花費價格合理。					
15		15.收費合理。					

表3-8　重遊意願現況分析表

題號	構面	問項	平均數	標準差	排序	構面平均
1	重遊意願	1.到西拉雅風景區旅遊，對我來說是最好的選擇。				
2		2.我將會是西拉雅風景區的忠實遊客。				
3		3.當我有旅遊需求時，我會優先選擇西拉雅風景區。				
4		4.我願意繼續到西拉雅風景區旅遊。				
5		5.我會向親朋好友推薦到西拉雅風景區。				

🎐 練習 3-3

參考附錄二中，論文「遊客體驗、旅遊意象與重遊意願關係之研究」之原始問卷，並開啓hw3-3.sav，試以性別為分組變數對變數「量表總分」進行預檢資料分析，以進行下列檢測：（註：量表總分為遊客體驗、旅遊意象與重遊意願等三構面之衡量題項得分的加總結果，共41題）

1.評估男、女性於「量表總分」的差異性。

2.找出異常值、極端值。

3.請以圖形與檢定方式判斷「量表總分」之分配是否符合常態分配？

🎐 練習 3-4

參考附錄二中，論文「遊客體驗、旅遊意象與重遊意願關係之研究」的原始問卷，並開啓「hw3-4.sav」，請依照每位受訪者的量表總分（共41題），進行分組。分組的原則如下：

量表總分小於第25百分位者：改稱為低分組，其數值代碼為1。

量表總分大於第75百分位者：改稱為高分組，其數值代碼為2。

計算完成後，請另存新檔為「hw3-3-ans.sav」。並計算高、低分組的受訪者，其於遊客體驗、旅遊意象與重遊意願等三構面的平均數與標準差，並完成表3-9：

表3-9　高低分組於各構面認知之比較表

	遊客體驗（21題）		旅遊意象（15題）		重遊意願（5題）	
	平均數	標準差	平均數	標準差	平均數	標準差
低分組						
高分組						

第4章

信度分析

S
P
S
S

在測量過程中，對相同的對象、使用相同的測量工具（量表／問卷），重複進行多次測量時，研究者可評估每一次測量結果的「相似程度」。而這「相似程度」的統計學描述方式，一般即稱為信度（reliability）。信度具有兩種意涵，即一份測量（量表／問卷）所測的分數之一致性（consistency）或穩定性（stability）。在本章中，將對常用的信度分析方法進行說明，本章將包含以下的內容：

(1) 測量信度的方法簡介。

(2) 運用信度分析以刪除問卷中不適切的題項。

(3) 求取問卷中各構面的信度係數。

4-1　信度簡介

信度的主要意義是指，當研究者針對某一群固定的受測者，利用同一種特定的測量工具（量表／問卷），在重複進行多次測量後，所得到的結果的相似程度。因此，信度除了具有重複測量時所須具備的「穩定性」特質外，尚具有「一致性」的含意。穩定性代表同一群受測者在同一份測驗（量表／問卷）上，重複測驗多次後，所得的分數應差異不大。而一致性則表示衡量同一態度之量表的各題項間，其內容的一致程度。所以，信度應包括量表的穩定性以及一致性等兩種意義（黃俊英，1999）。此外，學者Kerlinger（1999）也認為信度可以衡量出工具（量表）的可靠度、一致性與穩定性。

量表的信度愈高，表示該量表之測驗結果的可信程度愈高。但是，說實在的，我們也很難去期待兩次或多次之測驗結果是完全一致的。因為信度除受量表中各題項的品質所影響外，亦受很多其他受測者因素的影響。故應該沒有一份量表之測驗結果是完全可靠的。信度只是一種衡量量表之可靠程度大小的指標而已。而所謂可靠程度較高的量表，便是指同一群人在不同的時、空背景下，接受性質相同、題型相同、目的相同的各種量表施測後，在各測量結果間可顯示出強烈的正相關且差異性也很小的狀況。

假設一個測量工具所測得的值為x_0（通常以平均數代表），則x_0可分解為：

$$x_0 = x_i + x_e \qquad\qquad （式4-1）$$

x_0：觀察值

x_i：真實值

x_e：誤差值

可將式4-1轉換爲變異數型態。假設測量所得的變異量爲V_0，則V_0可分解爲：

$$V_0 = V_i + V_e \qquad\qquad （式4-2）$$

V_0：觀察值變異量

V_i：眞實值變異量

V_e：誤差值變異量

根據信度的基本意涵，式4-2中的眞實值變異量與觀察值變異量之比，即爲信度（吳統雄，1985）。因此：

$$
\begin{aligned}
信度 &= V_i / V_0 \\
&= (V_0 - V_e) / V_0 = 1 - V_e / V_0 \qquad\qquad （式4-3）
\end{aligned}
$$

由式4-3，不難理解，信度之最基本的測量方法爲：1減去「誤差變異量與觀察總變異量之比」（吳統雄，1985）。由此可見測量誤差愈小則信度愈高。測量中爲何會產生誤差？根據不少學者的研究，測量時容易產生誤差的來源，主要可以歸納爲下列幾個方向（吳統雄，1985）：

1. 受訪者的變異性

一般而言，在其他條件相同的情況下，研究母體內各基本單位特質分布的範圍愈廣，則量表的信度係數會愈高。受訪者可能會因內在心理特質（如：個性、情緒、動機、專注力、反應力、知識背景、作答態度）、外在生理因素（年齡、性別、社會地位）而影響塡答的穩定性。

2. 測量內容因素

量表的設計方式、一致性、題項數量、遣詞用字、格式以及受訪者對題項內容的敏感度等，都是導致誤差產生的原因之一。

3. 測量長度

在適當的限度內，且合乎同質性的要求時，一個測量的題項數愈多時，則其誤差愈小，信度愈高。

4. 測量情境

訪問時的環境：如通風、溫度、溼度、光線、聲音、桌面、空間等因素。

5. 間隔時間的長短

以再測法或複本法求信度時，兩次測量之相隔時間愈短，其誤差愈小，信度愈高。

6. 研究者本身

訪員是否專業、盡責，訪前規劃是否妥善。

7. 疏忽

如：聽錯、記錯、轉錄錯誤等。

因此，產生誤差的原因是多方面的，研究者必須面面俱到，才能提高量表信度。基本上，學術文獻上，也有一些提高量表信度的建議方向，諸如：

1. 針對主要的研究變數或構念（construct），明確定義其操作型定義。
2. 測量特定變數或構念時，建議使用多重指標（每個變數或構念皆包含2個題項以上），如此比較有機會可以獲得變數或構念的內涵。
3. 施測時必須依據抽樣計畫確實執行，未達預定目標必須重複執行施測。

4-2 測量信度的方法

測量信度的方法有很多種，應用前必先確認方法的使用是否恰當。例如：在李克特（Likert）量表中最常使用的信度分析方法為「Cronbach's α」係數。以下簡介一些常用於檢驗信度之方法：

4-2-1 再測法（test-retest method）

先選擇適當的對象，並以定期方式實施測量，即稱為再測法。施測時，使用同一份測驗問卷，對同一群受測者，在不同的時間，前後測試兩次，然後求得兩次測量的結果（通常是得分），再計算兩次得分的相關係數，此相關係數即是再測信度（test-retest reliability）。研究者須仔細觀察這個相關係數，這個相關係數又稱為穩定係數（coefficient of stability）或再測係數（coefficient of reliability），若相關係數愈高，則表示此測驗的信度愈高。

使用再測法時，常會因爲時、空的不同而產生測量的誤差。例如：前、後兩次測量環境的改變、受測者的練習及記憶效果或是特定的系統性變化等，都會影響再測信度的穩定性。所以間隔時間的選擇是使用再測法的首要考量點，如果間隔時間過短，則會產生練習或記憶效果等；若間隔時間太長，則欲測量的特質可能會因此而產生改變（吳統雄，1984）。目前並沒有標準的間隔時間，通常以二到四週爲主，很少有超過半年的間隔時間，而且間隔時間的長短必須依不同的測驗特質來加以考量。

1. 優點

可以提供有關測量結果是否會隨時間而變異的資料，以作爲預測受測者未來行表現的依據。

2. 缺點

易受練習和記憶的影響，故前、後兩次測量的間隔時間要適當。若兩次測量間隔太短，受測者記憶猶新，有過第一次經驗後，第二次測量通常分數會提高。不過，如果題項數夠多的話，則可避免這種影響。此外，若兩次測量的時間間隔太長，由於受測者心智成長的因素影響，穩定係數也可能會降低。

4-2-2　複本相關法（equivalent-forms method）

再測法費時較長，且兩次測量的結果易受記憶與成長的影響，故有時不易估計測量結果的穩定性。在此情形下，即可採用複本法。使用複本法時，研究者會先編製一份測量工具，稱爲正本，然後再另行編製一份性質、內容、難度均相同、但文字不同的題目，作爲複本，並以正本與複本針對相同對象實施測量，以求得兩份測量的結果，最後計算其間的相關係數，如此就可評估測量工具的信度了。上述的相關係數又稱爲等值性係數（coefficient of equivalence）或複本信度（equivalent forms reliability）。

複本相關法可同時連續實施或相距一段時間分兩次實施。同時連續實施的複本，其複本信度係數一般稱之爲等值性係數。而相距一段時間分兩次實施的複本，其複本信度係數則稱爲穩定與等值係數（coefficient of stability and equivalence），此數值可以同時反應測驗內容與時間變異所造成的誤差情形。

以複本相關法評估信度，可避免再測法的缺點，但須注意的是必須使用眞正的複本，亦即兩份測量工具間在題數、型式、內容、難度、鑑別度等方面應皆屬一致。

1. 優點

(1)雖然一般認為複本相關法是測量信度的最好方法，但是要編製複本問卷實屬不易。

(2)不受記憶效用的影響。

(3)對測量誤差的相關性通常比再測法低。

2. 缺點

(1)兩次測量結果的等值性，在複本相關法與再測法中最受質疑。

(2)在誤差項變異數的等值性方面，複本相關法比再測法更容易受到質疑。

4-2-3　內部一致性信度（coefficient of internal consistency）

前述的兩種信度方法，受測者都必須接受兩次測驗，因此很容易產生學習效果、合作意願甚至是疲勞等不利的因素影響。而若採用內部一致性的信度分析的話，則只需施測一次即可，由一次施測的結果，就可估算信度的數值。此種分析方法會將重點放在：題目之間是否具有同質性。內部一致性的作法有下列幾種（葉重新，1999）：

(一) 折半法（split half method）

折半法與複本相關法非常類似，折半法將問卷拆成兩個部分，在拆成兩個部分的過程中，最好能對這兩部分題項的內容性質、難易度加以檢討與考量，使這兩部分的題項盡可能具有一致性，然後在同一時間對受測者施測，計算這兩部分測驗分數的相關係數，此相關係數即稱之為折半信度係數（split-half coefficient）。

由於大多數的問卷，前半階段與後半階段的內容、特性往往不同，而且考慮到受測者的疲勞效果可能會造成前、後作答的差異，所以拆成兩個部分的方法，通常會以奇、偶數題的方式對拆。雖然折半信度的假設為兩部分的問卷題目具有類似的內容、困難度、平均數以及相同的變異數。但是實際上，所得的資料很少能符合兩部分測驗之變異數相等的假設（葉重新，1999）。

(二) 庫李信度（Kuder-Richardson reliability）

庫李信度又稱為K-R信度，庫李信度將考量所有題項的一致性，不須折成一半，僅實施一次。庫李信度非常適用於二元化計分（dichotomously scoring）方法的題項。所謂二元化計分方法的題項（二元變項）即是一般常見的是非題（答對得1分、

答錯得0分）（吳明隆、涂金堂，2005）。

　　由於折半信度無法產生單一的信度係數，這常被視為其與生俱來的缺點。庫李信度由於不須將問卷對拆成兩部分，因而解決了折半信度的缺失。庫李信度著重於分析受測者於每個題項所作的回應是否具有一致性。這種一致性大小將受到兩個因素的影響，即內容取樣與測驗特質的異質性。測驗特質同質性愈高，代表受測者的回應間一致性愈高，故庫李信度係數也愈高。

　　估計庫李信度最常用的公式為庫李20（Kuder-Richardson formula 20; 簡稱KR_{20}）及庫李21號公式（Kuder-Richardson formula 21; 簡稱KR_{21}）。當問卷中所有題項的難度指標都一樣，或平均難度接近0.5時，根據KR_{20}公式或KR_{21}公式所估算出來的信度係數值都會相等。但是，當所有題項的難度指標極不相同時，根據KR_{20}公式或KR_{21}公式所估算出來的信度係數值彼此之差距會很大（吳明隆、涂金堂，2005）。通常KR_{21}公式所估算出來的信度係數值會比KR_{20}公式所估算出來的信度係數值為低（Cronbach, 1990）。

(三) Cronbach's α

　　為了克服部分折半法的缺點，1951年Cronbach提出了「α係數」，此α係數為目前社會科學研究領域中，最常使用的信度指標。也是在李克特量表中，最常用以評估信度的方法。Cronbach's α係數會將一個量表用各種不同的方式拆成兩半，然後利用折半信度公式計算所有可能的折半係數之後，求得各折半係數的平均數。Cronbach's α信度值介於0和1之間，其數值愈靠近1，則代表信度愈高。

　　Cronbach's α係數適用於多重選項的題目，也可用於二元變項的題目。Cronbach's α係數之計算公式的概念主要來自於組成信度的概念，一個完整的量表通常都包含了許多子量表，且量表總分是由這些子量表的分數所加總而得。其計算公式如下：

$$\alpha_k = \frac{k}{k-1}\left[1 - \frac{\sum S_i^2}{S_T^2}\right]$$

（式4-4）

k：量表的題項數
S_i^2：每一題項得分的變異量
S_T^2：量表總分的變異量

4-2-4　小結

上述各種評估信度的方法，若依測驗次數與問卷版本，加以劃分的話，則可歸納成如表4-1。

表4-1　各種評估信度的方法

		測驗版本	
		一種	兩種
測驗次數	一次	折半信度、庫李20、α係數	複本信度（等值係數）
	兩次	再測信度（穩定係數）	再測複本信度

註：吳統雄（1984）

於問卷的預試階段，如果問卷中的所有題項都能反應出相同的特質，則各題項之間應具有眞實的相關存在。若某一題項和問卷中的其他題項之間並無相關存在，則就表示該題項不應屬於該問卷，而應將之剔除。所以，只要有做問卷就可以做信度分析，以提供各項客觀的指標，作爲問卷良窳程度的具體證據。實務上進行信度分析時，若題項與量表總分的相關係數太低，則將可考慮優先刪除。此外，若刪除題項後，量表的Cronbach's α係數如果變大了，則表示刪除該題後確實有助於提高量表的Cronbach's α係數，表4-2爲可信度高低與Cronbach's α係數之對照表（吳統雄，1984），讀者可參考之。

表4-2　可信度高低與Cronbach's α係數之對照表

可信度	Cronbach's α係數
不可信	Cronbach's α係數 < 0.3
勉強可信	0.3 ≦ Cronbach's α係數 < 0.4
可信	0.4 ≦ Cronbach's α係數 < 0.5
很可信（最常見的標準）	0.5 ≦ Cronbach's α係數 < 0.7
很可信（學術論文的標準）	0.7 ≦ Cronbach's α係數 < 0.9
十分可信	0.9 ≦ Cronbach's α係數

註：取自吳統雄（1984）

◆◆ 4-3 以信度分析刪除不適切題項 ◆◆

雖然測量信度的方法、公式較爲複雜，然而利用SPSS軟體求算信度係數，卻是相當輕而易舉的。以下，將透過兩個範例帶領讀者了解信度分析之過程。

▶ 範例4-1

> 參考附錄四，【電信業服務品質】之原始問卷，並開啓ex4-1.sav。檔案「ex4-1.sav」，爲研究的預試階段，透過【電信業服務品質】之原始問卷所蒐集的樣本資料，試運用信度分析以評估該原始問卷各題項的適切性，藉以刪除品質不佳的題項，並提高問卷的信度。

一般而言，研究者在設計好問卷後，進行問卷的正式施測前，爲提高問卷的可行性，都會先進行問卷的預試。在預試階段中，當預試問卷資料回收完成後，研究者即可開始使用「項目分析」評估問卷各題項的適切性，以刪除不適切的題項，並提升該份問卷的品質。

項目分析的諸多方法中，其中有一種方法即是透過信度分析來完成的，該方法稱爲「題項─總分相關法」。在信度分析過程中，我們可以從報表中得到【更正後項目總數相關】資料，藉此資料即可找出與量表總分之相關係數較低的題項（學術論文中，常用的標準爲相關係數小於0.3）。這些相關係數較低的題項，代表著其與其他多數的題項間的關係較低，故實不應被包含在正式問卷中，因此可以刪除掉（此即題項─總分相關法的目的）。此外，透過信度分析，我們也可藉所求出的Cronbach's α 係數，來評估預試問卷的可靠度、一致性與穩定性。

操 作 步驟

步驟1：開啓檔案「ex4-1.sav」，然後執行【分析】/【尺度】/【可靠度分析】。

步驟2：待出現【可靠度分析】對話框後，將所有的題項選入右邊的【項目】清單方塊內，然後於左下方的【模型】下拉式清單中選取「Alpha值」（此即內部一致性的Cronbach's α 係數），如圖4-1。

在【模型】下拉式清單中，總共有五種評估信度的方式，分別爲：Alpha值（內部一致性的Cronbach's α 係數，如果是二元性資料，則此係數相當於依 KR_{20} 公式所計算出來的 KR_{20} 係數）、折半信度、Guttman值（Guttman最低下限眞實信度法）、平行模式檢定（各題項之變異數同

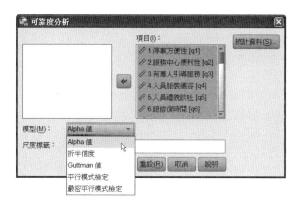

圖4-1　設定【可靠度分析】對話框

質時的最大機率信度）、嚴密平行模式檢定（各題項平均數與變異數均同質時的最大機率信度）。

步驟3：接著，按【可靠度分析】對話框右上方的【統計資料】鈕，以開啟【統計資料】對話框。請於【統計資料】對話框中勾選如圖4-2中所核取的選項。【刪除項目後之量尺摘要】選項請務必選取，以便將來能於報表中觀察，當某一題項被刪除時，對整個個量表之信度的影響程度（信度增加或減低）。接著按【繼續】鈕，回到【可靠度分析】對話框後，再按【確定】鈕，即可順利完成信度分析的操作程序。

步驟4：詳細操作過程，讀者亦可自行參閱影音檔「ex4-1.wmv」。

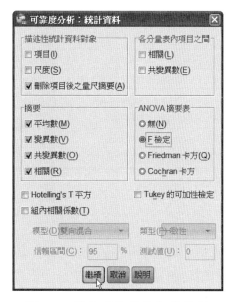

圖4-2　設定【統計量】對話框

在圖4-2的【統計資料】對話框中尚有許多選項，這些選項的說明如下：

(一) 【描述性統計資料對象】框

　　【項目】核取方塊：核取時，會於輸出報表中呈現出各題項的描述性統計量。

　　【尺度】核取方塊：核取時，會於輸出報表中呈現量表的描述性統計量。

　　【刪除項目後之量尺摘要】核取方塊：刪除題項後之量尺摘要。核取時，會於輸出報表中呈現當某一題項被刪除時，對整個量表之信度的影響程度（信度增加或減低）。

(二) 【各分量表內項目之間】框

　　【相關】核取方塊：核取時，會於輸出報表中呈現各題項間的相關係數矩陣。

　　【共變數】核取方塊：核取時，會於輸出報表中呈現各題項間的共變數矩陣。

(三) 【摘要】框

　　【平均數】核取方塊：核取時，會於輸出報表中呈現各題項的平均數。

　　【變異數】核取方塊：核取時，會於輸出報表中呈現各題項的變異數。

　　【共變異數】核取方塊：核取時，會於輸出報表中呈現各題項間的共變異數。

　　【相關】核取方塊：核取時，會於輸出報表中呈現各題項間的相關係數。

　　此外，尚有一些檢定類的選項，如表4-3所示。

表4-3　檢定類的選項

選項	說明
F檢定	進行F檢定
Friedman卡方	進行Friedman等級變異數分析及求取Kendall和諧係數
Cochran卡方	進行Cochran's Q檢驗，適用於答案為二元（如是非題）的量表
Hotelling's T平方	進行Hotelling's T^2檢驗
Tukey的可加性測試	進行Tukey的可加性檢驗
組內相關係數	求取量表內各題目平均數的相關係數

▶ **報表解說**

　　在信度分析的【統計資料】對話框中（如圖4-2），我們勾選了【刪除項目後之量尺摘要】選項、四個摘要項和變異數分析的【F檢定】等設定。其實，若進行信度

分析主要的目的是要實現項目分析的「題項—總分相關法」時,研究者只要勾選【刪除項目後之量尺摘要】選項即可。當然讀者若想獲取更多的資訊時,也可多勾選其他的選項。

執行信度分析後,即可產生報表,報表很長共分為四個部分:【量表的信度係數】表(表4-4)、【摘要項目統計量】表(表4-5)、【項目總和統計量】表(表4-6)與【變異數分析表】表(表4-7)。

(一) 量表的信度係數

表4-4中顯示了量表的信度係數,這份問卷中總共包含30個題項,其總信度係數為0.966,已達高信度係數的標準。此外,【基於標準化項目的Cronbach的Alpha】欄中的數值即為標準化的信度係數,標準化的Cronbach's α 係數表示已考慮各題項變異量不相等的情況所造成的影響,而經校正後的係數。

表4-4　量表的信度係數

Cronbach的Alpha	基於標準化項目Cronbach的Alpha	項目個數
.966	.965	30

(二) 摘要項目統計資料

表4-5為【摘要項目統計資料】表,【項目平均數】列顯示出了「題項平均數的統計量」,這些統計量包括各題目平均數的總平均數、最小與最大值、全距(範圍)、最小值／最大值、變異數與個數。【項目變異數】列顯示出了「題項變異數的統計量」。【各項目之間的共變異數】列顯示出了「題項間之共變數統計量」。【各項目之間的相關性】列顯示出了「題項間之相關係數的統計量」。

表4-5　摘要項目統計量

	平均數	最小值	最大值	範圍	最大值／最小值	變異數	項目個數
項目平均數	3.389	1.741	4.859	3.118	2.791	.181	30
項目變異數	1.285	.156	1.688	1.533	10.849	.142	30
各項目之間的共變異數	.622	.003	1.670	1.667	484.561	.154	30
各項目之間的相關性	.480	.006	.994	.987	154.630	.065	30

表4-5中，雖由【項目平均數】後的變異數欄可見各題項的平均分數之差異性似乎不大，但是【項目變異數】的最小值與最大值之差異卻相當大，這代表對各題項之評分的差異性極不平衡，有的題項得分之差異性很小（$\sqrt{0.156} = 0.394$分），有的卻很大（$\sqrt{1.688} = 1.299$分）。再由【各項目之間的相關性】觀察，可見各題項的相關程度中等（0.480），且相關程度的差異性也較小（0.065）。

(三) 項目總計統計資料

表4-6為各題項與量表總分間之相關統計量，它顯示了剔除某題項後，其他題項與總分間之相關性與Cronbach's α係數之變化狀況。表4-6在信度分析中相當重要，項目分析的「題項—總分相關法」就是藉表4-6而達成的。首先解釋表中各欄位之意義：

【尺度平均數】：剔除某題項後，剩餘題項的總平均得分。

【尺度變異數】：剔除某題項後，剩餘題項的變異數大小。

【更正後項目總數相關】：某題項與其餘之題項的總分間的簡單相關係數。

【平方複相關】：某題項與其餘之題項的總分間的相關係數，其反映了某題項與其餘之題項的總體相關程度。

【Cronbach的Alpha】：剔除某題項後，整體量表的信度係數。

表4-6的【更正後項目總數相關】欄位中，值較小的題項（小於0.3），是可以考慮列入刪除之可能名單。由於Q1、Q2、Q4、Q5、Q29與Q30等題項對總分的相關係數都小於0.3，因此可考慮刪除這6個題項。此外亦可從【Cronbach的Alpha】欄位，輔助判斷欲刪除的題項。

【Cronbach的Alpha】欄的意義為剔除某題項後，量表的整體信度係數。因此輔助判斷刪除與否的邏輯為：將各題項【Cronbach的Alpha】欄位內的值和原始量表的信度比較（量表信度在表4-4中，$\alpha = 0.966$），若該欄位值大於量表信度（0.966），則代表刪除該題項後量表的信度提高了，因此何樂不為，就刪除該題吧！而若該欄位值小於原始量表信度，則代表刪除該題項後量表的信度降低了，在此情況下何必多此一舉呢！觀察表4-5的【Cronbach的Alpha】欄位，Q1、Q2、Q4、Q5、Q29與Q30等題項的欄位值都大於量表信度（$\alpha = 0.966$），代表刪除這些題項後有助於量表信度的提升，例如：刪除Q1後，量表信度將提升為0.967（原本為0.966）。以上的分析結果與使用【更正後項目總數相關】值之判斷結果一致。

表4-6　項目總計統計資料

	項目刪除時的尺度平均數	項目刪除時的尺度變異數	修正後項目總數相關	複相關平方	項目刪除時的Cronbach's Alpha值
1.停車方便性	98.43	572.732	.239	.	.967
2.服務中心便利性	98.39	561.968	.269	.	.968
3.有專人引導服務	98.33	537.998	.708	.	.964
4.人員服裝儀容	98.20	566.473	.227	.	.967
5.人員禮貌談吐	98.14	566.361	.215	.	.968
6.總修復時間	98.17	533.339	.831	.	.963
7.備有免費申訴或諮詢電話	98.34	537.035	.717	.	.964
8.未服務前的等候時間	98.17	536.129	.771	.	.964
9.營業時間符合需求	98.27	526.456	.901	.	.963
10.完成異動作業時間	98.18	533.408	.832	.	.963
11.備有電子佈告欄	98.30	539.773	.650	.	.965
12.完成服務所花時間	98.17	536.296	.772	.	.964
13.協助客戶解決問題能力	98.23	531.191	.875	.	.963
14.人員的專業知識	98.13	532.375	.869	.	.963
15.計費交易正確性	98.29	525.435	.919	.	.963
16.客戶資料保密性	98.20	530.709	.892	.	.963
17.準時寄發繳費通知	98.26	534.206	.755	.	.964
18.備有報紙雜誌	98.27	538.569	.662	.	.965
19.提供新資訊	99.92	554.872	.643	.	.965
20.話費維持合理價位	98.19	530.906	.891	.	.963
21.臨櫃排隊等候	98.22	529.582	.853	.	.963
22.繳納電費方便性	98.20	533.932	.730	.	.964
23.即時處理客戶抱怨	98.04	538.238	.800	.	.964
24.備有舒適及足夠座椅	98.56	529.977	.866	.	.963
25.內外環境整潔	96.80	565.849	.717	.	.965
26.櫃檯清楚標示服務項目	98.57	529.868	.866	.	.963
27.申請業務手續簡便	98.30	543.685	.756	.	.964
28.提供即時資訊	98.19	533.899	.732	.	.964
29.能立即給予滿意回覆	98.37	566.700	.260	.	.967
30.不因忙而忽略消費者	98.32	565.339	.293	.	.967

(四) 變異數分析

表4-7爲變異數分析表，這個檢定的虛無假設是：「受訪者於問卷之各題項的填答結果間不存在差異性」。一份問卷除了題項的本質會影響信度外，受訪者的填答狀況也會影響信度。一般而言，受訪者間的填答結果差異愈大，那麼信度愈高。也就是說，受訪者的看法愈不一致，則信度愈高。由表中可發現F值爲81.222，對應的機率p值爲0.0000。若顯著水準爲0.05，由於機率p值小於顯著水準，因此拒絕虛無假設，而可認爲不同受訪者於問卷的填答結果間確實存在著顯著差異，這也代表著問卷之各題項，已具有基本的鑑別力。

表4-7　變異數分析表

		平方和	df	平均值平方	F	顯著性
人員之間		5717.288	296	19.315		
人員中	項目之間	1563.149	29	53.902	81.222	.000
	殘差	5696.617	8584	.664		
	總計	7259.767	8613	.843		
總計		12977.055	8909	1.457		

由以上的信度分析過程可以理解，信度分析除了可以幫助研究者於問卷的預試階段篩選出不適當的題項外，也可幫助研究者估算並提升問卷的信度。本範例中，讀者亦可自行測試看看，當把Q1、Q2、Q4、Q5、Q29與Q30等題項刪除後，再執行一次信度分析，應可觀察出，量表的信度提高了（刪除題項後，Cronbach's α值會變爲0.976）。可見項目分析的「題項—總分相關法」確實是個能有效提升問卷品質的方法。

◆ 4-4 求取構面的信度 ◆

▶ 範例4-2

參考附錄一中，論文【品牌形象、知覺價值與品牌忠誠度關係之研究】之原始問卷，並開啓ex4-2.sav與ex4-2.doc，試評估品牌形象構面的信度，並完成下表。

表4-8　品牌形象信度分析表

構面名稱	構面內容	Cronbach's α
品牌價值	1.個案公司的產品風味很特殊。 2.個案公司的產品很多樣化。 3.個案公司和別的品牌有明顯不同。	0.906
品牌特質	4.個案公司很有特色。 5.個案公司很受歡迎。 6.我對個案公司有清楚的印象。	0.899
企業聯想	7.個案公司的經營者正派經營。 8.個案公司形象清新。 9.個案公司讓人聯想到品牌值得信任。	0.904
整體信度：0.824		

　　論文【品牌形象、知覺價值與品牌忠誠度關係之研究】的原始問卷中，「品牌形象」構面中包含三個子構面，每個子構面各有三個衡量題項。現在，我們將對「品牌形象」構面評估信度。表4-8是一般期刊論文或碩、博士論文中，對信度分析之結果的表現方式。要完成表4-8須配合Microsoft Word套裝軟體的使用。表4-8的表格格式，作者已貼心的準備好，讀者可自行自範例檔案中開啓，其檔名為「ex4-2.doc」。

　　欲完成如表4-8的信度分析，我們總共要進行四次信度分析，分別為：對「品牌價值」的三個題項（bi1_1～bi1_3）進行信度分析、對「品牌特質」的三個題項（bi2_1～bi2_3）進行信度分析、對「企業聯想」的三個題項（bi3_1～bi3_3）進行信度分析與對「品牌形象」的九個題項（bi1_1～bi3_3）進行信度分析。待求出各子構面的Cronbach's α係數與主構面的Cronbach's α係數後，再一一填入表4-8中，即可完成本範例之信度分析工作。

操作 步驟

步驟1：開啓檔案「ex4-2.sav」與「ex4-2.doc」，然後執行【分析】／【尺度】／【可靠度分析】。

步驟2：待出現【可靠度分析】對話框後，先進行「品牌價值」子構面的信度分析。將bi1_1～bi1_3等題項選入右邊的【項目】清單方塊內，然後於左下方的【模型】下拉式清單中選取「Alpha值」。再按【確定】鈕，即可順利評估「品牌價值」子構面的信度。

步驟3：重複步驟2，依序求出「品牌特質」、「企業聯想」與「品牌形象」的信度。

步驟4：詳細操作過程，讀者亦可自行參閱影音檔「ex4-2.wmv」。

▶ 報表解說

表4-9、4-10、4-11與4-12中顯示了「品牌價值」、「品牌特質」、「企業聯想」等三個子構面與整體「品牌形象」量表的信度係數。再將所得到的信度係數填入「ex4-2.doc」中，即可完成表4-8整體「品牌形象」量表的信度分析。

表4-9　品牌價值子構面的信度係數

Cronbach的Alpha	項目個數
.906	3

表4-10　品牌特質子構面的信度係數

Cronbach的Alpha	項目個數
.899	3

表4-11　企業聯想子構面的信度係數

Cronbach的Alpha	項目個數
.904	3

表4-12　品牌形象量表的信度係數

Cronbach的Alpha	項目個數
.824	3

由表4-8的信度分析結果可知，「品牌形象」構面的各子構面的Cronbach's α係數皆接近0.9，且「品牌形象」構面的整體Cronbach's α係數亦大於0.8，屬高信度水準，代表衡量「品牌形象」構面的各題項，其可靠度、一致性與穩定性已達一般學術性的要求。

習 題

 練習 4-1

hw4-1.sav為某量表初稿的資料檔，該量表中包含24題問項（q1~q24），試對此量表進行信度分析，以確認哪些不適宜的題項該被刪除，並問最終版的量表應該包含哪些題項，其Cronbach's α為何？

練習 4-2

參考附錄二中，論文「遊客體驗、旅遊意象與重遊意願關係之研究」的原始問卷，並開啓hw4-2.sav和hw4-2.doc，試對遊客體驗、旅遊意象與重遊意願等構面進行信度分析，並完成表4-13、表4-14與表4-15，並針對信度分析結果，提出你的看法。

表4-13　遊客體驗量表之信度分析

量表問項	更正後項目總數相關	Cronbach的Alpha（如果項目已刪除）	Cronbach's α係數
感官體驗			0.915
1.秀麗的山水風景，非常吸引我。	0.732	0.915	
2.豐富的歷史文物，非常吸引我。			
3.我覺得這次旅遊，非常富有趣味。			
4.我覺得這次旅遊，行程豐富精彩。			
情感體驗			
5.看到美麗的景緻，令我心情放鬆。			
6.看到豐富的文物，能激發我思古之情。			
7.看到美麗的景緻，讓我感到歡樂愉快。			
8.當地的景色，令我感動。			
9.當地歷史文物，令我感動。			
思考體驗			
10.透過這次旅遊，頗發人省思，令我有所思考。			
11.透過這次旅遊，引發我的好奇心。			
12.透過這次旅遊，引發我一些聯想或靈感的啓發。			
13.透過這次旅遊，能激發我創意思考。			
行動體驗			
14.看到美景，我很想分享觀賞的心得。			
15.看到歷史文物，我很想分享觀賞的心得。			

表4-13　遊客體驗量表之信度分析（續）

量表問項	更正後項目總數相關	Cronbach的Alpha（如果項目已刪除）	Cronbach's α係數
16.看到美景，我很想拍照、錄影留念。			
17.看到歷史建物，我很想拍照、錄影留念。			
關聯體驗			
18.我會想購買與當地相關的紀念品。			
19.透過這次旅遊，讓我產生環境維護的認同感。			
20.會因美麗的景緻，而聯想到西拉雅國家風景區。			
21.透過這次旅遊，西拉雅會成為我平常談論的話題。			
量表整體信度：			

資料來源：本研究整理

表4-14　旅遊意象量表之信度分析

量表問項	更正後項目總數相關	Cronbach的Alpha（如果項目已刪除）	Cronbach's α係數
產品意象			0.919
1.自然風景優美。	0.840	0.879	
2.平埔族文化保存良好。			
3.知名度高。			
品質意象			
4.開車環湖賞景令人愉悅。			
5.整體氣氛令人心情放鬆。			
6.通往本風景區交通便利。			
7.遊憩安全設施良好。			
8.地方公共服務設施完善。			
服務意象			
9.整體旅遊環境乾淨。			
10.旅遊資訊充足。			
11.相關服務人員能提供遊客迅速且即時的服務。			
12.區內相關服務人員的服務態度良好。			
13.旅遊活動的各項安排均能提供遊客便利。			
價格意象			
14.個人平均旅遊花費價格合理。			
15.收費合理。			
量表整體信度：			

資料來源：本研究整理

表4-15　重遊意願量表之信度分析

量表問項	更正後項目 總數相關	Cronbach的Alpha （如果項目已刪除）
1.到西拉雅風景區旅遊，對我來說是最好的選擇。		
2.我將會是西拉雅風景區的忠實遊客。		
3.當我有旅遊需求時，我會優先選擇西拉雅風景區。		
4.我願意繼續到西拉雅風景區旅遊。		
5.我會向親朋好友推薦到西拉雅風景區。		
量表整體信度：		

資料來源：本研究整理

第**5**章

效度與探索性因素分析

在社會與行為科學的研究中，研究者經常會蒐集實證性的量化資料來驗證某些理論或假設。為了要維持驗證過程之嚴謹性，首要條件是：所蒐集的量化資料必須是可靠且正確的。欲評估資料的可靠性與正確性時，則必須依靠測量或調查工具的信度或效度來評估（楊國樞等，2002）。

一份好的量表應該要能夠將欲研究的主題構念（construct，它是心理學上的一種理論構想或特質，無法直接觀測得到）清楚且正確的呈現出來，而且還需具有「效度」，即能真正衡量到我們所欲量測的特性。此外還有「信度」，即該量表所衡量的結果應具有一致性、穩定性。信度和效度的關係，可用Duane Davis（2004）的經典圖形來加以描述，如圖5-1。

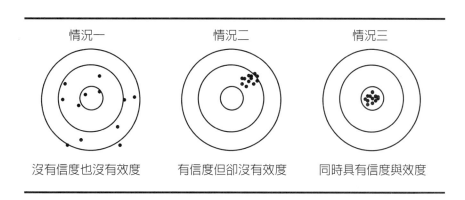

圖5-1　信度和效度的關係

資料來源：Duane Davis (2004), "Business Research for Decision Making", sixth edition, p.188.

在圖5-1中，可以將靶心想像成「欲測量之變數的具體目標」，而人拿的槍即為欲打到靶心的工具（即測量工具），利用圖5-1可具體說明信度和效度的關係。

情況一：彈痕分散於靶內各處，並無一致性可言，以測量的術語來說，即是無信度且也無效度。

情況二：雖然彈痕很集中，即具有一致性，但是並沒有在靶中心，以測量的觀點來看，則是有信度但無效度。

情況三：彈痕很集中且聚焦靶心，這才是好的測量，同時具有效度及信度。

因此，為達成「良好測量」的目標，必須有以下兩個步驟：第一個步驟是針對量表的題項進行項目分析，以維持各題項的品質；第二步驟則是建立量表的信度與效度。量表的項目分析與信度分析已於第4章介紹過，在本章主要將探討如何利用探索性因素分析（簡稱因素分析，exploratory factor analysis, EFA）來建構量表的效度。本章中，將包含下列內容：

(1) 效度的意義與類型。

(2) 因素分析的意義、概念、執行。

(3) 如何以因素分析法進行項目分析。

(4) 以因素分析檢驗效度。

(5) 共同方法變異。

5-1 效度的意義與類型

效度代表測量工具（量表／問卷）之正確性和準確性的程度，也就是測量工具確實能測出其所欲測量的特質、特徵或功能之程度。因此，評估效度時，首重測量工具（量表／問卷）能否達到原先研究所設定的評量目標、效果和效益。此外，若測量工具（量表／問卷）的效度良好時，根據該測量工具（量表／問卷）所得的分析結果，也可以視爲未來進行推論時的價值性、適當性和意義性之指標。

具體而言，在學術研究中，效度說明了概念定義（conceptual definition）與操作型定義（operational definition）間契合的程度。因此，當我們說某個構念的諸多觀察指標（題項）具有效度時，我們是在特定目的及定義的情況下（操作型之概念）做此判斷的。同樣的觀察指標在不同的研究目的下，則可能有不同的效度。某個測量的效度將比信度更難達成，因爲構念是抽象的，而觀察指標則是具體的觀察。我們對於一個測量是否有效度並無絕對的信心，但可判斷是否比另一測量更有效度。常見的效度有四種類型，分節次說明如下：

5-1-1 表面效度（face validity）

「表面效度」是指測量工具經由受測者或研究者主觀覺得其諸多題項與研究主題相關的程度。也就是說，當受測者或研究者一看到某測量工具的諸多題項後，就知道研究主題想測量什麼。這是最容易達成及最基本的效度，但也是最沒有效力的一種。此類效度通常會由學界來判斷觀察指標（題項）是否眞的能測量到所欲測量到的構念。

5-1-2 內容效度（content validity）

「內容效度」是指某測量工具之題項內容是否周延、具代表性、適切性，並確實

已包含所欲測量主題的內涵。從測量工具的內容來檢驗，看看是否符合測量目標所預期的內容。這是一種特殊的表面效度。內容效度的達成有三個步驟：

1. 說明構念定義的內容。
2. 從此定義所包含的區域或部分中做抽樣。
3. 發展指標以連結定義的內容。

　　此外，常見的專家效度（expert validity），亦屬於內容效度的一種，檢驗專家效度時，將聘請專家（對於測量的主題熟稔，可協助判斷題項內容是否符合內容效度之要求的人）協助檢查問卷的內容與格式，評斷是否恰當。若測量內容涵蓋所有研究計畫所要探討的架構及內容，就可說是具有優良的內容效度。在一般論文中，常使用如下的方式來檢驗或說明內容效度：

本研究之問卷係以理論為基礎，參考多數學者的問卷內容及衡量項目，並針對研究對象的特性加以修改，且經由相關專業人員與學者對其內容審慎檢視，繼而進行預試及修正，因此本研究所使用之衡量工具應能符合內容效度的要求。

本研究之各研究變項皆經先前學者之實證，衡量工具內容均能足夠地涵蓋欲探討的研究主題。另外，本研究於正式施測前，亦針對問卷之各題項與相關領域的學者、專家進行內容適切度之討論，因此，研究採用之衡量工具應具內容效度。

在內容效度方面，主要是根據文獻探討及專家研究者的經驗。然因本研究問卷設計之初，考量目前相關的文獻中，尚未對本研究議題提出實證性問卷，故只能自行設計量表，對於內容效度是否達成，尚有疑慮。

5-1-3　效標效度（criterion validity）

　　效標是種獨立於本次測量，但可顯示本次測量所欲測量或預測之特質的獨立量數，因此效標可作為檢定效度的參照標準。故「校標效度」意指用某些標準或校標來精確的指明一個構念。檢驗測量指標的校標效度時，是要將它與其他測量同一構念且研究者有信心的指標（即效標）來進行比較。通常會以測量指標的得分和校標得分間的相關係數來檢驗校標效度程度之高低。由此可知，校標效度是建立在實證資料之上，且不涉及測量之構面多寡和涵蓋面問題。

另外，尚有一種與效標有關的效度，即效標關聯效度（criterion-related validity）。效標關聯效度意指測驗分數與一些外在效標間的相關，是以實證或統計的方法，研究測驗分數與外在效標間的相關性，以表示測量之效度的高低，所以又叫實證效度（empirical validity）或統計效度（statistical validity）。由於各種測量所採用的效標，有的是立馬可以獲得的資料，有的則需待將來始能蒐集，故效標關聯效度又分爲同時效度（concurrent validity）與預測效度（predictive validity）兩種：

1. 同時效度：也可稱爲併行效度，意指一個指標必須與既存且已被視爲有效的指標相關聯。在這種情形下，測量分數和效標分數是可以同時取得的。例如：大學入學考試（新的指標）可以用中學成績作效標（既存且有效的指標）。

2. 預測效度：意指測量分數與將來之效標資料間的相關程度。若相關係數高，則測量工具的預測效度愈高，預測效度的效標資料通常都需要過一段時間後才可蒐集到。例如：評估一份工作表現之認知量表的預測效度，代表此測量的得分（實際測量後所得分數）與事後經過其服務單位主管所評定的表現評分（效標）兩者的相關程度。若經相關分析後，其相關性具有統計顯著性時，則此量表即具有預測效度。又例如：對各候選人的意見調查問卷（實際評量，如出口民調）能夠正確的預測選舉的結果（效標）。

5-1-4　建構效度（construct validity）

所謂的「建構效度」係指測量工具的內容（即各題項內容）是否能夠測量到理論上的構念或特質的程度。建構效度包含收斂效度（convergent validity）與區別效度（discriminant validity）。收斂效度主要測試以一個變數（構念）發展出的多題題項，最後是否仍會收斂於一個因素中（同一構念不同題項間的相關性要高）；而區別效度則爲判定某一題項可以與其他構念之題項區別的程度（不同構念、不同題項間的相關性要低）。

進行量表之建構效度評估時，雖理應同時檢視收斂效度與區別效度，然審視國內之碩士論文或一些期刊論文都可發現，大部分都以探索性因素分析法進行收斂效度之評估，並僅以收斂效度說明量表的建構效度。利用SPSS進行量表之建構效度評估時，常用探索性因素分析法進行收斂效度之評估。進行因素分析時，根據Kaiser

（1958）所提出的收斂效度評估標準，若能符合下列原則，即可表示量表的收斂效度較高：

1. 所萃取出之因素的特徵值（eigenvalue）須大於1。
2. 各構念的衡量題項皆可收斂於同一個共同因素之下。
3. 各因素構面中各變數之因素負荷量大於0.5。
4. 累積解釋變異（cumulative explained variation）須達50%以上時。

至於區別效度，則可採用Gaski and Nevin（1985）所建議的兩個評估標準：

1. 兩兩變數間的相關係數是否顯著小於1。
2. 任兩構面間的相關係數均小於個別構面的Cronbach's α值。

此外，近年來，較具嚴謹性的論文，一般都會使用屬於結構方程模型（structural equation model, SEM）領域的驗證性因素分析（confirmatory factor analysis, CFA），以進行構面之因素結構的配適度檢定，並以因素負荷量、組合信度（composite reliability）與平均變異抽取量（average variance extracted）等統計量，來檢定各構念是否具有足夠的收斂效度與區別效度。因此，建議讀者，若有必要檢驗量表的收斂效度與區別效度時，在方法的使用上，宜儘量使用驗證性因素分析。

5-2 探索性因素分析的意義

探索性因素分析（簡稱因素分析）屬於多變量統計分析技術的一種，其主要目的是濃縮、簡化資料。它透過研究眾多變數之間的內部依賴關係，探索觀測資料中的基本結構，並用少數幾個假想的變數來表示其基本的資料結構（因素結構）。這些假想變數能夠反映原來眾多的觀測變數（題項）間所代表的主要資訊，並解釋這些觀測變數之間的相互依存關係，我們把這些假想變數稱之為因素（factors）。因此，因素分析就是研究如何以最少的資訊遺失，而能把眾多的觀測變數濃縮成為少數幾個具代表性的因素之統計技術，如圖5-2所示。

一般在對實際問題作研究時，研究者往往希望盡可能地多多蒐集與研究主題相關的變數，以期能針對問題，而有比較全面性的、完整性的掌握和認識。雖然蒐集這些變數資料需投入許多的人力、物力與時間成本，然而也因此能夠較為完整而精確地描述研究主題。但將這些變數資料實際運用在分析、建立模型時，卻未必能真正發揮研

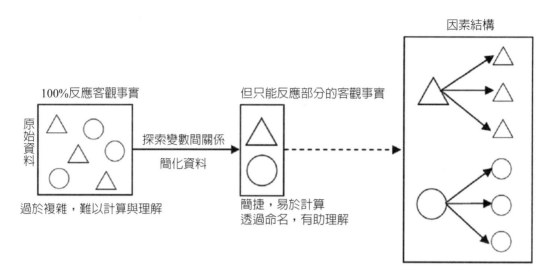

圖5-2　探索性因素分析示意圖

究者所預期的作用。也就是說，研究者的「投入」和「產出」並非呈合理的正比；相反的，這樣的蒐集資料行為，反而會給研究者於統計分析時帶來許多問題，這些問題如下：

(一) 計算量的問題

由於研究者所蒐集的變數相當多，如果這些資料都投入分析與建模時，無疑的，這將會增加分析過程中於計算上的工作量。雖然，目前電腦運用普遍且其計算能力亦相當優異，然而對於此種高維度的變數和龐大的資料量仍是於計算上所不容忽視的。

(二) 變數間的相關性問題

由於研究者針對特定之主題所蒐集到的諸多變數之間，通常或多或少都會存在著相關性。也就是說，變數之間往往具有資訊的高度重疊性和高度相關性，這些特質將會給進階統計方法的應用帶來許多的不便。例如：在多元線性迴歸分析中，如果這些眾多的解釋變數之間，存在著較強且顯著的相關性時，即存在著高度的多重共線性時，那麼於迴歸方程的係數估計時，將帶來許多麻煩，致使迴歸方程係數不準確，甚至模型不可用等問題。

為解決上述的問題，最簡單且最直接的解決方法，就是精簡變數之個數。但是精簡過程中，勢必會導致資訊的漏失和資訊不完整等現象產生，這是一個trade-off（權

衡）的問題。爲此，研究者無不希望探索一種更有效的解決方法，期盼它既能大大減少參與資料分析、建模的變數個數，也同時不會造成資訊的大量漏失。而因素分析正是這樣一種能夠有效降低變數維數（個數），並已得到廣泛應用的分析方法。

　　因素分析的概念與技術是由心理學家所發展出來的，最初心理學家借助因素分析模型來解釋人類的行爲和能力。1904年Charles Spearman在美國心理學雜誌上發表了第一篇有關因素分析的文章，而在往後的三、四十年裡，因素分析的理論和數學基礎理論逐步獲得發展和改善。也因此，這個統計分析工具逐漸被人們所認識和接受。50年代以來，隨著電腦的普及和各種統計軟體的出現，因素分析在社會學、經濟學、醫學、地質學、氣象學和市場行銷等愈來愈多的領域獲得了廣泛的應用。

　　因素分析以最少的資訊漏失爲前提，試圖將眾多的原始變數綜合成少數幾個綜合指標，這些綜合指標即名爲共同因素（簡稱因素）。一般而言，因素具有以下幾個特點：

1. 因素個數遠少於原始變數的個數

　　原始變數綜合成少數幾個因素後，因素將可以替代原始變數參與資料建模，這將大大減少分析過程中的計算工作量。

2. 因素能夠反映原始變數的絕大部分資訊

　　因素並不是原始變數的簡單取捨，而是原始變數重組後的結果。因此不會造成原始變數資訊的大量遺失，並能夠代表原始變數的絕大部分資訊。

3. 因素之間的線性關係不顯著

　　由原始變數重組出來的因素之間的線性關係會較弱（基本上會互相獨立），具有這種特質的因素在參與資料建模工作時，才能夠有效地解決諸如變數間多重共線性等，會給分析應用帶來困擾的諸多問題。

4. 因素具有命名解釋性

　　通常，因素分析後所產生的因素，研究者會透過各種方式（如依該因素所包含之題項的整合意義）而最終獲得命名解釋性。因素的命名有助於對因素分析結果的解釋與評價，對因素的進一步應用有重要的意義。

5-3　因素分析的數學模型

　　因素分析的核心價值在於它能使用較少且相互獨立的因素來反映原始變數的絕大部分資訊。由於任何一個變數都可以透過標準化的程序

$$z = \frac{x - \bar{x}}{\sigma_x} \ (\bar{x}為x的平均數，\sigma_x為x標準差)$$

的轉換而變成標準化變數。經標準化後的變數並不會改變原始變數之間的相關係數。在此我們所討論的變數都是標準化變數。假設原有p個變數$x_1, x_2, \ldots, x_p$且每個變數的平均數為0，標準差均為1。假設因素有k個（$k < p$），現將每個原始變數都可以用k個因素（$f_1, f_2, \ldots, f_k$）的線性組合來表示，即：

$$x_1 = a_{11}f_1 + a_{12}f_2 + a_{13}f_3 + \ldots + a_{1k}f_k + u_1$$

$$x_2 = a_{21}f_1 + a_{22}f_2 + a_{23}f_3 + \ldots + a_{2k}f_k + u_2$$

$$x_3 = a_{31}f_1 + a_{32}f_2 + a_{33}f_3 + \ldots + a_{3k}f_k + u_3 \qquad （式5-1）$$

$$\vdots$$

$$x_p = a_{p1}f_1 + a_{p2}f_2 + a_{p3}f_3 + \ldots + a_{pk}f_k + u_p$$

　　式5-1就是因素分析的數學模型。此模型在型式上和多元迴歸模型很相似，也可用矩陣的型態表示為$X = AF + U$。其中F稱為因素，由於它們出現在每個原始變數的線性運算式中，因此又可稱為共同因素（common factors），它們是每一個原始變數所共同擁有的因素，解釋了變數之間的相關程度。因素也可被想像成是高維空間中，互相垂直的k個座標軸。A稱為因素負荷矩陣，a_{ij}稱為因素負荷量，它是第i個原始變數（x_i）在第j個因素（f_j）上的負荷。負荷的概念相當於多元迴歸分析中的標準化迴歸係數。U稱為獨特因素（unique factor），它是每個原始變數所特有的因素，相當於多元迴歸中的殘差項，它表示了原始變數不能被因素所解釋的部分，其平均數為0。

　　因素分析模型中，假設p個獨特因素之間是彼此獨立的，獨特因素和共同因素之間也是彼此獨立的。此外該模型中，每一個原始變數都是由k個共同因素和一個獨特因素的線性組合來表示，而我們所感興趣的，只是這些能夠代表較多資訊的「共同因

素」而已。因此，往後如果沒有特殊說明的話，本書中所經常提到的因素，實際上所指的就是共同因素。

共同因素的個數最多可以等於原始變數的數量。由於在求因素解時，通常都會使第一個因素之代表性最高（即擁有最多的資訊），而之後的其他因素的代表性則會日益衰減。因此，如果忽略掉最後幾個因素，則對原始變數的代表性也就不會有什麼太大的損失。所以，因素分析模型中，共同因素的個數，往往遠遠小於原始變數的個數。如果把獨特因素當作是殘差項看待的話，那麼因素分析模型和多元線性迴歸模型在型式上就非常相近了，它們都是用其他變數的線性組合加上一個殘差項來表示一個變數。但是迴歸模型中的自變數是可觀測的（觀察變數）；而因素分析模型中的因素是假想變數，是種不可觀測的潛在變數，這就使得它有別於一般的線性模型了。

◆ 5-4　因素分析的相關概念 ◆

因素分析的數學模型中，蘊藏著幾個重要的相關概念，搞懂這些概念不僅有助於因素分析之意義的理解，更有利於明瞭因素與原始變數間的關係、因素的重要程度以及輔助評估因素分析的效果。為了進一步了解該因素分析所蘊含的意義，下面我們將介紹因素分析中常用的幾個統計量。

一、因素負荷（factor loading）

因素負荷可說是因素分析中最重要的一個統計量，它連接了原始變數和共同因素。當共同因素之間完全不相關時，我們可以很容易的證明出因素負荷a_{ij}其實就是第i個變數和第j個因素之間的相關係數。在大部分的情況下，我們通常會假設共同因素之間是彼此正交的（orthogonal），也就是說假設共同因素之間不相關。因此，因素負荷不僅說明了原始變數是如何由因素線性組合而成，而且也反映了因素和變數之間的相關程度，a_{ij}的絕對值愈大，表示共同因素f_j與變數x_i間的關係愈緊密。

假設有一個包含五個原始變數、兩個共同因素的模型：

$$x_1 = 0.95f_1 + 0.21f_2 + 0.24u_1$$
$$x_2 = 0.88f_1 + 0.30f_2 + 0.33u_2$$
$$x_3 = 0.16f_1 + 0.87f_2 + 0.22u_3 \qquad \text{（式5-2）}$$
$$x_4 = 0.56f_1 + 0.75f_2 + 0.34u_4$$
$$x_5 = 0.88f_1 + 0.36f_2 + 0.39u_5$$

從式5-2這個因素分析模型中，可以很容易看出，若以因素負荷0.6為取捨標準的話，共同因素f_1與變數x_1、x_2、x_5的關係密切（x_3與x_4於f_1的因素負荷量小於0.6），因為其間的因素負荷較大，這說明了共同因素f_1代表了變數x_1、x_2、x_5所共同蘊含的資訊。而共同因素f_2則與變數x_3、x_4關係密切，因此，共同因素f_2主要代表了這兩個變數所共同擁有的資訊。

此外，因素負荷還可以用來估計原始變數之間的相關係數，當共同因素之間彼此不相關時，由因素分析模型很容易可以推導出變數x_i、x_j之間的相關係數（如圖5-3）為：

$$\gamma_{ij} = a_{i1}a_{j1} + a_{i2}a_{j2} + ... + a_{ik}a_{jk} \qquad （式5-3）$$

即任何兩個原始變數之間的相關係數等於所對應的因素負荷乘積之和。以上例而言，若f_1、f_2不相關，那麼x_1、x_2間的相關係數則為$0.95 \times 0.88 + 0.21 \times 0.3 = 0.899$。這說明了因素分析模型假設原始變數之間的潛在關係可以透過共同因素來加以描述。如果我們把x_i變數和因素f_j之間的負荷想像為路徑係數，則變數x_i和變數x_j之間的關係，就可以透過圖5-3直觀地表示出來。

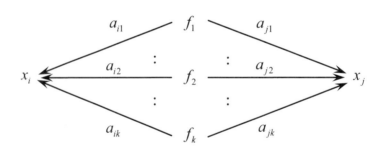

圖5-3　變數x_i和變數x_j之間的關係圖

由因素模型所導出之變數間的相關係數，可以用來輔助判斷因素解是否合適。如果由原始觀測資料所計算出的相關係數和從模型中所導出的變數間的相關係數相差很小，那麼我們可以認為模型非常適切的擬合了原始觀測資料，因素解是合適的。因素分析模型是從解釋變數之間的相關關係出發的，它的最佳解即是原始變數之間的實際相關關係。

二、共同性（communality）

所謂共同性（又稱共通性）是指原始變數的變異數中，由共同因素所決定之部分所占的比例。變數x_i的共同性可記為h_i^2。當共同因素之間彼此正交時，共同性等於和該變數有關的因素負荷量的平方和，用方程式可表示為：

$$h_i^2 = \sum_{j=1}^{k} a_{ij} = a_{i1}^2 + a_{i2}^2 + \cdots + a_{ik}^2 \qquad \text{（式5-4）}$$

由式5-4可輕易理解，變數x_i的共同性即是因素負荷矩陣A中第i列中所有元素的平方和。讀者對式5-4的公式也可用更輕鬆的方式來記憶，共同性通常是以h_i^2來代表，為何要使用「h」這個字母，因為橫向這個字的英文為「horizontal」，引申到因素負荷矩陣中的話，即代表一列，故第i個變數的共同性即為因素負荷矩陣A中，第i列中所有因素負荷量的平方和。例如：表5-1的因素負荷矩陣中，x_1的共同性即是因素負荷矩陣A中，第1列中所有因素負荷量的平方和，故$h_1^2 = 0.95^2 + 0.21^2 = 0.9466$。

由於變數x_i是標準化變數，所以變數x_i的變異數可以表示成$1 = h_i^2 + u_i^2$；也就是說原始變數x_i的變異數可由兩個部分來加以解釋：

第一部分h_i^2為共同因素所決定，即x_i的共同性，它是變數x_i之變異數能被共同因素所能解釋說明的部分，h_i^2說明了所有因素對變數x_i的解釋貢獻程度。共同性愈大，代表變數能被因素解釋的程度也愈高。共同性愈接近1，代表因素解釋說明了變數x_i的大部分變異數。也就是說，如果我們使用因素（f_1、f_2）來描述變數x_i時，則變數x_i的資訊遺失較少。

第二部分u_i^2則是由獨特因素（u_i）所決定，即獨特因素的平方，它反映了變數x_i的變異數中不能由所有因素解釋說明的部分。u_i^2愈小則說明變數x_i的資訊遺失愈少。總之，變數x_i的共同性描述了所有因素對變數x_i所蘊含之資訊的解釋程度，是評價變數x_i之資訊遺失程度的重要指標。如果大部分之原始變數的共同性均較高（如高於0.8），則代表所萃取出的因素確實能夠反映原始變數的大部分（80%以上）的資訊，而僅有較少的資訊遺失（20%以下），因此因素分析的效果較好。

所以，共同性是衡量因素分析效果的重要依據。對於上面所舉的五個原始變數、兩個共同因素的例子，可計算出每個變數的共同性，見表5-1。變數x_1的共同性$h_1^2 = 0.9466$表示f_1和f_2兩個因素解釋了x_1 94.66%的資訊量。共同性這個指標以原始變數為中心，它的意義在於說明：如果用共同因素替代原始變數後，每個變數原始的資訊被保留的程度。

表5-1　因素負荷矩陣—共同性、特徵值與因素貢獻度

	f_1	f_2	h_i^2
X_1	0.95	0.21	0.9466
X_2	0.88	0.30	0.8644
X_3	0.16	0.87	0.7825
X_4	0.56	0.75	0.8761
X_5	0.88	0.36	0.9040
特徵值（V_k）	2.7905	1.5831	
$V_k / 5$	0.5581	0.3166	

三、特徵值與解釋變異量

　　因素分析中，特徵值的數學定義為某一共同因素在所有變數上的因素負荷量之平方和。由於第j個因素在第i個變數上的因素負荷量記為a_{ij}，且它反映了因素和變數之間的相關程度，故因素負荷量的平方具有類似迴歸分析中確定係數（coefficient of determination, R^2）的含意，判定係數R^2是相關係數的平方，代表某自變數的解釋能力，故因素負荷量a_{ij}^2亦具有第j個因素對第i個變數之解釋能力的意涵，進而特徵值即具有該共同因素對所有變數之總解釋能力的意義。因此，特徵值又稱為該因素的貢獻度（contributions），記為V_k，k為因素個數。V_k值等於某一因素在所有變數上的因素負荷量之平方和，即：

$$V_k = \sum_{i=1}^{p} a_{ik}^2 \qquad\qquad （式5-5）$$

　　讀者對式5-5的公式也可用較輕鬆的方式來記憶，因素貢獻度（特徵值）以V_k來代表，為何要使用「V」這個字母，因為縱向這個字的英文為「vertical」，引申到如表5-1之因素負荷矩陣的話，即代表一直行，故第j個因素的貢獻度即為負荷矩陣中第j行中所有因素負荷量的平方和。例如：表5-1中，f_1的因素貢獻度即是因素負荷矩陣中，第1列中所有因素負荷量的平方和，故$V_1 = 0.95^2 + 0.88^2 + 0.16^2 + 0.56^2 + 0.88^2 = 2.7905$。

　　加總各個共同因素的貢獻度就可得到所有共同因素的總貢獻度，故所有共同因素的總貢獻度（以V表示）則為：

$$V = \sum_{m=1}^{k} V_m \qquad\qquad （式5-6）$$

然而在實際的研究中，更常用的相對性指標是「每個因素所能解釋的變異數占所有變數總變異數的比例」。可見，相對性指標衡量了共同因素的相對重要性。假設p是表示原始變數之數量，則V_k/p表示了第k個因素所解釋的變異數占總變異數的比例，而V/p則表示所有共同因素能解釋的總變異數比例，它可以用來作為因素分析結束的判斷指標。

如表5-1，在上例中，由於原始變數有5個，f_1的特徵值（因素貢獻度）為2.7905、f_2的特徵值（因素貢獻度）為1.5831，故$V_1/5 = 0.5581$、$V_2/5 = 0.3166$。這代表第一個因素解釋了所有變數之總變異數的55.81%，而第二個因素則解釋了總變異數的31.66%，兩個因素一共解釋了總變異數的87.47%。V_k/p的值愈高，代表相對應因素f_k的重要性愈高。因此，因素貢獻度（特徵值）和總變異數貢獻率（能解釋總變異數的比例）是衡量因素重要性的關鍵性指標。

5-5　因素分析的基本步驟

進行因素分析時，通常包括以下四個主要步驟：

一、檢測因素分析的前提條件

由於因素分析的主要目的是簡化資料或者是找出資料的基本因素結構。此即將原始變數中的資訊重疊部分萃取出來並整合成因素，進而最終實現減少變數個數與萃取出因素的目的。因此，若要能夠進行因素分析，則必須要求原始變數之間應存在較強的相關性。否則，如果原始變數間是相互獨立、不存在資訊重疊，那麼也就無法將其整合和縮簡了，也就無須進行因素分析了。所以本步驟的主要目的就是希望透過各種方法分析以檢測原始變數間是否存在較強的相關性，是否適合進行因素分析。一般而言，如果相關矩陣中的大部分相關係數都小於0.3，那麼就不適合作因素分析了。

二、因素萃取

將原始變數整合成少數幾個因素是因素分析的主要目的之一。本步驟中就是要去決定共同因素的個數和求取因素解（萃取因素）的方法。

三、使因素容易命名與具可解釋性

將原始變數整合為少數幾個因素後，如果因素的實質意涵無法釐清，則極不利於進一步的分析。本步驟就是希望透過各種方法（如座標軸旋轉）使萃取出來的因素，

其實質意涵能夠被清楚的表達出來，進而使研究者能根據其含意而對因素加以命名並深入的解釋它。

四、計算各樣本的因素得分

因素分析的最終目標是減少變數個數，以便在進一步的分析中，能用較少的因素代替原始變數以參與資料分析與建模。本步驟將透過各種方法計算各樣本在各因素上的得分，並以這些因素得分替代原始變數值，為未來進一步的分析奠定基礎。下面將依次對上述的基本步驟進行詳細討論。

5-5-1 因素分析的前提條件

因素分析的目的是從眾多的原始變數中，求同捨異以整合出少數幾個具有代表性的因素。在這過程中，需要一個潛在的前提條件，即原始變數之間應具有較強的相關性。這個道理並不難理解，如果原始變數之間不存在較強的相關性，那麼就無法從中整合出能夠反映某些變數共同特性的少數幾個共同因素了。因此，一般在進行因素分析前，須先檢驗因素分析的前提條件，即檢驗原始變數間是否具有較強的相關性。SPSS軟體中提供了下列幾種方法，以幫助研究者判斷原始變數是否適合作因素分析。

(一) 反映像相關矩陣（anti-image correlation matrix）

反映像相關矩陣中，各元素的值會等於負的偏相關係數。偏相關係數是控制其他變數不變的情形下，而計算某兩個變數間的淨相關係數。如果原始變數之間確實存在較強的相互重疊性以及互相影響時，也就是說，如果原始變數中確實能夠萃取出共同因素的話，那麼變數之間的偏相關係數應該會很小，因為它與其他變數重疊的解釋影響被扣除掉了。所以如果反映像相關矩陣中，大部分元素的值都較大的話，應該考慮該觀測資料可能不適合做因素分析。

反映像相關矩陣的對角線上的元素為某變數的「採樣適切性量數」（measure of sample adequacy, MSA）統計量，其數學定義為：

$$MSA_i = \frac{\sum\limits_{j \neq i} \gamma_{ij}^2}{\sum\limits_{j \neq i} \gamma_{ij}^2 + \sum\limits_{j \neq i} p_{ij}^2}$$ （式5-7）

其中，γ_{ij}是變數x_i和其他變數x_j（$j \neq i$）間的簡單相關係數，p_{ij}為在控制了其他變數之

影響力的情形下，變數x_i和他個變數x_j（$j \neq i$）間的偏相關係數。由式5-7可知，某變數x_i的MSA_i統計量的值應會介於0和1之間。當變數x_i和他個變數x_j（$j \neq i$）間的簡單相關係數平方和遠大於偏相關係數的平方和時，MSA_i值接近1。MSA_i的值愈接近於1，意味著變數x_i和他個變數x_j（$j \neq i$）間的相關性愈強。而當變數x_i和他個變數x_j（$j \neq i$）間的簡單相關係數平方和接近0時，MSA_i的值則接近0。MSA_i值愈接近於0，意味變數x_i和他個變數x_j（$j \neq i$）間的相關性愈弱。藉由以上的觀念，研究者可以仔細觀察反映像相關矩陣，如果反映像相關矩陣中，除主對角元素外，其他大多數元素的絕對值均較小，而對角線上元素的值較接近1時，則說明了這些變數的相關性較強，適合進行因素分析。反之，如果反映像相關矩陣中大部分元素的值都較大的話，應該考慮該觀測資料可能不適合作因素分析。

(二) 相關係數矩陣

計算原始變數間的簡單相關係數矩陣並進行統計檢定。相關係數矩陣計算出來後，仔細觀察相關係數矩陣，如果相關係數矩陣中的大部分相關係數值均小於0.3，即各個變數間大多為弱相關的話，那麼原則上，這些變數是不適合進行因素分析的。

(三) 巴特利特球形檢定（Bartlett test of sphericity）

巴特利特球形檢定以原始變數的相關係數矩陣為基礎，判斷相關係數矩陣是否為單位矩陣，即相關係數矩陣為對角矩陣（對角元素不為0，非對角元素均為0），且主對角上的元素均為1。因為如果相關係數矩陣為單位矩陣的話，代表各變數間沒有相關，因此觀測資料也就不適合作因素分析了。故巴特利特球形檢定的虛無假設H_0為相關係數矩陣是單位矩陣。巴特利特球形檢定的檢定統計量將根據相關係數矩陣的行列式計算而得到，且其機率分配近似服從卡方分配。如果該統計量的值傾向於較大的值，且所對應的機率p值小於預設的顯著水準（一般設$\alpha = 0.05$），則應拒絕虛無假設，亦即可認為相關係數矩陣並非單位矩陣，所以原始變數適合作因素分析；反之，如果該統計量的值傾向於較小的值且所對應的機率p值大於預設的顯著水準（0.05），則不能拒絕虛無假設。因此可以認為相關係數矩陣與單位矩陣無顯著差異，原始變數就不適合作因素分析了。

(四) KMO檢定（Kaiser-Meyer-Olkin test）

KMO檢定從比較原始變數之間的簡單相關係數和偏相關係數的相對大小出發，因此須建立一個能比較變數間簡單相關係數和偏相關係數的指標，此指標稱為KMO

檢定統計量，其數學定義為：

$$KMO = \frac{\sum_{j \neq i}\sum \gamma_{ij}^2}{\sum_{j \neq i}\sum \gamma_{ij}^2 + \sum_{j \neq i}\sum p_{ij}^2}$$ （式5-8）

其中，γ_{ij}是變數x_i和其他變數x_j（$j \neq i$）間的簡單相關係數，p_{ij}是變數x_i和其他變數x_j（$j \neq i$）間在控制了其他變數下的偏相關係數。KMO與MSA的主要差異在於KMO將相關係數矩陣中的所有元素都加入到了平方和的計算中。由式5-8可知，KMO統計量的值會介於0和1之間。當所有變數間的偏相關係數平方和遠遠小於簡單相關係數平方和時，KMO值接近1。KMO值愈接近於1，意味著變數間的相關性愈強，原始變數愈適合作因素分析；當所有變數間的簡單相關係數平方和接近0時，KMO值接近0。KMO值愈接近於0，意味著變數間的相關性愈弱，原始變數愈不適合作因素分析。Kaiser訂出了常用的KMO統計量之衡量標準：0.9以上表示非常適合作因素分析；0.8表示適合；0.7表示普通；0.6表示不太適合；0.5以下表示極不適合。

除了上述四點的前提條件外，樣本大小也是須考量的重點。在此，將執行因素分析時，所必備的前提條件整理如下：

1. 根據Gorsuch（1983），要進行探索性因素分析時，樣本大小的決定可遵照下列兩個原則：
   (1) 題項數與受訪者的比例最好在1：5以上。
   (2) 受訪者的總數不得少於100人。
2. 反映像相關矩陣中，除主對角元素外，其他大多數元素的絕對值均較小，而對角線上元素的值較接近1時，則說明了這些變數的相關性較強，適合進行因素分析。
3. 原始變數之相關係數矩陣中的大部分相關係數值均大於0.3。
4. 巴特利特球形檢定之結果，必須顯著（即$p < 0.05$）。
5. KMO統計量值在0.8以上。

5-5-2 因素萃取

在探索性因素分析的過程中，求解因素初始解這一步驟的主要目的是想確定能夠解釋原始變數之相關性的因素之最小個數，也就是說，能夠根據樣本資料去求出其因素負荷矩陣。根據所依據的準則不同，有很多種求解因素負荷矩陣的方法，主要可以分為兩類：一類是基於主成分分析模型的主成分分析法（principle components factoring），另一類是以共同因素模型為基礎的共同因素分析法，包括主軸因素法

（principle axis factoring）、最大概似法（maximum likelihood factoring）、最小平方方法（least squares factoring）、Alpha法（Alpha factoring）、映像分析法（image analysis factoring）等等。

主成分分析法實際上是一種獨立於因素分析外的一種資料化簡技術。它的作法是將所蒐集到的各觀測變數之資料予以歸納，並找出一個最能夠解釋各變數之因素（稱爲主要成分因素），當主要成分因素找到後即可以依主成分分析爲基準再去尋找其餘的因素。因素分析中會把主成分分析的結果作爲一個初始因素解，這是因爲在確定因素個數時，常會用到主成分分析所產生的一個統計量——特徵值。而此特徵值即代表著因素的貢獻度，貢獻度高的因素才會被萃取出來。其他的求因素解的方法，如主軸因素法也採用了和主成分分析類似的演算法。所以，主成分分析在因素分析中占有重要的地位，也是因素分析中用於萃取出共同因素的主要分析方法。

原則上，有p個變數就應該有p個共同因素，但是因素分析的目的是爲了簡化資料，所以我們不會自找麻煩萃取出全部的p個共同因素，而只會萃取出前幾個特徵值較高的共同因素作爲初始因素（因爲它們已能涵蓋原始資料的大部分資訊）。然而，到底需要幾個因素才能代表原來資料中的主要資訊部分呢？雖然到目前爲止，學術上還沒有精確的定量方法可以用來輔助決定因素個數，但在實務應用上，還是有一些準則可以幫我們決定因素的個數，常用的有以下三個：

(一) 特徵值準則

所謂特徵值準則就是取特徵值大於等於1的共同因素來作爲初始因素，而放棄特徵值小於1的共同因素。因爲每個變數的變異數爲1，該準則認爲每個被萃取出來的因素至少應該能解釋一個變數的變異數，否則就達不到精簡的目的。特徵值準則是實務應用中最普遍的確定因素個數的方法。

(二) 陡坡圖準則

在陡坡圖準則中，將按照因素被萃取出的順序（依特徵值大小排序），畫出因素的特徵值隨因素個數變化的散布圖，這種圖形就稱爲陡坡圖（scree test）。根據陡坡圖的形狀可以協助判斷該萃取出多少個因素個數（如圖5-4）。陡坡圖的形狀像一個山坡，從第一個因素開始，曲線迅速下降，然後下降趨勢變得較爲平緩，最後變成近似一條水平直線。一般而言，曲線開始變平緩的前一個點可被認爲是萃取的最大因素個數。因爲後面的這些散布點就好像是山腳下的「碎石」，捨去這些「碎石」，並不損失很多資訊，該準則也因此又名爲碎石圖。

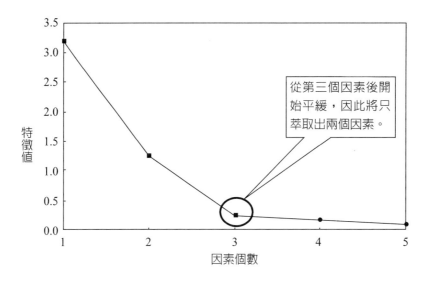

圖5-4　因素分析的陡坡圖

(三) 因素的累積總解釋變異量（%）

第一個因素的累積總解釋變異量（%）定義為：

$$c_1 = \frac{V_1}{p} \qquad\qquad\qquad （式5-9）$$

p 為原始變數之個數，V_i為第i個因素的特徵值，代表第i個因素於解釋變異數時的貢獻度（解釋變異量）。由式5-9可知，第一個因素的累積總解釋變異量（%）就是它的特徵值除以原始變數之總個數。由於原有的p個變數已經進行了標準化處理（平均數為0、變異數為1），因此原始變數之總變異數為p。故第一個因素的累積總解釋變異量（%）也可說成是它解釋總變異量時的貢獻度（即特徵值）除以總變異量。

前二個因素的累積總解釋變異量（%）可定義為：

$$c_2 = \frac{V_1 + V_2}{p} \qquad\qquad\qquad （式5-10）$$

由此，前k個因素的累積總解釋變異量（%）定義為：

$$c_k = \sum_{i=1}^{k} \frac{V_k}{p} \qquad\qquad\qquad （式5-11）$$

根據式5-11即可計算出各因素的累積總解釋變異量（%）。於進行探索性因素分析時，通常會選取累積總解釋變異量（%）達50～80%時的因素個數為研究中所欲萃取出的因素個數。

表5-2　各因素的特徵值及累積總解釋變異量（%）

因素	特徵值	總解釋變異量（%）	累積總解釋變異量（%）
1	3.20	64.00%	64.00%
2	1.27	25.40%	89.40%
3	0.25	5.00%	94.40%
4	0.18	3.60%	98.00%
5	0.10	2.00%	100.00%

　　表5-2為某組資料經因素分析後的結果，該表列出了所有候選因素（即等於原始變數的數量，共5個）的特徵值、總解釋變異量（%）及累積總解釋變異量（%）。根據特徵值準則（特徵值大於1），對於表5-2的資料，應該選取兩個因素，從陡坡圖（圖5-4）來看也應該選取兩個因素，這兩個因素累計解釋了原始資料中總變異量的89.4%。因素累積總解釋變異量（%），也是確定因素個數時可以參考的指標，一般選取的因素數量應要求使累積的總解釋變異量（%）能達到50～80%以上。

　　當然在有些特定的情況下，研究者已經事先確定了因素的個數，也可以在SPSS中直接設定要萃取的因素個數。這種方法在檢定有關因素個數的理論和假設或者重複做某些特定工作時非常方便。在實務的研究中，研究者很少僅僅依賴某一準則來決定因素個數，而是應該結合幾個準則進行綜合判斷。保留的因素是否有意義，是否能被解釋，也是在確定因素時應該考慮的重點。保留的因素太多，在解釋因素時可能會比較困難。

　　除了上述三個決定因素個數的準則外，也有一些其他方法常被運用於專題或論文中，茲綜合整理如下：

1. 因素之特徵值須大於1。
2. 運用陡坡圖。
3. 累積總解釋變異量（%）不得小於0.5。
4. 共同性（communality）須大於0.5。
5. 當某原始變數同時橫跨兩因素時，在決定該變數到底隸屬於哪個因素時，可視該原始變數在兩因素上的負荷量大小而決定，若兩因素負荷量的差大於0.3時，則排除較小者。其他情形，可依文獻、理論或研究者之經驗、主觀而決定。
6. 以最大變異數轉軸法（varimax）旋轉以後，在決定哪些題項該隸屬於哪個因素時，取該因素所包含之題項的因素負荷量絕對值大於0.5者。

5-5-3　因素的命名

因素的命名或解釋是因素分析的另一個重要課題。觀察因素負荷矩陣，如果因素負荷a_{ij}的絕對值在第 i 列的很多行上都有較大的值（通常大於0.5），則表示原始變數x_i與多個因素同時有較大的相關關係。也就是說，原始變數x_i的資訊需要由多個因素來共同解釋；如果因素負荷a_{ij}的絕對值在第j行的很多列上都有較大的值，則表示因素f_j能夠同時解釋許多變數的資訊，故因素f_j不能典型代表任何一個原始變數x_i。在這種情況下，因素f_j的實際含意是模糊不清的。

而在實際分析工作中，研究者總是希望對因素的實際含意有比較清楚的認識。爲解決這個問題，可透過因素旋轉的方式使一個變數只在盡可能少的因素上有比較高的負荷。最理想狀態是，使某些變數在某個因素f_j上的負荷趨近於1，而在其他因素上的負荷趨近於0。這樣，一個因素f_j就能夠成爲某些變數的典型代表，於是因素的實際含意也就能夠清楚表達了。

因素旋轉的目的就是想透過改變座標軸的位置，重新分配各個因素所解釋的變異數的比例，使因素結構更爲簡單、更易於解釋。因素旋轉不會改變模型對資料的擬合程度，也不會改變每個變數的共同性h_i^2，但卻會改變其對原始變數的貢獻度V_k（即特徵值）。而所謂「更簡單的因素結構」是指每個變數在盡可能少的因素上都有比較高的負荷。

例如：以因素爲軸，因素負荷爲座標而作圖，則每個變數是該空間中的一個點，該圖稱爲因素負荷圖，如圖5-5和圖5-6所示。

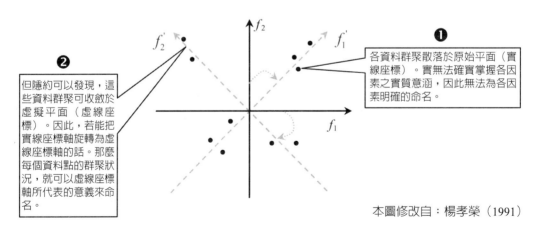

❶ 各資料群聚散落於原始平面（實線座標）。實無法確實掌握各因素之實質意涵，因此無法爲各因素明確的命名。

❷ 但隱約可以發現，這些資料群聚可收斂於虛擬平面（虛線座標）。因此，若能把實線座標軸旋轉爲虛線座標軸的話。那麼每個資料點的群聚狀況，就可以虛線座標軸所代表的意義來命名。

本圖修改自：楊孝榮（1991）

圖5-5　座標軸旋轉前的因素負荷圖

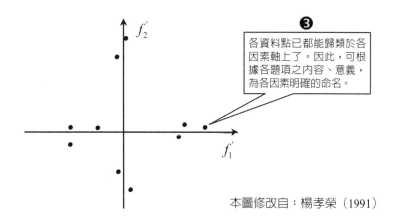

圖5-6　座標軸旋轉後的因素負荷圖

　　圖5-5是以兩個因素f_1、f_2為座標軸的因素負荷圖。可以看到，圖中的10個原始變數（10個點）在因素f_1、f_2上均有一定的負荷，但卻都和f_1、f_2座標軸有段距離，實在很難看出各變數應歸屬於f_1、f_2的狀況。因此，因素f_1、f_2所應具有的含意就很難去定義清楚。

　　而在圖5-6中，座標軸旋轉後，在新的座標軸中可發現，10個變數中有6個變數在新因素f_1'上有較高的負荷，而這6個變數在新因素f_2'上的負荷幾乎為0。此外，其餘的4個變數在因素f_2'上有較高的負荷，在因素f_1'的負荷幾乎為0。此時，因素f_1'、f_2'的含意就很清楚了，f_1'、f_2'它們分別是對原有6個變數和其他4個變數的整合與縮減。在此情形下，就可根據該6個原始變數（題項）的共同意義，由研究者主觀的為f_1'來取個合適且有意義的名稱了。舉一反三，當然f_2'的名稱，亦可由其所包含的6個原始變數之共同意義來命名。因此，座標旋轉後應盡可能使原始變數點出現在某個座標軸的附近，並同時遠離其他座標軸。在某個座標軸附近的變數只在該因素上有較高負荷，而在其他因素上只有很低的負荷。

　　因素旋轉的方式有兩種：一種為正交旋轉，另一種為斜交旋轉。正交旋轉是指座標軸在旋轉過程中始終保持互相垂直，於是新產生的因素仍可保持不相關性。而斜交旋轉中座標軸中的夾角可以是任意角度，因此新產生的因素之間無法保證不具相關性。在使因素能被容易命名與解釋方面，斜交旋轉通常會優於正交旋轉，但卻也犧牲了一些代價，即無法保持因素的不相關性。因此，實務應用上一般會選用正交旋轉方式。正交旋轉方式有四次方最大值轉軸法（quartimax）、最大變異法（varimax）和Equamax轉軸法……等。這些旋轉方法的目標是一致的，只是策略不同而已，其中又以最大變異法最為常用。

5-5-4　計算因素得分

在前面的幾個小節中，我們主要解決了用因素來表示一組原始變數的相關問題。如果我們要使用這些因素再來進行其他的研究，比如想把得到的因素作為自變數來作迴歸分析、對樣本進行分類或評價等，這些都需要對因素進行測量。這時，都必須先求算出每個因素在每個樣本上的實際因素負荷量。而算出因素對應於每個樣本上的值，這些值就稱為因素得分（factor scores）。因素得分是因素分析的最終結果，在因素分析的實務應用中，當因素確定以後，便可計算各因素在每個樣本上的具體數值（因素得分），這些因素得分所形成的變數稱為因素變數。於是，在以後的分析中就可以使用這些因素變數以代替原始變數進行資料分析與建模，進而實現降維和簡化問題的目標。計算因素得分的過程相當繁雜，但在SPSS中，執行因素分析後，即可自動算出因素得分。

5-6　以因素分析法進行項目分析

實務上，研究者若預期未來的研究過程中會使用到探索性因素分析時，那麼在抽樣的設計上，應注意到樣本大小的問題。根據Gorsuch（1983），要進行探索性因素分析時，樣本大小的決定可遵照下列兩個原則：

(1)題項數與受訪者的比例最好在1:5以上，即樣本數須為題項數的五倍以上。
(2)受訪者的總數不得少於100人。

有了適當的樣本規劃後，再來進行探索性因素分析當可比較順利。在本節中，將介紹在研究的預試階段中，如何利用探索性因素分析來評估問卷諸題項的適切性。

▶ 範例5-1 附錄四為「電信業服務品質」之原始問卷，共30個題項。試運用因素分析法以進行項目分析，進而刪除不適切題項。雖該問卷之題項中包含反向題，但反向題皆已重新計分完成，資料檔為「ex5-1.sav」。

利用因素分析法進行項目分析，以刪除不適切題項時，主要是藉由因素負荷量的絕對值大小，來輔助判斷個別題項與共同因素間之關係的強弱，進而刪除因素負荷量絕對值較低的題項。在此目的下進行探索性因素分析時，將使用主成分分析之單一因素的原始負荷量來輔助判斷。也就是說，將來執行因素分析時，萃取因素的方法將使

用【主成分分析法】，且強迫性的只萃取出「1」個因素，如此就可獲得每個題項的因素負荷量。據此，即可篩選出因素負荷量絕對值較低的題項而刪除之。

當把所萃取的因素個數強迫設定為「1」時，從因素分析的數學模型（式5-1）來看，其模型即類似於第4章所提及的「項目與總分相關」。而此時所產生的因素負荷量，其角色則類似於「題項與總分相關」法中的相關係數之角色。因此，當欲運用因素分析法刪除不適切的題項時，常用的判斷原則有兩個，即是：

1. 【成分矩陣】表中因素負荷量小於「0.5」的題項，將被刪除。
2. 除此之外，由於當只萃取一個因素時，共同性即為因素負荷的平方，所以另一個標準是共同性小於「0.3」的題項，亦將被刪除（邱皓政，2006）。在學術性研究中，此準則較為常用。在此，「0.3」即大約是前述因素負荷量「0.5」的平方。

(操)(作) 步驟

　　步驟1：開啓檔案「ex5-1.sav」後，執行【分析】/【維度縮減】/【因素】。
　　步驟2：待出現【因素分析】對話框後，將左邊【待選變數】清單中的變數q1至q30選入右邊的【變數】清單方塊中。
　　步驟3：由於將強迫性的只萃取出1個因素，故直接按【擷取】鈕，此時會出現【擷取】對話框，由於我們將進行主成分分析且只萃取出一個因素，因此在此對話框中，請於【方法】中選取【主成分】法，然後於【因素個數】後方的輸入欄中直接輸入「1」。如圖5-7所示。

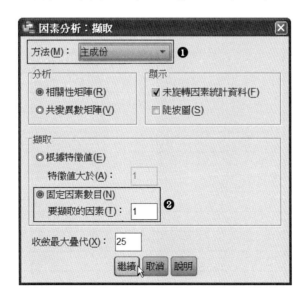

圖5-7　設定【擷取】對話框

步驟4：設定好【擷取】對話框後，按【繼續】鈕，回到【因素分析】對話框後，再按【確定】鈕，即可跑出因素分析報表。

步驟5：詳細操作過程，讀者亦可自行參閱影音檔「ex5-1.wmv」。

▶ **報表解說**

執行後所產生的分析報表有三個，分別為【共同性】（communalities）、【說明的變異數總計】與【元件矩陣】，由於我們只是想藉由因素分析的結果來進行項目分析，所以在此只將採共同性法輔助判斷，以刪除不適切的題項（共同性小於0.3的題項）為目標。因此，執行因素分析後，所產生的報表中，只看【共同性】表即可，如表5-3。

表5-3　共同性表

	初始	萃取
1.停車方便性	1.000	0.061
2.服務中心便利性	1.000	0.081
3.有專人引導服務	1.000	0.520
4.人員服裝儀容	1.000	0.045
5.人員禮貌談吐	1.000	0.042
6.總修復時間	1.000	0.749
7.備有免費申訴或諮詢電話	1.000	0.528
8.未服務前的等候時間	1.000	0.645
9.營業時間符合需求	1.000	0.827
10.完成異動作業時間	1.000	0.751
11.備有電子佈告欄	1.000	0.453
12.完成服務所花時間	1.000	0.646
13.協助客戶解決問題能力	1.000	0.795
14.人員的專業知識	1.000	0.789
15.計費交易正確性	1.000	0.873
16.客戶資料保密性	1.000	0.828
17.準時寄發繳費通知	1.000	0.616
18.備有報紙雜誌	1.000	0.476
19.提供新資訊	1.000	0.465
20.話費維持合理價位	1.000	0.826
21.臨櫃排隊等候	1.000	0.778
22.繳納電費方便性	1.000	0.574
23.即時處理客戶抱怨	1.000	0.675

表5-3　共同性表（續）

	初始	萃取
24.備有舒適及足夠座椅	1.000	0.775
25.內外環境整潔	1.000	0.540
26.櫃檯清楚標示服務項目	1.000	0.776
27.申請業務手續簡便	1.000	0.614
28.提供即時資訊	1.000	0.576
29.能立即給予滿意回覆	1.000	0.068
30.不因忙而忽略消費者	1.000	0.083

　　觀察表5-3的【共同性】表，其中問卷的q1、q2、q4、q5、q29與q30等六題，其共同性表都小於0.3，代表這些題項與共同因素間的關係較弱。因此可列為優先考慮刪除的題項。

　　至此，我們已學習過兩種項目分析的方法，即「題項－總分相關法」（範例4-1）與「因素分析法」。這兩種方法是一般論文中進行項目分析時，最常用的方法。由於這兩種方法都是基於題項間的相關性而發展出來的，故「題項－總分相關法」與「因素分析法」的項目分析結果，亦相當一致（如表5-4）。儘管如此，建議讀者未來進行項目分析時，還是以選用「因素分析法」為原則。因為若選用「因素分析法」時，在進行項目分析的過程後，也可順便檢視資料的因素結構是否如預期？即根據文獻所設計的問卷，其各因素構面中所應包含的題項是否有跑掉？

　　此外，雖然上述分析結果中，q1、q2、q4、q5、q29與q30等六題是建議刪除的題項，但是要注意以下三點：

1. 請避免大刀一砍，一次刪6題。正確的作法是一次只刪1題，然後遞迴的、逐次的進行「因素分析法」，直到沒有「共同性小於0.3的題項」為止。

2. 有時也請手下留情。是否「共同性小於0.3的題項」真的一定要砍？要記得學術論文中，量表／問卷中所包含的構面、題項大都是參考過去文獻中的原始問卷，再依研究主題、對象稍加修改遣詞用句而來，所以，其因素結構基本上是已知的、固定的（白話講就是哪個構面應包含哪些題項是已知的、固定的）。如果，研究者進行項目分析的過程中，刪掉某個題項後，結果卻發現量表／問卷中原本應具有的因素結構改變了，甚至某個構面消失了。此時，建議最好不要刪除題項，理由可以這樣寫：「雖第x題其共同性小於0.3應予刪除，然考量不影響原始問卷的因素結構，故在本研究中仍予保留」。

3. 從第2點的說明中，讀者或許也發現了，實務中以「因素分析法」進行項目分析時，正確的作法應該是先執行「強迫性」萃取1個因素個數的因素分析，刪題後，再執行「特徵值大於1」的因素分析（不預先限定萃取的因素個數），以檢視因素結構是否改變？如此不斷的遞迴的、逐次的進行「因素分析法」，直到沒有可刪題項為止。

表5-4　因素分析法與題項－總分相關法比較

題目內容	題項－總分相關法	因素分析法	刪除否
1.停車方便性	0.239	0.061	是
2.服務中心便利性	0.269	0.081	是
3.有專人引導服務	0.708	0.520	
4.人員服裝儀容	0.227	0.045	是
5.人員禮貌談吐	0.216	0.042	是
6.總修復時間	0.831	0.749	
7.備有免費申訴或諮詢電話	0.717	0.528	
8.未服務前的等候時間	0.771	0.645	
9.營業時間符合需求	0.901	0.827	
10.完成異動作業時間	0.832	0.751	
11.備有電子佈告欄	0.651	0.453	
12.完成服務所花時間	0.772	0.646	
13.協助客戶解決問題能力	0.875	0.795	
14.人員的專業知識	0.869	0.789	
15.計費交易正確性	0.919	0.873	
16.客戶資料保密性	0.892	0.828	
17.準時寄發繳費通知	0.755	0.616	
18.備有報紙雜誌	0.662	0.476	
19.提供新資訊	0.643	0.465	
20.話費維持合理價位	0.891	0.826	
21.臨櫃排隊等候	0.853	0.778	
22.繳納電費方便性	0.730	0.574	
23.即時處理客戶抱怨	0.801	0.675	
24.備有舒適及足夠座椅	0.866	0.775	
25.內外環境整潔	0.717	0.540	
26.櫃檯清楚標示服務項目	0.866	0.776	
27.申請業務手續簡便	0.756	0.614	
28.提供即時資訊	0.732	0.576	
29.能立即給予滿意回覆	0.260	0.068	是
30.不因忙而忽略消費者	0.293	0.083	是

項目分析的方法相當多，包含7種方法（將在第8章進行介紹），如遺漏值檢定法、平均數法、標準差法、偏態法、極端組檢驗法、題項─總分相關法與因素分析法。雖到本章為止，已介紹過題項─總分相關法與因素分析法。但事實上，論文中進行項目分析時，並非每一種方式皆需運用，讀者可依自己的需求與成本進行考量。不過，若能正確的使用因素分析法，應是個不錯且嚴謹的策略。

5-7　評估初步的建構效度

建構效度可分為收斂效度與區別效度。檢驗量表的建構效度時，最嚴謹的方法，應是使用結構方程模型。在SPSS中並無法同時檢驗收斂效度與區別效度，僅能使用探索式因素分析進行收斂效度的評估，且無法進行驗證。故稱之為初步的建構效度評估。

▶ 範例5-2

附錄四為「電信業服務品質」之正式問卷，經進行項目分析，刪掉不適當的題項後，正式問卷僅存21個題項。經實際施測完成後，所得的原始資料如資料檔「ex5-2.sav」，試進行因素分析，並開啟「ex5-2.doc」製作如表5-5的信、效度分析表，以評估「電信業服務品質」問卷的信度並掌握其初步的建構效度。

假設經嚴謹的項目分析後，定稿後的正式問卷（即電信業服務品質）問卷，總共將只包含21道題項。再經正式施測後，所蒐集回來的資料共有338筆有效問卷（ex5-2.sav）。「電信業服務品質」問卷主要是根據Parasuraman、Zeithaml及Berry（簡稱PZB）三人於1988年提出的「SERVQUAL」量表，再依臺灣電信業的特質修改而成。原始的「SERVQUAL」量表應包含五個構面，分別為可靠性（reliability）、回應性（responsiveness）、保證性（assurance）、同理心（empathy）與有形性（tangibles）（Parasuraman, Zeithaml, & Berry, 1988）。然而，「電信業服務品質」問卷其調查主題與對象均迥異於原始「SERVQUAL」量表。在此，研究者想透過探索性因素分析探索「電信業服務品質」的因素結構、評估其信度並掌握其初步的建構效度（只評估收斂效度）。

表5-5 「電信業服務品質」之信、效度分析表

因素名稱	因素構面內容	因素負荷	轉軸後平方負荷量		Cronbach's α
			特徵值	解釋變異量%	
專業性服務	12.客戶資料保密性	0.853	7.947	37.841	0.969
	15.話費維持合理價位	0.848			
	10.人員的專業知識	0.843			
	09.協助客戶解決問題能力	0.837			
	17.繳納電費方便性	0.833			
	18.即時處理客戶抱怨	0.829			
	11.計費交易正確性	0.749			
	13.準時寄發繳費通知	0.719			
	05.營業時間符合需求	0.691			
	01.有專人引導服務	0.503			
服務等候	08.完成服務所花時間	0.862	5.342	25.440	0.971
	04.未服務前的等候時間	0.861			
	06.完成異動作業時間	0.786			
	02.總修復時間	0.782			
	16.臨櫃排隊等候	0.780			
	21.申請業務手續簡便	0.760			
營業設施	07.備有電子佈告欄	0.881	4.363	20.774	0.920
	14.備有報紙雜誌	0.807			
	20.櫃檯清楚標示服務項目	0.636			
	19.備有舒適及足夠座椅	0.636			
	03.備有免費申訴或諮詢電話	0.631			
總解釋變異量：84.055 %					
整體信度：0.976					

論文中，利用表5-5的信、效度分析表，就可確認「電信業服務品質」的因素結構、評估問卷的信度並掌握初步的建構效度。表5-5是個通用的格式，常用於論文中，作者也因此將此表製作於「ex5-2.doc」中，以方便讀者日後修改使用。而本範例的目標就是將執行因素分析與信度分析後，所得的因素負荷量、特徵值、解釋變異量（%）與Cronbach's α值填入表5-5中，以檢驗「電信業服務品質」量表的信、效度。

在進行分析之前，研究者最好能先擬定因素分析的執行與分析策略，包含：

(一) 執行策略

1. 確認樣本數是否已達問卷題項的5倍以上，且樣本數的總數不少於100個。

2. 分析方法：主成分分析法。

3. 只萃取出特徵值大於1的因素。

4. 轉軸法：最大轉軸法（varimax）。

5. 因素負荷要遞減排序。

6. 設定大於0.5的因素負荷才於報表中顯示出其數值，如此報表較簡潔外，也能符合收斂效度的原則。但若因這個設定而導致影響因素結構（即某因素該包含哪些題項）之判斷時，亦可放寬至0.3。

(二) 分析策略

1. KMO統計量值0.8以上且巴特利特球形檢定之結果，必須顯著（即$p < 0.05$）。

2. 決定萃取出的因素個數時，應綜合運用下列原則：

   (1) 特徵值大於1。

   (2) 陡坡圖檢定準則。

   (3) 累積解釋總變異量（%）不得小於0.5。

   (4) 共同性（communality）須大於0.5。

3. 決定因素結構時，應遵循下列原則：

   (1) 兩因素負荷量絕對值差大於0.3時，排除較小者。

   (2) 以最大變異數轉軸法（varimax）旋轉以後，取該因素所包含之題項的因素負荷量絕對值大於0.5者。

   (3) 若題項橫跨兩個因素以上，且其因素負荷量差距亦不大時，則表示該題項的區別效度可能較差。此時，將導致難以判斷該題項到底應歸屬哪個因素，這時可回頭參酌所引用之原始問卷／量表的因素結構而定奪該題項應歸入哪個因素。

(三) 信度要求：Cronbach's α值大於0.7。

(四) 初步建構效度要求

1. 所萃取出之因素的特徵值（eigenvalue）須大於1。

2. 各構念的衡量題項皆可收斂於同一個共同因素之下。

3. 各因素構面中各變數之因素負荷量大於0.5。

4. 累積總解釋變異量（cumulative explained variation）須達50%以上時。

(操)(作) 步驟

步驟1：開啓檔案「ex5-2.sav」後，執行【分析】／【維度縮減】／【因素】。

步驟2：待開啓【因素分析】對話框後，將所有變數（q1～q21）選入到【變數】框中，如圖5-8所示。

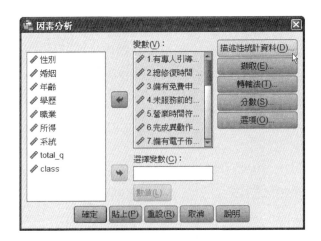

圖5-8　將所有變數（q1～q21）選入到【變數】框中

步驟3：在【因素分析】對話框中，按右方的【描述性統計資料】鈕，於開啓的【描述性統計資料】對話框中，選取【單變量描述性統計資料】選項、【未轉軸之統計資料】選項、【係數】選項與【KMO與Bartlett的球形檢定】選項，然後按【繼續】鈕，回到【因素分析】對話框，如圖5-9所示。

圖5-9　設定【描述性統計量】對話框

步驟4：按【擷取】鈕，於開啟的【擷取】對話框中，【方法】下拉式清單中選取【主成分】法、【分析】方框中選取【相關性矩陣】、【顯示】框中選取【未旋轉因素統計資料】選項與【陡坡圖】選項、【擷取】框中選取【特徵值】選項，並於其後方的輸入欄中輸入「1」，意味著特徵值大於1的因素，才夠資格被萃取出來。設定好後，按【繼續】鈕，回到【因素分析】對話框，如圖5-10所示。

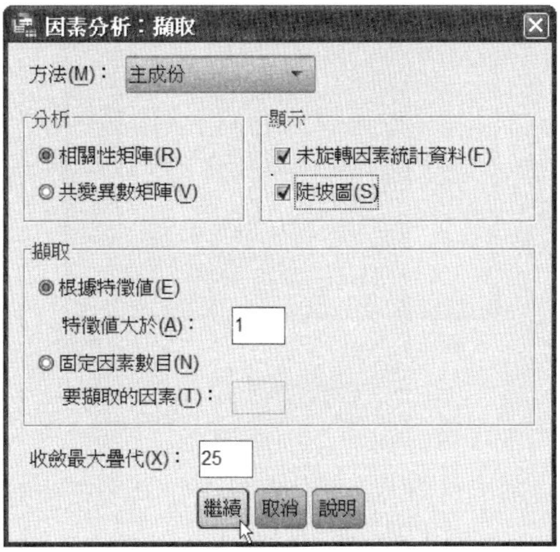

圖5-10　設定【擷取】對話框

步驟5：按【轉軸法】鈕，於開啟的【轉軸法】對話框中，選取【最大變異法】，並於【顯示】框中選取【轉軸後的解】選項。接著，按【繼續】鈕，回到【因素分析】對話框，如圖5-11所示。

圖5-11　設定【轉軸法】對話框

步驟6：按【分數】鈕，於開啓的【分數】對話框中，勾選【因素儲存成變數】選項，並在【方法】框中選取【迴歸法】爲計算因素得分的方法。再選取【顯示因素分數係數矩陣】選項。接著，按【繼續】鈕，回到【因素分析】對話框，如圖5-12所示。

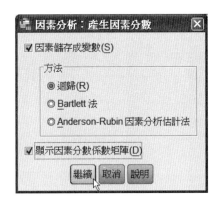

圖5-12　設定【分數】對話框

步驟7：按【選項】鈕，於開啓的【選項】對話框中，在【遺漏值】框中選取【完全排除觀察值】選項，並勾選【係數顯示格式】中的【依據因素負荷排序】選項（預設方式爲遞減排序）與【隱藏較小的係數】選項，並在其後方的輸入欄中輸入「0.5」（小於0.5，即隱藏之意），以符合收斂效度之要求。按【繼續】鈕，回到【因素分析】對話框，如圖5-13。

圖5-13　設定【選項】對話框

步驟8：於【因素分析】對話框中，按【確定】鈕，即可完成所有的設定工作並執行因素分析。

步驟9：詳細操作過程，讀者亦可自行參閱影音檔「ex5-2.wmv」。

▶ **報表解說**

執行完上述步驟後，即可跑出因素分析之報表並將因素得分儲存於資料檔中，報表相當長，限於篇幅，在此僅解釋必要之報表。

(一) 檢定樣本資料是否適合進行因素分析

首先，我們將檢定所蒐集到的樣本之原始變數間，是否存在特定的相關性、是否適合採用因素分析來萃取出因素。在此，可藉助Bartlett球形檢定（虛無假設：相關係數矩陣為單位矩陣）和KMO檢定方法進行分析。如表5-6所示。

由表5-6可知，Bartlett球形檢定之卡方統計量的觀測值為14,403.141，其對應的機率p值（顯著性）接近0。就檢定概念而言，顯著水準為0.05時，由於機率p值小於顯著水準，故應拒絕虛無假設，而認為相關係數矩陣與單位矩陣有顯著差異，也就是說相關係數矩陣不為單位矩陣之意，故適合進行因素分析。同時，KMO值為0.824（大於0.8），依據Kaiser（1958）對KMO之衡量標準可知，原始變數亦適合進行因素分析。

表5-6　KMO與Bartlett檢定表

Kaiser-Meyer-Olkin測量取樣適當性		.824
Bartlett的球形檢定	大約卡方	14403.141
	df	210
	顯著性	.000

(二) 萃取因素

根據原始變數的相關係數矩陣，我們將應用「主成分分析法」並以「特徵值大於1」為篩選條件來萃取出因素，分析結果如表5-7至表5-8與圖5-14所示。

表5-7為因素分析後所產生的初始解，該表顯示了所有變數的共同性資訊。共同性的意義為對原始21個變數，如果採用主成分分析法萃取出所有的因素（即萃取出21個因素），那麼原始變數的所有變異數都可被解釋，因此變數的初始共同性均為1（原始變數標準化後的變異數為1）。

表5-7　共同性

	起始	擷取
1.有專人引導服務	1.000	.554
2.總修復時間	1.000	.916
3.備有免費申訴或諮詢電話	1.000	.639
4.未服務前的等候時間	1.000	.924
5.營業時間符合需求	1.000	.888
6.完成異動作業時間	1.000	.921
7.備有電子佈告欄	1.000	.869
8.完成服務所花時間	1.000	.926
9.協助客戶解決問題能力	1.000	.898
10.人員的專業知識	1.000	.872
11.計費交易正確性	1.000	.898
12.客戶資料保密性	1.000	.927
13.準時寄發繳費通知	1.000	.674
14.備有報紙雜誌	1.000	.834
15.話費維持合理價位	1.000	.919
16.臨櫃排隊等候	1.000	.908
17.繳納電費方便性	1.000	.762
18.即時處理客戶抱怨	1.000	.796
19.備有舒適及足夠座椅	1.000	.858
20.櫃檯清楚標示服務項目	1.000	.857
21.申請業務手續簡便	1.000	.813

　　但是事實上，因素分析的目標必須因素個數小於原始變數的個數，所以不可能萃取全部所有的因素。表5-7之第三欄是依所設定的萃取條件（在此為特徵值大於1）來萃取因素時的共同性。可以清楚的看出，q2、q4～q12、q14～q16、 q19～q21等變數的絕大部分資訊（大於80%）可被萃取出的因素所解釋，這些變數的資訊遺失較少。但q1、q3等兩個變數的資訊遺失較為嚴重（近40%）。整體而言，本次因素萃取的效果大致上可以接受。

　　表5-8為因素解釋原始變數之總變異量的情況。該表中第一行為元件，代表因素的編號，之後每三行成一組，每組中各欄位的意義依次是特徵值（【總計】欄）、解釋變異量和累積總解釋變異量。

1.第一組資料項（第二至第四欄，即起始特徵值欄）

　　第二至第四欄描述了初始因素解的情況。很清楚的可以看到，第1個因素的特徵

值為14.427，解釋了原始21個變數之總變異量的68.7%（14.427÷21×100）。累積變異數貢獻率為68.7%，第2個因素的特徵值為1.844，解釋原始21個變數之總變異數的8.779%（1.844÷21×100），累積變異數貢獻率為77.479%（68.7%＋8.779%）。其餘資料之意義類似。在初始解中由於萃取了21個因素，因此原始變數的總變異數全部都會被解釋掉，表5-8的第四行的最後一個數值100%，即可說明這點。

表5-8　因素解釋原始變數之總變異數的情況

元件	起始特徵值			擷取平方和載入			循環平方和載入		
	總計	變異的%	累加%	總計	變異的%	累加%	總計	變異的%	累加%
1	14.427	68.700	68.700	14.427	68.700	68.700	7.947	37.841	37.841
2	1.844	8.779	77.479	1.844	8.779	77.479	5.342	25.440	63.281
3	1.381	6.576	84.055	1.381	6.576	(84.055)	4.363	20.774	84.055
4	.631	3.005	87.060						
5	.583	2.778	89.838						
6	.467	2.224	92.061						
7	.335	1.597	93.658						
8	.302	1.438	95.096						
9	.244	1.160	96.256						
10	.210	1.001	97.257						
11	.122	.582	97.839						
12	.102	.487	98.326						
13	.097	.463	98.789						
14	.069	.329	99.118						
15	.065	.308	99.426						
16	.051	.245	99.671						
17	.040	.193	99.864						
18	.014	.067	99.931						
19	.009	.042	99.973						
20	.005	.025	99.998						
21	.000	.002	(100.00)						

2. 第二組資料項（第五至第七欄，即擷取平方和載入欄）

　　第五至第七欄描述了轉軸前因素解的概況。可以看出，由於設定了特徵值（【總計】欄）大於1才萃取成因素。因此本範例將萃取出三個因素，這三個因素共解釋了原始變數之總變異的84.055%。整體而言，原始變數的資訊遺失量並不多。因

此，本次的因素分析效果可謂理想。另外，第五行【總計】的意義爲各因素的貢獻度，也就是指特徵值之意。

3. 第三組資料項（第八至第十欄，即循環平方和載入欄，此即過往版本的轉軸後因素解）

第八至第十欄描述了最後因素解（轉軸後因素解）的結果。可以看出，因素旋轉後，累積總解釋變異量%並沒有改變，也就是沒有影響原始變數的共同性。但卻重新分配了各個因素解釋原始變數的變異量（第九行），即改變了各因素的貢獻度（第八行【總計】，即特徵值），以使得因素更易於解釋。

此外，從圖5-14的陡坡圖來看，橫座標爲因素個數，縱座標爲特徵值。很清楚可以看到，第1個因素的特徵值很高，對解釋原始變數的貢獻最大；第4個以後的因素特徵值都較小，陡坡圖較爲平坦，對解釋原始變數的貢獻度變得很小，已經成爲可被忽略的「碎石頭」。因此，再次說明了萃取三個因素是合適的。

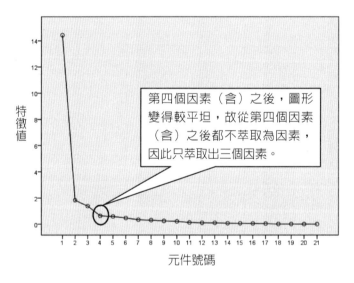

圖5-14　因素的陡坡圖

表5-9爲元件矩陣（成分矩陣），又稱爲因素負荷矩陣（未轉軸），它是因素分析後，呈現因素負荷量的表格。由表5-9可知，21個變數在第1個因素上的負荷都很高，意味著它們與第1個因素的相關程度高，因此第1個因素很重要；第2個、第3個因素與原始變數的相關性均較小（因素負荷量小於0.5，所以沒有顯示出來），它們

表5-9 未轉軸成分矩陣（元件矩陣）

	元件		
	1	2	3
11.計費交易正確性	.937		
12.客戶資料保密性	.915		
5.營業時間符合需求	.913		
15.話費維持合理價位	.912		
9.協助客戶解決問題能力	.898		
20.櫃檯清楚標示服務項目	.888		
19.備有舒適及足夠座椅	.887		
16.臨櫃排隊等候	.882		
10.人員的專業知識	.875		
6.完成異動作業時間	.867		
2.總修復時間	.866		
18.即時處理客戶抱怨	.813		
8.完成服務所花時間	.805		
4.未服務前的等候時間	.804		
21.申請業務手續簡便	.782		
13.準備寄發繳費通知	.778		
17.繳納電費方便性	.736		
1.有專人引導服務	.714		
3.備有免費申訴或諮詢電話	.704		
14.備有報紙雜誌	.684		
7.備有電子佈告欄	.661		.517

對原始變數的解釋作用較不顯著。另外，在目前情況下，讀者應可以理解，要對這三個因素的實際意義作出定義，有其實質上的困難。故此時，正可突顯出後續進行轉軸處理的重要性。

(三) 因素的命名與解釋

為使因素具有命名解釋性，在此將採用最大變異法對元件矩陣實施正交旋轉。同時也設定了依照因素負荷降冪輸出的轉軸後因素負荷，且因素負荷量小於0.5將不顯示，以符收斂效度原則，分析結果如表5-10所示。

表5-10即為轉軸後的元件矩陣（轉軸元件矩陣），又稱為轉軸後因素負荷矩陣。與旋轉前的因素負荷矩陣相比，轉軸後的因素含意較為清晰、較具可命名性。由表5-10可知，可萃取出三個因素，這三個因素的說明如下：

表5-10　轉軸後的成分矩陣（旋轉元件矩陣）

	元件		
	1	2	3
12.客戶資料保密性	.853		
15.話費維持合理價位	.848		
10.人員的專業知識	.843		
9.協助客戶解決問題能力	.837		
17.繳納電費方便性	.833		
18.即時處理客戶抱怨	.829		
11.計費交易正確性	.749		
13.準時寄發繳費通知	.719		
5.營業時間符合需求	.691		.562
1.有專人引導服務	.503		
8.完成服務所花時間		.862	
4.未服務前的等候時間		.861	
6.完成異動作業時間	.528	.786	
2.總修復時間	.528	.782	
16.臨櫃排隊等候		.780	
21.申請業務手續簡便		.760	
7.備有電子佈告欄			.881
14.備有報紙雜誌			.807
20.櫃檯清楚標示服務項目	.584		.636
19.備有舒適及足夠座椅	.587		.636
3.備有免費申訴或諮詢電話			.631

1. 第1個因素：專業性服務

　　q12、q15、q10、q9、q17、q18、q11、q13、q5與q1，共10個原始變數，在第1個因素上有較高的負荷。也就是說，第1個因素主要解釋了這幾個原始變數的意涵。觀察這些變數的原始題項的意涵。可發覺，這些題項都是電信業者經營管理的專業服務，因此第1個因素可命名為「專業性服務」。

2. 第2個因素：服務等候

　　q8、q4、q6、q2、q16與q21，共6個原始變數，在第2個因素上有較高的負荷。故第2個因素主要解釋了這幾個變數，而這些變數的原始題項的意涵，都反映著服務等候的特質，因此第2個因素將命名為「服務等候」。

3. 第3個因素：營業設施

　　最後q7、q14、q20、q19與q3，共5個原始變數，在第3個因素上有較高的負荷，

故第3個因素主要解釋了這幾個有關於電信業者營業設施的變數,所以第3個因素將命名爲「營業設施」。

(四) 計算因素得分

爲了後續的研究分析方便,我們將計算因素得分。在此將採用迴歸法估計因素得分係數,並輸出因素得分係數,其結果如表5-11所示。

表5-11 成分分數係數矩陣(元件評分係數矩陣)

	元件		
	1	2	3
1.有專人引導服務	.036	−.074	.137
2.總修復時間	.005	.246	−.162
3.備有免費申訴或諮詢電話	.019	−.143	.239
4.未服務前的等候時間	−.125	.292	−.032
5.營業時間符合需求	.072	−.090	.131
6.完成異動作業時間	.004	.248	.163
7.備有電子佈告欄	−.144	−.082	.404
8.完成服務所花時間	−.125	.293	−.033
9.協助客戶解決問題能力	.158	−.081	−.008
10.人員的專業知識	.169	−.047	−.067
11.計費交易正確性	.097	−.025	.022
12.客戶資料保密性	.161	−.051	−.046
13.準時寄發繳費通知	1.35	.003	−.088
14.備有報紙雜誌	−.166	.006	.338
15.話費維持合理價位	.160	−.051	−.044
16.臨櫃排隊等候	−.039	.228	−.075
17.繳納電費方便性	.211	−.028	−.171
18.即時處理客戶抱怨	.182	−.086	−.050
19.備有舒適及足夠座椅	.024	−.078	.185
20.櫃檯清楚標示服務項目	.022	−.076	.184
21.申請業務手續簡便	−.120	.230	.029

表5-11即爲成分分數的係數矩陣(元件評分係數矩陣),又稱爲因素得分係數矩陣。由表5-11可見計算三個因素得分變數的變數值時,在第1因素中,因素得分係數較高的都是旋轉後因素負荷較高的變數,而因素得分係數較低或屬負數值(方向相反)的變數則屬第2、3因素,這與我們所定義之因素的實際含意是相吻合的。這個

表，未來的再使用率並不高。

此外，當您再重新檢視原始資料檔時，會發現多了三個變數，其名稱分別爲FAC1_1（專業性服務）、FAC2_1（服務等候）與FAC3_1（營業設施），如圖5-15所示。這些變數就是SPSS根據因素得分係數矩陣所算出來的，它們代表每個樣本對21題題項的綜合評分概況。因此，現在開始可簡單的只使用這三個變數值來替代先前的21題題項了。也就是說，這三個變數值就是每個受訪者於21題服務品質題項的答題狀況，經縮減成三個因素後的得分，每一個因素的因素得分，其平均數爲0，標準差爲1。正值表示高於平均水準，負值表示低於平均水準。

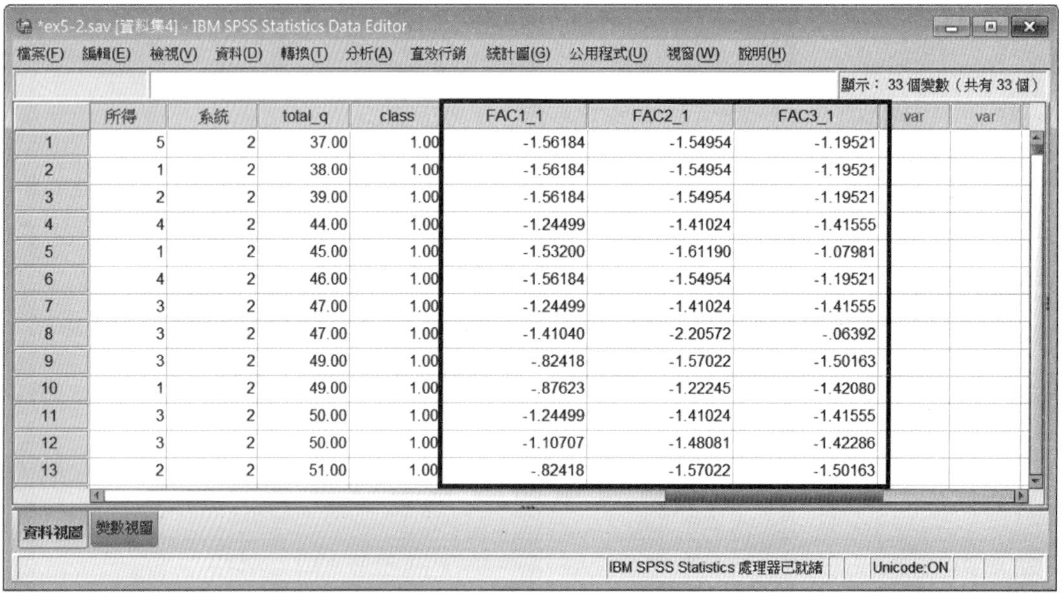

	所得	系統	total_q	class	FAC1_1	FAC2_1	FAC3_1	var	var
1	5	2	37.00	1.00	-1.56184	-1.54954	-1.19521		
2	1	2	38.00	1.00	-1.56184	-1.54954	-1.19521		
3	2	2	39.00	1.00	-1.56184	-1.54954	-1.19521		
4	4	2	44.00	1.00	-1.24499	-1.41024	-1.41555		
5	1	2	45.00	1.00	-1.53200	-1.61190	-1.07981		
6	4	2	46.00	1.00	-1.56184	-1.54954	-1.19521		
7	3	2	47.00	1.00	-1.24499	-1.41024	-1.41555		
8	3	2	47.00	1.00	-1.41040	-2.20572	-.06392		
9	3	2	49.00	1.00	-.82418	-1.57022	-1.50163		
10	1	2	49.00	1.00	-.87623	-1.22245	-1.42080		
11	3	2	50.00	1.00	-1.24499	-1.41024	-1.41555		
12	3	2	50.00	1.00	-1.10707	-1.48081	-1.42286		
13	2	2	51.00	1.00	-.82418	-1.57022	-1.50163		

圖5-15　代表因素得分的欄位

(五) 因素分析結果的呈現

於SPSS中執行完因素分析後所輸出的報表相當長，理解因素分析輸出報表的解釋後，相信讀者已可掌握因素分析之精華。然而在您的報告、專題或論文中，以前述的分析過程來解釋因素分析的結果並不恰當，故建議可將所產生的報表略爲整理一下，如此較具可讀性。

一般研究者會將因素分析的結果，整理成如表5-12的因素分析表，此表可顯示出各因素所包含的題項與其貢獻度，亦可顯示出量表的信度，完整的呈現出因素分析之

表5-12　電信業服務品質的因素分析表

因素名稱	因素構面內容	因素負荷	轉軸後平方負荷量		Cronbach's α
			特徵值	解釋變異量%	
專業性服務	12.客戶資料保密性	0.853	7.947	37.841	0.969
	15.話費維持合理價位	0.848			
	10.人員的專業知識	0.843			
	09.協助客戶解決問題能力	0.837			
	17.繳納電費方便性	0.833			
	18.即時處理客戶抱怨	0.829			
	11.計費交易正確性	0.749			
	13.準時寄發繳費通知	0.719			
	05.營業時間符合需求	0.691			
	01.有專人引導服務	0.503			
服務等候	08.完成服務所花時間	0.862	5.342	25.440	0.971
	04.末服務前的等候時間	0.861			
	06.完成異動作業時間	0.786			
	02.總修復時間	0.782			
	16.臨櫃排隊等候	0.780			
	21.申請業務手續簡便	0.760			
營業設施	07.備有電子佈告欄	0.881	4.363	20.774	0.920
	14.備有報紙雜誌	0.807			
	20.櫃檯清楚標示服務項目	0.636			
	19.備有舒適及足夠座椅	0.636			
	03.備有免費申訴或諮詢電話	0.631			
總解釋變異量：84.055 %					
整體信度：0.976					

結果且秀出量表的信、效度。

　　觀察表5-12，各因素的信度Cronbach's α值分別為0.969、0.971、0.920，皆大於0.7，而整體量表信度更高達0.976。其所呈現的信度值高於一般水準，可知量表之信度相當高。在各題項之因素負荷方面，則全部都大於0.5，且累積的總解釋變異量亦達84.055%，此正可說明本量表亦具有相當不錯的收斂效度，符合初步建構效度的要求。至於區別效度，仍須使用相關分析，再進行檢驗。相關分析方法於第6章介紹，在此不予說明。

5-8 共同方法變異

方法變異量（method variance）是指因為測量方法所造成的變異量，而非來自於研究構面（變數）之真正的變異量。而所謂的共同方法變異（common method variance, CMV，又稱共同方法偏差）則意指：因為同樣的資料來源或受訪者、同樣的測量環境、量表語意以及量表本身特徵，所造成的自變數與依變數間的人為共變關係（周浩、龍立榮，2004）。這種人為的共變關係對研究結果將產生嚴重的混淆，並對結論有潛在的誤導，是一種系統性誤差。共同方法變異在心理學、行為科學、管理學等研究中，特別是採用問卷調查法的研究中廣泛存在。因此，引起了愈來愈多研究者的注意。

在一般的管理科學領域中，研究者為了了解消費者對品牌的反應等種種現象，例如：品牌個性、真實自我、理想自我之一致性與購買意願間的因果關係、或組織內、外部種種現象等議題時，研究者往往會根據研究主題，經由文獻探討、整理與分析後，針對研究議題所需的變數而設計自陳式（self-report）問卷。透過這些自陳式的問卷對受訪者施測，從而可以蒐集到據以分析的資料。如果這些資料中，包含了研究架構的自變數和依變數，而且是以單一問卷向同一群受訪者蒐集而得，那麼這個研究就已經出現了研究方法中所謂的「共同方法變異」問題了（彭台光、高月慈、林鉦棽，2006）。因為，研究中測量自變數與依變數之兩種量表的受訪者相同，所以測量到的量表得分可能會受到來自受訪者本身的某些因素影響，而造成所謂的同源性偏差，導致自變數與依變數之間的相關性無謂的膨脹（即產生偏誤）了，這就是共同方法變異的現象。

5-8-1 Harman單因素檢驗法

避免共同方法變異的方式可分為程序控制和統計控制等兩類（周浩、龍立榮，2004）。程序控制指的是研究者在研究設計與測量過程中就積極採取控制措施，以避免可能產生共同方法變異的情況。例如：從不同來源測量自變數與依變數、對測量進行時間上、空間上、心理上或方法上的隔離、保護受訪者的匿名性、減小對測量目的的猜疑以及改進量表題項順序等（彭台光、高月慈、林鉦棽，2006）。由於程序控制是直接針對共同方法變異之來源的事前預防控制方法，因此研究者在抽樣計畫上，應該優先考慮採用這種程序控制的方法，以嘗試杜絕共同方法變異的問題產生。

　　但是，在某些研究情境中，由於受某些條件的限制，上述的程序控制方法並無法確實落實，或者無法完全消除共同方法變異時，這個時候就應該考慮在資料分析時採用統計的方法來對共同方法變異進行事後補救的控制了。例如：使用Harman單因素檢驗法、第三因素測試法、潛在CMV變數測試法、偏相關法、量表題項修整法、多特質多方法模式（multi-trait multi-method，即MTMM法）等等（彭台光、高月慈、林鉦棽，2006）。

　　Harman單因素檢驗法是種常用的檢驗共同方法變異是否存在的方法。這種技術的基本假設是如果方法變異大量存在的話，那麼進行因素分析時，可能會出現兩種現象：一為只萃取出單獨一個因素；另一為某個共同因素解釋了大部分的變異量。因此，欲以Harman單因素檢驗法檢驗共同方法變異是否存在時，傳統的作法是把量表中所有的變數（題項）放到一個探索性因素分析中，然後檢驗未旋轉的因素分析結果，以確定最少的因素個數。如果只萃取出一個因素或某個因素的解釋力特別大時，即可判定存在嚴重的共同方法變異。一般的評判標準為：若單一因素對所有的變數能解釋50%以上之變異量的話，那麼就會被認為有嚴重的共同方法變異（Podsakoff, MacKenzie & Lee, 2003）。

　　Harman單因素檢驗的最大優點是簡單易用，但切記它僅僅是一種評估共同方法變異之嚴重程度的診斷技術而已，且並沒有任何控制共同方法變異的效果存在（Podsakoff et al., 2003）。

5-8-2　檢驗共同方法變異之範例

▶ 範例5-3

參考附錄三，論文「景觀咖啡廳意象、知覺價值與忠誠度：轉換成本的干擾效果」之原始問卷，ex5-3.sav是透過該問卷所蒐集回來之樣本資料的電子檔，試檢驗該樣本資料是否存在「共同方法變異」的問題？

　　本研究透過相關文獻整理、分析、推論與建立假說後，推導出景觀咖啡廳意象對知覺價值及忠誠度皆具有正向直接顯著影響；知覺價值對忠誠度亦具有正向直接顯著影響等假設。自變數為消費者於景觀咖啡廳中所感受到的商店意象（image），其包含六個子構面，分別為商品、服務、便利、商店環境、促銷及附加服務。此外，依變數則為消費者的忠誠度；而處於自變數與依變數之間的中介變數則是消費者所認知的

知覺價值。最後，本研究亦將檢驗轉換成本的干擾效果。

為了檢驗上述之研究假說，本研究試圖將概念性模型予以操作化，並建構相對應的題項。根據概念性模型，本論文之研究變數包含景觀咖啡廳意象、知覺價值、忠誠度與轉換成本等。以下為本研究之研究變數的操作型定義之陳述，至於原始問卷請讀者自行參閱附錄三。

(一) 景觀咖啡廳意象

Martineau（1958）認為在消費者決策中，有一種力量在運作，使消費者傾向惠顧與自我形象一致的商店，他將這種力量稱之為商店意象。據此，本研究將景觀咖啡廳意象定義為一種包含功能性特質、心理層面屬性及長期經驗的態度，本質上是複雜而非單獨的特性，它是消費者心中對景觀咖啡廳的整體意象，透過與其他餐廳比較後所產生之知覺的主觀想法，最後再內化為個人知覺的整體意象。衡量上，將參考陳榮芳、葉惠忠、蔡玉雯、李麗娟（2006）及Kisang、Heesup and Tae-Hee（2008）所使用之商店意象的衡量題項，再依古坑華山景觀咖啡廳現場實察作修改與刪減。因此，將採用商品、服務、便利、商店環境、促銷及附加服務等六個子構面，計二十一個題項，衡量景觀咖啡廳意象。衡量時，將以Likert的七點尺度衡量，分別以「極不同意」、「很不同意」、「不同意」、「普通」、「同意」、「很同意」與「極為同意」區分成七個等級，並給予1、2、3、4、5、6、7的分數，分數愈高表示景觀咖啡廳消費者對商店意象的感受同意程度愈高。表5-13將顯示出景觀咖啡廳意象構面之各子構面與衡量題項。

(二) 知覺價值

Zeithaml（1988）定義知覺價值為消費者對產品或服務衡量其「所獲得的東西」和「所付出的代價」後，對產品效用所做的整體性評估，此即指顧客對產品或服務的知覺評價結果，也就是知覺利益（perceived benefits）與知覺成本（perceived costs）之間的抵換結果。本研究所指之知覺價值為消費者在付出的知覺成本（包含貨幣與非貨幣的成本）與獲得的知覺利益之間的落差，為影響消費者購買意願的因素之一。衡量上，將參考Yang and Peterson（2004）所使用之題項作為衡量依據，再依古坑華山景觀咖啡廳現場實察作修改與刪減，並經過檢測修正問卷，結果共有四題，如表5-14所示。

表5-13　景觀咖啡廳意象構面的衡量題項

構面	衡量題項
商品 im1	1.餐飲品質好，新鮮度佳（im1_1）。 2.餐飲商品種類多，選擇性高（im1_2）。 3.餐飲價格合理（im1_3）。 4.菜單內容會不定時更換（im1_4）。
服務 im2	5.服務人員親切有禮，服裝整齊（im2_1）。 6.服務人員會主動提供餐點之訊息（im2_2）。 7.服務人員結帳時，快速準確（im2_3）。 8.服務人員出餐快速，等待食物時間短（im2_4）。
便利 im3	9.營業時間滿足需要（im3_1）。 10.週邊交通便利，地點易達（im3_2）。 11.停車空間足夠（im3_3）。
商店環境 im4	11.店內裝潢高雅舒適，氣氛良好（im4_1）。 12.燈光音樂宜人（im4_2）。 13.店內環境舒適整潔（im4_3）。 14.走道空間寬敞，不會影響鄰座客人的交談（im4_4）。
促銷 im5	16.配合節慶主題性有促銷活動（im5_1）。 17.發行貴賓卡成立會員俱樂部（im5_2）。 18.提供商品折價券（im5_3）。
附加服務 im6	19.店內提供無線上網（im6_1）。 20.可使用信用卡付款（im6_2）。 21.提供書報雜誌閱讀（im6_3）。

表5-14　知覺價值構面的衡量題項

構面	衡量題項
知覺價值 pv	1.和其他同業相較，本餐廳服務或商品非常吸引我（pv1）。 2.和其他同業相較，本餐廳物超所值（pv2）。 3.和其他同業相較，本餐廳提供了較多的免費服務（pv3）。 4.和其他同業相較，本餐廳提供比我預期更高的價值（pv4）。

(三) 忠誠度

Oliver（1997）將顧客忠誠度定義為消費者重複購買某商品或使用某特定服務的高度承諾，先產生於消費者態度層面，進而表現於外在的購買行為，即使面臨情境改變或是競爭者的影響，仍不會改變對於該產品或服務未來持續性使用的意願與行為。本研究所指之忠誠度為顧客對某產品或服務維持長久關係之承諾，表現於行為或是態度兩方面，其為企業長久獲利之要素之一。衡量上，將參考簡惠珠（2006）所使用

之題項作爲衡量依據，再依古坑華山景觀咖啡廳現場實察作修改與刪減，並經過檢測修正問卷，共有五題，如表5-15所示。

表5-15　忠誠度構面的衡量題項

構面	衡量題項
忠誠度 ly	1.本餐廳會是我優先的選擇（ly1）。 2.我願意再來本餐廳消費（ly2）。 3.我認為我是本餐廳的忠實顧客（ly3）。 4.我會向本餐廳申請貴賓卡（ly4）。 5.我會主動向親朋好友介紹本餐廳（ly5）。

(四) 轉換成本

Jones et al.（2002）認爲影響轉換意願之因素不應只有消費者對品牌的評價，也應該包含消費者在客觀條件的限制下對轉換至其他業者的成本評估。因此定義轉換成本爲能增加轉換困難度或妨礙消費者轉換行爲之相關因素，如有形的貨幣成本及無形的時間、精神成本，這些概念統稱爲轉換障礙（switch barriers）。本研究將轉換成本定義爲在產品或服務轉換過程中，所需額外花費之有形或無形成本的評估。衡量上，將參考Yang and Peterson（2004）所使用之題項作爲衡量依據，再依古坑華山景觀咖啡廳現場實察作修改與刪減，並經過檢測修正問卷，共有三題，如表5-16所示。

表5-16　轉換成本構面的衡量題項

構面	衡量題項
轉換成本 sc	1.我覺得轉換到另一間餐廳是費時費力的（sc1）。 2.轉換到另一間餐廳需花費較高的成本（sc2）。 3.我覺得要轉換到其他餐廳消費是一件麻煩的事（sc3）。

由於上述的自陳式（self-report）問卷中測量自變數與依變數之量表的受訪者皆相同，故可能造成同源性偏差而引發共同方法變異的問題。在此，將示範運用Harman單因素檢驗法檢驗共同方法變異是否存在。

操作步驟

由於本研究想利用Harman單因素檢驗法檢驗樣本資料（ex5-3.sav）是否存在「共同方法變異」的問題。因此，我們將進行探索性因素分析。其詳細步驟如下：

步驟1：開啓「ex5-3.sav」後，執行【分析】／【資料縮減】／【因素】。

步驟2：待開啓【因素分析】對話框後，將所有變數（im1_1～im6_3、pv1～pv4、ly1～ly5、sc1～sc3共33個變數）選入到【變數】框中。

步驟3：於【描述性統計資料】對話框中，選取【統計資料】框中的【未轉軸之統計資料】選項與【相關性矩陣】框中的【KMO與Bartlett的球形檢定】選項。

步驟4：於【擷取】對話框中，【方法】下拉式清單中選取【主成分】法、【分析】方框中選取【相關性矩陣】、【顯示】框中選取【未旋轉因素統計資料】選項、【擷取】框中選取【特徵值】選項，並於其後方的輸入欄中輸入「1」，意味著特徵值大於1的因素，才夠資格被萃取出來。

步驟5：於【轉軸法】對話框中，選取【最大變異法】，並於【顯示】框中選取【轉軸後的解】選項。

步驟6：於【選項】對話框中，選取【完全排除遺漏值】選項、勾選【依據因素負荷排序】選項與【隱藏較小的係數】選項，並在其後方的輸入欄中輸入「0.5」，以符合建構效度之要求。接著按【繼續】回到【因素分析】對話框，再按【確定】鈕，即可開始執行探索式因素分析。

步驟7：詳細操作過程，讀者亦可自行參閱影音檔「ex5-3.wmv」。

▶ 報表解說

執行完上述步驟後，即可跑出因素分析之報表，報表相當長。但因爲我們的主要目的，只在於利用Harman單因素檢驗法檢驗樣本資料是否存在共同方法變異的問題，因此，我們只要針對【說明的變異數總計】表（舊版稱爲總解釋變異量表）進行解說即可。

表5-17即爲【說明的變異數總計】表，【擷取平方和載入】欄位代表著未轉軸的因素分析結果。若未轉軸的因素分析結果中，單一因素對所有的變數能解釋50%以上之變異量的話，那麼就會被認爲有嚴重的共同方法變異（Podsakoff, et al., 2003）。據此，觀察表5-17的【擷取平方和載入】欄位，可發現因素分析結果總共萃取了9個

表5-17　說明的變異數總計

元件	起始特徵值			擷取平方和載入			循環平方和載入		
	總計	變異的%	累加%	總計	變異的%	累加%	總計	變異的%	累加%
1	8.381	25.397	25.397	8.381	25.397	25.397	3.694	11.193	11.193
2	4.595	13.924	39.321	4.595	13.924	39.321	3.418	10.356	21.549
3	2.715	8.228	47.548	2.715	8.228	47.548	3.415	10.348	31.898
4	2.389	7.241	54.789	2.389	7.241	54.789	3.290	9.970	41.867
5	2.305	6.985	61.774	2.305	6.985	61.774	3.270	9.908	51.775
6	2.094	6.347	68.120	2.094	6.347	68.120	2.849	8.634	60.410
7	2.017	6.113	74.233	2.017	6.113	74.233	2.657	8.051	68.461
8	1.747	5.293	79.526	1.747	5.293	79.526	2.590	7.850	76.310
9	1.514	4.586	84.112	1.514	4.586	84.112	2.575	7.802	84.112
10	.518	1.569	85.268						
11	.373	1.131	86.813						

特徵值大於1的因素。第一個因素的可解釋變異為25.397%（最大）小於50%，且累計9個因素的解釋變異為84.112%。由於分析結果得到9個因素，且第一個因素（最大）並不能解釋其中大部分的變異（只有25.397%，小於50%），所以我們認為在本研究中，共同方法變異的問題並不明顯。

5-9　有關因素分析的忠告

　　終於結束了這冗長的一章，探索性因素分析的過程其實還算簡單，在範例5-2中，我們很順利的只進行一次探索性因素分析，即完成縮減資料的任務，且其信、效度也很漂亮。然而沒有天天過年的事，一般研究者進行因素分析時，不僅是體力上的付出，而且也是心智上的煎熬。但無論如何，進行因素分析時，有一些實務應用上的概念，仍應該要釐清：

一、因素分析是個遞迴過程

　　在進行因素分析時，很少一次就能完成整個工作的。因為分析時我們往往會發現，雖然是已進行過項目分析，已淘汰一些品質不良的題項。但是，畢竟抽樣是具有隨機性的。因此，當正式施測後，所得到的正式樣本資料，於進行因素分析時，仍難免會有一些現存的題項，共同性太低（低於0.3）、因素負荷量太低（低於0.5）或無

法被任何因素所解釋（也就是說，無法歸類於所萃取出來的某一因素之中）。在這種情形之下，研究者有必要將此類題項排除於量表之外，排除後再一次的進行因素分析，如此操作，不斷的遞迴，直到所有題項皆能被所萃取出來的因素解釋後，才算完成整個因素分析的任務。這種現象很常見，但研究者仍得枯燥的、有耐心的去完成它。

二、研究者擁有發言權

第二種狀況是，一般研究者於實證時所設計的問卷，大都是根據理論或文獻的原始量表而來的（具有內容效度）。然而，我們卻常常發現，研究者進行因素分析後所得到的因素結構，往往相異於原始量表的因素結構。例如：對於服務品質構面，若研究者是根據SERVQUAL量表而設計問卷，那麼因素分析完，應該會有五個子構面即有形性、可靠性、反應性、確實性與關懷性。然而研究者的因素分析結果卻只有三個子構面，這樣代誌就有點大條了。因為自打嘴巴了！然而這情形卻是很常見的，很多研究者會將導致此現象的因素，歸因於時空背景、產業因素或抽樣狀態的不同。這樣的解釋是不會有什麼大問題，只是比較八股罷了。其實，這都是因為資料的隨機性所引起的。既然因素分析是屬於探索式的技術，因此對於因素分析結果的解讀、因素命名等，研究者都擁有發言權，發揮你的想像空間，就看你怎麼根據過去的文獻、經驗去解釋、怎麼去自圓其說而已。

三、探索性與驗證性因素分析同時使用

如上述，當然你的指導教授、口試委員與論文審核者不會太難「剃頭」的話，或許解釋、自圓其說等法就可過關。但是，做研究應該不要賭運氣吧！在已違反原始量表之因素結構的情形下，除了解釋、自圓其說外，研究者該如何脫困呢？或許研究者可使用相同題項的另一組資料，並以探索性因素分析所萃取之因素結構為基礎，然後運用結構方程模型的驗證性因素分析技術來證明自己所發展出來的因素結構是具有信度、收斂效度與區別效度的。如此，或許是一個解決問題的方向，只是比較麻煩，要再去蒐集一份樣本資料罷了。若你的研究，落到這種田地，或許會感嘆「我比別人卡認真，我比別人卡打拚，為什麼、為什麼比別人卡歹命？」。不用哀號，「去做卡實在」。

進行探索性因素分析時，多數研究者往往會苦於千辛萬苦所蒐集回來的樣本資料，無法符合預期的因素結構，導致論文一事無成。若想重新再蒐集資料，則所花費

的時間、人力、財力與物力又不堪負荷，甚爲困擾。此時，建議研究者可以尋求網路上一些代蒐資料的合作機會。例如：若研究議題適合於委託代蒐時，那麼就可委託問卷代蒐服務（https://goo.gl/dqtNGC）。

四、程序正確

資料的隨機性，往往令我們很困擾。但我們也必須面對它、解決問題。如前所述，因素分析是個遞迴過程，在這個遞迴過程中，應該要包含這些程序（如圖5-16所示）：

(一) 先以直接指定「只萃取出1個因素」的方式來進行因素分析，然後從【共同性】表中刪除共同性小於0.3的題項。若不刪除，也可以將該題項移出【因素分析】對話框的【變數】框之外，即該變數不納入進行因素分析之意。刪除或移出題項後，再重複進行「只萃取出1個因素」的因素分析，直到所有題項的共同性皆已大於等於0.3爲止。

(二) 確定將納入因素分析的所有變數之共同性都大於等於0.3後，就可再一次執行正式的因素分析了。所謂正式的因素分析是指執行因素分析時，設定了以下這些項目：

　　1. 進行球形檢定與KMO檢定。

　　2. 設定只萃取出特徵值大於1的因素。

　　3. 使用最大變異法進行轉軸。

　　4. 因素負荷要遞減排序。

　　5. 設定大於0.5的因素負荷，才顯示出來。

(三) 執行正式的因素分析後，【轉軸後的成分矩陣】表（旋轉元件矩陣表）中，若有因素負荷小於0.5或無法被任何因素所解釋（也就是說，無法歸類於所萃取出來的某一因素之下）的題項時，則刪除之。若不刪除，也可以將該題項移出【因素分析】對話框的【變數】框之外，不納入進行因素分析。刪除或移出題項後，再重複進行「正式的因素分析」，直到所有題項都可歸類於因素之下，且因素負荷都已大於0.5爲止。

(四) 觀察每個因素中所包含的題項之內容與意義，適當的爲因素命名。並製作如表5-12的因素分析表，以說明因素結構、信度與收斂效度。

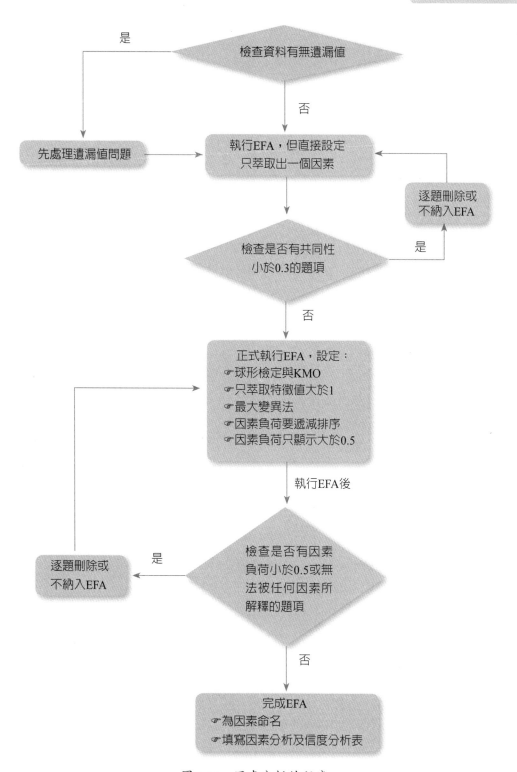

圖5-16　因素分析的程序

習　題

 **練習 5-1**

　　「hw5-1.sav」為一包含27個題項的量表，試進行探索性因素分析。完成後，並請製作如表5-12的因素分析表，以說明因素結構、信度與收斂效度。

練習 5-2

　　參考附錄二中，論文「遊客體驗、旅遊意象與重遊意願關係之研究」的原始問卷，並開啟hw5-2.sav與hw5-2.doc，試對遊客體驗與旅遊意象兩構面進行因素分析，完成表5-18與表5-19，並加以評論，以初步掌握問卷的建構效度。

表5-18　遊客體驗構面因素分析表

因素名稱	因素構面內容	因素負荷	轉軸後平方負荷量		Cronbach's α
			特徵值	解釋變異量%	
感官體驗	1.秀麗的山水風景，非常吸引我。				
	2.豐富的歷史文物，非常吸引我。				
	3.我覺得這次旅遊，非常富有趣味。				
	4.我覺得這次旅遊，行程豐富精彩。				
情感體驗	5.看到美麗的景緻，令我心情放鬆。				
	6.看到豐富的文物，能激發我思古之情。				
	7.看到美麗的景緻，讓我感到歡樂愉快。				
	8.當地的景色，令我感動。				
	9.當地歷史文物，令我感動。				
思考體驗	10.透過這次旅遊，頗發人省思，令我有所思考。				
	11.透過這次旅遊，引發我的好奇心。				
	12.透過這次旅遊，引發我去做一些聯想或靈感的啟發。				
	13.透過這次旅遊，能激發我創意思考。				
行動體驗	14.看到美景，我很想分享觀賞的心得。				
	15.看到歷史文物，我很想分享觀賞的心得。				
	16.看到美景，我很想拍照、錄影留念。				
	17.看到歷史建物，我很想拍照、錄影留念。				

表5-18　遊客體驗構面因素分析表（續）

因素 名稱	因素構面內容	因素 負荷	轉軸後平方負荷量		Cronbach's α
			特徵值	解釋變異量%	
關聯體驗	18.我會想購買與當地相關的紀念品。				
	19.透過這次旅遊，讓我產生環境維護的認同感。				
	20.會因美麗的景緻，而聯想到西拉雅國家風景區。				
	21.透過這次旅遊，西拉雅會成為我平常談論的話題。				
累積總解釋變異量：					
量表整體信度：					

資料來源：本研究整理

表5-19　旅遊意象構面因素分析表

因素 名稱	因素構面內容	因素 負荷	轉軸後平方負荷量		Cronbach's α
			特徵值	解釋變異量%	
產品	1.自然風景優美。				
	2.平埔族文化保存良好。				
	3.知名度高。				
品質	4.開車環湖賞景令人愉悅。				
	5.整體氣氛令人心情放鬆。				
	6.通往本風景區交通便利。				
	7.遊憩安全設施良好。				
	8.地方公共服務設施完善。				
服務	9.整體旅遊環境乾淨。				
	10.旅遊資訊充足。				
	11.相關服務人員能提供遊客迅速且即時的服務。				
	12.區內相關服務人員的服務態度良好。				
	13.旅遊活動的各項安排均能提供遊客便利。				
價格	14.個人平均旅遊花費價格合理。				
	15.收費合理。				
累積總解釋變異量：					
量表整體信度：					

資料來源：本研究整理

 **練習** 5-3

　　參考附錄五中，論文「澎湖休閒漁業觀光意象」之原始問卷，該問卷內容較為特殊，受訪者需填答其對相關題項的重要度認知與表現程度認知（認同度）。檔案「hw5-3.sav」為受訪者對相關題項之「認同度」的原始資料檔，試對該檔案「hw5-3.sav」進行因素分析。完成後，並請製作如表5-12的因素分析表，以說明因素結構、信度與收斂效度。

第**6**章

相關分析

　　相關分析的主要目的在於探討變數之間關係的緊密程度，以及根據樣本的資料推斷母體資料是否也相關。反映變數之間關係緊密程度的指標主要就是相關係數，相關係數的取值在−1和+1之間，當數值愈接近−1或+1時，則表示關係愈緊密；接近於0時，則說明關係愈不緊密。但是相關係數常常是根據樣本的資料計算的，因此若想要確定母體中兩個變數是否也相關時，應該要考慮到樣本規模的影響力，因為樣本太小，推論時可能會出現較大的誤差。因此相關分析中有一個很重要任務，那就是根據樣本相關係數來推斷母體的相關情況。

6-1　相關分析的前提假設

　　雖然，研究兩變數或兩變數以上的相關關係，方法有二，即相關分析（correlation analysis）與迴歸分析（regression analysis），但其本質上仍存在一些差異。於簡單迴歸模型中，所牽涉到的兩個變數中，假設X為自變數（independent variable），Y為依變數（dependent variable），那麼自變數X將可以被預先確定或控制，因此自變數X是一個非隨機變數，而依變數Y則不用去事先決定，所以依變數Y是一個隨機變數。而在相關模型中，所牽涉到的兩個變數則都是屬於隨機變數，而且沒有哪個是自變數或哪個是依變數之分。從而不難理解，如果變數間無法區分出所謂的依變數與自變數時，則使用相關分析來探討變數間的線性關係；如果變數是可以區分的話，則使用線性迴歸分析來探討變數間的線性關係。

　　因此，在相關模型的假設下，由於變數沒有依變數與自變數之分，如果硬要去擬合迴歸直線，那麼就會有兩條直線可以擬合。例如：若是透過X去估計Y，則建立迴歸模型時，應使Y的各點到直線的距離最短；若是透過Y去估計X，則應使X的各點到直線的距離最短。雖然，在一般情況下，這兩條直線是不會一樣的，但是若從相關的角度來看的話，兩者關係的緊密程度則會是一致的。

　　當樣本相關分析的結果要推論到母體時，除了上述兩個變數都是隨機變數的假設之外，還必須滿足以下的條件：

☞ 當X取任意值時，Y的條件分配為一常態分配。
☞ 當Y取任意值時，X的條件分配為一常態分配。
☞ X與Y的聯合分配是一個二維的常態分配。

6-2 相關係數的計算

統計學中，將衡量兩隨機變數間之關係的方法稱為相關分析。而將用以衡量兩隨機變數間之直線關係程度的大小（即反映兩個變數之間緊密程度的指標）與方向的量數稱為相關係數（correlation coefficient）。樣本的相關係數一般用「r」來表示，而母體的相關係數一般則用「ρ」表示。

計算相關係數時，有幾種不同的方法可以選用，這完全視資料之屬性而定。其中，Pearson相關係數（Pearson correlation coefficient）適用於區間尺度資料（連續型的數值型資料）最為常用。

相關係數最早是由Pearson提出，所以又稱為Pearson相關係數，它可以直接根據樣本觀察值計算而得，其計算公式如式6-1。在式6-1的分子部分為兩個變數之第一動差（first moment，即離差）的相乘積，此即為兩變數的共變異數（covariance），共變異數的意義在於描述兩個隨機變數間的線性關係。也就是說透過共變異數的數值可以協助理解，當一個變數變動時，另一變數將呈同方向或相反方向變動（此即線性關係之意）。共變異數的數值會介於$-\infty$到∞之間，當兩變數的共變異數大於零，表示兩變數同方向變動；小於零時，則表示兩變數將反方向變動；而等於零時，則表示兩變數間沒有「線性」關係，但並不表示兩者之間沒有其他關係存在。

也由於式6-1的分子部分為兩個變數之第一動差的相乘積，所以Pearson相關係數又稱為乘積動差相關係數（product-moment correlation coefficient），簡稱為積差相關係數。Pearson相關係數的計算公式為：

$$r_{XY} = \frac{\sum (X_i - \overline{X})(Y_i - \overline{Y})}{\sqrt{(\sum (X_i - \overline{X})^2) \times (\sum (Y_i - \overline{Y})^2)}} \tag{式6-1}$$

由式6-1，可反映出下列有關相關係數r_{XY}的特性：

(1) $r_{XY} = 0$表示兩隨機變數X與Y沒有線性關係。

(2) $r_{XY} > 0$表示兩隨機變數X與Y間有正向的線性關係。

(3) $r_{XY} = 1$表示兩隨機變數X與Y完全正相關、斜率為正的線性關係。

(4) $r_{XY} < 0$表示兩隨機變數X與Y間有負向的直線關係。

(5) $r_{XY} = -1$表示兩隨機變數X與Y完全負相關，斜率為負的線性關係。

　　統計學上，爲了在分析前就能初步確認兩變數間的關係，也常使用散布圖（scatter plot）來加以判斷。利用散布圖於座標平面中標示出兩變數之數值（一個爲X；另一個爲Y）所共同決定出的點後，若各分散的點呈左下至右上的直線分布，代表X軸的變數遞增時，Y軸的變數亦遞增，此時即稱兩變數完全正相關（$r_{XY} = 1$，如圖6-1c）。若各分散的點呈左上至右下的直線分布，代表X軸的變數遞增時，Y軸的變數卻遞減，此時即稱兩變數完全負相關（$r_{XY} = -1$，如圖6-1d）。散布圖若像圖6-1a、6-1b呈現隨機分布時，代表兩變數零相關，即兩變數沒關聯之意。不過大多數情形，兩變數的關係經常不會呈現完美的直線關係，而是像圖6-1e、6-1f的情形，圖6-1e中「大致」呈現左下至右上的分布，即稱爲正相關（$r_{XY} > 0$）；反之，圖6-1f則「大致」呈現左上至右下的分布，則稱爲負相關（$r_{XY} < 0$）。須請讀者理解的是，關係的強弱與斜率並無直接關係，而是與散布圖是否近似一條直線有關。當散布圖愈近似一條直線時，兩變數的關係就會愈接近完全正相關或完全負相關。

　　此外，學術上亦常根據相關係數的大小，而評定關聯程度的強弱，如表6-1所示。另亦有學者認爲當相關係數大於0.7時，即可成爲高度相關；介於0.4至0.7之間爲

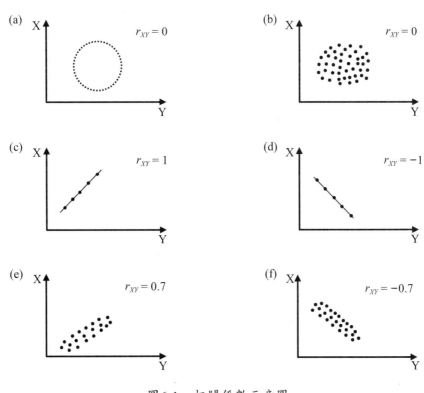

圖6-1　相關係數示意圖

表6-1　兩變數之關聯程度評定

相關係數	關聯程度
1	完全相關
0.7～0.99	高度相關
0.4～0.69	中度相關
0.1～0.39	低度相關
0.1以下	微弱或無相關

中度相關；小於0.4為低度相關（吳明隆，2008）。

　　除相關係數數值大小的討論外，讀者須注意的是，在推論統計中，兩個變數間的關係是否顯著，並不能單從相關係數數值（絕對值）的大小來決定，而必須從相關係數之檢定過程中所得來的機率p值來輔助判定。當機率p值大於0.05（預設的顯著水準）時，縱使相關係數數值很大，我們仍得認定「兩變數的相關性未達顯著」，即兩變數間沒有顯著的正相關或負相關之意。反之，若機率p值小於0.05時，即代表「兩變數的相關性達顯著」，也就是說，兩變數間呈現顯著的正相關或負相關。兩變數間的關係要顯著時，相關係數數值（絕對值）的大小才有意義，也才可據以評估兩變數間的關聯程度。

6-3　相關分析的範例

　　在相關分析中，變數可以是連續型的或是順序尺度型的變數（或是無法滿足常態分配的區間尺度資料）。在此，我們將針對連續型變數來計算其Pearson相關係數。除了相關係數的計算外，也可針對相關係數的顯著性進行檢定，而其所檢定的虛無假設則為：相關係數等於0（即無相關）。當然檢定的過程中，也可選擇使用單尾檢定或是雙尾檢定。

▶ 範例6-1

養雞專家將探索小雞之體重是否與雞冠重有關，於是蒐集了10隻15天大的小雞，並測量每隻小雞的體重與雞冠重，資料如表6-2所示。養雞專家想透過對小雞的體重（weight）和雞冠重（coronary）進行相關分析，以便觀察小雞體重和雞冠重之間是否有比較緊密的關聯性存在（ex6-1.sav）。

表6-2　小雞的體重與雞冠重資料表

觀測個案編號	1	2	3	4	5	6	7	8	9	10
體重（克）	83	72	69	90	90	95	95	91	75	70
雞冠重（毫克）	56	42	18	84	56	107	90	68	31	48

操作步驟

在此，我們將使用SPSS套裝軟體，輔助相關係數的計算與分析，詳細操作步驟如下：

步驟1：執行相關分析功能。首先將資料輸入【資料視圖】視窗中（或直接開啟 ex6-1.sav），然後執行【分析】／【相關】／【雙變數】，以開啟【雙變量相關分析】對話框。

步驟2：選取欲分析的變數。在左邊的【待選變數】清單中選擇變數「體重」、「雞冠重」進入【變數】框中。

步驟3：設定計算方式。由於「體重」、「雞冠重」都是屬於連續型數值資料，因此在【相關係數】框內，請選擇【Pearson相關係數】選項，以計算「體重」與「雞冠重」的Pearson相關係數。

步驟4：設定檢定方式。由於事先我們並不清楚「體重」與「雞冠重」間之關係的方向，因此，在【顯著性檢定】框內，請選擇【雙尾檢定】選項。

步驟5：選取【相關顯著性訊號】核取方塊。如圖6-2所示。

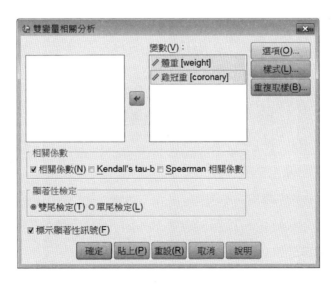

圖6-2　設定【雙變量相關分析】對話框

步驟6：設定選項功能。按【選項】按鈕，打開【選項】對話框，選取【平均數與標準差】核取方塊、【叉積離差與共變數矩陣】核取方塊和【成對方式排除】選項，完成後按【繼續】鈕，如圖6-3所示。

圖6-3　設定【選項】對話框

步驟7：回到【雙變量相關分析】對話框後，按【確定】鈕，即可開始進行相關分析的計算。

步驟8：詳細操作過程，讀者可自行參閱影音檔「ex6-1.wmv」。

▶ **報表解說**

執行完雙變數之相關分析後，SPSS套裝軟體當可跑出相關報表，相關分析的統計報表並不複雜，相關說明如下：

(一) 描述性統計資料表，如表6-3所示。

表6-3　描述性統計資料表

	平均數	標準偏差	N
體重	83.00	10.541	10
雞冠重	60.00	27.596	10

從表6-3中可以清楚看出，變數weight（體重）的平均值為83.00，標準差為10.54，觀測個案數（小雞數）為10；變數coronary（雞冠重）的平均值為60.00，標準差為27.60，觀測個案數亦為10。

(二) Pearson相關係數矩陣，如表6-4所示。

　　從表6-4中可以看出，Pearson相關係數為0.879，即小雞的體重與雞冠重的相關係數為0.879，這兩者之關係的雙尾檢定值為0.001（小於0.05，故顯著）。體重觀測值的變異數為111.111，而雞冠重觀測值的變異數為761.556，體重和雞冠重的共變異數為255.778。從統計結果可以得到，小雞的體重與雞冠重之間存在著顯著的正相關關係，相關係數達0.879，且顯著。因此，可推論當小雞的體重愈大時，則小雞的雞冠愈重。並且，否定了小雞的體重與雞冠重之間不相關的虛無假設。亦即，小雞的體重與雞冠重之間具有顯著的相關性，且其相關係數達0.879。

表6-4　Pearson相關係數矩陣

		體重	雞冠重
體重	皮爾森（Pearson）相關	1	.879**
	顯著性（雙尾）		.001
	平方和及交叉乘積	1000.000	2302.00
	共變異	111.111	255.778
	N	10	10
雞冠重	皮爾森（Pearson）相關	.879**	1
	顯著性（雙尾）	.001	
	平方和及交叉乘積	2302.000	6854.000
	共變異	255.778	761.556
	N	10	10

6-4　收斂效度與區別效度的檢測

　　效度代表測量工具（量表／問卷）之正確性和準確性的程度，也就是測量工具確實能測出其所欲測量的特質、特徵或功能之程度。因此，評估效度時，首重測量工具（量表／問卷）能否達到原先研究所設定的評量目標、效果和效益。常見的效度有四種類型：表面效度（face validity）、內容效度（content validity）、校標效度（criterion validity）與建構效度（construct validity）。

　　一般論文研究中，最常見的效度檢驗，即是「建構效度」的檢驗。建構效度係指測量工具的內容（即各題項內容）是否能夠測量到理論上的構念或特質的程度。建構效度包含收斂效度（convergent validity）與區別效度（discriminant validity）。收斂效度主要在檢驗以一個變數（構念）發展出的多題題項，最後是否仍會收斂於一個因

素中（同一構念不同題項間的相關性要高）；而區別效度則爲判定某一題項可以與其他構念之題項區別的程度（不同構念、不同題項間的相關性要低）。

利用SPSS進行量表之建構效度評估時，常用探索性因素分析法進行收斂效度之評估。進行因素分析時，根據Kaiser（1958）所提出的收斂效度評估標準，若能符合下列原則，即可表示量表的收斂效度較高：

1. 所萃取出之因素的特徵值（eigenvalue）須大於1。
2. 各構念的衡量題項皆可收斂於同一個共同因素之下。
3. 各因素構面中各變數之因素負荷量大於0.5。
4. 累積解釋變異（cumulative explained variation）須達50%以上時。

至於區別效度，則可採用Gaski and Nevin（1985）所建議的兩個評估標準：

1. 兩兩變數間的相關係數是否顯著小於1。
2. 任兩構面間的相關係數均小於個別構面的Cronbach's α值。

▶ 範例6-2　參考附錄一中，論文【品牌形象、知覺價值與品牌忠誠度之關係】之原始問卷，並開啓ex6-2.sav與ex6-2.doc，試評估原始問卷的收斂效度與區別效度，並完成表6-5與表6-6。

表6-5　原始問卷之信度、收斂效度分析表

主構面	子構面	題項內容	因素負荷	轉軸後平方負荷量		Cronbach's α
				特徵值	解釋變異量%	
品牌形象	品牌價值	bi1_1				
		bi1_2				
		bi1_3				
	品牌特質	bi2_1				
		bi2_2				
		bi2_3				
	企業聯想	bi3_1				
		bi3_2				
		bi3_3				
知覺價值	品質價值	pv1_1				
		pv1_2				
	情感價值	pv2_1				
		pv2_2				

表6-5　原始問卷之信度、收斂效度分析表（續）

主構面	子構面	題項內容	因素負荷	轉軸後平方負荷量		Cronbach's α
				特徵值	解釋變異量%	
知覺價值	價格價值	pv3_1				
		pv3_2				
	社會價值	pv4_1				
		pv4_2				
品牌忠誠度	—	ly1				
		ly2				
		ly3				
		ly4				
		ly5				
總解釋變異量：　　　%						
整體信度：						

表6-6　原始問卷之區別效度分析表

構面	項目數	相關係數							
		A	B	C	D	E	F	G	H
A.品牌價值[1]	3	[2]							
B.品牌特質	3	*[3]							
C.企業聯想	3								
D.品質價值	2								
E.情感價值	2								
F.價格價值	2								
G.社會價值	2								
H.品牌忠誠度	5								

註1：取變數之平均數為量表中各構面之所有題項的加總平均值。
註2：對角線之值為各子構面之Cronbach's α，該值應大於非對角線之值。
註3：*在顯著水準$\alpha = 0.05$時，變數間之相關係數達顯著水準。

　　在本範例中，將運用前一章所說明的因素分析與本章的相關分析來檢測原始問卷的收斂與區別效度，過程雖有點複雜，但若能先擬定操作策略的話，則將使解題邏輯更為清晰。要完成表6-5須運用探索式因素分析、而表6-6則須使用相關分析。因此，解題的操作策略大致可分為四個階段，如下：

階段一、先執行探索式因素分析，其執行與分析邏輯如下：

1. 執行策略

(1) 確認樣本數是否已達問卷題項的5倍以上，且樣本數的總數不少於100個。

(2) 分析方法：主成分分析法。

(3) 只萃取出特徵值大於1的因素。

(4) 轉軸法：最大轉軸法（varimax）。

(5) 因素負荷要遞減排序。

(6) 設定大於0.5的因素負荷才於報表中顯示出其數值，如此報表較簡潔外，也能符合收斂效度的原則。但若因這個設定而導致影響因素結構（即某因素該包含哪些題項）之判斷時，亦可放寬至0.3。

2. 探索式因素分析執行完成後，其分析策略如下：

(1) KMO統計量值0.8以上且巴特利特球形檢定之結果，必須顯著（即$p<0.05$）。

(2) 決定萃取出的因素個數時，應綜合運用下列原則：

a. 特徵值大於1。

b. 陡坡圖檢定準則。

c. 累積解釋總變異量（%）不得小於50%。

d. 共同性（communality）須大於0.5。

(3) 確認因素結構時，應遵循下列原則：

a. 兩因素負荷量絕對值差大於0.3時，排除較小者。

b. 以最大變異數轉軸法（varimax）旋轉以後，取該因素所包含之題項的因素負荷量絕對值大於0.5者。

c. 若題項橫跨兩個因素以上，且其因素負荷量差距亦不大時，則表示該題項的區別效度可能較差。此時，將導致難以判斷該題項到底應歸屬哪個因素，這時可回頭參酌所引用之原始問卷／量表的因素結構而定奪該題項應歸入哪個因素。

階段二、求取各子構面或構面的Cronbach's α值。

階段三、由於表6-6中，要以子構面或構面（沒有子構面的話）為單位，故求取各子構面或構面間的相關係數前，須先將各子構面的平均得分求算出來，並儲存為變數。

階段四、執行相關分析，以求取各子構面或構面間的相關係數。

階段一：執行探索式因素分析

(操)(作)步驟

步驟1：開啟檔案「ex6-2.sav」後，執行【分析】／【維度縮減】／【因素】。
若讀者對於操作過程仍不熟悉，亦可回顧第5章範例5-2。

步驟2：待開啟【因素分析】對話框後，將所有變數（bi1_1～bi3_3、pv1_1～
pv4_2、ly1～ly5，共22個變數）選入到【變數】框中。

步驟3：在【因素分析】對話框中，按右方的【描述性統計資料】鈕，於開啟的
【描述性統計資料】對話框中，選取【單變量描述性統計資料】選項、
【未轉軸之統計資料】選項、【係數】選項與【KMO與Bartlett的球形
檢定】選項，然後按【繼續】鈕，回到【因素分析】對話框。

步驟4：按【擷取】鈕，於開啟的【擷取】對話框中，【方法】下拉式清單中選
取【主成分】法、【分析】方框中選取【相關矩陣】、【顯示】框中選
取【未旋轉因素解】選項與【陡坡圖】選項、【擷取】框中選取【特徵
值】選項，並於其後方的輸入欄中輸入「1」，意味著特徵值大於1的
因素，才夠資格被萃取出來。設定好後，按【繼續】鈕，回到【因素分
析】對話框，。

步驟5：按【轉軸法】鈕，於開啟的【轉軸法】對話框中，選取【最大變異
法】，並於【顯示】框中選取【轉軸後的解】選項。接著，按【繼續】
鈕，回到【因素分析】對話框。

步驟6：按【選項】鈕，於開啟的【選項】對話框中，在【遺漏值】框中選取
【完全排除觀察值】選項，並勾選【係數顯示格式】中的【依據因素負
荷排序】選項與【隱藏較小的係數】選項，並在其後方的輸入欄中輸入
「0.5」，以符合收斂效度之要求。按【繼續】鈕，回到【因素分析】對
話框。

步驟7：於【因素分析】對話框中，按【確定】鈕，即可完成所有的設定工作並
執行因素分析。

步驟8：開啟檔案ex6-2.doc，將階段一探索式因素分析的結果，填入表6-6中。

步驟9：詳細操作過程，讀者亦可自行參閱影音檔「ex6-2-1.wmv」。

▶報表解說

執行完上述步驟後，即可跑出因素分析之報表。報表相當長，在此將分階段解說。

(一) 檢定樣本資料是否適合進行因素分析

由表6-7可知，Bartlett球形檢定之卡方統計量的觀測值為4,684.556，其對應的機率p值（顯著性）接近0。就檢定概念而言，顯著水準為0.05時，由於機率p值小於顯著水準，故應拒絕虛無假設，而認為相關係數矩陣與單位矩陣有顯著差異，也就是說相關係數矩陣不為單位矩陣之意，故適合進行因素分析。同時，KMO值為0.796（亦接近0.8），依據Kaiser對KMO之衡量標準可知，原始變數亦適合進行因素分析。

表6-7　KMO與Bartlett檢定表

Kaiser-Meyer-Olkin測量取樣適當性。		.796
Bartlett的球形檢定	大約卡方	4684.556
	df	231
	顯著性	.000

(二) 萃取因素

根據原始變數的相關係數矩陣，我們將應用主成分分析法並以特徵值大於1為篩選條件來萃取出因素，分析結果如表6-8所示。

表6-8為因素解釋原始變數之總變異數的情況。由【循環平方和載入】欄（此即過往版本的轉軸後因素解），明顯的，可以萃取出特徵值大於1的8個因素，再參酌表6-9可得知：

第一個因素為：品牌忠誠度（ly），其特徵值為4.148，解釋變異量為18.856%。

第二個因素為：品牌價值（bi1），其特徵值為2.535，解釋變異量為11.521%。

第三個因素為：企業聯想（bi3），其特徵值為2.523，解釋變異量為11.469%。

第四個因素為：品牌特質（bi2），其特徵值為2.516，解釋變異量為11.435%。

第五個因素為：社會價值（pv4），其特徵值為1.838，解釋變異量為8.357%。

第六個因素為：品質價值（pv1），其特徵值為1.754，解釋變異量為7.972%。

第七個因素為：情感價值（pv2），其特徵值為1.663，解釋變異量為7.561%。

第八個因素為：價格價值（pv3），其特徵值為1.578，解釋變異量為7.173%。

其累積的解釋變異量（總解釋變異量）亦達84.343%。

表6-8　因素解釋原始變數之總變異數的情況

元件	起始特徵值			擷取平方和載入			循環平方和載入		
	總計	變異的%	累加%	總計	變異的%	累加%	總計	變異的%	累加%
1	5.597	25.443	25.443	5.597	25.443	25.443	4.148	18.856	18.856
2	2.807	12.760	38.203	2.807	12.760	38.203	2.535	11.521	30.377
3	2.166	9.847	48.050	2.166	9.847	48.050	2.523	11.469	41.847
4	2.054	9.334	57.384	2.054	9.334	57.384	2.516	11.435	53.281
5	1.803	8.195	65.579	1.803	8.195	65.579	1.828	8.357	61.638
6	1.661	7.549	73.129	1.661	7.549	73.129	1.754	7.972	69.610
7	1.359	6.179	79.308	1.359	6.179	79.308	1.663	7.561	77.171
8	1.108	5.035	84.343	1.108	5.035	(84.343)	1.578	7.173	(84.343)
9	.414	1.884	86.227						
10	.354	1.607	87.835						
11	.284	1.290	89.125						
12	.282	1.280	90.405						
13	.268	1.218	91.623						
14	.255	1.158	92.781						
15	.246	1.116	93.897						
16	.226	1.027	94.925						
17	.222	1.008	95.932						
18	.212	.963	96.895						
19	.195	.888	97.783						
20	.177	.805	98.588						
21	.167	.757	99.345						
22	.144	.655	100.00						

表6-9　轉軸後的成分矩陣（旋轉元件矩陣）

	元件							
	1	2	3	4	5	6	7	8
ly3	.906							
ly1	.897							
ly5	.892							
ly4	.891							
ly2	.877							
bil1_1		.910						
bil1_2		.894						
bil1_3		.883						
bil3_3			.910					
bil3_1			.897					
bil3_2			.892					
bil3_3				.899				
bil2_2				.886				
bil2_1				.884				
bil4_1					.951			
bil4_2					.948			
bil1_1						.918		
bil1_2						.915		
bil2_2							.896	
bil1_1							.886	
bil3_2								.871
bil3_1								.849

(三) 因素結構的確認

　　由於，原始問卷之各構面題項皆為引用過往文獻，且在此進行因素分析的目的在於確認所得的因素結構是否與過往文獻的因素結構一致。因此，不用再進行因素命名，而只須檢測各構面因素內所包含的題項是否與原有的因素結構一致。

　　例如：原始問卷中，bi1_1～bi1_3應收斂於「品牌價值」子構面、bi2_1～bi2_3應收斂於「品牌特質」子構面、bi3_1～bi3_3應收斂於「企業聯想」子構面、pv1_1～pv1_2應收斂於「品質價值」子構面、pv2_1～pv2_2應收斂於「情感價值」子構面、pv3_1～pv3_2應收斂於「價格價值」子構面、pv4_1～pv4_2應收斂於「社

會價值」子構面、ly1～ly2應收斂於「品牌忠誠度」構面。

　　觀察表6-9的轉軸後的成分矩陣（即旋轉元件矩陣），可明顯看出探索式因素分析的結果，其因素分析結構正好與原始問卷之因素結構完全一致，且各題項的因素負荷量皆達0.5以上。

　　最後，整理一下上述分析結果，然後開啓檔案ex6-2.doc，即可於空白的表6-5中，依序填入各題項的因素負荷量（填表時需注意表6-9中各題項的編號排序與表6-5不同）、各子構面的特徵值（要填轉軸後之結果，即表6-8中「循環平方和載入」之「總計」欄位中的值）、解釋變異量（要填轉軸後之結果，即表6-8中「循環平方和載入」之「變異的%」欄位中的值）與總解釋變異量。完成後，如表6-10所示。

表6-10　原始問卷之信度、收斂效度分析表（完成）

主構面	子構面	題項內容	因素負荷	轉軸後平方負荷量		Cronbach's α
				特徵值	解釋變異量%	
品牌形象	品牌價值	bi1_1	0.910	2.535	11.521	0.906
		bi1_2	0.894			
		bi1_3	0.882			
	品牌特質	bi2_1	0.884	2.516	11.434	0.899
		bi2_2	0.886			
		bi2_3	0.899			
	企業聯想	bi3_1	0.897	2.523	11.469	0.904
		bi3_2	0.892			
		bi3_3	0.910			
知覺價值	品質價值	pv1_1	0.918	1.754	7.972	0.859
		pv1_2	0.915			
	情感價值	pv2_1	0.886	1.663	7.561	0.795
		pv2_2	0.896			
	價格價值	pv3_1	0.849	1.578	7.173	0.740
		pv3_2	0.871			
	社會價值	pv4_1	0.951	1.838	8.357	0.903
		pv4_2	0.948			
品牌忠誠度	─	ly1	0.894	4.148	18.856	0.945
		ly2	0.877			
		ly3	0.906			
		ly4	0.891			
		ly5	0.892			
總解釋變異量：84.343%						
整體信度：0.843						

階段二：求取各子構面或構面的Cronbach's α值

原始量表中包含三個主要構面，即品牌形象、知覺價值與品牌忠誠度。其中，品牌形象又包含3個子構面（品牌價值、品牌特質與企業聯想）、知覺價值包含4個子構面（品質價值、情感價值、價格價值與社會價值）；而品牌忠誠度則無子構面。由因素結構的樹狀圖來看，這些子構面與品牌忠誠度同屬樹狀圖的最底層（第一階），且於探索式因素分析中，也顯示出這8個構面因素各具有其特質。故在此階段中，將依子構面爲單位，進行信度分析以求取各子構面或構面的Cronbach's α值。

操作步驟

步驟1：本範例中，爲求取個子構面的信度與原始問卷的整體信度，信度分析共須執行9次。首先開啓檔案「ex6-2.sav」後，執行【分析】／【尺度】／【可靠度分析】。

步驟2：求取品牌價值的信度。待出現【可靠度分析】對話框後，先進行「品牌價值」子構面的信度分析。將bi1_1～bi1_3等題項選入右邊的【項目】清單方塊內，然後於左下方的【模型】下拉式清單中選取「Alpha值」。再按【確定】鈕，即可順利評估「品牌價值」子構面的信度。

步驟3：求取其他子構面的信度。重複執行步驟1與步驟2，依序求出「品牌特質」、「企業聯想」、「品質價值」、「情感價值」、「價格價值」、「社會價值」與「品牌忠誠度」等7個子構面或構面的信度。

步驟4：求取整體信度。最後，再執行一次【分析】／【尺度】／【可靠度分析】，然後在【可靠度分析】對話框中，將所有題項（共22題）選入右邊的【項目】清單方塊內，接著於左下方的【模型】下拉式清單中選取「Alpha值」。再按【確定】鈕，即可求出原始問卷的整體信度。

步驟5：開啓檔案ex6-2.doc，將階段一探索式因素分析與階段二信度分析的結果，填入表6-5中。

步驟6：詳細操作過程，讀者亦可自行參閱影音檔「ex6-2-2.wmv」。

▶ **報表解說**

執行完9次的信度分析後，當可從報表中得到各子構面與整體信度值，其

Cronbach's α值分別為：品牌價值0.906、品牌特質0.899、企業聯想0.904、品質價值0.859、情感價值0.795、價格價值0.740、社會價值0.903、品牌忠誠度0.945與整體信度值0.843。

開啟檔案ex6-2.doc後，即可於表6-5中，將上述信度值依序填入最右邊Cronbach's α欄與最底下之整體信度值欄中。即可完成表6-5（原始問卷之信度、收斂效度分析表）的填製工作，如表6-10所示。

階段三：求取各子構面或構面的平均得分，並儲存為變數

由於表6-6中，要以子構面或構面（沒有子構面的話）為單位，故求取各子構面或構面間的相關係數前，須先將各子構面的平均得分求算出來，並儲存為變數。

在此，我們將計算出每一個個案（受訪者）於「品牌價值」（bi1）、「品牌特質」（bi2）、「企業聯想」（bi3）、「品質價值」（pv1）、「情感價值」（pv2）、「價格價值」（pv3）、「社會價值」（pv4）與「品牌忠誠度」（ly）等8個子構面或構面的平均得分，並將這些計算出來的新資料，以新的變數來儲存。故須執行【轉換】／【計算變數】8次。這8次【計算變數】的數學運算式分別如下：

bi1 = sum(bi1_1 to bi1_3)/3

bi2 = sum(bi2_1 to bi2_3)/3

bi3 = sum(bi3_1 to bi3_3)/3

pv1 = sum(pv1_1 to pv1_2)/2

pv2 = sum(pv2_1 to pv2_2)/2

pv3 = sum(pv3_1 to pv3_2)/2

pv4 = sum(pv4_1 to pv4_2)/2

ly = sum(ly1 to ly5)/5

由於篇幅因素，在此將只示範「品牌價值」（bi1）子構面之個案平均得分（新變數名稱取為bi1）的操作過程。若讀者有疑義，可回頭參看第2章第3節範例2-3之講述內容。

操作步驟

步驟1：開啟ex6-2.sav，執行【轉換】／【計算變數】，開啟【計算變數】對話框。

步驟2：在【目標變數】輸入框中，請輸入新的變數名稱「bi1」，以儲放「品牌價值」子構面之個案平均得分。

步驟3：在【計算變數】對話框左邊的【數值運算式】輸入框中，輸入計算「品牌價值」子構面之個案平均得分的運算式。由於「品牌價值」子構面由bi1_1、bi1_2與bi1_3等三個題項所衡量，故「品牌價值」子構面之個案平均得分的計算方式如下：

bi1 = sum(bi1_1 to bi1_3)/3

依此計算方式，讀者可在【數值運算式】輸入框中，輸入運算式「sum(bi1_1 to bi1_3)/3」。

步驟4：輸入運算式後，按【確定】鈕後，SPSS即可開始執行計算工作。計算完成後，可發現原始資料檔將多出一個新變數名稱「bi1」，此變數即代表每一個受訪者對個案公司之「品牌價值」的認知（「品牌價值」的平均得分）。

步驟5：重複上述步驟，可繼續完成「品牌特質」（bi2）、「企業聯想」（bi3）、「品質價值」（pv1）、「情感價值」（pv2）、「價格價值」（pv3）、「社會價值」（pv4）與「品牌忠誠度」（ly）等其他7個變數之個案平均得分的計算。計算完成後，建議讀者可先行存檔，其結果如圖6-4所示。

步驟6：詳細的操作過程，讀者亦可自行參閱影音檔「ex6-2-3.wmv」。

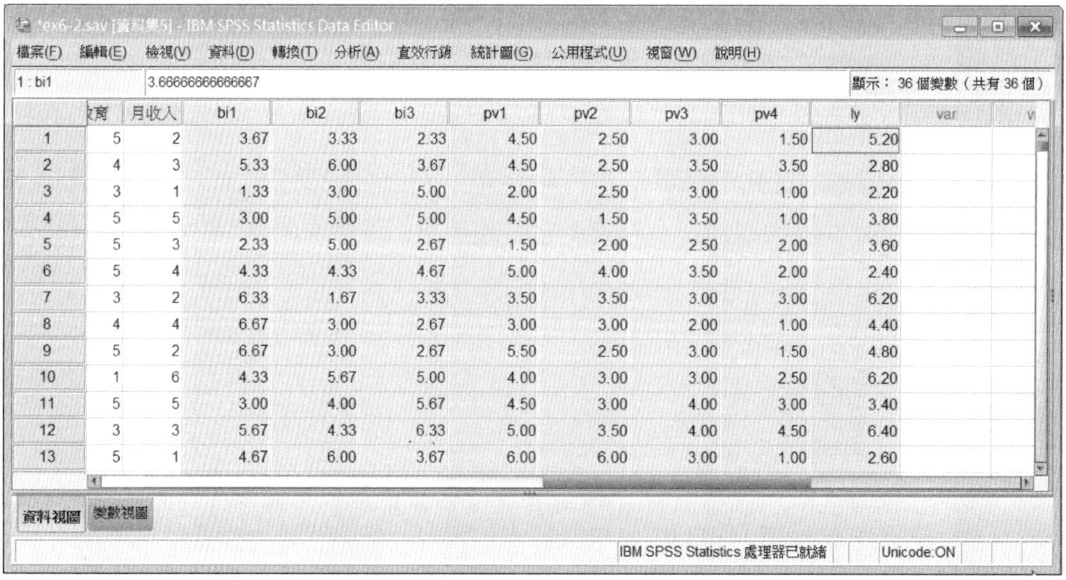

	育	月收入	bi1	bi2	bi3	pv1	pv2	pv3	pv4	ly	var
1	5	2	3.67	3.33	2.33	4.50	2.50	3.00	1.50	5.20	
2	4	3	5.33	6.00	3.67	4.50	2.50	3.50	3.50	2.80	
3	3	1	1.33	3.00	5.00	2.00	2.50	3.00	1.00	2.20	
4	5	5	3.00	5.00	5.00	4.50	1.50	3.50	1.00	3.80	
5	5	3	2.33	5.00	2.67	1.50	2.00	2.50	2.00	3.60	
6	5	4	4.33	4.33	4.67	5.00	4.00	3.50	2.00	2.40	
7	3	2	6.33	1.67	3.33	3.50	3.50	3.00	3.00	6.20	
8	4	4	6.67	3.00	2.67	3.00	3.00	2.00	1.00	4.40	
9	5	2	6.67	3.00	2.67	5.50	2.50	3.00	1.50	4.80	
10	1	6	4.33	5.67	5.00	4.00	3.00	3.00	2.50	6.20	
11	5	5	3.00	4.00	5.67	4.50	3.00	4.00	3.00	3.40	
12	3	3	5.67	4.33	6.33	5.00	3.50	4.00	4.50	6.40	
13	5	1	4.67	6.00	3.67	6.00	6.00	3.00	1.00	2.60	

圖6-4 各子構面或構面的平均得分

階段四：求取各子構面或構面間的相關係數

　　接下來是最後一個階段的工作了，在已完成階段三之求取各子構面或構面的平均得分後，即可求算各子構面或構面間的相關係數，並據以完成表6-6之填製任務。完成後如表6-12所示。

操作步驟

　　步驟1：接續階段三完成的檔案，然後執行【分析】／【相關】／【雙變數】，以開啓【雙變量相關分析】對話框。

　　步驟2：選取欲分析的變數。在左邊的【待選變數】清單中選擇變數bi1、bi2、bi3、pv1、pv2、pv3、pv4與ly等8個變數進入【變數】框中。

　　步驟3：請選擇【Pearson相關係數】選項，以計算8個變數的Pearson相關係數。

　　步驟4：設定檢定方式。在【顯著性檢定】框內，請選擇【雙尾檢定】選項。

　　步驟5：按【確定】鈕，即可開始進行相關分析的計算。

　　步驟6：詳細操作過程，讀者可自行參閱影音檔「ex6-2-4.wmv」。

▶ 報表解說

　　執行完雙變數之相關分析後，即可得到Pearson相關係數矩陣，如表6-11所示。

表6-11　Pearson相關係數矩陣

		bi1	bi2	bi3	pv1	pv2	pv3	pv4	ly
bi1	皮爾森（Pearson）相關	1	.304**	.209**	.193**	.147**	.106	-0.11	.206**
	顯著性（雙尾）		.000	.000	.000	.007	.053	.841	.000
	N	334	334	334	334	334	334	334	334
bi2	皮爾森（Pearson）相關	.304**	1	.215**	.121**	.176**	.152**	-.015	.200**
	顯著性（雙尾）	.000		.000	.027	.001	.005	.778	.000
	N	334	334	334	334	334	334	334	334
bi3	皮爾森（Pearson）相關	.209**	.215**	1	.114*	.145**	.153**	.010	.211**
	顯著性（雙尾）	.000	.000		.037	.008	.005	.852	.000
	N	334	334	334	334	334	334	334	334
pv1	皮爾森（Pearson）相關	.193**	.121*	.114*	1	.172**	.258**	.022	.177**
	顯著性（雙尾）	.000	.027	.037		.002	.000	.684	.001
	N	334	334	334	334	334	334	334	334

表6-11　Pearson相關係數矩陣（續）

		bi1	bi2	bi3	pv1	pv2	pv3	pv4	ly
pv2	皮爾森（Pearson）相關	.147**	.176**	.145**	.172**	1	.246**	.098	.169**
	顯著性（雙尾）	.007	.001	.008	.002		.000	.075	.002
	N	334	334	334	334	334	334	334	334
pv3	皮爾森（Pearson）相關	.106	.152**	.153**	.258**	.246**	1	.188**	.237**
	顯著性（雙尾）	.053	.005	.005	.000	.000		.001	.000
	N	334	334	334	334	334	334	334	334
pv4	皮爾森（Pearson）相關	-.011	-0.15	.010	.022	.098	.188**	1	.040
	顯著性（雙尾）	.841	.778	.852	.684	.074	.001		.464
	N	334	334	334	334	334	334	334	334
ly	皮爾森（Pearson）相關	.206**	.200**	.211**	.177**	.169**	.237**	.040	1
	顯著性（雙尾）	.000	.000	.000	.001	.002	.000	.464	
	N	334	334	334	334	334	334	334	334

接著，開啓檔案ex6-2.doc，即可填製表6-6中。填製時只須填製對角線下的相關係數值與顯著符號即可。而表6-6中的對角線上，則請填入各子構面或構面的Cronbach's α值，如表6-12所示。

表6-12　原始問卷之區別效度分析表（完成）

構面	項目數	相關係數							
		A	B	C	D	E	F	G	H
A.品牌價值[1]	3	**0.906**[2]							
B.品牌特質	3	0.304*[3]	**0.899**						
C.企業聯想	3	0.209*	0.215*	**0.904**					
D.品質價值	2	0.193*	0.121	0.114*	**0.859**				
E.情感價值	2	0.147*	0.176*	0.145*	0.172*	**0.795**			
F.價格價值	2	0.106	0.152*	0.153*	0.258*	0.246*	**0.740**		
G.社會價值	2	-0.011	-0.015	0.010	0.022	0.098	0.188*	**0.903**	
H.品牌忠誠度	5	0.206*	0.200*	0.211*	0.177*	0.169*	0.237*	0.040	**0.945**

註1：取變數之平均數為量表中各構面之所有題項的加總平均值。
註2：對角線之值為各子構面之Cronbach's α，該值應大於非對角線之值。
註3：*在顯著水準$\alpha = 0.05$時，變數間之相關係數達顯著水準。

總結：信度、收斂與區別效度評估

(一) 信度評估

　　從表6-10中可以看出，各子構面與整體信度之Cronbach's α值分別為：品牌價值0.906、品牌特質0.899、企業聯想0.904、品質價值0.859、情感價值0.795、價格價值0.740、社會價值0.903、品牌忠誠度0.945與整體信度值0.843。所有子構面與整體信度之Cronbach's α值皆達0.7以上，屬高信度水準，代表原始問卷之各題項的可靠度、一致性與穩定性佳。因此，研判原始問卷中，品牌形象構面、知覺價值構面與品牌忠誠度構面之外在品質應已符合一般學術研究的要求。

(二) 收斂效度評估

　　觀察表6-10之「原始問卷之信度、收斂效度分析表」，不難發現，所萃取出之因素的特徵值皆大於1；各構面的衡量題項可收斂於同一個共同因素之下，且其因素結構亦符合原始問卷之設計；各題項之因素負荷量介於0.849～0.951間，皆大於0.5；累積解釋變異量（總解釋變異量）為84.343%，達50%以上。整體而言，品牌形象構面、知覺價值構面與品牌忠誠度構面皆已能符合收斂效度之要求，因此，原始問卷的內在品質亦佳。

(三) 區別效度評估

　　觀察表6-12之「原始問卷之區別效度分析表」，依據Gaski and Nevin（1985）所建議的兩個評估標準，可發現，兩兩變數間的相關係數介於–0.015～0.304間，確實皆小於1，且大部分相關係數值顯著。此外，任兩構面間的相關係數（最大值0.304）均小於個別構面的Cronbach's α值（最小值0.740）。顯示量表具有區別效度。因此，再次證明測量模型的內在品質頗佳。

　　經過上述的信度、收斂與區別效度評估後，整體而言，原始問卷的內、外在品質頗佳，樣本資料已適合進行後續更進階的統計分析了。

◆ 6-5 偏相關分析 ◆

有時候，影響一個問題的因素很多。在這種情形下，為了純化、聚焦所關注的影響因素，我們常假設其中某些因素固定不變化（即控制該因素之意），而去考量其他一些因素（即所關注的因素）對該問題的影響，從而達到簡化研究的目的。偏相關分析正是源於此一概念而產生的，但又與此想法不盡相同。

6-5-1 偏相關分析的基本概念

相關分析可計算兩個變數之間的相互關係，並分析兩個變數間線性相關的程度。但是，在這過程中，往往會因為第三個變數的作用，而使得所計算出來的相關係數不能真實地反映該兩變數間的線性相關程度。因此，第三個變數的作用會決定雙變數相關分析的精確性，故有必要加以控制，然後才能確實釐清兩特定變數間的相關性。

例如：身高、體重與肺活量之間的關係。如果使用Pearson相關方法來計算兩兩之間的相關係數時，應該可以得出肺活量、身高和體重間，兩兩均存在著較強的線性相關性質。但實際上呢？對體重相同的人而言，是否身高值愈大，其肺活量也愈大呢？答案可能是否定的喔！這正是因為身高與體重間有著線性關係，肺活量與體重間亦有著線性關係，因此得出了身高與肺活量之間存在較強的線性關係的錯誤（或許）結論。也就是說，若不把體重的影響因素排除的話，那麼研究身高與肺活量的關係，將會產生極大的誤判。而偏相關分析就是「在研究兩個變數之間的線性相關關係時，控制可能對其間關係產生影響的變數」之相關分析方法。

偏相關係數可衡量任何兩個變數之間的關係。但其過程中，會先控制住與這兩個變數有關聯的其他變數，也就是說，讓這些「其他變數」都能保持不變。例如：我們想研究銷售額與人口數、銷售額與個人年收入之間的關係，人口數量的多少會影響銷售額，年收入的大小亦會影響銷售額。由於人口數量會變化，年收入的多寡也會經常性變化，在這種錯綜複雜的情況下，應用簡單相關係數往往不能說明這些現象之間的相關程度。這時，必須先消除其他變數的影響後，再來研究兩特定變數之間的相互關係，這種相關分析即稱為偏相關分析，這種相關係數就稱為偏相關係數。例如：在研究銷售額和年收入的相互關係時，需在已控制人口數量不變的場合下進行；而在研究銷售額與人口數的相互關係時，則需在已控制年收入不變的場合下進行。

再例如：變數X，Y，Z之間彼此存在著關係，為了衡量X和Y之間的關係，就必須假定Z保持不變，才來計算X和Y的偏相關係數，我們用r_{xy}表示。r_{xy}稱為Z保持不變時，X和Y的偏相關係數。待控制Z後，偏相關係數也可以由簡單相關係數來求出。

但是，偏相關係數的數值和簡單相關係數的數值常常是不同的，在計算簡單相關係數時，所有其他自變數不予考慮；但在計算偏相關係數時，要考慮其他自變數對依變數的影響，只不過是把其他自變數當作常數來處理罷了。

6-5-2 偏相關分析的功能與應用

透過以上對偏相關分析之基本概念介紹，我們對它的基本功能應有一定程度的了解了。應用SPSS套裝軟體的偏相關分析功能可對變數進行偏相關分析。在偏相關分析中，SPSS系統將可按使用者的要求，對兩相關變數之外的某一或某些會影響相關性的其他變數進行控制，以輸出控制其他變數影響後的相關係數。偏相關分析的主要用途如下：

根據觀測資料，應用偏相關分析可以計算偏相關係數，也可以據以判斷哪些變數對特定變數的影響較大，進而當成是選擇重要變數的基準。至於那些對特定變數影響較小的變數，則可以捨去不顧。這樣的觀念，非常適合應用在多元迴歸分析建模過程的自變數篩選上。透過偏相關分析，只保留具有主要作用的自變數，就可以用較少的自變數去描述依變數的平均變動量，以符合建模之精簡性原則。

6-5-3 偏相關分析應用範例

在本小節中，我們將先介紹一個有關偏相關分析的簡單範例。期能使讀者對偏相關分析有一些基本認識。

▶ 範例6-3

某農場在一塊實驗農地上，進行了測定施肥量X、害蟲危害程度Y（用數值表示，數值愈大表示危害愈嚴重），和畝產量Z的試驗。試驗所得資料如表6-13所示，試探討害蟲危害程度與畝產量之關係（ex6-3.sav）。

表6-13 施肥量X、害蟲危害程度Y和畝產量Z的資料表

	第一年	第二年	第三年	第四年
施肥量X	14	27	39	67
害蟲危害程度Y	43	15	9	2
畝產量Z	3	7.6	8.5	12

由本範例的題意與過去的知識、經驗，不難理解，施肥量與害蟲危害程度皆是影響畝產量的重要因素。然在此，研究者將只探討害蟲危害程度與畝產量間的關係，故必須先控制住施肥量的影響效果，才能達成目的。故明顯的，研究者必須進行偏相關分析。

(操)(作) 步驟

步驟1：首先，於SPSS套裝軟體中，輸入表6-13的資料，並存成資料檔（或直接開啓ex6-3.sav），接著執行【分析】／【相關】／【偏相關】，此時將跳出【偏相關】對話框。

步驟2：現欲在控制「施肥量X」的影響下，對變數「害蟲危害程度Y」與「畝產量Z」間進行偏相關分析，故在對話框左側的【待選變數】清單中，同時選取變數「害蟲危害程度Y」與「畝產量Z」，進入【變數】框。

步驟3：接著，選取要控制的變數「施肥量X」，進入【控制的變數】框中。

步驟4：最後核選【顯著性檢定】框中的【雙尾檢定】選項，再按【確定】鈕，送出執行即可，如圖6-5所示。

步驟5：執行所得結果如表6-14所示。詳細操作過程，讀者可自行參閱影音檔「ex6-3.wmv」。

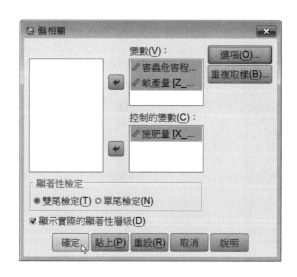

圖6-5　設定【偏相關】對話框

▶ **報表解說**

經偏相關分析操作後，SPSS套裝軟體將輸出相關報表，如表6-14。

表6-14　害蟲危害程度Y與畝產量Z的偏相關分析結果（控制變數：施肥量X）

控制變數			害蟲危害程度	畝產量
施肥量	害蟲危害程度	相關	1.000	−.960
		顯著性（雙尾）		.181
		df	0	1
	畝產量	相關	−.960	1.000
		顯著性（雙尾）	.181	
		df	1	0

由表6-14可知，偏相關係數r = −0.960，P = 0.181。雖然透過計算，在控制「施肥量」不變的情況下，「害蟲危害程度Y」與「畝產量Z」的偏相關係數的絕對值較大，接近於1，但是從虛無假設（假設相關係數等於0，即不相關之意）的機率P值來看，其值為0.181，顯然大於顯著水準0.05。因此，根據檢定理論，不能拒絕虛無假設；換句話說，雖「害蟲危害程度Y」與「畝產量Z」間的相關係數值很大，但仍得接受「害蟲危害程度Y」與「畝產量Z」並不相關的推論。這說明了影響「畝產量」的關鍵因素，或許並非「害蟲危害程度」，其他因素的影響力可能更為重要；在某種意義上，甚至可說成「害蟲危害程度」對「畝產量」的影響並不是太顯著的。

但是，若直接對「害蟲危害程度Y」與「畝產量Z」進行簡單的雙變數相關分析時（即使用【雙變數】功能），所得到的結果就大為不同了。雙變數的相關分析的輸出結果見表6-15。

表6-15　害蟲危害程度Y與畝產量Z進行雙變數的相關分析結果

		害蟲危害程度	畝產量
害蟲危害程度	皮爾森（Pearson）相關	1	−.964*
	顯著性（雙尾）		.036
	N	4	4
畝產量	皮爾森（Pearson）相關	−.964*	1
	顯著性（雙尾）	.036	
	N	4	4

　　從雙變數相關分析的結果來看，相關係數為–0.964，P = 0.036（小於0.05，顯著），因此，可以認爲「害蟲危害程度Y」與「畝產量Z」之間存在很緊密的關係。這個結論顯然與使用偏相關分析所得到的結論截然不同。

　　由偏相關分析和雙變數的相關分析所得結果的差異更可以看出，偏相關分析的重要性。因此，若欲探討多個變數中，某兩變數之間的相關性時，請讀者宜多多考慮使用偏相關分析。

▶ 範例6-4

參考附錄一中，論文【品牌形象、知覺價值與品牌忠誠度關係之研究】之原始問卷，並開啓ex6-4.sav，試求品牌形象與品牌忠誠度、品牌形象與知覺價值、知覺價值與品牌忠誠度之關係。

　　由過去的文獻顯示，品牌形象、知覺價值與品牌忠誠度間，可能存在複雜的相關關係。尤其，品牌形象、知覺價值皆是影響品牌忠誠度的重要因素。然在此，研究者將只探討兩兩變數間的關係，故必須先控制住第三個變數的影響效果，才能真正求出兩特定變數間的關係。故明顯的，研究者必須進行偏相關分析。

　　由於將求取品牌形象與品牌忠誠度、品牌形象與知覺價值、知覺價值與品牌忠誠度間的偏相關係數，故須先將各構面（品牌形象、知覺價值與品牌忠誠度）的平均得分求算出來，並儲存爲變數。在此，我們將計算出每一個個案（受訪者）於「品牌形象」（bi）、「知覺價值」（pv）與「品牌忠誠度」（ly）等3個主構面的平均得分，並將這些計算出來的新資料，以新的變數來儲存。故須執行【轉換】／【計算變數】3次。這3次【計算變數】的數學運算式分別如下：

bi = sum(bi1_1 to bi3_3)/9

pv = sum(pv1_1 to pv4_2)/8

ly = sum(ly1 to ly5)/5

　　由於篇幅因素，在此將只示範「品牌形象（bi）」構面之個案平均得分（新變數名稱取爲bi）的操作過程。若讀者有疑義，可回頭參看第2章第3節範例2-3之講述內容。

操作步驟

　　步驟1：開啓ex6-4.sav，執行【轉換】／【計算變數】，開啓【計算變數】對話框。

步驟2：在【目標變數】輸入框中，請輸入新的變數名稱「bi」，以儲放「品牌形象」構面之平均得分。

步驟3：在【計算變數】對話框左邊的【數值運算式】輸入框中，輸入計算「品牌形象」構面之平均得分的運算式。由於「品牌形象」構面由bi1_1～bi1_3、bi2_1～bi2_3、bi3_1～bi3_3等9個題項所衡量，故「品牌形象」構面之平均得分的計算方式如下：

bi = sum(bi1_1 to bi3_3)/9

依此計算方式，讀者可在【數值運算式】輸入框中，輸入運算式「sum(bi1_1 to bi3_3)/9」。

步驟4：輸入運算式後，按【確定】鈕後，SPSS即可開始執行計算工作。計算完成後，可發現原始資料檔將多出一個新變數名稱「bi」，此變數即代表每一個受訪者對個案公司之「品牌形象」的認知（「品牌形象」的平均得分）。

步驟5：重複上述步驟，可繼續完成「知覺價值」（pv）與「品牌忠誠度」（ly）等其他2個變數之平均得分的計算。計算完成後，建議讀者可先行存檔，其結果如圖6-6所示。

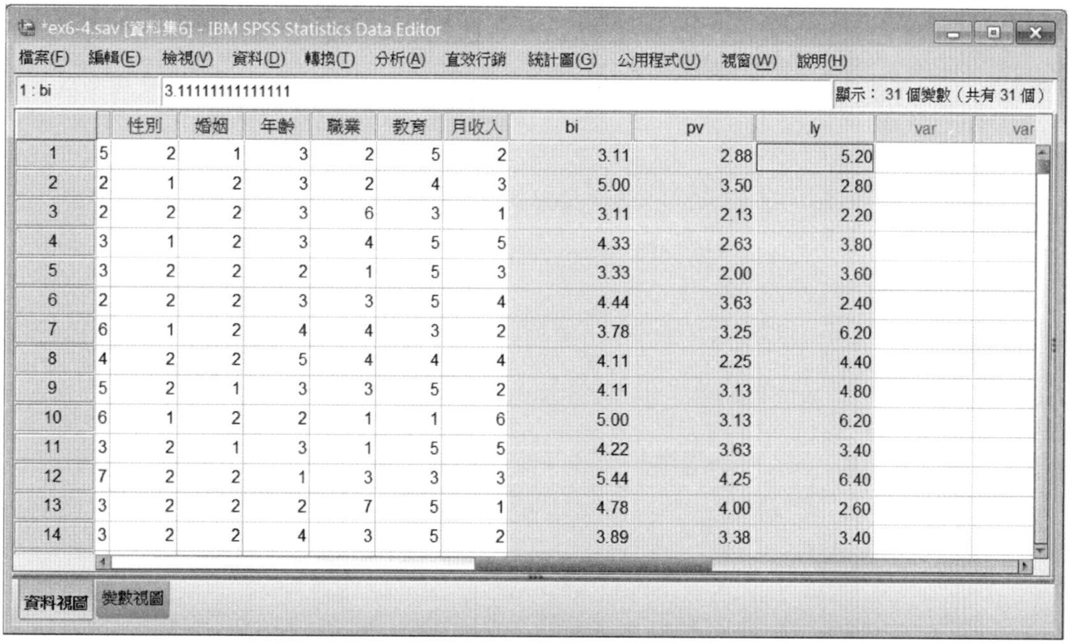

		性別	婚姻	年齡	職業	教育	月收入	bi	pv	ly	var	var
1	5	2	1	3	2	5	2	3.11	2.88	5.20		
2	2	1	2	3	2	4	3	5.00	3.50	2.80		
3	2	2	2	3	6	3	1	3.11	2.13	2.20		
4	3	1	2	3	4	5	5	4.33	2.63	3.80		
5	3	2	2	2	1	5	3	3.33	2.00	3.60		
6	2	2	2	3	3	5	4	4.44	3.63	2.40		
7	6	1	2	4	4	3	2	3.78	3.25	6.20		
8	4	2	2	5	4	4	4	4.11	2.25	4.40		
9	5	2	1	3	3	5	2	4.11	3.13	4.80		
10	6	1	2	2	1	1	6	5.00	3.13	6.20		
11	3	2	1	3	1	5	5	4.22	3.63	3.40		
12	7	2	2	1	3	3	3	5.44	4.25	6.40		
13	3	2	2	2	7	5	1	4.78	4.00	2.60		
14	3	2	2	4	3	5	2	3.89	3.38	3.40		

圖6-6　各主構面的平均得分

步驟6：接著，執行【分析】／【相關】／【偏相關】，此時將跳出【偏相關】
對話框。

步驟7：先求取品牌形象與品牌忠誠度的偏相關係數，故須控制「知覺價值」的
影響力。故在對話框左側的【待選變數】清單中，同時選取變數「bi」
與「ly」，進入【變數】框。然後選取要控制的變數「pv」，進入【控
制的變數】框中。

步驟8：最後核選【顯著性檢定】框中的【雙尾檢定】選項，再按【確定】鈕，
送出執行即可。

步驟9：重複步驟6至步驟8，依序求取品牌形象（bi）與知覺價值（pv）（控制
品牌忠誠度ly）、知覺價值（pv）與品牌忠誠度（ly）（控制品牌形象
bi）的偏相關係數。

步驟10：執行所得結果如表6-16、表6-17與表6-18所示。

步驟11：詳細操作過程，讀者可自行參閱影音檔「ex6-4.wmv」。

▶ **報表解說**

經偏相關分析操作後，SPSS套裝軟體將輸出相關報表，如表6-16、表6-17與表
6-18。

表6-16　品牌形象（bi）與品牌忠誠度（ly）的偏相關係數（控制變數：知覺價值pv）

控制變數			bi	ly
pv	bi	相關	1.000	.248
		顯著性（雙尾）	.	.000
		df	0	331
	ly	相關	.248	1.000
		顯著性（雙尾）	.000	.
		df	331	0

表6-17　品牌形象（bi）與知覺價值（pv）的偏相關係數（控制變數：品牌忠誠度ly）

控制變數			bi	pv
ly	bi	相關	1.000	.180
		顯著性（雙尾）	.	.001
		df	0	331
	pv	相關	.180	1.000
		顯著性（雙尾）	.001	.
		df	331	0

表6-18　知覺價值（pv）與品牌忠誠度（ly）的偏相關係數（控制變數：品牌形象bi）

控制變數			pv	ly
bi	pv	相關	1.000	.190
		顯著性（雙尾）	.	.000
		df	0	331
	ly	相關	.190	1.000
		顯著性（雙尾）	.000	.
		df	331	0

　　由表6-16、表6-17、表6-18可知，品牌形象（bi）與品牌忠誠度（ly）的偏相關係數為0.248，且顯著；品牌形象（bi）與知覺價值（pv）的偏相關係數為0.180，且顯著；知覺價值（pv）與品牌忠誠度（ly）的偏相關係數為0.190，且顯著。

習 題

練習 6-1

已調查97名兒童的生長發育資料，其中左眼視力（X9），右眼視力（X10），並已建立資料檔hw6-1.sav，試問左眼視力（X9）與右眼視力（X10）有無相關？

練習 6-2

請開啟hw6-2.sav，這是一個銀行雇員資料。試分析起始工資，現有工資與雇員年齡、教育水準、工作經驗、職務等級之間是否存在線性相關性。

練習 6-3

參考附錄二中，論文「遊客體驗、旅遊意象與重遊意願關係之研究」的原始問卷，並開啟hw6-3.sav，試以簡單相關分析，分析遊客體驗的各子構面與旅遊意象的各子構之間是否存在相關性。

第7章

平均數的差異性比較

S
P
S
S

　　在敘述統計學中，母體的統計特徵一般稱為參數（如母體平均數、母體標準差），而樣本的統計特徵則稱之為統計量（如樣本平均數、樣本標準差）。一般而言，母體參數通常為未知數（因母體太大，無法探究其確實數據），而樣本統計量只要經抽樣完成，通常就可以求算出其值。

　　推論統計學的核心價值在於：藉由以低成本方式取得的樣本資料之統計量（已知）來推論母體參數（未知）。也就是說，推論統計學是根據樣本資料之特徵（統計量）而推論母體特徵（參數）的方法。更精準的論述為：推論統計學能在對樣本資料進行描述性分析的基礎上，以機率的方式對統計母體的未知特徵（如母體平均數、母體標準差）進行推論，如圖7-1所示。

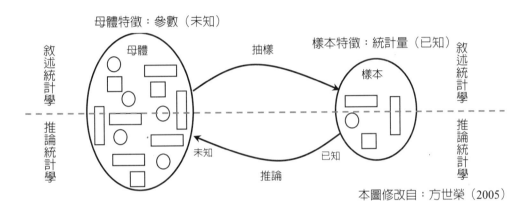

圖7-1　敘述統計學與推論統計學

7-1　推論統計與參數檢定

　　研究者為何需要透過對樣本資料的描述，然後去推論母體特徵呢？其原因不外有二：

　　第一個原因為：無法全部蒐集到所有的母體資料。例如：水質或空氣品質的檢測問題，如當研究者想要評估高雄地區的空氣品質，或者要檢定南化水庫水中某成分的含量等。對於此類問題的研究，研究者根本無法對所有研究對象（空氣或水庫水）做實驗，而只能採取抽樣技術，從母體中隨機抽取一部分樣本進行檢測，進而推論母體特徵。

第二個原因為：在某些特殊情況下，雖然母體資料能夠蒐集到，但其過程將會耗費大量的人力、物力和財力。例如：研究全國大學生每天上網的平均時間、或小家庭每年旅遊的平均花費等。對這類問題的研究，雖然只要研究者願意，理論上是可以獲得全部的母體資料。但大規模的調查（普查）和資料蒐集工作，必然需要投入大量的成本。因此，在實際研究中，為節省開銷往往會採用抽樣技術，對小部分的研究對象進行調查以獲取資料，並藉此推論母體的特徵。

研究者利用樣本資料的特徵（樣本統計量）對母體特徵（母體參數）進行推論時，會因母體分配型態的已知或未知狀況，而有不同的處理方式，其處理方式如下：

第一：當母體分配為已知的情況下（通常為假設已知）

由於母體分配為已知（例如：為常態分配），此時，根據樣本資料對母體的推論，其目的將著重在估計參數的信賴區間，或對其進行某種統計檢定。例如：檢定常態母體的平均值是否與某個值存在顯著性差異、兩個母體的平均值是否有顯著性差異……等。諸如此類的統計推論問題通常可採用參數檢定的方法。它不僅能夠對母體特徵參數進行推論，而且也能對兩個或多個母體的參數進行比較。

第二：當母體分配未知的情況下

在現實生活的大多數情況下，研究者事前其實很難對母體的分配作出較為準確的假設，或者根本無法保證樣本資料是來自其所假設的母體，或者由於資料類型的限制，使其不符合所假定之分配的要求等。儘管如此，研究者仍然希望探索出資料中所隱含的特質，此時通常採用的統計推論方法即為無母數檢定的方法。

7-2　參數之假設檢定

在推論統計學的領域中，研究者通常會採用估計（點估計和區間估計）和假設檢定等這兩類方式對母體參數進行推論。這兩類方式在SPSS的相關功能中皆有提供，然由於其基本原理類似，在此僅對假設檢定的基本概念作初步介紹。

7-2-1　參數之假設檢定簡介

進行參數之假設檢定時，其基本概念是：研究者必須先對母體參數值提出假設，然後再利用抽樣回來的樣本所提供的相關資訊，去驗證先前所提出的假設是否成

立。如果樣本資料不能夠充分證明和支持假設的成立時，則在一定的機率條件下，應該拒絕該假設；相反的，如果樣本資料不能夠充分證明和支持假設是不能成立的，那麼就不能推翻假設成立的合理性和真實性。上述假設檢定之推論過程所依據的基本觀念即是所謂的「小機率原理」，即發生機率很小的隨機事件，在某一次特定的實驗中是幾乎不可能發生的。但如果發生了，那肯定是先前的某些假設有誤，所以應該推翻該假設。統計學中，一般認為某事件發生的機率小於0.05時，就算是小機率事件。

例如：若研究者想對每位墾丁遊客的平均花費額，進行假設檢定。首先研究者會提出一個假設，此假設為「墾丁遊客的平均花費額是5,000元」。此時，研究者將充分利用樣本資料以驗證該假設是否成立。如果樣本資料中，遊客平均花費額為5,900元，顯然與5,000元間存在著不小的差距，此時能否立即拒絕先前的假設呢？答案是不能的。因為在抽樣過程中也有可能存在著誤差。即樣本（5,900元）與假設（5,000元）之間的差距有可能是因為系統誤差或抽樣誤差所造成的，而不是真正平均花費額的差距。抽樣誤差的存在將造成某批樣本（遊客）的平均花費額為3,900元，而另一批樣本（遊客）的平均花費額為4,800元或是5,100元或是其他值，都有可能。因此，此時就有必要去確認樣本資料所提供的資訊與假設之間的差距，究竟是哪種原因所造成的。

依據小機率原理，首先計算在假設成立的條件下，觀察樣本值或更極端值發生的機率。也就是說如果遊客的平均花費額確實為5,000元，那麼5,900元（或更極端值）發生的機率有多大。如果5,900元（或更極端值）發生的機率極小，依據小機率事件在一次實驗中是幾乎不會發生的原理，它應是件不該發生的事件。但事實卻是，這件原本不應發生的事件（5,900元或更極端值）卻恰恰在這一次抽樣中發生了。由於該樣本的存在是種事實，對此我們只好認為5,000元的假設是不成立的。

由上述的說明不難看出，進行假設檢定的過程中，研究者需要解決兩大問題，第一，如何計算在假設成立的條件下，樣本值或更極端值發生的機率？第二，如何定義小機率事件（即設定顯著水準之意）？對於這兩大問題，現今的推論統計學理論都已經能成功地解決這兩個問題。

7-2-2 參數之假設檢定的基本步驟

一般而言，假設檢定的進行可分成以下五大基本步驟：

(一) 提出虛無假設（H_0）

即根據研究目的，對欲推論的母體參數或分配提出一個基本假設。一般即稱之為虛無假設（null hypothesis），通常也代表著這個假設其實是研究者內心裡很想把它推翻掉的假設。

(二) 確認檢定統計量之理論分配

在假設檢定中，樣本值（或更極端值）發生的機率並不是直接由樣本資料得到的，而是透過計算檢定統計量之觀測值在某個理論分配下的發生機率而間接得到的。這些統計量所該服從或近似服從的理論分配中，常見的有t分配、F分配或χ^2分配。對於不同的假設檢定問題以及不同的母體條件，會有不同的理論分配、檢定方法和策略，但這是統計學家所該研究的課題。平凡的我們，在實際應用中只需要依據實際狀況與問題，遵循理論套用即可。例如：檢定兩個近似常態之母體平均數差異時，就會套用t分配來進行檢定決策；而檢定三個近似常態之母體平均數差異時，則須選用F分配輔助檢定決策之製作。

(三) 計算檢定統計量之觀測值的發生機率

確認檢定統計量之理論分配後，在認為虛無假設成立的條件下（H_0為真），利用樣本資料便可計算出檢定統計量之觀測值在該理論分配下的發生機率，此機率一般稱為機率p值（又稱為顯著性，即當H_0成立時，該檢定統計量值所發生的機率）。也就是說，該機率p值間接地表現出統計量值在虛無假設成立的條件下所發生的機率。針對此機率p值，研究者即可依據一定的標準（例如：研究者所設定的顯著水準）來判定其發生的機率是否為小機率，是否是一個小機率事件。

(四) 設定顯著水準α

所謂顯著水準α，是指當虛無假設為真，但卻被錯誤地拒絕時，所發生的機率或風險（即型I誤差的機率）。一般α值會定為0.05或0.01等。而這就意味著，當虛無假設正確，同時也正確地接受虛無假設的可能性（機率）為95%或99%。事實上，雖然小機率原理告訴我們，小機率事件在一次實驗中是幾乎不會發生的，但這並不意味著小機率事件就一定不發生。由於抽樣的隨機性，在一次實驗中觀察到小機率事件的可能性是存在的，如果遵循小機率原理而拒絕了原本正確的虛無假設，該錯誤發生的機率便是α。因此，顯著水準α類似一個門檻值，當機率p值小於顯著水準α時，這就是

一個小機率事件，且此小機率事件是不該發生的，但卻在這次的抽樣中發生了，因此我們就會認為這種現象，應該是虛無假設錯誤所致吧！所以決策上就會推翻先前所設定的虛無假設。

(五) 作出統計決策

得到檢定統計量的機率p值後，接著，研究者就須判定應該要拒絕虛無假設，還是不應拒絕虛無假設。如果檢定統計量的機率p值小於顯著水準α，則認為如果此時拒絕虛無假設，那麼犯錯的可能性會小於顯著水準α，也就是說其機率低於我們原先所設定的控制水準（我們所能承擔的風險），所以不太可能會犯錯，因此可以拒絕虛無假設；反之，如果檢定統計量的機率p值大於顯著水準α，則認為，如果此時拒絕虛無假設，那麼犯錯的可能性大於顯著水準α，其機率高於我們原先所設定的控制水準，所以很有可能犯錯誤，因此不應拒絕虛無假設。

從另一個角度來看，得到檢定統計量的機率p值後，就是要判定，這個事件是否為小機率事件。由於顯著水準α是在虛無假設成立時，檢定統計量的值落在某個極端區域內的機率值。因此如果設定α等於0.05，那麼就是認為，如果虛無假設是成立的，則檢定統計量的值落到某極端區域內的機率是0.05，它就是我們所設定的所謂小機率事件的標準。當檢定統計量的機率p值小於顯著水準α時，它的意義就是如果虛無假設是成立的，則檢定統計量的觀測值（或更極端值）發生的機率是一個比標準小機率事件更小機率的事件，由小機率原理它本是不可能發生的，但它卻發生了，所以它的發生是因為虛無假設不成立所導致的，因此應拒絕虛無假設；反之，當檢定統計量的機率p值大於α時，它的意義就是如果虛無假設是成立的，檢定統計量的觀測值（或更極端值）發生的機率較標準小機率事件來說，並不是一個小機率的事件，它的發生是極有可能的，所以我們沒有充足的理由說明虛無假設是不成立的，因此不應該拒絕虛無假設。

上述五步驟確實容易令人頭昏腦脹、邏輯錯亂。但總而言之，透過上述五步驟便可完成假設檢定之所有過程。雖是如此，讀者也不用太過於擔心，因為統計套裝軟體的運用可以輔助解決大部分的問題。在運用SPSS進行假設檢定時，首先應清楚定義第一個步驟中的虛無假設即可，接著第二個步驟和第三個步驟是SPSS自動完成的，第四、五個步驟所須下的決策，則須研究者依SPSS所跑出的報表，進行人工判定，即先設定好顯著水準α，然後與檢定統計量的機率p值相比較，就可作出到底是拒絕（機率p值小於等於顯著水準α）或接受（機率p值大於顯著水準α）虛無假設的決策了。

◆ 7-3　兩個獨立樣本之平均值比較 ◆

　　一般統計學分析過程中，都會採用透過樣本資料來分析母體的方法。也就是說，從樣本的觀察值或實驗結果的特徵來對母體的特徵進行估計和推論。由抽取樣本來對母體作出估計和推論時，從母體中所抽取的樣本必須是隨機的，即每一個體被抽到的機率都是相同的。但這樣往往會由於抽到一些數值較大或較小的個體，致使樣本統計量與母體參數之間有所不同，那麼便產生一個問題：平均值不相等的兩個樣本不一定來自平均值不同的母體。

　　怎樣判斷「兩個樣本」是否來自平均值不同的母體呢？常用的方法是t檢定。t檢定是比較「兩組」平均值之差異最常用的方法，例如：t檢定可用於比較新教學法與舊教學法之學生的成績差異。理論上，即使樣本量很小時，也可以進行t檢定（如樣本量為10），只要每組中變數呈常態分配，兩組變異數不會明顯不同就可以了。也就是說，利用t分配檢定平均值差異時，有兩個前提必須先予以確認，其一為母體的分配是否為常態分配；另一為兩組樣本的變異數是否相等（又稱同質）。針對上述兩前提，實務上可以透過觀察資料的分配或進行常態性檢定，以確認資料是否具有常態性；而檢定變異數的同質性則可使用F檢定來進行，或進行更有效的Levene's檢定。如果不滿足這些條件，那麼也可以使用無母數檢定來代替t檢定以進行兩組間平均值的比較。

　　運用t檢定以評估兩組平均值差異時，會因樣本來源或樣本取得的方式，而有不同型式的t檢定方法，大致上可分為三種，分別為「單一樣本t檢定」、「獨立樣本t檢定」與「成對（相依）樣本t檢定」。對於以問卷調查為基礎的研究，運用「單一樣本t檢定」與「成對（相依）樣本t檢定」的機會並不多。因此，本書將只著重在「獨立樣本t檢定」。

　　獨立樣本t檢定的目的在於：檢定抽樣自某兩個母體的獨立樣本，經計算兩獨立樣本的平均值後，推論原本的兩個母體之平均值是否存在顯著性差異。例如：利用對遊客的抽樣調查資料，推論北部民眾和南部民眾於墾丁旅遊之平均花費額是否具有顯著差異。再例如：利用銀行從業人員的基本資料，分析本國銀行與外資銀行之從業人員中，具高學歷的員工比例，或年輕人的比例……等是否存在顯著差異。由於這些推論過程中，都涉及了兩個母體、須採用t統計量、同時兩組樣本必須獨立（即從一母體中抽取的樣本對從另一母體中所抽取的另一組樣本沒有任何影響），且兩組樣本的個案數目也可以不相等。因此稱為獨立樣本t檢定。

獨立樣本t檢定的前提假設條件是：樣本來自的母體應服從或近似服從常態分配，且兩樣本必須相互獨立。在上述的兩個例子中，遊客的平均花費額和從業人員構成比例都可認為是近似服從常態分配。另外，在遊客的平均花費額中，北部民眾和南部民眾的抽樣是相互獨立、互不影響的，故可認為是兩獨立樣本。同理，本國銀行基本資料的抽樣與外資銀行基本資料的抽樣也是獨立的。因此，這些問題都滿足獨立樣本t檢定的前提假設條件。

7-3-1　獨立樣本t檢定的基本步驟

獨立樣本t檢定的檢定基本步驟與一般的假設檢定過程一致，並無特殊之處。

(一) 提出虛無假設（H_0）

獨立樣本t檢定的虛無假設H_0為：兩母體之平均值並無顯著差異，記為：

$H_0 : \mu_1 - \mu_2 = 0$或$\mu_1 = \mu_2$

μ_1、μ_2分別為第一個母體與第二個母體的平均值。

例如：可假設：北部民眾於墾丁旅遊之平均花費額（μ_1）和南部民眾於墾丁旅遊之平均花費額（μ_2）沒有顯著差異，即「$\mu_1 - \mu_2 = 0$」。

(二) 選擇檢定統計量

獨立樣本t檢定的基本概念是：利用來自兩個母體之獨立樣本的平均值差，以推論兩母體之平均值差異。也就是希望利用兩組樣本平均值的差去估計兩母體平均值的差。因此，研究者所應關注的是兩樣本平均值差的抽樣分配。

根據抽樣理論，當兩母體的分配分別為$N(\mu_1, \sigma_1^2)$和$N(\mu_2, \sigma_2^2)$時，兩樣本平均值差的抽樣分配仍為常態分配，且該常態分配的平均值為「$\mu_1 - \mu_2$」，變異數為「σ_{12}^2」。該特別注意的是，在不同的情況下，「σ_{12}^2」有不同的估計方式。

☞第一種情況：當兩母體變異數未知但相等時

當兩母體變異數未知但相等時，即「$\sigma_1^2 = \sigma_2^2$」時，則採用合併的變異數Sp^2作為兩母體變異數的估計，其計算方式為：

$$Sp^2 = \frac{(n_1-1)S_1^2 + (n_2-1)S_2^2}{n_1+n_2-2}$$ （式7-1）

其中，S_1^2、S_2^2分別代表第一組樣本和第二組樣本的樣本變異數，n_1、n_2分別代表第一組樣本與第二組樣本的樣本數。此時兩樣本平均值差之抽樣分配的變異數「σ_{12}^2」爲：

$$\sigma_{12}^2 = \frac{Sp^2}{n_1} + \frac{Sp^2}{n_2}$$ （式7-2）

☞ 第二種情況，當兩母體變異數未知且不相等

當兩母體變異數未知且不相等時，即「$\sigma_1^2 \neq \sigma_2^2$」時，則分別採用各自的變異數來計算新的變異數「$\sigma_{12}^2$」，此時兩樣本平均值差之抽樣分配的變異數「$\sigma_{12}^2$」爲：

$$\sigma_{12}^2 = \frac{S_1^2}{n_1} + \frac{S_2^2}{n_2}$$ （式7-3）

由於無論在第一種情況或第二種情況下，兩母體平均值差之檢定的檢定統計量爲t統計量，其定義爲：

$$t = \frac{(\bar{X}_1 - \bar{X}_2) - (\mu_1 - \mu_2)}{\sqrt{\sigma_{12}^2}}$$ （式7-4）

式7-4中，由於根據虛無假設：「$\mu_1 - \mu_2 = 0$」，因此可略去$(\mu_1 - \mu_2)$項。在上述的第一種情況下，t統計量服從「$n_1 + n_2 - 2$」個自由度的t分配；在第二種情況下，則將服從修正自由度後的t分配，修正後的自由度，其定義爲：

$$df = \frac{(\frac{S_1^2}{n_1} + \frac{S_2^2}{n_2})^2}{\frac{(\frac{S_1^2}{n_1})^2}{n_1} + \frac{(\frac{S_2^2}{n_2})^2}{n_2}}$$ （式7-5）

由上述說明可清楚認知，兩母體變異數是否相等是決定如何計算「平均值差之抽樣分配」的變異數之重要前提與關鍵。因此，有必要透過嚴謹的方式對「兩母體變異數是否相等」進行統計檢定。【兩母體變異數是否相等】之檢定的虛無假設H_0，可假設爲：兩母體變異數無顯著差異，記爲：

$$H_0 : \sigma_1^2 = \sigma_2^2$$

在SPSS中，此兩母體變異數是否相等之檢定，又稱為變異數同質性檢定，將透過Levene檢定法，並採用F統計量進行檢定。

Levene檢定法主要將使用單因子變異數分析，針對「變異數是否具有同質性」進行檢定，其主要概念為：

➢ 對來自兩個不同母體的兩組樣本，分別計算樣本變異數。

➢ 計算各樣本與本組樣本變異數差的絕對值，得到兩組絕對差值資料。

➢ 利用單因子變異數分析判斷這兩組絕對差值的平均值是否存在顯著差異。

可見，Levene檢定法即是透過判斷兩組樣本變異數是否相等，進而間接推論兩母體變異數是否有顯著差異的檢定方式。待確認「兩母體變異數是否相等」後，即可計算出正確的t檢定值。

(三) 計算檢定統計量觀測值和機率p值

此步驟將分別計算F統計量和t統計量的觀測值以及其相對應的機率p值。SPSS將自動依據單因子變異數分析計算F統計量、t統計量和機率p值，並自動將兩組樣本平均值、樣本變異數與樣本數代入t統計量，計算出t統計量的觀測值和該值所對應的機率p值。

(四) 設定顯著水準α，並作出統計決策

當研究者訂定了顯著性水準α後，在SPSS中，獨立樣本t檢定的統計決策較複雜，將分成三階段檢定才能完成。

7-3-2 獨立樣本t檢定的報表解析

一般而言，SPSS所輸出的獨立樣本t檢定表的外觀，如圖7-2。圖7-2是「男、女生血液中血紅蛋白值的平均值是否具有顯著差異」的獨立樣本t檢定表。分析時，其過程算是有點複雜，須要一些邏輯概念。大致上，可將獨立樣本t檢定表的分析過程畫分為三個階段，只要循序漸進，當可駕輕就熟。

☞ 第一階段：變異數同質檢定

這個階段將進行獨立樣本t檢定的前提條件檢測—兩母體變異數是否相等。由於兩母體變異數的異同會影響到t統計量之自由度的計算方法和t值的計算結果。因此，在實際進行t檢定之前，須先進行【變異數相等的Levene檢定】，Levene檢定中將使

		第一階段：變異數同質檢定		第二階段：t檢定						第三階段：事後檢定	
		Levene的變異數相等測試		針對平均值是否相等的t測試							
		F	顯著性	t	df	顯著性（雙尾）	平均差異	標準誤差	95%差異數的信賴區間		
									下界	上界	
第一列 →	血紅蛋白質	採用相等變異數	.634	.431	3.792	38	.001	2.23429	.58913	1.04165	3.42692
第二列 →		不採用相等變異數			3.838	37.344	.000	2.23429	.58214	1.05513	3.41344

圖7-2【獨立樣本t檢定】報表解析示意圖

用F統計量判斷兩母體的變異數是否相等，並據此決定抽樣分配之變異數和自由度的計算方法和結果。如果F檢定統計量的機率p值小於顯著性水準α（0.05），則應拒絕虛無假設，而認為兩母體變異數有顯著差異的，此時需修正t檢定的自由度與t值；反之，如果機率p值大於顯著性水準α，則不應拒絕虛無假設，因此可認為兩母體變異數是相等的。

在圖7-2的獨立樣本t檢定表中，第一階段即屬於變異數同質檢定，其虛無假設 H_0 為：「兩母體變異數無顯著差異」。由圖7-2之第一階段的「Levene的變異數相等測試」欄中，可發現Levene檢定的F統計量之顯著性為「0.431」大於顯著水準「0.05」。因此，不可拒絕「兩母體變異數無顯著差異」的虛無假設，也就是說，應認為「兩母體的變異數是相等的」。

☞第二階段：t檢定

在第二階段將真正利用獨立樣本t檢定，以判斷兩母體的平均值是否存在顯著差異。如果t檢定統計量的機率p值小於顯著性水準α（0.05），則應拒絕虛無假設，而認為兩母體的平均值具有顯著差異；反之，如果機率p值大於顯著性水準α，則不應拒絕虛無假設，而應認為兩母體平均值並無顯著差異。

在圖7-2的獨立樣本t檢定表中，第二階段才是獨立樣本t檢定的主體。其虛無假設 H_0 為：「男、女生血液中血紅蛋白值的平均值並無顯著差異」。然而，不難發現，於第二階段的t檢定中，卻有兩個t值，即「第一列的t值」與「第二列的t值」。這兩列t值的選用，必須以第一階段的變異數同質檢定之結果而定，其決策情形如下：

第一列的t值：當第一階段之Levene檢定的顯著性大於顯著水準（即兩母體的變

異數相等）時，必須採用「第一列的t值」。

第二列的t值：當第一階段之Levene檢定的顯著性小於顯著水準（即兩母體的變異數不相等）時，則必須採用「第二列的t值」。

在圖7-2的檢定表中，由於第一階段的變異數同質檢定中，【Levene檢定】的顯著性為「0.431」大於顯著水準「0.05」，因此，可認為「兩母體的變異數是相等的」。所以，第二階段的t檢定中，要看「第一列的t值」（至於第二列的t值可完全不用理會）。第一列的t值為「3.792」，其機率p值（即顯著性）為「0.001」小於顯著水準「0.05」。因此，可拒絕「男、女生血液中血紅蛋白含量的平均值並無顯著差異」的虛無假設，而可認為「男、女生血液中血紅蛋白含量的平均值是具有顯著差異的」。

☞第三階段：事後比較

第三階段的事後比較並非每次進行獨立樣本t檢定都會用到。只有在t檢定值顯著（顯著性小於0.05）時，才須進行事後比較。因為事後比較的主要目的在於比較兩組樣本之平均值大小，所以當接受虛無假設（不顯著）時，兩組樣本平均值是相等的，因此就無須進行事後比較。但若拒絕虛無假設（顯著）時，代表兩組樣本的平均值是具有顯著差異的，此時進行事後比較以比較平均值大小才有意義。進行事後比較時，我們會使用到獨立樣本t檢定表的最後一欄【95%差異數的信賴區間】，其判斷方式如下：

【95%差異數的信賴區間】的上、下限皆為正數：前一組別的平均值（μ_1）大於後一組別（μ_2）。

【95%差異數的信賴區間】的上、下限皆為負數：前一組別的平均值（μ_1）小於後一組別（μ_2）。

在圖7-2的獨立樣本t檢定表中，由於第二階段已確認「男、女生血液中血紅蛋白含量的平均值是具有顯著差異的」。故必須進行事後比較，以比較男、女生之血液中的血紅蛋白含量之平均值大小。由於第三階段主要將比較男、女生血液中血紅蛋白的含量，而且男生在前、女生在後。又因第一列中【95%差異數的信賴區間】的上、下限皆為正數。故可得知：「男生血液中的血紅蛋白含量之平均值大於女生」。至此即可完成獨立樣本t檢定之所有分析過程了。

7-3-3 獨立樣本t檢定的範例

▶ 範例7-1

> 開啟ex7-1.sav，ex7-1.sav中包含四個變數，分別為：no（個案編號）、gender（個案性別，1為男性、2為女性）、age（個案年齡）與hb（個案的血液中，血紅蛋白質含量）。試檢定男、女性血液中之血紅蛋白質含量的平均值是否具有顯著差異？

　　由於本範例將檢定男、女性血液中之血紅蛋白質含量的平均值是否具有顯著差異。因此，很明顯的，以性別為分組變數，且將樣本分成男、女兩組，且兩樣本是獨立的。在這種情形下，獨立樣本t檢定正符合本研究的需求。進行檢定前，依題意先下虛無假設：

　　　H_0：男、女性血液中之血紅蛋白質含量的平均值並無顯著差異。

　　　H_0：$\mu_{男} = \mu_{女}$；μ表血液中之血紅蛋白質含量的平均值。

操作步驟

步驟1：執行【分析】／【比較平均數法】／【獨立樣本t檢定】，即可開啟【獨立樣本t檢定】對話框。

步驟2：待開啟【獨立樣本t檢定】對話框後。將變數「hb」（血紅蛋白質含量）選入【檢定變數】清單方塊中作為檢定變數。

步驟3：接著，將變數「gender」選入【分組變數】輸入欄中作為分組變數，如圖7-3所示。

步驟4：選好分組變數後，按【定義組別】鈕，打開【定義組別】子對話框，在【組別1】後的輸入欄中輸入「1」（代表男性）；並在【組別2】後的輸入欄中輸入「2」（代表女性），這樣的設定即代表了檢定的「差異」是指「男性的平均值減去女性的平均值」。按【繼續】鈕，回到【獨立樣本t檢定】對話框。

步驟5：按【確定】，開始執行獨立樣本t檢定。

步驟6：詳細操作過程，讀者亦可自行參閱影音檔「ex7-1.wmv」。

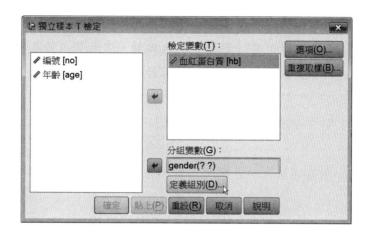

圖7-3　設定【獨立樣本t檢定】對話框

▶ **報表解說**

執行獨立樣本t檢定後，其輸出結果見表7-1和7-2。首先讀者應理解，在獨立樣本t檢定中應包含兩種假設檢定，第一種是變異數的同質檢定，而第二種才是本範例的目的：獨立樣本t檢定。這兩種檢定的虛無假設分別敘述如下：

變異數的同質檢定的虛無假設（第一階段的檢定）

　　H_0：男、女性血液中之血紅蛋白質含量的變異數並無顯著差異。

獨立樣本t檢定的虛無假設（第二階段的檢定）

　　H_0：男、女性血液中之血紅蛋白質含量的平均值並無顯著差異。

表7-1是分組統計量表，列出的統計量包括觀察值個數（N）、平均數、標準偏差（標準差）和標準錯誤平均值（即標準誤）。從平均數來觀察，男、女性血液中之血紅蛋白質的平均值之差距達到2.2343（12.8943 － 10.6600），然此差距是否顯著仍有待科學性檢定才能確認其差距的真實性，若檢定結果是不顯著的話，研究者還是得認為男、女性血液中之血紅蛋白質的平均值是相等的。至於這差距怎麼形成的，就很有可能是抽樣誤差或系統性誤差所造成的。

表7-2是獨立樣本t檢定的結果，第一列的【採用相等變異數】列是兩母體變異數相等時，進行檢定所須應用的數據，所以當Levene檢定是不顯著時，將檢視第一列的數據。而第二列的【不採用相等變異數】列是兩母體變異數不相等時，進行檢定所須

表7-1 分組統計量

	性別	N	平均數	標準偏差	標準錯誤平均值
血紅蛋白質	男	21	12.8943	2.05340	.44809
	女	19	10.6600	1.61986	.37162

表7-2 獨立樣本t檢定結果

		Levene的變異數相等測試		針對平均值是否相等的t測試						
		F	顯著性	T	df	顯著性（雙尾）	平均差異	標準誤差	95%差異數的信賴區間	
									下限	上限
血紅蛋白質	採用相等變異數	.634	.431	3.792	38	.001	2.23429	.58913	1.04165	3.42692
	不採用相等變異數			3.838	37.344	.000	2.23429	.58214	1.05513	3.41344

應用的數據，所以當Levene檢定顯著時，將檢視第二列的數據。

解析表7-2時，可分為三個階段。在第一階段的變異數同質檢定中，由於【Levene的變異數相等測試】欄之F統計量的顯著值為0.431 > 0.05。因此，接受【男、女性血液中之血紅蛋白質含量的變異數並無顯著差異】的虛無假設，故可以認為「男、女性血液中之血紅蛋白質含量的變異數」是相等的。

接著，進入到第二階段獨立樣本t檢定時，應檢視表7-2的第一列的結果。觀察第一列的檢定結果可發現，t檢定值為3.792、自由度為38，顯著值為0.001 < 0.05，所以不能接受「男、女性血液中之血紅蛋白質含量的平均值並無顯著差異」的虛無假設，而應認為男、女性血液中之血紅蛋白質含量的平均值是不相等的。也就是說，男、女性血液中之血紅蛋白質含量的平均值是具有顯著差異的。

最後，進入到第三階段進行事後檢定以比較大小。在第二階段已證明「男、女性血液中之血紅蛋白質含量的平均值是具有顯著差異」的情形下，研究者尚須探討到底是男性血液中之血紅蛋白質含量高，還是女性血液中之血紅蛋白質含量高。這個問題可從表7-2的最後一欄【95%差異數的信賴區間】得到答案。

在表7-2中，所謂的【95%差異數的信賴區間】是指男性和女性之差值（相減的結果）的95%信賴區間，由表7-2的最後一欄【95%差異數的信賴區間】可發現，「男性血液中之血紅蛋白質含量平均值」減去「女性血液中之血紅蛋白質含量平均值」之差值的95%信賴區間介於1.04165至3.42692之間。顯然上、下限都屬正的範

圍，代表「男性血液中之血紅蛋白質含量平均值」減「女性血液中之血紅蛋白質含量平均值」後，其差值有95%的可能性會是正的。因此，由簡單的數學概念，即可推論：「男性血液中之血紅蛋白質含量平均值」大於「女性血液中之血紅蛋白質含量平均值」。

▶ 結論

經上述三個階段的分析後，綜合結論可以描述如下：

經進行獨立樣本t檢定後，檢定結果如表7-2。觀察表7-2，由Levene變異數同質檢定的結果可知，男、女性血液中之血紅蛋白質含量的變異數是沒有顯著差異的。再由t檢定表來看，t值為3.792、顯著性為0.001（< 0.05），故拒絕虛無假設，意即男、女性血液中之血紅蛋白質含量的平均值是具有顯著差異的。另經事後檢定後，亦可發現「男性血液中之血紅蛋白質含量平均值」大於「女性血液中之血紅蛋白質含量平均值」。

然而在專題、博碩士論文、或期刊論文等學術性論文中，關於假設檢定的敘述與分析結果，一般會與本節的敘述有所差異。例如：在虛無假設的描述上，學術性論文皆會強調某種現象或所關注議題「顯著」的重要性，因此描述假設時，不會使用「虛無假設」，而是使用「對立假設」。以範例7-1而言，學術性論文中會假設成：

H_1：男、女性血液中之血紅蛋白質含量的平均值具有顯著差異。

而結論的部分，則敘述如下：

經進行獨立樣本t檢定後，檢定結果如表7-2。觀察表7-2，由Levene變異數同質檢定的結果可知，男、女性血液中之血紅蛋白質含量的變異數是沒有顯著差異的。再由t檢定表來看，t值為3.792、顯著性為0.001（< 0.05），故本研究之假設H_1獲得支持。另經事後檢定後，亦可發現「男性血液中之血紅蛋白質含量平均值」大於「女性血液中之血紅蛋白質含量平均值」。

| 範例7-2 | 開啓ex7-2.sav，該檔案為論文【品牌形象、知覺價值與品牌忠誠度關係之研究】之原始問卷的資料檔，試檢定30歲以下的個案（含30歲）與30歲以上的個案對於品牌形象之整體性認知是否具有顯著差異？ |

練習本範例前，希望讀者能先參閱附錄一，論文【品牌形象、知覺價值與品牌忠誠度關係之研究】的原始問卷，問卷中有關品牌形象的問項共9題。因此，讀者須先針對這9題問項，進行橫向平均以求算出每位受訪者對品牌形象的整體性認知。而分組變數「年齡」問項的內容如下：

| 3. 年齡： | ☐ 20歲以下 | ☐ 21～30歲 | ☐ 31～40歲 |
| | ☐ 41～50歲 | ☐ 51～60歲 | ☐ 61歲以上 |

依題意，須將所有個案依年齡分組，而分組條件是以30歲爲切割點。因此，於SPSS中執行獨立樣本t檢定，於【定義組別】子對話框中定義組別時，須選取【分割點】選項，然後在【分割點】後方的輸入欄中輸入分割點值「3」（31~40歲的得分爲3），就可把樣本以30歲爲分割點而分成了30歲（含）以下與30歲以上兩組了。

操作 步驟

步驟1：進行檢定前，依題意先下虛無假設。

$H_0：\mu_{30歲以下} = \mu_{30歲以上}$；$\mu$表受訪者對品牌形象之整體性認知的平均值。

步驟2：由於問卷中有關品牌形象的問項共9題（bi1_1～bi3_3）。因此，須先針對這9題問項，進行橫向平均以求算出每位受訪者對品牌形象的整體性認知。由於此計算過程已計算過多次，爲節省時間，每位受訪者對品牌形象的整體性認知，已計算完成，並已儲存在「ex7-2.sav」檔案中，其變數名稱爲「bi」。

步驟3：執行【分析】／【比較平均數法】／【獨立樣本t檢定】，即可開啓【獨立樣本t檢定】對話框。

步驟4：待開啓【獨立樣本t檢定】對話框後。將變數「bi」選入【檢定變數】清單方塊中作爲檢定變數。

步驟5：接著，將變數「年齡」選入【分組變數】輸入欄中作爲分組變數。

步驟6：選好分組變數後，按【定義組別】鈕，打開【定義組別】子對話框，
選取【分割點】選項，然後在其後方的輸入欄中輸入「3」，如圖7-4所
示。如此即可將所有個案分成30歲（含）以下與30歲以上等兩組樣本
了。按【繼續】回到【獨立樣本t檢定】對話框。

圖7-4　定義組別

步驟7：按【確定】，即可開始執行獨立樣本t檢定。

步驟8：詳細操作過程，讀者亦可自行參閱影音檔「ex7-2.wmv」。

▶ **報表解說**

　執行獨立樣本t檢定後，其輸出結果見表7-3和7-4。首先讀者應理解，在獨立樣本
t檢定中應包含兩種假設檢定，第一種是變異數的同質檢定，而第二種才是本範例的
目的：獨立樣本t檢定。這兩種檢定的虛無假設分別敘述如下：
變異數的同質檢定的虛無假設（第一階段的檢定）

H_0：30歲（含）以下與30歲以上的個案對於品牌形象之整體性認知的變異數並無顯
著差異。

獨立樣本t檢定的虛無假設（第二階段的檢定）

H_0：30歲（含）以下與30歲以上的個案對於品牌形象之整體性認知的平均值並無顯
著差異。

　表7-3是分組統計量表，列出的統計量包括觀察值個數（N）、平均數、標準偏
差（標準差）和標準錯誤平均值（即標準誤）。從平均數觀察，30歲（含）以下與

30歲以上等兩組樣本有關品牌形象的認知差距只有0.0186，然此差距是否顯著仍有待檢驗。另外由自動分組的情況可知，在本檢定中30歲以上的樣本屬第一組；而30歲（含）以下的樣本則屬第二組。這個前、後關係（第一組減第二組）要特別注意，未來若須進行事後檢定時，才不致於誤判大小關係。

表7-4是獨立樣本t檢定的結果，在【Levene的變異數相等測試】欄中，F統計量的顯著值為0.905 > 0.05，故可以認為30歲（含）以下與30歲以上等兩組樣本的變異數是相等的。所以應檢視第一列的檢定結果。觀察第一列可以發現，t檢定的顯著值為0.856 > 0.05，所以不能拒絕虛無假設，而可認為30歲（含）以下與30歲以上等兩組樣本，有關品牌形象的整體認知之平均值是相等的。也就是說，30歲（含）以下與30歲以上等兩組樣本有關品牌形象的整體性認知是沒有顯著差異的。

表7-3　分組統計量

	年齡	N	平均數	標準偏差	標準錯誤平均值
品牌形象得分	>=3	214	5.1334	.89960	.06150
	<3	120	5.1148	.90484	.08260

表7-4　獨立樣本t檢定結果

		Levene的變異數相等測試		針對平均值是否相等的t測試						
		F	顯著性	T	df	顯著性（雙尾）	平均差異	標準誤差	95%差異數的信賴區間	
									下限	上限
品牌形象得分	採用相等變異數	.014	.905	.181	332	.856	.01862	.10281	-.18362	.22086
	不採用相等變異數			.181	245.360	.857	.01862	.10298	-.18421	.22146

檢定的結果不顯著，對許多研究者來說或許是個「打擊」。因此，也就有人會「想空想縫」，企圖擅改「t值」或「顯著性」。要注意ㄚ！獨立樣本t檢定表中的欄位，如「t值」、「自由度df」、「顯著性」、「平均差異」、「標準誤差」、【95%差異數的信賴區間】等都是連動的喔！擅改修改是很容易被抓包的。抓包方式，例如：

➢ t值 = 平均差異／標準誤差。

➢ 特定的t值和自由度，透過查表就可找出其顯著性。

➢ 在顯著水準為0.05時，t值大約要大於1.96才會顯著。也就是說，t值大約要大於1.96時，顯著性才會小於0.05。

➤ 當t值顯著時，【95%差異數的信賴區間】的上、下限，不是同為正，就是同為
負。

➤ 當t值不顯著時，【95%差異數的信賴區間】的上、下限，肯定會一正一負，包含
「0」點。

　　「因為行過你的路，知影你的苦！」。但是，根據以上的介紹，讀者應不難理
解，要改得天衣無縫，難啊！還是老實點好，免得被抓包就難看了。

▶ **結論**

　　經上述分析後，範例7-2的綜合結論可以描述如下：

　　經進行獨立樣本t檢定後，檢定結果如表7-4。觀察表7-4，由Levene變異數同質檢
定的結果可知，30歲（含）以下與30歲以上的個案對於品牌形象之整體性認知的變
異數是沒有顯著差異的。再由t檢定表來看，t值為0.181、顯著性為0.856（> 0.05），
故不能拒絕虛無假設，意即30歲（含）以下與30歲以上的個案對於品牌形象之整體
性認知的平均值並無顯著差異。

▶ 範例7-3

開啟ex7-3.sav，該檔案為論文【品牌形象、知覺價值與品牌忠誠度關係之研
究】之原始問卷的資料檔，試檢定高分組（量表總分大於第75百分位數的個
案）與低分組（量表總分小於第25百分位數的個案）之個案，對個案公司之
品牌形象的整體認知（品牌形象構面之平均得分）是否具有顯著差異？

　　論文【品牌形象、知覺價值與品牌忠誠度之關係】的原始問卷中，扣除掉「第四
部分：基本資料」的題項後，剩餘題項為可用以衡量「品牌形象」（9題）、「知覺
價值」（8題）與「品牌忠誠度」（5題）等三個構面的題項，共22題。現針對每個
個案所填答的這22個題項的得分進行加總，加總後的結果將存入變數「量表總分」
中。不難理解，此「量表總分」即代表個案對「品牌形象」、「知覺價值」與「品
牌忠誠度」的整體性評估。變數「量表總分」的加總過程在先前的範例中已有所示範
（第2章的範例2-4），為節省時間，在本範例中已計算完成，並已儲存在ex7-3.sav中
了。

　　依題意，我們須要根據變數「量表總分」的第25百分位數與第75百分位數，將
所有個案依題目所設定的規則，分成「低分組」與「高分組」。詳細的分組過程，讀
者可參閱第2章的範例2-6。在本範例中，將不再贅述。分組結果，已儲存在ex7-3.sav

檔案中的變數「分組」裡。

此外，問卷中有關品牌形象的問項共9題（bi1_1～bi3_3）。因此，須先針對這9題問項，進行橫向平均以求算出每位受訪者對品牌形象的整體性認知。為減少本範例之複雜度，每位受訪者對個案公司之品牌形象的整體性認知，已計算完成，並已儲存在「ex7-3.sav」檔案中，其變數名稱為「bi」。

由於本範例將檢定低、高分組之受訪者，對個案公司之品牌形象的整體性認知是否具有顯著差異。因此，很明顯的，將以變數「分組」為分組變數，而將所有受訪者依「量表總分」分成低、高分兩組，且此兩組樣本是獨立的，不會互相影響。在這種情形下，獨立樣本t檢定正符合本範例的檢定需求。進行獨立樣本t檢定前，依題意先設定虛無假設：

H_0：低、高分組之受訪者，對品牌形象之整體性認知的平均值並無不同。

H_0：$\mu_{低分組} = \mu_{高分組}$；μ表品牌形象之整體性認知的平均值。

(操)(作) 步驟

步驟1：執行【分析】／【比較平均數法】／【獨立樣本t檢定】，即可開啓【獨立樣本t檢定】對話框。

步驟2：待開啓【獨立樣本t檢定】對話框後。將變數「bi」選入【檢定變數】清單方塊中作為檢定變數。

步驟3：接著，將變數「分組」選入【分組變數】輸入欄中作為分組變數。

步驟4：選好分組變數後。按【定義組別】鈕，打開【定義組別】子對話框，在【組別1】後的輸入欄中輸入「1」代表低分組；並在【組別2】後的輸入欄中輸入「2」代表高分組。因而欲檢定的「差異」意指「低分組的平均值減高分組的平均值」。按【繼續】鈕，回到【獨立樣本t檢定】對話框。

步驟5：按【確定】，即可開始執行獨立樣本t檢定。

步驟6：詳細操作過程，讀者亦可自行參閱影音檔「ex7-3.wmv」。

▶ 報表解說

執行獨立樣本t檢定後，其輸出結果見表7-5和7-6。首先讀者應理解，在獨立樣本t檢定中應包含兩種假設檢定，第一種是變異數的同質檢定，而第二種才是本範例的

目的：獨立樣本t檢定。這兩種檢定的虛無假設分別敘述如下：

變異數的同質檢定的虛無假設（第一階段的檢定）

H_0：低、高分組之受訪者對品牌形象之整體性認知的變異數並無顯著差異。

獨立樣本t檢定的虛無假設（第二階段的檢定）

H_0：低、高分組之受訪者對品牌形象之整體性認知的平均數並無顯著差異。

表7-5是分組統計量表，列出的統計量包括觀察值個數（N）、平均數、標準偏差（標準差）和標準錯誤平均值（即標準誤）。從平均數觀察，低、高分組之受訪者，對品牌形象之整體性認知的平均值差距達到–1.6516，雖然此差異頗大，但此差距是否顯著仍有待檢定。

表7-5　分組統計量

	分組	N	平均數	標準偏差	標準錯誤平均值
品牌形象得分	低分組	84	4.2526	.71435	.07794
	高分組	87	5.9042	.59212	.06348

表7-6　獨立樣本t檢定結果

		Levene的變異數相等測試		針對平均值是否相等的t測試						
		F	顯著性	T	df	顯著性（雙尾）	平均差異	標準誤差	95%差異數的信賴區間	
									下限	上限
品牌形象得分	採用相等變異數	2.969	.087	-16.484	169	.000	-1.65157	.10019	-1.84936	-1.45377
	不採用相等變異數			-16.430	161.187	.000	-1.65157	.10052	-1.85008	-1.45306

表7-6是獨立樣本t檢定的結果，在第一階段的【Levene的變異數相等測試】欄中，F統計量的顯著值為0.087 > 0.05。因此，接受【低、高分組之受訪者對品牌形象之整體性認知的變異數並無顯著差異】的假設，故可以認為變異數是相等的。所以，第二階段中應檢視表7-6之第一列的檢定結果。觀察第一列的檢定結果可發現，t檢定值為「–16.484」、自由度為169，顯著值為0.000 < 0.05，所以應拒絕「低、高分組之受訪者對品牌形象之整體性認知的平均數並無顯著差異」的虛無假設，而應認為「低、高分組之受訪者對品牌形象之整體性認知的平均數是具有顯著差異的」。

在「整體性認知平均值」具有顯著差異的情形下，研究者尚須探討到底是低分組

之受訪者，對個案公司之品牌形象的整體性認知較高，還是高分組？這個問題可從表7-6第一列最後一欄的【95%差異數的信賴區間】得到答案。

在本範例中，所謂的【95%差異數的信賴區間】是指低分組和高分組之差值（相減的結果）的95%信賴區間，由表7-6第一列的最後一欄【95%差異數的信賴區間】可發現，「低分組對品牌形象的整體性認知平均值減高分組對品牌形象的整體性認知平均值」的95%信賴區間介於–1.85至–1.45之間，可見上、下限都屬負的範圍，代表「低分組減高分組」後，其差值有95%的可能性會是負的。因此，由簡單的數學概念，即可推論：高分組對品牌形象的整體性認知平均值大於低分組對品牌形象的整體性認知平均值。

▶ **結論**

經上述分析後，綜合結論可以描述如下：

經進行獨立樣本t檢定後，檢定結果如表7-6。觀察表7-6，由Levene變異數同質檢定的結果可知，低、高分組之受訪者對品牌形象之整體性認知的變異數並無顯著差異。再由t檢定表來看，t值爲–16.484、顯著性爲0.000（< 0.05），故拒絕虛無假設，意即低、高分組之受訪者對品牌形象之整體性認知的平均數是具有顯著差異的。另經事後檢定後，亦可發現高分組對品牌形象的整體性認知平均值大於低分組。

7-4　單因子變異數分析的基本概念

單因子變異數分析（one way ANOVA）是種只存在一個控制變量（因子）的變異數分析。單因子變異數分析將檢定在「單一」控制變量的「各種」（三種以上）不同水準（即分組）影響下，某觀測變量的平均值是否產生顯著性的差異。如果「各種」不同的水準間具有顯著差異，則表示這個控制變量對觀測變量是有顯著影響的，也就是說，控制變量的不同水準會影響到觀測變量的取值。

例如：欲比較若干種品牌的球鞋，其腳底板的耐磨情況。變數「Brand」代表樣品的品牌（控制變量），變數「Wcnt」爲樣品的磨損量（觀測變量）。假設共有五種品牌的腳底板（五個水準），每種實驗了4個樣品。我們希望知道這五種品牌腳底板的磨損量有無顯著差異。如果無顯著差異，那麼我們在選購時就不必考慮哪一個更耐磨而只需考慮價格等因素就可以了。但如果結果是有顯著差異時，則當然應考慮使用耐磨性較好的品牌。在此，控制變量是球鞋的品牌（Brand）、而觀測變量爲磨

損量（Wcnt）。當各種品牌球鞋磨損量有顯著差異時，就表示控制變量的取值（水準）對觀測變量有顯著的影響。所以，變異數分析的結論是控制變量（品牌）對觀測變量（磨損量）具有顯著的影響力。在這個例子中，因為控制變量只有一個，所以這種變異數分析就稱為單因子變異數分析。

須要注意的是，傳統的單因子變異數分析只判斷控制變量的各水準間有無顯著差異，而不管某兩個水準之間是否有差異。比如說，我們的五個品牌即使有四個品牌沒有顯著差異，只有一個品牌的球鞋比這四個品牌的都好，作結論時，也必須說成：控制變量的影響效果是顯著的，或控制變量的各水準間有顯著差異。再例如：研究者欲分析不同施肥量是否導致農作物產量產生顯著的影響；調查學歷對年收入的影響；促銷型態是否會影響銷售額等。明顯的，這些問題都是探討一個控制變量（施肥量、學歷、促銷型態）對觀測變量（產量、年收入、銷售額）的影響，因此，只要這個控制變量的水準數大於等於3的情形下，都是屬於單因子變異數分析的相關問題。

在單因子變異數分析中，會把觀測變量的變異數分解為由控制變量的不同取值所能夠解釋的部分和剩餘的不能解釋的部分，然後比較兩部分，當能用控制變量解釋的部分明顯大於剩餘不能解釋的部分時，則認為控制變量的影響效果是顯著的。

進行單因子變異數分析時，也有一些前提假設，這些前提假設諸如：各水準下的觀測變量是彼此獨立的、觀測變量應服從或近似於常態分配、由控制變量各水準所分成的各分組間，其變異數必須相等。唯有在這些前提假設都滿足時，才可以進行本節中所論及的單因子變異數分析。

一般而言，進行單因子變異數分析時，研究者須先具備以下的概念：

一、確認觀測變量和控制變量

進行單因子變異數分析時，首先研究者必須清楚的確認出「觀測變量」（依變量，連續變量）和「控制變量」（自變量，類別變量）。例如：上述各問題中的控制變量分別為施肥量、學歷、促銷型態；而觀測變量則分別為農作物產量、年收入、銷售額。

二、分解觀測變量的變異數

進行單因子變異數分析時的第二個步驟是：分解觀測變量的變異。變異數分析的基本概念為，觀測變量的值之所以會產生變動主要有兩個原因，一為控制變量的變化，另一為隨機因素的影響。基於此，可將觀測變量之總離差平方和分解為組間離差

平方和與組內離差平方等兩個部分，一般數學的表達方式如下：

$$SST = SSA + SSE \tag{式7-6}$$

其中，SST為觀測變量的總離差平方和；SSA為組間離差平方和，這是由控制變量之不同水準所造成的離差（觀測變量值和其平均數間的差異）；SSE為組內離差平方和，是由抽樣誤差引起的離差（隨機誤差）。觀測變量的總離差平方和（SST）的數學定義為：

$$SST = \sum_{i=1}^{k} \sum_{j=1}^{n_i} (x_{ij} - \overline{x})^2 \tag{式7-7}$$

式7-7中，k為控制變量的水準數；x_{ij}為控制變量的第i個水準下之第j個觀察值；n_i為控制變量的第i個水準下之觀測變量值的個數，$\overline{x}$為觀測變量值的平均值。而組間離差平方和（SSA）的數學定義為：

$$SSA = \sum_{i=1}^{k} n_i (\overline{x}_i - \overline{x})^2 \tag{式7-8}$$

式7-8中，$\overline{x}_i$為控制變量第i個水準下所產生之觀測變量的樣本平均值。明顯可以看出，組間離差平方和的意義為各水準組下觀測變量的平均值與觀測變量總平均值之離差的平方和，這代表了控制變量的不同水準對觀測變量的影響。最後，組內離差平方和SSE的數學定義為：

$$SSE = \sum_{i=1}^{k} \sum_{j=1}^{n_i} (x_{ij} - \overline{x}_i)^2 \tag{式7-9}$$

式7-9說明了，所謂組內離差平方和的意義，即代表著每個觀察值資料與其所屬之水準組的平均值離差的平方和，而這也代表了抽樣上的誤差。

三、比較組間離差平方和、組內離差平方和分別占總離差平方和之比例

單因子變異數分析的最後一個步驟是比較組間離差平方和、組內離差平方和分別占總離差平方和之比例，進而推論控制變量是否確實導致觀測變量產生顯著的變化。在觀測變量的總離差平方和中，如果組間離差平方和所占的比例較大，則可推論觀測變量的變動主要是由控制變量所引起的，也就是說，觀測變量的變化主要可以由控制變量來解釋，且控制變量給觀測變量帶來了顯著的影響；反之，如果組間離差平方所占的比例較小時，則說明觀測變量的變化主要不是由控制變量所引起的，因此不可以

由控制變量來解釋觀測變量的變化，也就是說，控制變量沒有給觀測變量帶來顯著的影響。因此，觀測變量值的變動是由隨機抽樣因素所引起的。

7-5 單因子變異數分析的基本步驟

單因子變異數分析問題也屬於推論統計中的假設檢定問題，其基本步驟與t檢定之過程完全一致。t檢定專用於檢定兩組樣本的平均數差異；而當樣本有三組以上，且須比較各組的平均數差異時，就可使用單因子變異數分析，且其使用的檢定統計量為F統計量。

步驟1：設定虛無假設

單因子變異數分析的虛無假設H_0為：在控制變量的不同水準下，觀測變量之平均值沒有顯著差異，記為：

$H_0：\mu_1 = \mu_2 = \cdots = \mu_k$

$H_1：\mu_1、\mu_2、\cdots\mu_k$不全相等 （式7-10）

式7-10中，μ代表母體平均數，其下標k表示控制變量的水準數。

此虛無假設即意味著：控制變量之不同水準並沒有對觀測變量產生顯著的影響。

步驟2：選擇檢定統計量

變異數分析所使用的檢定統計量是F統計量，其數學定義為：

$$F = \frac{SSA/(k-1)}{SSE/(n-k)} = \frac{MSA}{MSE}$$ （式7-11）

其中，n為總樣本數，k為控制變量之水準數，$k-1$和$n-k$是分別為SSA和SSE的自由度；MSA是組間均方和，MSE是組內均方和。求算組間、組內均方和的目的在於消除水準數和樣本數對分析所帶來的影響。由此定義可明顯的看出，F統計量其實就是在分解觀測變量之變異的概念下，衡量組間離差平方和與組內離差平方和所占的相對比例，且F統計量為服從$(k-1, n-k)$個自由度的F分配。

步驟3：計算檢定統計量的值和機率p值

此步驟的目的在於：計算檢定統計量的值和其所相對應的機率p值（顯著性）。

執行單因子變異數分析時，SPSS會自動將相關資料代入F統計量中，以計算出F統計量的值和其所相對應的機率p值。讀者應該可以很容易的理解，如果控制變量對觀測變量造成了顯著影響，那麼觀測變量的總離差中，控制變量影響所占的比例相對於隨機因素必然較大，所以F值會顯著大於1；反之，如果控制變量沒有對觀測變量造成顯著影響的話，則觀測變量的離差應可歸因於隨機因素所造成的，故F值會接近於1。

步驟4：制訂顯著水準α，並作出決策

根據研究者所制訂的顯著水準α，然後與檢定統計量的機率p值作比較。如果機率p值小於顯著水準α，則應拒絕虛無假設，所以將認為在控制變量的各個不同水準下，觀測變量各母體的平均值會存在顯著差異。意即，控制變量的不同水準確實會對觀測變量產生了顯著影響；反之，如果機率p值大於顯著性水準α時，則不應拒絕虛無假設，而應認為在控制變量之各個不同水準下，觀測變量各母體的平均值無顯著差異。意即，控制變量的不同水準對觀測變量沒有產生顯著影響。

7-6 單因子變異數分析範例

 範例7-4

某燈泡廠使用了四種不同材質的燈絲，而生產了四批燈泡。現於每批燈泡中，隨機地抽取了若干個，以測其使用壽命（單位：小時），所得資料列於表7-7中。現在想知道，對於這四種燈絲所生產的燈泡，其使用壽命有無顯著差異。（ex7-4.sav）

表7-7　燈泡使用壽命

燈絲＼燈泡	1	2	3	4	5	6	7	8
甲	1600	1610	1650	1680	1700	1700	1780	
乙	1500	1540	1400	1600	1550			
丙	1640	1550	1600	1620	1640	1600	1740	1800
丁	1510	1520	1530	1570	1640	1680		

在本範例中，明顯的，會影響燈泡之使用壽命的因素只有一個，即燈絲的材質。而欲比較平均數的組別有4組（超過3組），故未來分析時可使用單因子變異數分

析。在此情形下，可設燈泡的使用壽命為觀測變量（依變數），燈絲的材質為控制變量（因子），四種材質即為四個水準。

進行檢定的目的在於，如果這四種材質的燈絲，其所製成的燈泡之使用壽命沒有顯著差異的話，則燈泡廠未來可以從中挑選一種既經濟又取用方便的燈絲來生產燈泡即可；但如果這四種材質的燈絲，其所製成的燈泡之使用壽命存在顯著差異時，則希望能從中挑選出使用壽命較長的燈絲，以提高燈泡品質。

此檢定的虛無假設為：四種不同材質的燈絲，其所製成的燈泡之使用壽命沒有顯著差異。

記為：

H_0：$\mu_甲 = \mu_乙 = \mu_丙 = \mu_丁$；$\mu$代表燈泡使用壽命的平均值。

或

H_0：燈絲材質不會影響燈泡的平均使用壽命。

操作 步驟

步驟1：首先建立資料檔。為單因子變異數分析建立資料檔時，基本上須至少包含兩個欄位，一為控制變數、另一為觀測變數。控制變數的值即為其各水準的代表值，故控制變數亦常被當作是分組變數；而觀測變數的值即為實驗過程所獲得的觀察值。開啟SPSS後，先建立一個空白資料檔。然後在其【變數視圖】視窗中定義兩個變數名稱。這兩個變數是：

「燈絲」變數：數值型，尺度為【名義】。取值1、2、3、4分別代表甲、乙、丙、丁四種材質，同時於【值】欄中，定義各數值的標記，此變數屬控制變量（因子）。

「使用壽命」變數：數值型，尺度為【尺度】。其值為燈泡的使用壽命，單位是小時，此變數屬觀測變量（依變數）。

步驟2：定義好變數後，就可依照表7-7的內容，直接輸入資料。或者讀者也可從本書的範例檔案中直接開啟檔案ex7-4.sav。

步驟3：執行【分析】／【比較平均數法】／【單向ANOVA】，開啟【單向ANOVA】對話框。在SPSS 22中將單因子變異數分析（One-way ANOVA）直接翻成「單向ANOVA」了。

步驟4：將變數「使用壽命」選入【因變數清單】方塊中，再將變數「燈絲」選入【因素】輸入欄中，如圖7-5所示。

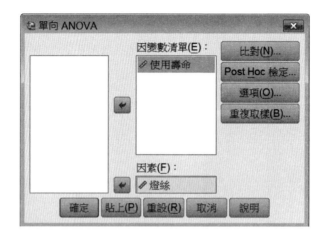

圖7-5　設定【單向ANOVA】對話框

步驟5：由於，若四種燈絲所生產的燈泡，其使用壽命具有顯著差異時，尚須進行事後檢定，以確認四種燈絲所生產的燈泡其使用壽命的大小關係，進而可挑選出最佳的燈絲。故接著按【Post Hoc檢定】鈕，開啟【事後多重比較】對話框。在該對話框中可以選擇進行事後檢定的各種方法。

步驟6：請在【事後多重比較】對話框中的【假設相同變異數】框內挑選較常用的【Scheffe法】。而在【未假設相同變異數】框內挑選【Tamhane's T2檢定】，如圖7-6所示。

圖7-6　選擇事後檢定之方法

步驟7：由於，變異數的相等與否將涉及到事後檢定方法的挑選。因此有必要進行變異數同質檢定，故請再按【選項】鈕，以開啟【選項】對話框，並從中核取【變異數同質性檢定】核取方塊，以要求用Levene檢定進行變異數同質性檢定。

步驟8：上述設定皆完成後，於【單向ANOVA】對話框中按【確定】鈕，即可開始進行單因子變異數分析。

步驟9：詳細操作過程與報表解說，讀者亦可自行參閱影音檔「ex7-4.wmv」

▶ **報表解說**

執行【單向ANOVA】功能後，所產生的報表相當長。但讀者可針對較重要的三個表格來進行解釋，這三個報表為「變異數分析表」、「變異數同質性測試表」與「事後測試表」。而檢視這些表格時有一定的邏輯，首先須觀察「變異數分析表」，若由「變異數分析表」顯示不顯著，則無須進行事後檢定（即事後測試），因此就不用再看「變異數同質性測試表」與「事後測試表」了。但是，若「變異數分析表」顯示顯著，這時就須進行事後檢定，但檢定前須觀察「變異數同質性測試表」，因為若「變異數同質性測試表」顯示不顯著時（顯著性大於0.05），則研究者只能使用屬於【假設相同變異數】的檢定方法進行事後比較（本例題中，使用Scheffe法），否則就應該使用屬於【未假設相同變異數】的檢定方法進行事後比較（本例題中，使用Tamhane's T2檢定）。

(一) 變異數分析表

表7-8就是輸出報表中的變異數分析表，該表各部分說明如下：

表7-8　單因子變異數分析表

	平方和	df	平均值平方	F	顯著性
群組之間	90299.533	3	30099.844	5.685	.005
在群組內	116488.929	22	5294.951		
總計	206788.462	25			

第一欄：指出了變異來源，包含組間變異（群組之間）、組內變異（在群組內）與總變異（總計）。

第二欄【平方和】：代表離差平方和。因此，組間離差平方和為90,299.533，組

內離差平方和為116,488.929，總離差平方和為206,788.462，它是組間離差平方和與組內離差平方和相加而得。

第三欄【df】：代表自由度（degree of freedom），組間自由度為3（水準數-1），總自由度為25（總樣本數-1），組內自由度為22（25-3），它是總自由度和組間自由度之差。

第四欄【平均值平方】：代表均方和（Sum of mean squares，簡稱MS），即離差平方和除以自由度，組間均方和是30,099.844，組內均方和是5,294.951。

第五欄【F】：代表F統計量，這是F統計量的值，其計算公式為組間均方和除以組內均方和，用來檢定控制變量對觀測變量影響程度之顯著性，如果不顯著則表示控制變量對觀測變量的變化沒有解釋能力，在此F值為5.685。

第六欄【顯著性】：代表機率p值，這是F統計量的機率p值，即當F值為5.685，自由度為（3,22）時的機率p值，其值為0.005。

由於顯著性0.005小於0.05，所以在信賴水準0.95下，不能接受虛無假設。因此，可認為四種燈絲所生產的燈泡，其平均使用壽命具有顯著差異。也就是說，燈泡的平均使用壽命確實會受到燈絲材質的影響。

(二) 變異數同質性測試表（變異數同質性檢定表）

由上述變異數分析表的結論可知，燈絲的材質會顯著影響燈泡的平均使用壽命。也就是說，由四種燈絲所做成的燈泡，其平均使用壽命不全相等。在這種情形下，研究者應進行事後檢定，以確認各種燈絲之平均使用壽命差異的狀況。由於事後檢定的方法依照「有、無假設相同的變異數」而分成兩類，因此，研究者必先釐清到底各燈泡樣本之使用壽命的變異數是否同質（相等），故須先進行變異數同質性檢定。變異數同質性檢定的虛無假設為：各燈泡之使用壽命的變異數相等，記為：

H_0：$\sigma_{甲}^2 = \sigma_{乙}^2 = \sigma_{丙}^2 = \sigma_{丁}^2$；$\sigma^2$代表燈泡使用壽命的變異數。

表7-9　變異數同質性測試表

Levene統計資料	df1	df2	顯著性
.149	3	22	.929

表7-9為變異數同質性檢定之結果，Levene統計量為0.149，顯著性0.929大於0.05，因此須接受虛無假設，即確認各燈泡之平均使用壽命的變異數是相等的。

(三) 事後測試（事後檢定）

進行變異數同質性檢定後，即可開始進行事後比較。由於各燈泡之平均使用壽命的變異數相等，因此我們只須看【假設相同變異數】中的【Scheffe法】的檢定結果就可。事後檢定中，Scheffe法的檢定結果以兩個報表呈現，一為「多重比較表」，另一為「同質子集」。

1. 多重比較表

首先觀察多重比較表，如表7-10。這個表格很長，分成兩部分，上半部屬Scheffe法，下半部則屬Tamhane's T2檢定。由於已確認變異數具同質性，故事後檢定時將採用Scheffe法，至於下半部的Tamhane's T2檢定在此可以完全不予理會。

在Scheffe法中，四種燈泡輪流兩兩比較並檢定，因此共進行了12次（$C_2^4 \times 2 = 12$）比較並檢定。研究者須逐次觀察，才能比較出四種燈泡之使用壽命的大小關係。首先，不顯著的部分可認為沒有差異（即相等），可跳過不理，讀者只須看表7-10的第二欄【平均差異】具顯著差異（有*號）的部分即可，具顯著差異的狀況彙整如下：

「甲－乙」屬正且顯著，因此可推論「甲＞乙」；
「乙－甲」屬負且顯著，因此可推論「乙＜甲」；與前一結論一致。
「乙－丙」屬負且顯著，因此可推論「乙＜丙」；
「丙－乙」屬正且顯著，因此可推論「丙＞乙」；與前一結論一致。

由上述四條不等式可歸納出，「甲＞乙」且「丙＞乙」，又因甲與丙之差異不顯著，因此可認為「甲＝丙」，故最後的總結為「甲＝丙＞乙」，或記為「甲、丙＞乙」。而丁則因資訊不足，地位模糊，不予比較。

2. 同質子集

利用多重比較表的方式進行事後檢定，真是苦差事。其實有更簡單的方法，那就是使用同質子集，如表7-11。同質子集中，會將不同水準下的觀測變量平均值分成數個新組別，根據新分組狀況，就可判斷各水準的差異狀況。

表7-10　多重比較表

	(I)燈絲	(J)燈絲	平均差異（I-J）	標準錯誤	顯著性	95%的信賴區間	
						下限	上限
Scheffe法	甲	乙	156.286*	42.608	.013	27.42	285.15
		丙	25.536	37.660	.926	−88.37	139.44
		丁	99.286	40.483	.413	−23.16	221.73
	乙	甲	−156.286*	42.608	.013	−285.15	−27.42
		丙	−130.750*	41.483	.039	−256.21	−5.29
		丁	−57.000	44.062	.648	−190.26	76.26
	丙	甲	−25.536	37.660	.926	−139.44	88.37
		乙	130.750*	41.483	.039	5.29	256.21
		丁	73.750	39.298	.342	−45.11	192.61
	丁	甲	−99.286	40.483	.143	−221.73	23.16
		乙	57.000	44.062	.648	−76.26	190.26
		丙	−73.750	39.298	.342	−192.61	45.11
Tamhane	甲	乙	156.286*	40.819	.033	12.64	299.93
		丙	25.536	37.093	.985	−89.67	140.74
		丁	99.286	36.885	.127	−20.79	219.36
	乙	甲	−156.286*	40.819	.033	−299.93	−12.64
		丙	−130.750	44.246	.090	−278.03	16.53
		丁	−57.000	44.072	.792	−207.57	93.57
	丙	甲	−25.536	37.093	.985	−140.74	89.67
		乙	130.750	44.246	.090	−16.53	287.03
		丁	73.750	40.645	.452	−54.55	202.05
	丁	甲	−99.286	36.885	.127	−219.36	20.79
		乙	57.000	44.072	.792	−93.57	207.57
		丙	−73.750	40.645	.452	−202.05	54.55

可以完全不予理會

表7-11　同質子集

新組別編號

	燈絲	N	alpha = 0.05的子集	
			1	2
Scheffe法	乙	5	1518.00	
	丁	6	1575.00	1575.00
	丙	8		1648.75
	甲	7		1674.29
	顯著性		.595	.150

同質子集表怎麼看呢？方法很簡單，掌握三個原則：

一、新組別中，屬同組的話，則差異不顯著，不同組別則差異顯著。

二、新組別中，組別編號愈大，其平均值愈大。

三、新組別中，橫跨兩組以上的項目不予比較。

只要能掌握此三個原則，那麼當可輕而易舉的完成事後檢定工作。

觀察表7-11，丁橫跨兩組，地位模糊，因此不納入比較。第2組中，去掉丁後，有甲和丙，因此可認為甲、丙無差異，即甲、丙相等。第1組丁不考慮後，只剩乙。又因第2組的平均值大於第1組。因此可以容易的得出結論「甲＝丙＞乙」，或記為「甲、丙＞乙」。此結論與使用多重比較表的結果一致，但比較過程較為簡捷。

▶ **結論**

經單因子變異數分析（單向ANOVA）後，由於F值為5.685、顯著性0.005小於0.05，所以在信賴水準0.95下，不能接受虛無假設。也就是說，由四種燈絲所生產的燈泡，其平均使用壽命具有顯著差異。因此，燈泡的平均使用壽命會受到燈絲材質的影響。在這種有顯著差異的情形下，進行事後比較後可發現，使用甲與丙燈絲所生產的燈泡，其平均使用壽命顯著的大於乙燈絲所生產的燈泡。因此，建議生產廠商可考慮使用甲或丙燈絲生產燈泡（注意！甲燈絲、丙燈絲沒有顯著差異喔！），以提高燈泡的平均使用壽命。至於選用甲或丙燈絲何者為佳，則須再視其取用成本、方便性或供貨穩定性等其他因素來進行決策。

▶ 範例7-5

參考附錄一中，論文【品牌形象、知覺價值與品牌忠誠度關係之研究】之原始問卷，並開啓ex7-5.sav，由於研究的需要，須將「年齡」欄位依下列規則，重新編碼成新變數「年齡層」。

30歲以下：改稱為青年，其數值代碼為1

31～50歲：改稱為壯年，其數值代碼為2

51歲以上：改稱為老年，其數值代碼為3

試問各年齡層的受訪者對品牌形象之整體性認知是否具有差異性？

親愛的讀者，當你看到本範例時，心中若覺得本題不難，但是煩的話，那恭喜你！因爲這代表您對SPSS的操作已具相當實力且您的邏輯應該很清楚。沒錯本題一點也不難，只是過程比較繁雜而已。

明顯的，本範例也是屬於平均數差異性檢定的範疇。依題意，「品牌形象之整體性認知」爲觀測變量（依變數）；「年齡層」則爲控制變量（因子）。由於「年齡層」有三個水準（青年、壯年與老年），因此檢定時，須使用單因子變異數分析。此檢定的虛無假設爲：

$H_0：\mu_1 = \mu_2 = \mu_3$；$\mu$代表「品牌形象之整體性認知」的平均值。

或

H_0：消費者對「品牌形象之整體性認知」並不會因「年齡層」而有所差異。

操作步驟

步驟1：先建立控制變量（因子）「年齡層」。請開啓「ex7-5.sav」，然後參閱第2章範例2-5，依題意將變數「年齡」重新編碼成爲新變數「年齡層」。爲簡化本範例，變數「年齡層」已在「ex7-5.sav」中建立完成，讀者可自行運用。

步驟2：再建立觀測變量「品牌形象之整體性認知」。「品牌形象之整體性認知」所代表的意義爲每位受訪者對品牌形象之9題問項得分之平均值。相信這個平均過程，讀者應已相當熟悉，故不再贅述，因此變數「品牌形象之整體性認知」亦已在「ex7-5.sav」中建立完成，其變數名稱爲「bi」，讀者可自行運用。

步驟3：執行【分析】／【比較平均數法】／【單向ANOVA】，開啟【單向ANOVA】對話框。

步驟4：選取代表「品牌形象之整體性認知」的變數「bi」進入【因變數清單】方塊中。

步驟5：再選取變數「年齡層」進入【因素】輸入欄中。

步驟6：由於，檢定結果若具有顯著差異時，尚須進行事後檢定，以確認三種年齡層的消費者中，對「品牌形象之整體性認知」的大小分布狀況。故接著按【Post Hoc檢定】鈕，開啟【事後多重比較】對話框。在該對話框中可以選擇進行事後檢定的各種方法。

步驟7：請在【事後多重比較】對話框中的【假設相同變異數】框內挑選較常用的【Scheffe法】。而在【未假設相同變異數】框內挑選【Tamhane's T2檢定】。

步驟8：由於，「變異數的相等與否」將涉及到事後檢定的方法挑選。因此有必要進行變異數同質檢定，故請再按【選項】鈕，以開啟【選項】對話框，並從中核取【變異數同質性檢定】，以要求用Levene檢定進行變異數的同質性檢定。

步驟9：上述設定皆完成後，於【單向ANOVA】對話框中按【確定】鈕，即可開始進行單因子變異數分析。

步驟10：詳細操作過程與報表解說，讀者亦可自行參閱影音檔「ex7-5.wmv」

▶ 報表解說

　　一般而言，解析單因子變異數分析時，只須看三個表格即可。這三個報表分別為「變異數分析表」、「變異數同質性測試表」與「事後測試表」。而檢視這些表格時有一定的邏輯，首先須觀察「變異數分析表」，若由「變異數分析表」顯示不顯著，則無須進行事後檢定（即事後測試），因此就不用再看「變異數同質性測試表」與「事後測試表」了。但是，若「變異數分析表」顯示顯著，這時就須進行事後檢定，但檢定前須觀察「變異數同質性測試表」，因為若「變異數同質性測試表」顯示不顯著時（顯著性大於0.05），則研究者只能使用屬於【假設相同變異數】的檢定方法進行事後比較（本例題中，使用Scheffe法），否則就應該使用屬於【未假設相同變異數】的檢定方法進行事後比較（本例題中，使用Tamhane's T2檢定）。

　　表7-12就是輸出報表中的「變異數分析表」，該表各部分說明如下：

表7-12　單因子變異數分析表

	平方和	df	平均值平方	F	顯著性
群組之間	.030	2	.015	.018	.982
在群組內	269.802	331	.815		
總計	269.832	333			

第一欄：指出了變異來源，包含組間變異（群組之間）、組內變異（在群組內）與總變異（總計）。

第二欄【平方和】：代表離差平方和。因此，組間離差平方和為0.03，組內離差平方和為269.802，總離差平方和為269.832，它是組間離差平方和與組內離差平方和相加而得。

第三欄【df】：代表自由度，組間自由度為2（水準數-1），總自由度為333（總樣本數-1），組內自由度為331，它是總自由度和組間自由度之差。

第四欄【平均值平方】：代表均方和，即離差平方和除以自由度，組間均方和是0.015，組內均方和是0.815。

第五欄【F】：代表F統計量，這是F統計量的值，其計算公式為組間均方和除以組內均方和，用來檢定控制變量對觀測變量影響程度之顯著性，如果不顯著則表示控制變量對觀測變量的變化沒有解釋能力，在此F值為0.018。

第六欄【顯著性】：代表機率p值，這是F統計量的機率p值，即當F值為0.018，自由度為（2,331）時的機率p值，其值為0.982。

由於顯著值0.982大於0.05，所以在信賴水準0.95下，須接受虛無假設。因此，可認為消費者對「品牌形象之整體性認知」並不會因「年齡層」而有所差異。至於事後檢定，也因「接受虛無假設」，代表各水準間並無差異，因此也就不用進行事後檢定了。

▶ 結論

經單因子變異數分析後，由於F值為0.018、顯著性0.982大於0.05，所以在信賴水準0.95下，須接受虛無假設。也就是說，消費者對「品牌形象之整體性認知」並不會因「年齡層」而有所差異。

▶ 範例7-6

參考附錄一中，論文【品牌形象、知覺價值與品牌忠誠度關係之研究】之原始問卷，並開啓ex7-6.sav與ex7-6.doc，試利用獨立樣本t檢定與單因子變異數分析，完成表7-13（亦可於ex7-6.doc中填製），以探討人口統計變數對品牌形象之各子構面認知」的差異性。

表7-13在一般的碩士論文或期刊論文中很常見，表中沒有灰色網底的儲存格須填入t值或F值，若顯著的話則須要在t值或F值後，依顯著性的大小打上「*」號，「*」的多寡依表格下方的機率p值（顯著性）來決定。而具灰色網底的儲存格則須填入事後比較的結果，當然若不顯著，就不須要填。

表7-13　人口統計變數對「品牌形象各子構面認知」的差異性分析表－t/F值

構面	性別	婚姻	年齡	職業	教育	月收入
品牌價值						
事後檢定						
品牌特質						
事後檢定						
企業聯想						
事後檢定						

* p≦0.05；** p≦0.01；*** p≦0.001

本題應算簡單，只是檢定的次數較多罷了！特別再提示一點，由於原始問卷中，性別與婚姻屬二分變數（水準數為2），故應使用獨立樣本t檢定；而年齡、職業、教育與月收入等變數都屬於多分組變數（水準數大於等於3），故應使用單因子變異數分析。

其次，論文【品牌形象、知覺價值與品牌忠誠度關係之研究】中，品牌形象這個變數，包含「品牌價值」、「品牌特質」與「組織聯想」等三個子構面，測量時，「品牌價值」子構面有三題問項（bi1_1～bi1_3）、「品牌特質」子構面有三題問項（bi2_1～bi2_3）、「組織聯想」子構面有三題問項（bi3_1～bi3_3）。因此，檢定前須先分別求出每一個受訪者於「品牌價值」、「品牌特質」與「組織聯想」的平均得分。

此範例的操作過程，基本上與先前的範例類似，詳細的操作過程與報表解說，請讀者自行參閱影音檔「ex7-6.wmv」。

習 題

 **練習 7-1**

請開啓hw7-1.sav，這是一個有關於銀行男、女雇員之現有工資的資料表，試檢定男、女雇員現有工資是否具有顯著差異？

練習 7-2

有29名13歲男生的身高、體重、肺活量資料（hw7-2.sav），試分析身高大於等於155cm與身高小於155cm的兩組男生的體重與肺活量平均值是否有顯著性差異。

練習 7-3

參考附錄二中，論文「遊客體驗、旅遊意象與重遊意願關係之研究」之原始問卷，並開啓hw7-3.sav，試檢定下列項目，並於表7-14與表7-15的空格中填入t值（填入白色網底的細格中，並註明顯著否）與事後比較結果（填入白色網底的細格中）。

1. 對遊客體驗構面之子構面（感官體驗、情感體驗、思考體驗、行動體驗與關聯體驗）的看法，是否因性別或婚姻狀況而產生差異？
2. 對旅遊意象構面之子構面（產品、品質、服務與價格）的看法，是否因性別或婚姻狀況而產生差異？

表7-14　性別、婚姻對遊客體驗之差異性分析表—t值

構面	性別	婚姻
感官體驗		
事後檢定		
情感體驗		
事後檢定		
思考體驗		
事後檢定		
行動體驗		
事後檢定		
關聯體驗		
事後檢定		

* p≦0.05　** p≦0.01　*** p≦0.001

表7-15　性別、婚姻對旅遊意象之差異性分析表－t值

構面	性別	婚姻
產　　品		
事後檢定		
品　　質		
事後檢定		
服　　務		
事後檢定		
價　　格		
事後檢定		

* p≦0.05　** p≦0.01　*** p≦0.001

 練習 7-4

　　參考附錄二中，論文「遊客體驗、旅遊意象與重遊意願關係之研究」的原始問卷，並開啟「hw7-4.sav」，請依照每位受訪者的量表總分（共41題），進行分組。分組的原則如下：

　　量表總分小於第25百分位者：改稱為低分組，其數值代碼為1。

　　量表總分大於第75百分位者：改稱為高分組，其數值代碼為2。

　　試檢定高、低分組的受訪者對於遊客體驗、旅遊意象與重遊意願等構面的看法是否具有顯著差異？請於表7-16的空格中填入t值（註明顯著否）與事後比較結果。

表7-16　高、低分組的受訪者對各構面之差異性分析表－t值

	遊客體驗（21題）		旅遊意象（15題）		重遊意願（5題）	
	T值	事後比較	T值	事後比較	T值	事後比較
低分組 VS. 高分組						

* p≦0.05　** p≦0.01　*** p≦0.001

練習 7-5

表7-17為某職業病防治院對31名石棉礦工中的石棉肺患者、可疑患者和非患者進行了用力肺活量（L）測定的資料，問三組石棉礦工的用力肺活量有無顯著差異？若有顯著差異，請進行事後檢定，並評論結果？（請自行建檔，然後另存新檔為「hw7-5.sav」）

表7-17　三組石棉礦工的用力肺活量

石棉肺患者	1.8	1.4	1.5	2.1	1.9	1.7	1.8	1.9	1.8	1.8	2.0
可疑患者	2.3	2.1	2.1	2.1	2.6	2.5	2.3	2.4	2.4		
非患者	2.9	3.2	2.7	2.8	2.7	3.0	3.4	3.0	3.4	3.3	3.5

練習 7-6

參考附錄二中，論文「遊客體驗、旅遊意象與重遊意願關係之研究」的原始問卷，並開啟「hw7-6.sav」，由於研究的需要，須將「年齡」欄位依下列規則，重新編碼成新變數「年齡層」。試檢定各「年齡層」的受訪者對於遊客體驗、旅遊意象與重遊意願等構面的看法是否具有顯著差異？請於表7-18的空格中填入F值（須以「*」號註明顯著否）與事後比較結果。

30歲以下：改稱為青年，其數值代碼為1。

31～50歲：改稱為壯年，其數值代碼為2。

51歲以上：改稱為老年，其數值代碼為3。

表7-18　「年齡層」對各構面之差異性分析表—F值

遊客體驗（21題）		旅遊意象（15題）		重遊意願（5題）	
F值	事後比較	F值	事後比較	F值	事後比較

* $p \leq 0.05$；** $p \leq 0.01$；*** $p \leq 0.001$

 練習 7-7

參考附錄二中，論文「遊客體驗、旅遊意象與重遊意願關係之研究」之原始問卷，並開啓hw7-7.sav，試檢定下列項目，並於表7-19與表7-20的空格中填入t值或F值（註明顯著否）與事後比較結果。

1. 對遊客體驗構面之子構面（感官體驗、情感體驗、思考體驗、行動體驗與關聯體驗）的看法，是否因人口統計變數而產生差異？

2. 對旅遊意象構面之子構面（產品、品質、服務與價格）的看法，是否因人口統計變數而產生差異？

表7-19　人口統計變數對遊客體驗之差異性分析表－t/F值

構面	性別	婚姻	年齡	職業	教育	月收入
感官體驗						
事後檢定						
情感體驗						
事後檢定						
思考體驗						
事後檢定						
行動體驗						
事後檢定						
關聯體驗						
事後檢定						

* $p \leqq 0.05$；** $p \leqq 0.01$；*** $p \leqq 0.001$

表7-20　人口統計變數對旅遊意象之差異性分析表－t/F值

構面	性別	婚姻	年齡	職業	教育	月收入
產　品						
事後檢定						
品　質						
事後檢定						
服　務						
事後檢定						
價　格						
事後檢定						

* $p \leqq 0.05$；** $p \leqq 0.01$；*** $p \leqq 0.001$

練習 7-8

參考附錄二中，論文「遊客體驗、旅遊意象與重遊意願關係之研究」之原始問卷，並開啓hw7-8.sav，請先執行因素分析，以求得各子構面的因素得分。然後試檢定下列項目，並於表7-21與表7-22的空格中填入t值或F值（註明顯著否）與事後比較結果。

1. 對遊客體驗構面之子構面（感官體驗、情感體驗、思考體驗、行動體驗與關聯體驗）的看法，是否因人口統計變數而產生差異？各子構面的得分請使用因素得分。

2. 對旅遊意象構面之子構面（產品、品質、服務與價格）的看法，是否因人口統計變數而產生差異？各子構面的得分請使用因素得分。

3. 上述檢定結果試與練習7-7的結果比較看看，檢定結果是否會因得分之計算方式（因素得分與平均得分）有所不同。

表7-21　人口統計變數對遊客體驗之差異性分析表－t/F值

構面	性別	婚姻	年齡	職業	教育	月收入
感官體驗						
事後檢定						
情感體驗						
事後檢定						
思考體驗						
事後檢定						
行動體驗						
事後檢定						
關聯體驗						
事後檢定						

* $p \leq 0.05$；** $p \leq 0.01$；*** $p \leq 0.001$

表7-22　人口統計變數對旅遊意象之差異性分析表－t/F值

構面	性別	婚姻	年齡	職業	教育	月收入
產　　品						
事後檢定						
品　　質						
事後檢定						

表7-22　人口統計變數對旅遊意象之差異性分析表－t/F值（續）

構面	性別	婚姻	年齡	職業	教育	月收入
服　　務						
事後檢定						
價　　格						
事後檢定						

* p≦0.05；** p≦0.01；*** p≦0.001

第8章

項目分析

　　一般而言，問卷的設計會以文獻探討或深度訪談的結果為基礎，而先設計出結構式的預試問卷。然後針對研究對象抽取小樣本，進行預試分析，最後再根據預試分析之結果作修正而成為正式問卷。在問卷的預試階段，主要運用的統計方法為項目分析（item analysis），其目的在於淘汰品質不良的題項，以提升問卷題項的品質，進而提高問卷的信度與效度為目標。

8-1　項目分析的執行策略

　　在問卷的預試階段中，最重要的工作大概就是項目分析了。項目分析能就問卷中的所有題項，逐題分析其堪用程度（適切性評估），以淘汰品質不良的題項。基本上，進行項目分析時，邱皓政（2006）曾提出五種常用的方法，如：遺漏值的數量評估法、描述性統計評估法、內部一致性效標法、題項總分相關法與因素分析法等。由於本書的性質應屬工具書，目的在於教導讀者如何在SPSS中操作這些統計方法。因此，本書對於項目分析之方法介紹，主要亦將引用邱皓政（2006）所提出的這五種方法：

一、遺漏值的數量評估法

　　在問卷調查過程中，當受訪者對於某一個題項的內容感覺敏感、產生抗拒感、尷尬或難以回答時，往往會傾向不予作答，這時就產生遺漏值了。遺漏值數量評估法將試圖從某一題項未被填答的數量來評估該題項的適切性。邱皓政（2006）建議對於某題項，當其遺漏值的數量，若占「全體樣本的5%以上」時，則研究者可考慮刪除該題項。

二、描述性統計評估法

　　在描述性統計評估法中，將利用各題項的描述性統計量來協助評估各題項的適切性。因此，可依照各統計量的特性，細分為：

(一) 題項平均數評估法：根據抽樣理論，各題項得分之平均數的離差應愈小愈好，離差愈小代表觀測值較群聚於平均數附近，如此就較具有代表性。過於極端的平均數，代表題項具有偏態特性或屬於不良試題，無法反應題項之集中趨勢。

(二) 題項變異數評估法：若某一題項之變異數太小，代表受訪者答題之情形愈趨於一致，故題項之鑑別度低，亦屬於不良的題項。

(三) 偏態評估法：一般而言，在隨機抽樣的過程中，問卷得分的分配應近似常態分

配。若問卷得分呈顯著的偏態，則代表題項太難或太容易，都不適於測量受訪者之間的個別差異（邱皓政，2006）。問卷之品質愈差，其偏離之程度也愈大。故通常以偏態是否接近正負1時（本書中訂為偏態值大於0.7）為判斷基準。

三、內部一致性效標法（極端組檢驗法）

內部一致性效標法會將個案依量表總分（個案在該份問卷所得的總分）而分成高、低分等兩組。高分組係指量表總分大於第73百分位數以上的個案所形成的組別；而低分組則是量表總分小於第27百分位數以下的個案所形成的組別。以排序好的資料來看，高、低分組正好是極端的兩組。故內部一致性效標法又稱為極端組檢驗法。

極端組檢驗法將檢定高分組、低分組中的個案，於各題項上之得分狀況的平均數是否具有顯著差異。若某題項於兩極端組的得分具有顯著差異時，則代表該題項具有鑑別度，應予以保留（邱皓政，2006）；否則，則可考慮刪除。

四、題項總分相關法

題項總分相關法利用了相關分析的基本概念，以協助判斷題項之堪用程度。顧名思義，題項總分相關法將計算每一個個別題項與量表總分間的Pearson相關係數，並據以刪除與量表總分相關性較小的題項。邱皓政（2006）建議Pearson相關係數要在0.3以上，且須顯著時，才保留該題項。

另外，在SPSS軟體中執行信度分析功能後，所輸出的【項目總計統計資料】表中（如表4-6），有一個名為【更正後項目總數相關】欄位，應用該欄位值也可輔助研究者得知某個別題項與其他題項之相對關聯性。本方法已於第4-3節，範例4-1中有所介紹，請讀者自行溫故知新一下。

五、因素分析法

在因素分析法中，可藉由因素負荷量來判斷個別題項與各共同因素的關係，從而刪除因素負荷量較低的題項。本方法亦已於第5-6節，範例5-1中有所介紹，也請讀者再回顧。

雖然，項目分析的方法共有五種，可算是多。但是讀者也可只選擇其中的幾種方法就可以了。例如：在很多碩士論文中，大部分都只採用極端組檢驗法或題項總分相關法。此外，讀者應了解，每次刪除不適切的題項後，由於資料的結構、相關性已改變，故尚須再次檢驗以確保無誤。因此，項目分析應是個遞迴的程序。也因此，或許

讀者會問，那要做到何時，項目分析才算完成呢？會不會一直刪，刪到連主要的題項都沒了呢？要回答這些問題，對一個教統計學的老師而言，真是有點「尷尬」。

基本上，我們先來了解一下，「刪」的本質。實務上，進行項目分析時，我們會依一些特定的準則，「鐵面無私」的刪除所謂不符標準的題項。但是，其實刪與不刪，應還要再加入研究者本身對該題項的認知。例如：該題項是根據某份文獻而來且是衡量某構面的主要題項，若刪了，那麼將影響構面的完整性。這時，若研究者決定不刪，那也可以，但是切記一定要「交代」個理由，代表你的「誠意」。而且這些「誠意」必須要能展現您追求論文嚴謹性的初衷。

其次，要做到何時，項目分析才算完成呢？說實在的，這也沒有標準答案，跟前述一樣，一切以「誠意」為原則，當然這些「誠意」要讓您的指導教授、口試委員或論文審核者感受到「您追求論文嚴謹性的決心」才算。

上述的回答，雖然還蠻「無賴」的。但是說實在的，有誰能保證進行完項目分析後，所得到的正式問卷，在施測後，得到的樣本資料是一份可讓您放心的資料呢？往往研究者會覺得：「做項目分析好像是在做心酸的！」，這就是進行統計分析者的痛呀！就像一首歌的歌詞「因為行過你的路，知影你的苦」（你惦在我心內最深的所在－蔡幸娟）。

最後，若研究者腳踏實地的完成了所有的項目分析方法後，其結果資料也可整理成如表8-1之格式的彙整表（邱皓政，2006；吳明隆、涂金堂，2005），該表於儲存格中，以灰色網底標明「不符標準」之數據，然後在最後一欄提出「是否刪除」的決策。

值得一提的是，表8-1所列出的各種項目分析方法中，題項總分相關法與因素分析法是一般專題、碩論或期刊論文中最常用的方法，在論文中只要擇一使用即可。這

表8-1　項目分析彙整表（只顯示部分題項）

題項內容	遺漏檢定	平均數	標準差	偏態	極端組t值	相關	因素分析法	刪除否
1.停車方便性	0%	3.22	0.54	0.65	-4.10*	0.239	0.061	是
2.服務中心便利性	0%	3.27	1.26	-0.32	-5.85*	0.269	0.081	是
3.有專人引導服務	0%	3.34	1.19	-0.50	-15.48*	0.708	0.520	否
4.人員服裝儀容	0%	3.47	1.10	-0.84	-4.92*	0.227	0.045	是
5.人員禮貌談吐	0%	3.53	1.14	-0.55	-4.33*	0.216	0.042	是
6.總修復時間	0%	3.50	1.15	-0.46	-17.82*	0.831	0.749	否

表格格式修改自：邱皓政（2006）；吳明隆、涂金堂（2005）

兩種方法在第4-3節範例4-1與第5-6節範例8-1中已有所介紹，建議讀者熟練之。至於其他方法，也將在本章中一一介紹。

8-2　遺漏值數量評估法

　　無論您的身分是問卷調查員、市場調查研究者、資料分析師或社會科學家，在作問卷分析時一定會碰到資料具有遺漏值（missing data）的情況。遺漏值問題爲研究中常常遇到的狀況。理論上，若觀察個案的某個變數沒有數值，則稱此筆資料具遺漏值。在問卷調查中，遺漏值可能產生的原因爲受訪者對於問題拒答或胡亂填答及漏答。若處理不當會影響問卷的信、效度。因此，當有遺漏值產生時，而沒有適當的處理，甚至只是占小小百分比的遺漏值，都可能導致錯誤或不良的結論。

▶ 範例8-1

> 附錄四為「電信業服務品質」之原始問卷，試以遺漏值的數量評估法進行項目分析，該問卷中包含反向題，反向題已重新編碼完成，資料檔為「ex8-1. sav」。

　　服務品質是顧客於消費情境中，對於所接觸之服務的品質知覺。「電信業服務品質」之原始問卷共有30題問項，它是根據Parasuraman, Zeithaml, Berry（1988）所發展出的SERVQUAL服務品質量表修改而來。SERVQUAL服務品質量表包含五個服務品質衡量子構面，分別爲：有形性、可靠性、反應性、保證性與關懷性。

　　問卷的預試階段中，在以能提升問卷題項之品質的原則下，初步可將問卷中具有高遺漏情形（遺漏值百分比超過5%）的題項，優先刪除，但最好仍須與其他指標合併考量爲宜。篩選高遺漏題項的步驟如下：

操作 步驟

　　步驟1：開啓檔案「ex8-1.sav」。

　　步驟2：執行【分析】／【報表】／【觀察值摘要】，即可開啓【摘要觀察值】對話框。

　　步驟3：在【摘要觀察值】對話框中，將所有的變數（q1～q30）選入【變數】清單方塊中作爲摘要分析的變數。

　　步驟4：取消選取對話框下方的【顯示觀察值】核取方塊。

步驟5：按【確定】鈕，即可跑出分析報表。

步驟6：詳細操作過程與解說，讀者亦可自行參閱影音檔「ex8-1.wmv」。

▶ **報表解說**

執行完上述的觀察值摘要分析後，即可得到【觀察值處理摘要】表（表8-2）。在【觀察值處理摘要】表中，【已排除】欄位即代表不被列入計算各種統計量的觀察值（個案），這些觀察值即是所謂具有遺漏值的受訪者。根據此表，我們將找出問卷中具有高遺漏情形（遺漏值百分比超過5%）的題項。由表8-2可發現，第28題與第30題的遺漏值百分比分別達到了6.8%、5.6%（大於5%）。因此，可視為高遺漏情形，因此傾向於優先刪除，但仍須與其他指標合併考量。

8-3 描述性統計評估法

運用描述性統計評估法時，通常會拿題項得分的平均值、標準差與偏態等三個統計量來探討。當這三個統計量發生以下的狀況時，即表示該題項不適合，研究者可斟酌是否予以刪除。

1. 平均值過高或過低：題項得分之平均值超過全量表得分之平均值的正負1.5 個標準差時（邱皓政，2006）。

2. 低鑑別度：當題項得分之標準差小於0.75時（邱皓政，2006）。

3. 偏態明顯：偏態係數絕對值大於0.7時（邱皓政，2006）。

▶ **範例8-2**

附錄四為「電信業服務品質」之原始問卷，試以描述性統計評估法進行項目分析，該問卷中包含反向題，反向題已重新編碼完成，資料檔為「ex8-1. sav」。

本範例將使用描述性統計評估法進行項目分析，評估的統計量有平均值、標準差與偏態係數等三個統計量。基本上評估過程可分為四個階段：

第一階段：利用【描述性統計資料】功能，求出各題項得分之平均值、標準差與偏態係數等三個統計量。

表8-2 觀察值處理摘要表

	觀察值					
	已併入		已排除		總計	
	N	百分比	N	百分比	N	百分比
1. 停車方便性	338	100.0%	0	0.0%	338	100.0%
2. 服務中心便利性	338	100.0%	0	0.0%	338	100.0%
3. 有專人引導服務	338	100.0%	0	0.0%	338	100.0%
4. 人員服裝儀容	338	100.0%	0	0.0%	338	100.0%
5. 人員禮貌談吐	338	100.0%	0	0.0%	338	100.0%
6. 總修復時間	338	100.0%	0	0.0%	338	100.0%
7. 備有免費申訴或諮詢電話	338	100.0%	0	0.0%	338	100.0%
8. 未服務前的等候時間	338	100.0%	0	0.0%	338	100.0%
9. 營業時間符合需求	338	100.0%	0	0.0%	338	100.0%
10.完成異動作業時間	338	100.0%	0	0.0%	338	100.0%
11.備有電子佈告欄	338	100.0%	0	0.0%	338	100.0%
12.完成服務所花時間	338	100.0%	0	0.0%	338	100.0%
13.協助客戶解決問題能力	338	100.0%	0	0.0%	338	100.0%
14.人員的專業知識	338	100.0%	0	0.0%	338	100.0%
15.計費交易正確性	338	100.0%	0	0.0%	338	100.0%
16.客戶資料保密性	338	100.0%	0	0.0%	338	100.0%
17.準時寄發繳費通知	338	100.0%	0	0.0%	338	100.0%
18.備有報紙雜誌	338	100.0%	0	0.0%	338	100.0%
19.提供新資訊	338	100.0%	0	0.0%	338	100.0%
20.話費維持合理價位	338	100.0%	0	0.0%	338	100.0%
21.臨櫃排隊等候	338	100.0%	0	0.0%	338	100.0%
22.繳納電費方便性	338	100.0%	0	0.0%	338	100.0%
23.即時處理客戶抱怨	338	100.0%	0	0.0%	338	100.0%
24.備有舒適及足夠座椅	338	100.0%	0	0.0%	338	100.0%
25.內外環境整潔	338	100.0%	0	0.0%	338	100.0%
26.櫃檯清楚標示服務項目	338	100.0%	0	0.0%	338	100.0%
27.申請業務手續簡便	338	100.0%	0	0.0%	338	100.0%
28.提供即時資訊	315	93.2%	23	6.8%	338	100.0%
29.能立即給予滿意回覆	338	100.0%	0	0.0%	338	100.0%
30.不因忙而忽略消費者	319	94.4%	19	5.6%	338	100.0%

遺漏值百分比超過5%

第二階段：利用各題項得分之平均值資料，求出全量表（30題）的平均數（各題項平均數的平均）。與該平均數之正、負1.5個標準差範圍。

第三階段：將資料整理成如表8-3的呈現方式。

第四階段：依據各統計量之標準值，刪除不符標準之題項。

操作步驟

步驟1：開啓檔案「ex8-1.sav」。

步驟2：執行【分析】/【描述性統計資料】/【描述性統計資料】，即可開啓【描述性統計資料】對話框。

步驟3：將所有的變數（q1～q30）選入【變數】清單方塊中作爲要分析的變數。

步驟4：於【描述性統計量】對話框中，按【選項】鈕，以開啓【選項】對話框。於該對話框中選取【平均值】、【標準差】與【偏斜度】（偏態）等三個統計量。選好後，按【繼續】鈕，回到【描述性統計資料】對話框。

步驟5：於【描述性統計資料】對話框中，按【確定】鈕，即可跑出分析報表。

步驟6：爲便於整理資料，請將輸出報表中的【描述性統計資料】表複製到Microsoft Excel軟體。於Excel貼上資料時，請從「A1」儲存格開始，並刪除一些不必要的資料、改變小數位數格式等美化表格的基本工作。讀者若覺得麻煩，亦可開啓範例檔案中的「ex8-2.xls」，直接操作。

步驟7：求出全量表（30題）的平均數。請於Excel表格中（如圖8-1），進行下列操作：

「B32」儲存格：輸入計算「全量表平均值」的公式「=AVERAGE（B2:B31）」；

「B33」儲存格：輸入計算「全量表標準差」的公式「=STDEV（B2:B31）」；

「B34」儲存格：輸入計算「全量表平均值的正1.5個標準差」數值的公式「=B32+1.5*B33）」；

「B35」儲存格：輸入計算「全量表平均值的負1.5個標準差」數值的公式「=B32−1.5*B33」；

步驟8：將Excel表格中的計算結果複製或抄錄到表8-3中（讀者亦可開啓範例檔

案中的「ex8-2.doc」，進行表格製作）。

步驟9：詳細操作過程與解說，讀者亦可自行參閱影音檔「ex8-2.wmv」。

	A	B	C	D
1		平均數	標準差	偏態
2	1.停車方便性	3.22	0.54	0.65
3	2.服務中心便利性	3.27	1.26	-0.32
4	3.有專人引導服務	3.34	1.19	-0.50
5	4.人員服裝儀容	3.47	1.10	-0.84
6	5.人員禮貌談吐	3.53	1.14	-0.55
7	6.總修復時間	3.50	1.15	-0.46
8	7.備有免費申訴或諮詢電話	3.32	1.22	-0.39
9	8.未服務前的等候時間	3.51	1.16	-0.39
10	9.營業時間符合需求	3.40	1.22	-0.38
11	10.完成異動作業時間	3.49	1.14	-0.44
12	11.備有電子佈告欄	3.40	1.25	-0.44
13	12.完成服務所花時間	3.51	1.15	-0.38
14	13.協助客戶解決問題能力	3.45	1.14	-0.27
15	14.人員的專業知識	3.55	1.14	-0.49
16	15.計費交易正確性	3.40	1.23	-0.38
17	16.客戶資料保密性	3.47	1.14	-0.31
18	17.準時寄發繳費通知	3.42	1.24	-0.43
19	18.備有報紙雜誌	3.42	1.26	-0.45
20	19.提供新資訊	1.73	0.79	0.52
21	20.話費維持合理價位	3.48	1.14	-0.33
22	21.臨櫃排隊等候	3.45	1.21	-0.49
23	22.繳納電費方便性	3.49	1.29	-0.50
24	23.即時處理客戶抱怨	3.63	1.07	-0.33
25	24.備有舒適及足夠座椅	3.13	1.18	-0.26
26	25.內外環境整潔	4.87	0.38	-3.00
27	26.櫃檯清楚標示服務項目	3.12	1.18	-0.24
28	27.申請業務手續簡便	3.35	0.96	-0.07
29	28.提供即時資訊	3.48	1.29	-0.51
30	29.能立即給予滿意回覆	3.29	0.94	-0.49
31	30.不因忙而忽略消費者	3.34	0.95	-0.58
32	全量表平均值	3.40		
33	全量表標準差	0.43		
34	全量表平均值的正1.5個標準差	4.05		
35	全量表平均值的負1.5個標準差	2.76		

圖8-1　於Excel中作計算

▶ **報表解說**

觀察表8-3的敘述統計表，即可輕易的找出平均值過高或過低、低鑑別度或偏態明顯的題項，這些題項的統計量將會用灰色網底標明：

(一) 平均值

各題項的平均值應趨於中間值，過於極端的平均數代表偏離或不良的試題，無法反應題項的集中趨勢，在這種情形下，可考慮予以刪除。本範例中，全量表之平均

表8-3　敘述統計表—各題項之平均值、標準差與偏態係數

	平均數	標準差	偏態
01. 停車方便性	3.22	0.54	0.65
02. 服務中心便利性	3.27	1.26	-0.32
03. 有專人引導服務	3.34	1.19	-0.50
04. 人員服裝儀容	3.47	1.10	-0.84
05. 人員禮貌談吐	3.53	1.14	-0.55
06. 總修復時間	3.50	1.15	-0.46
07. 備有免費申訴或諮詢電話	3.32	1.22	-0.39
08. 未服務前的等候時間	3.51	1.16	-0.39
09. 營業時間符合需求	3.40	1.22	-0.38
10. 完成異動作業時間	3.49	1.14	-0.44
11. 備有電子佈告欄	3.40	1.25	-0.44
12. 完成服務所花時間	3.51	1.15	-0.38
13. 協助客戶解決問題能力	3.45	1.14	-0.27
14. 人員的專業知識	3.55	1.14	-0.49
15. 計費交易正確性	3.40	1.23	-0.38
16. 客戶資料保密性	3.47	1.14	-0.31
17. 準時寄發繳費通知	3.42	1.24	-0.43
18. 備有報紙雜誌	3.42	1.26	-0.45
19. 提供新資訊	1.73	0.79	0.52
20. 話費維持合理價位	3.48	1.14	-0.33
21. 臨櫃排隊等候	3.45	1.21	-0.49
22. 繳納電費方便性	3.49	1.29	-0.50
23. 即時處理客戶抱怨	3.63	1.07	-0.33
24. 備有舒適及足夠座椅	3.13	1.18	-0.26
25. 內外環境整潔	4.87	0.38	-3.00
26. 櫃檯清楚標示服務項目	3.12	1.18	-0.24
27. 申請業務手續簡便	3.35	0.96	-0.07
28. 提供即時資訊	3.48	1.29	-0.51
29. 能立即給予滿意回覆	3.29	0.94	-0.49
30. 不因忙而忽略消費者	3.34	0.95	-0.58
全量表	3.40	0.43	
全量表平均數之 正負1.5個標準差範圍	(2.76, 4.05)		

數為3.40，全量表平均數之標準差為0.43，題項平均數超過全量表平均數的正、負1.5個標準差，所以平均數高於4.05或低於2.76之題項，是刪除的目標。在表8-3中，可發現q19、q25等二題其平均數分別為1.73、4.87，皆明顯超出正、負1.5個標準差的範圍（2.76～4.05），故這兩題應可斟酌予以刪除。

(二) 標準差

若題項的標準差過小（標準差低於0.75者），表示受訪者填答的情形太趨於一致，題項鑑別度會較低，在這種情形下，這些題項將被視為不良題項，可考慮予以刪除。本研究預試結果中（見表8-3），q1、q25等二題項的標準差分別為0.54、0.38，皆明顯低於0.7，故應予以刪除。

(三) 偏態

偏態明顯者，即偏態係數之絕對值大於0.7時，可視為不良試題。在表8-3中，q4、q25等二題項的偏態係數之絕對值皆大於0.7，應可斟酌予以刪除。

因此，於問卷的預試階段，經使用描述性統計評估法初步分析後，計有q1、q4、q19與q25等四題，可考慮列為優先刪除的題項。

◆ 8-4　內部一致性效標法（極端組檢驗法）◆

內部一致性效標法又稱為極端組檢驗法，它最常用以檢驗Likert量表中的某些題項是否具有鑑別力的問題。極端組檢驗法的基本概念為，在一份具有代表性的樣本中，若將受訪者依照量表總分而分成高分組與低分組時，則這兩組成員在各題項得分之平均數的表現上，應具有統計上的顯著性差異（吳明隆、涂金堂，2005）。

當然，這種高、低等兩分類的分組，欲檢定各題項得分平均數之差異時，我們會使用【獨立樣本t檢定】來進行。樣本差異的t值將決定高、低分組的差異性是否顯著，此時的t值又被稱為臨界比（critical ratio）或決斷值（CR值）。如果t值愈大，且其機率值（顯著性）小於檢定所設定的顯著水準時，則表示高、低分組的差異明顯，即代表量表題項的鑑別度愈好（吳明隆、涂金堂，2005）。

Kelley於1939年的研究中曾提出：當量表得分服從常態分配時，以量表總分的上、下27%來對受訪者分組時，可以獲得試題鑑別力的最大可靠度。當百分比低於27%時，結果的可靠度較差，而百分比太大時，則會影響題項的鑑別作用。

因此在本書中，將依據Kelley（1939）的建議，將所有受訪者依全量表的整體得分之「後27%個案」與「前27%個案」分成高、低兩個極端組。各題項平均數在這兩極端組的受訪者中，若以t檢定來檢驗時，應具有顯著的差異，才能反應出題項的鑑別力。

範例8-3　附錄四為「電信業服務品質」之原始問卷，試以極端組檢驗法進行項目分析，該問卷中包含反向題，反向題已重新編碼完成，資料檔為「ex8-1.sav」。

預試階段中，項目分析的主要目的在於檢驗預試問卷中的各題項是否堪用，而本節所介紹的極端組檢驗法是最常用的方法之一。在極端組檢驗法中會先求出每一個題項的決斷值（CR值，即t值），並判斷決斷值是否達顯著水準，決斷值未達顯著水準的題項，其鑑別力不佳應予刪除。極端組檢驗法主要的操作策略大致可分為六個階段：

一、問卷中若包含反向題的話，則首要工作便是針對反向題而重新編碼，反向計分完成後才可進行分析工作。本問卷雖含反向題（第8、12、15、16與27題），但為避免範例之複雜度，已反向計分完成，其結果亦已存入「ex8-1.sav」中。對於反向計分的方法，讀者亦可回顧第2章範例2-4。（若無反向題，此步驟可免）。

二、求出每一位受訪者的所有題項之總得分（即量表總分）。

三、求出第27百分位數（P_{27}）與第73百分位數（P_{73}）。

四、分組。受訪者中，量表總得分大於等於P_{73}者列為高分組；而小於等於P_{27}者則列為低分組。

五、執行【獨立樣本t檢定】以檢定高、低分組之個案成員，在每個題項得分之平均數，是否具有顯著性差異。

六、將未達顯著水準的題項予以刪除。

有了上述的解題策略後，讀者應該可以理解到，本範例的解題過程相當複雜，為使讀者能充分理解，因此，我們將分階段完成極端組檢驗法。

(一) 求出量表總分

由於反向題的重新計分已完成，因此進行極端組檢驗法時，可直接從第二個階段開始，即求出每一個受訪者對服務品質30題問項之總得分。

操作 步驟

步驟1：開啓檔案「ex8-1.sav」，執行【轉換】／【計算】，待出現【計算變數】對話框後，在左邊的【目標變數】下方的輸入欄內輸入代表總分的新變數名稱，在此請輸入「量表總分」。

步驟2：在右邊的【數值表示式】下方的輸入欄內輸入計算公式。由於在此我們要計算量表總分，因此可運用SPSS 系統所提供的SUM函數，並且指定第一題與最後一題的變數名稱。故在此請輸入下列公式，如圖8-2：

```
sum(q1 to q30)
```

步驟3：按【確定】鈕，此時系統即開始做加總運算，計算完成後，在原來的資料檔「ex8-1.sav」中會多出一個名爲「量表總分」的新變數，且其值即是各受訪者對服務品質30題問項之總得分。

步驟4：詳細操作過程，讀者也可以參閱影音檔「ex8-3.wmv」。

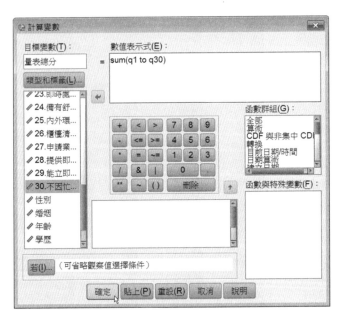

圖8-2　設定【計算】對話框

(二) 求出第27百分位數(P_{27})與第73百分位數(P_{73})

計算出每位受訪者對服務品質30題問項之總得分（變數「量表總分」）後，接下來我們將求出變數「量表總分」的第27百分位數（P_{27}）與第73百分位數（P_{73}），藉以當作分組之依據。

操作步驟

步驟1：接續前一階段的檔案，執行【分析】／【描述性統計資料】／【次數】。待開啟【次數】對話框後，將變數「量表總分」選入左方的【變數】框內。接著，按【統計資料】鈕，開啟【統計資料】子對話框，勾選【百分位數】，並於其後方之輸入欄中輸入「27」，然後按【新增】鈕。接著，再於【百分位數】後方之輸入欄中再次輸入「73」，再按【新增】鈕，即可完成求取第27百分位數與第73百分位數的相關設定（如圖8-3）。

步驟2：最後，按【繼續】鈕，回到【次數】對話框，然後取消勾選對話框下方的【顯示次數分配表】，按【確定】鈕，即可從報表得知第27百分位數與第73百分位數的數值分別為93.53與119。

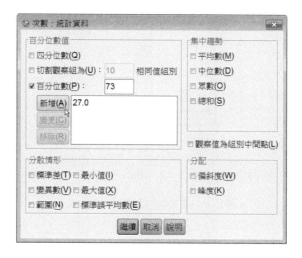

圖8-3　求得第27百分位數與第73百分位數

步驟3：詳細操作過程，讀者也可以自行參閱影音檔「ex8-3.wmv」。

(三) 高、低分組

找出P_{27}（93.53）與P_{73}（119）的實際分數後，分組時將設定「量表總分」小於P_{27}者為低分組（數值標記為1）；而「量表總分」高於P_{73}者，則為高分組（數值標記為2）。待分組完成後即可進行獨立樣本t檢定。

操作步驟

步驟1：執行【轉換】／【重新編碼成不同變數】。

步驟2：待開啟【重新編碼成不同變數】對話框後，將左邊【待選變數】清單內的變數「量表總分」選入右邊的【輸入變數→輸出變數】下方的清單方塊中，接著在最右邊【輸出之新變數】方框內的【名稱】輸入欄中輸入新變數的名稱「class」，然後按【變更】鈕，如此後續即可依照特定的邏輯規則將變數「量表總分」轉換為變數「class」，如圖8-4所示。

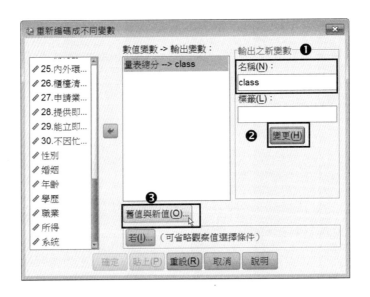

圖8-4　重新編碼成不同變數

步驟3：接著按【舊值與新值】鈕，會出現【舊值與新值】對話框，在這個對話框中將設定分組的邏輯，即總分小於P_{27}者（93.53分）為低分組；而高於P_{73}者（119分）為高分組。

步驟4：先設定低分組的分組邏輯。在對話框左邊的【舊值】方框內，先選

取【範圍，LOWEST到值】選項，然後於其下方的輸入欄內輸入「93.53」，接著於右邊的【新值】方框內選取【數值】選項，並在其後方的輸入欄內輸入「1」，最後按【新增】鈕，即可出現「Lowest thru 93.53→1」的文字，此操作即代表將總分從最小值到93.53分者，將設定為第1組（即低分組）。

步驟5：再設定高分組的分組邏輯。在對話框左邊的【舊值】方框內，先選取【範圍，值到HIGHEST】選項，然後於其下方的輸入欄內輸入「119」，接著於右邊的【新值】方框內選取【數值】選項，並在其後方的輸入欄內輸入「2」，最後按【新增】鈕，即可出現「119 thru Highest→2」的文字，此操作即代表將總分從119分到最大值者，設定為第二組（即高分組），如圖8-5所示。

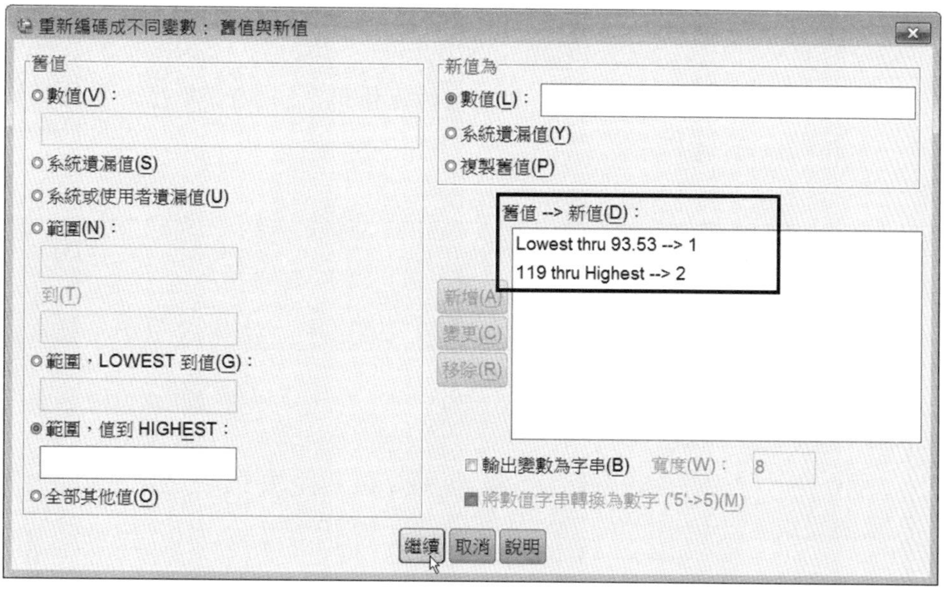

圖8-5　高、低分組

步驟6：分組邏輯設定完成後，按【繼續】鈕，回到【重新編碼成不同變數】對話框，再按【確定】鈕，即可分組完成，原始檔案「ex8-1.sav」內會多出一個名為「class」的變數。

步驟7：設定數值標記。接著於【變數視圖】視窗，選取變數「class」，先把其小數位數調為0，然後在變數「class」的【數值】欄位，設定「1=”低分

組"」與「2="高分組"」。

步驟8：詳細操作過程，讀者也可以自行參閱影音檔「ex8-3.wmv」。

或許讀者會報怨上述的分組過程實在是有些複雜，有沒有較為簡便的方法呢？答案是有的。其實上述的分組邏輯可以用這樣的方式來描述：

> 當量表總分小於等於93.53時，則class等於1
> 當量表總分大於等於119時，則class等於2

這樣的邏輯描述，如果要讓SPSS能看懂，那麼就得使用SPSS的語法（Syntax）功能了。

步驟1：執行【檔案】／【開新檔案】／【語法】，開啓【語法】輸入視窗，準備輸入邏輯規則。

步驟2：待出現【IBM SPSS Statistics Syntax Editor】（SPSS語法編輯程式）後，即可輸入邏輯規則，然上述的邏輯規則SPSS看不懂，需這樣輸入才行，如圖8-6。

> if（量表總分 <= 93.53） class=1.
> if（量表總分 >= 119） class=2.
> EXECUTE.

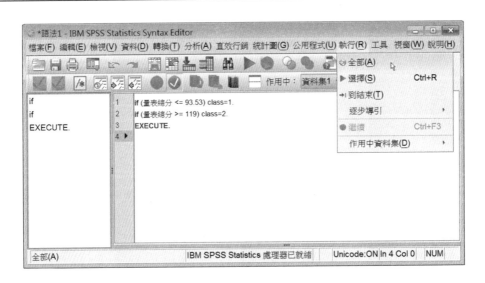

圖8-6　IBM SPSS Statistics Syntax Editor

步驟3：最後，執行【執行】／【全部】，如此也可以分組成功。

(四) 檢定高、低分組在各題項上的差異

將受訪者依照量表總分而分成高分組與低分組後，我們會使用【獨立樣本t檢定】來檢定這兩組成員在各題項得分之平均數的表現上，是否具有統計上的顯著性差異。如果t值愈大，且其機率p值（顯著性）能小於檢定時所設定的顯著水準（0.05），即顯著之意，那麼即代表量表題項的鑑別度愈好。反之，則將刪除不具顯著性差異的題項。

操作步驟

步驟1：執行【分析】／【比較平均數法】／【獨立樣本t檢定】，開啟【獨立樣本t檢定】對話框。

步驟2：待開啟【獨立樣本t檢定】對話框後，將所有的題項（q1～q30）選入【檢定變數】清單方塊中。

步驟3：將變數「class」選入【分組變數】」清單方塊中。

步驟4：按【定義組別】鈕，打開【定義組別】對話框，在【組別1】後的輸入方塊中輸入「1」，代表低分組；並在【組別2】後的輸入方塊中輸入「2」，代表高分組，按【繼續】回到【獨立樣本t檢定】對話框。

步驟5：回到【獨立樣本t檢定】對話框後，按【確定】鈕，即可執行獨立樣本t檢定。

步驟6：詳細操作過程，讀者也可以參閱影音檔「ex8-3.wmv」。

▶ 報表解說

獨立樣本t檢定用於檢定對於兩組來自獨立母體的樣本，其獨立母體的平均值或中心位置是否一樣。在本例中，我們將檢驗高、低分組之受訪者於各題項上的答題狀況是否具有顯著差異。因此，虛無假設如下：

H_0：高、低分組之受訪者於各題項上的答題狀況沒有顯著差異。

分析獨立樣本t檢定時，須先使用Levene方法檢定高、低分組的變異數是否具有同質（相等）性，因為「變異數同質時」與「變異數不同質時」所算出來的t值不盡相同。在確定變異數是否具有同質性後，才能確定高、低分組差異的t值，如此才能

據以判斷該接受（顯著性＞0.05）或拒絕（顯著性<=0.05）虛無假設。

因此，解讀【獨立樣本T檢定】報表時，應先看每個題項之變異數同質性檢定的F值，如果F值不顯著（顯著性≧0.05）則應接受「高、低分組之變異數相等」的虛無假設，即認為「高、低分組之變異數相等」，此時應看表中【採用相等變異數】列的t值（即上一列）；否則，則應看表中【不採用相等變異數】列的t值（即下一列）。

接著，為節省空間，作者已先完成「變異數是否相等」的檢定，並將該報表稍作整理，只取出適當的t值與顯著性（如表8-4）。表8-4中，如果t值顯著（顯著性＜0.05），則應拒絕「高、低分組之受訪者於各題項上的答題狀況沒有顯著差異」的虛無假設。因此，即可認定題項具有鑑別度，應予以保留；如果t值不顯著（顯著性≧0.05），則題項不具有鑑別度，應予以刪除。

由表8-4可發現，q1至q30的t值均達顯著，表示預試問卷中的30個題項均具有鑑別度，所有題項都能鑑別出不同受訪者對於服務品質的知覺。因此，所有題項皆通過「極端組檢驗法」的檢驗，全數應予以保留。此外，在這種題項較多且均達顯著的情形下，研究者因多方面的因素考量下，若一定要刪除一些題項的話，亦可挑選鑑別度較差（t值較小）的題項予以刪除。

表8-4　獨立樣本t檢定之報表

題項編號	題項內容	t值（CR值）	顯著性
q1	1.停車方便性	-4.10	0.00
q2	2.服務中心便利性	-5.85	0.00
q3	3.有專人引導服務	-15.48	0.00
q4	4.人員服裝儀容	-4.90	0.00
q5	5.人員禮貌談吐	-4.33	0.00
q6	6.總修復時間	-17.82	0.00
q7	7.備有免費申訴或諮詢電話	-16.18	0.00
q8	8.未服務前的等候時間	-15.57	0.00
q9	9.營業時間符合需求	-27.15	0.00
q10	10.完成異動作業時間	-17.69	0.00
q11	11.備有電子佈告欄	-10.74	0.00
q12	12.完成服務所花時間	-15.46	0.00
q13	13.協助客戶解決問題能力	-29.00	0.00
q14	14.人員的專業知識	-22.73	0.00
q15	15.計費交易正確性	-27.16	0.00

表8-4 獨立樣本t檢定之報表（續）

題項編號	題項內容	t值（CR值）	顯著性
q16	16.客戶資料保密性	-28.11	0.00
q17	17.準時寄發繳費通知	-25.03	0.00
q18	18.備有報紙雜誌	-12.40	0.00
q19	19.提供新資訊	-19.72	0.00
q20	20.話費維持合理價位	-27.81	0.00
q21	21.臨櫃排隊等候	-19.92	0.00
q22	22.繳納電費方便性	-25.36	0.00
q23	23.即時處理客戶抱怨	-18.22	0.00
q24	24.備有舒適及足夠座椅	-20.41	0.00
q25	25.內外環境整潔	-7.65	0.00
q26	26.櫃檯清楚標示服務項目	-20.64	0.00
q27	27.申請業務手續簡便	-15.79	0.00
q28	28.提供即時資訊	-25.39	0.00
q29	29.能立即給予滿意回覆	-5.27	0.00
q30	30.不因忙而忽略消費者	-4.93	0.00

8-5 項目分析彙整

進行項目分析的方法很多，在本書中也分散在各章中。基本上，讀者只要能將如表8-5的項目分析彙整表填寫完畢（亦可於範例檔案中開啓「ex8-5.doc」，逐行表格製作），那麼即可完成項目分析之工作了。表8-5中共列出了7種方法，遺漏值檢定（第8-2節）、平均數法（第8-3節）、標準差法（第8-3節）、偏態法（第8-3節）、極端組檢驗法（第8-4節）、相關（第4-3節）與因素分析法（第5-6節），讀者可參考相關之章節介紹，當可輕鬆完成項目分析之任務。表8-5中具有灰色網底之題項即代表於某些方法上不合乎標準，因此應予以刪除（如：q1、q2、q4、q5、q19、q25、q28、q29與q30，共9題應刪除），刪除這些不適切題項後，當能提高整體量表的品質與信、效度。

表8-5　項目分析彙整表

題目內容	遺漏檢定	平均數	標準差	偏態	極端組t值	相關	因素分析法	刪除否
1.停車方便性	0%	3.22	0.54	0.65	-4.10*	0.239	0.061	是
2.服務中心便利性	0%	3.27	1.26	-0.32	-5.85*	0.269	0.081	是
3.有專人引導服務	0%	3.34	1.19	-0.50	-15.48*	0.708	0.520	
4.人員服裝儀容	0%	3.47	1.10	-0.84	-4.92*	0.227	0.045	是
5.人員禮貌談吐	0%	3.53	1.14	-0.55	-4.33*	0.216	0.042	是
6.總修復時間	0%	3.50	1.15	-0.46	-17.82*	0.831	0.749	
7.備有免費申訴或諮詢電話	0%	3.32	1.22	-0.39	-16.18*	0.717	0.528	
8.未服務前的等候時間	0%	3.51	1.16	-0.39	-15.57*	0.771	0.645	
9.營業時間符合需求	0%	3.40	1.22	-0.38	-27.15*	0.901	0.827	
10.完成異動作業時間	0%	3.49	1.14	-0.44	-17.69*	0.832	0.751	
11.備有電子佈告欄	0%	3.40	1.25	-0.44	-10.74*	0.651	0.453	
12.完成服務所花時間	0%	3.51	1.15	-0.38	-15.46*	0.772	0.646	
13.協助客戶解決問題能力	0%	3.45	1.14	-0.27	-29.00*	0.875	0.795	
14.人員的專業知識	0%	3.55	1.14	-0.49	-22.73*	0.869	0.789	
15.計費交易正確性	0%	3.40	1.23	-0.38	-27.16*	0.919	0.873	
16.客戶資料保密性	0%	3.47	1.14	-0.31	-28.11*	0.892	0.828	
17.準時寄發繳費通知	0%	3.42	1.24	-0.43	-25.03*	0.755	0.616	
18.備有報紙雜誌	0%	3.42	1.26	-0.45	-12.40*	0.662	0.476	
19.提供新資訊	0%	1.73	0.79	0.52	-19.72*	0.643	0.465	是
20.話費維持合理價位	0%	3.48	1.14	-0.33	-27.81*	0.891	0.826	
21.臨櫃排隊等候	0%	3.45	1.21	-0.49	-19.92*	0.853	0.778	
22.繳納電費方便性	0%	3.49	1.29	-0.50	-25.36*	0.730	0.574	
23.即時處理客戶抱怨	0%	3.63	1.07	-0.33	-18.22*	0.801	0.675	
24.備有舒適及足夠座椅	0%	3.13	1.18	-0.26	-20.41*	0.866	0.775	
25.內外環境整潔	0%	4.87	0.38	-3.00	-7.65*	0.717	0.540	是
26.櫃檯清楚標示服務項目	0%	3.12	1.18	-0.24	-20.64*	0.866	0.776	
27.申請業務手續簡便	0%	3.35	0.96	-0.07	-15.79*	0.756	0.614	
28.提供即時資訊	6.80%	3.48	1.29	-0.51	-25.39*	0.732	0.576	是
29.能立即給予滿意回覆	0%	3.29	0.94	-0.49	-5.27*	0.260	0.068	是
30.不因忙而忽略消費者	5.62%	3.34	0.95	-0.58	-4.93*	0.293	0.083	是

表格格式修改自：邱皓政（2006）；吳明隆、涂金堂（2005）

習 題

練習 8-1

　　hw8-1.sav為某問卷的資料檔，共包含50個變數，試以遺漏值的數量評估法、描述性統計評估法、信度分析法（即相關）與極端組檢驗法進行項目分析，並製作如表8-6的彙整表（可利用「ex8-5.doc」中的彙整表格式，再加以修改）。

表8-6　項目分析彙整表

題目內容	遺漏檢定	平均數	標準差	偏態	極端組t值	相關	刪除否
q1							
q2							
q3							
:							
:							
:							
q50							

練習 8-2

　　假設我們要對醫院的服務品質進行研究，因此，根據SERVQUAL量表（Parasuraman, Zeithaml, and Berry, 1988）而設計問卷，服務品質問卷的因素結構如表8-7，詳細題項內容如附錄六。

表8-7　服務品質之題項設計

衡量之變數	題項題號	題項設計之依據
有形性	1～6	
可靠性	7～12	
回應性	13～18	Parasuraman, Zeithaml, and Berry, (1988)
保證性	19～24	
同理心	25～30	

　　接著，我們開始從某家醫院對病患進行問卷調查，請依序回答下列問題：

1. 首先我們蒐集了100份有效問卷，當作預試資料。請針對這筆資料（範例檔案\exercise\chap08\sq_預試.sav）進行項目分析，以刪除品質不佳的題項。進行項目分析時，請分別使用遺漏值檢定法、描述性統計評估法、題項總分相關法、極端組檢驗法與因素分析法加以檢驗，並製作如表8-8的彙整表？

表8-8　項目分析彙整表

題目內容	遺漏檢定	平均數	標準差	偏態	極端組t值	相關	因素分析法	刪除否
q1								
q2								
q3								
：								
：								
：								
q30								

2. 待刪除完品質不佳的題項後，重新編排問卷而成為正式問卷，再重新進行問卷調查，共蒐集了326份有效問卷（題項的10倍以上），試對這筆資料（sq_正式_1.sav）進行探索性因素分析，以確認服務品質的因素結構是否與SERVQUAL量表一樣具有五個子構面。若服務品質的因素結構與SERVQUAL量表不同時，那麼請您為因素分析所萃取出的因素命名，且以這些因素當作服務品質的新子構面，並製作如第5章中表5-12的因素分析表，以說明因素結構、信度與收斂效度。

提示：

(1) 第2小題所用到的檔案為：sq_正式_1.sav。

(2) 上述檔案（sq_正式_1.sav）放在「範例檔案\exercise\chap08\練習8-2解答.zip」這個壓縮檔中。解壓縮密碼為第1小題中，所刪除之題項編號的總和。例如：刪除了第6題、第12題、第18題與第24題，那麼解壓縮密碼則為：「60」（6+12+18+24）。

(3) 若為方便起見，也利用「範例檔案\exercise\chap08\練習8-2解答_不用密碼.zip」，直接操作。

第9章

統計方法的演進

　　傳統上，研究者在探討變數間的關係時，最常使用的統計方法包括：相關分析、迴歸分析和路徑分析……等。然而我們卻也不難發現，這些方法在運用上往往也存在著許多不足之處。例如：我們不能拿兩個變數間的相關係數，來當作單方向的因果關係之推論。因為即使兩變數間呈現高度相關時，也可能存在多面向的解釋方式，如兩變數可能「互為」因果關係：或者此兩變數亦可能是共同受到此兩變數之外的某其他變數之影響等。

　　而當我們進行迴歸分析時，雖然能夠將較多的變數同時納入分析與討論，但是由於這些變數之間或許並不存在明確的時間順序，因此將它們之間的關係，莽撞的直接以單方向的因果關係來解釋的話，也是蠻危險的。另外，更令人詬病的是，若以數學的角度來看，迴歸分析的前提假設中，須滿足每個自變數在測量時，都不會有測量誤差的存在。然而我們都知道，在社會科學領域的相關研究中，很多變數都是屬於不可直接測量的潛在變數（如忠誠度、滿意度……），這些潛在變數都存在著測量誤差。因此，這個前提假設很難在社會科學領域的相關研究中獲得滿足。

　　此外，較為複雜的路徑分析技術，雖然已克服迴歸分析中未能考慮變數間之時間先後順序的缺點，而已能將變數客觀的，按事件發生的先後順序而建立關係，進而間接的推論變數間之單方向因果關係。但是，令人遺憾的是，路徑分析中所使用的變數也存在著與迴歸分析一樣的先天缺陷，即假設變數是沒有測量誤差的。

　　結構方程模型（structural equation model, SEM）是一種運用統計學中的假設檢定概念，對有關變數的內在因素結構與變數間的因果路徑關係進行驗證、分析的一種統計方法。它是近年來在社會科學領域的研究中，發展甚為快速，應用愈來愈廣泛的一種多變量統計分析方法，並已成為一種十分重要的資料分析技巧。由於結構方程模型對於潛在變數、測量誤差和因果關係模型皆具有獨特的處理能力，除了在心理學、教育學等領域的應用日臻成熟和完善之外，還不斷的被應用在其他多個領域中。而先前我們所提及的相關分析、多元迴歸分析、因素分析和路徑分析等第一代的統計分析方法，都只不過是結構方程模型的特例而已。因此，瑞典經濟學家Claes Fornell便將結構方程模型視為第二代統計學。

◆◆ 9-1　線性迴歸模型 ◆◆

　　當我們要探討一個變數或某些變數（自變數）對另一個變數（依變數）的解釋或預測能力時，一般而言，我們會使用線性迴歸分析。線性迴歸分析，即是一般我們所通稱的傳統迴歸分析。講白一點，一個迴歸模型就是一條數學方程式，它利用數學方程式來測量、驗證、解釋自變數對依變數的影響力大小和方向。也就是說，它可以

利用一個模型（一條數學式）來描述一個被解釋變數（依變數）和一組解釋變數（自變數）之間的線性關係。當自變數只有一個時，我們稱這樣的迴歸模型為簡單迴歸模型；而自變數有多個時，則稱為多元迴歸模型；但是無論如何，在傳統迴歸分析中，被解釋變數（依變數）就只能有一個，而解釋變數可以是一個或多個。迴歸模型（尤其是線性迴歸模型）在變數關係之研究方面，應用非常廣泛，且具有最成熟的理論和應用基礎。

一、模型

數學方程式本身是數字的組合罷了，但是這些方程式若具有實質、可解釋之意義的話，那它才有價值。因此，建立迴歸模型的基本概念是：研究者首先必須依據一定的經驗、文獻探討、推理或理論基礎，先驗的用一條數學方程式來表示研究範圍內之變數間的關係，然後根據可資利用的樣本資料，再選擇適當的估計方法（如最小平方法、最大概似估計法等）而求出迴歸模型中未知參數的估計值。

估計出迴歸模型中的未知參數後，迴歸模型即已建立完成。但是這個迴歸模型是否可以從文獻中獲得理論支持、符合實際現況，能否解釋實際現象，還需要進行檢定，以確定它們在理論上是否具有意義，在統計上是否顯著。如果模型確實通過了這些必要的檢定後，就可以被概化（generalized）至實務的應用領域。

傳統迴歸模型的數學方程式相當簡單，如式9-1。

$$Y = \beta X + \varepsilon \tag{式9-1}$$

式9-1中，Y表被解釋的變數（依變數），它只能有一個；X表解釋變數（自變數），可以是一個或多個。β是迴歸係數（屬未知參數）；ε是隨機干擾項。

當自變數只有一個時，分析較為簡單。但是，在多元迴歸分析中（自變數2個以上時），就需要特別去注意各變數的尺度問題，如果自變數的測量尺度不同時，就需要對各變數之樣本原始資料進行標準化處理，然後再利用最小平方法去估計未知參數，這樣所得到的迴歸係數，一般稱為標準化迴歸係數。利用標準化迴歸係數之絕對值的大小，還可以比較不同自變數對依變數之直接影響效果的大小關係。

二、基本假設

傳統的迴歸模型中，對資料和模型具有下列的前提假設：

1. X是非隨機變數，亦即X為固定變數或事前決定的變數，它不具有測量誤差；

Y是隨機變數，可以具有測量誤差。

2. 隨機干擾項（ε）須符合常態分配，其期望值為0，且隨機干擾項間必須相互獨立。

3. 隨機干擾項（ε）與自變數（X）間，須不相關。

三、特點

1. 由於，僅僅使用一條簡單的線性數學方程式，就可以解釋、衡量、檢驗多個變數間的直接影響效果。所以透過這條數學方程式，變數間的關係就可以相當簡單、直覺且簡潔的觀察出來。

2. 通常採用簡單的最小平方法就可估計出未知參數，如式9-2。

$$\text{Min}\Sigma(Y - \hat{Y})^2 \tag{式9-2}$$

式9-2中，Y是觀察值；$\hat{Y}$是式9-1中Y的估計值，$Y - \hat{Y}$即為殘差之意。

殘差在統計學中的價值不在話下，在許多統計方法中，諸如迴歸分析、變異數分析、因素分析等，其基本概念都是針對殘差進行分析的。一般而言，最小平方法就是種追求殘差平方和最小化的過程，當殘差達最小化時，就可得到待估計之參數值。

3. 透過已估計出的標準化迴歸係數就能直觀的理解，每一個自變數對依變數的直接影響程度，亦即能夠反映出變數間的結構關係。

在迴歸分析中，雖然研究者可以根據經驗、文獻探討、推導或理論基礎而先驗的預設出自變數和依變數之間的因果關係，並運用數學方法加以量化描述。但是，實際的因果關係不能完全只依據迴歸分析的結果而得到證明。在迴歸模型中，所假設的變數間之因果關係即使可以從樣本資料中得到很好的擬合效果，也不能完全肯定其間的因果關係確實是存在的。因為如果我們在模型中，將自變數和依變數的角色互換時，也很有可能可以同樣的得到很好的擬合效果。所以，迴歸分析並不是驗證變數之間是否存在因果關係的統計方法，而是先在假定因果關係存在的前提下，驗證變數間之因果關係的一種統計方法而已。

此外，傳統迴歸模型還具有一些先天上的其他缺陷，比如：無法處理多個依變數的情況；無法對一些不可直接測量的變數（潛在變數）進行處理；沒有考慮變數（自變數、依變數）的測量誤差，以及測量誤差之間的關係等等。

◆ 9-2 因素分析 ◆

　　一般研究中，研究者針對特定問題進行探索時，往往須對與議題相關的變數進行實際觀測與資料蒐集，以建立模型。一般而言，所觀測的變數愈多則其所反映的資訊也愈豐富，越有利於探索事件的本質與特徵。但是，隨著變數的增加卻也容易產生反效果。為何會如此呢？其中的主要問題出在於，各變數間所存在的各種不同程度的相關性，這種客觀存在的相關性，將導致問題分析時的複雜性大為提高。為了解決這一問題，因素分析的概念乃孕育而生。

　　因素分析（factor analysis）是一種非常重要的處理資料降維問題的方法。它將具有錯綜複雜關係的變數綜合為少數幾個因素，以重現原始變數與因素之間的結構關係，同時亦可根據不同因素而對變數進行分類。它實際上就是一種用來檢驗潛在結構是怎樣影響觀察變數的方法。具體來說，因素分析屬於多變量統計分析技術的一種，其主要目的是濃縮、簡化資料。它透過研究眾多變數之間的內部依賴關係，探索觀測資料中的基本結構，並用少數幾個假想的變數來表示其基本的資料結構（因素結構）。這些假想變數能夠反映原來眾多的觀測變數（題項）間所代表的主要資訊，並解釋這些觀測變數之間的相互依存關係，我們把這些假想變數稱之為因素（factors）（又稱為構面、構念、潛在變數）。因此，因素分析就是研究如何以最少的資訊遺失，而能把眾多的觀測變數濃縮成為少數幾個具代表性的因素之統計技術，如圖9-1所示。

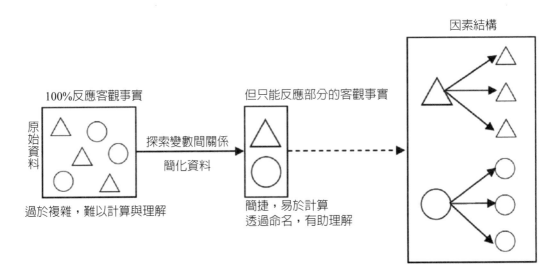

圖9-1　因素分析示意圖

簡而言之，因素分析是透過研究眾多變數之間的內部相關關係，以尋找隱藏在可觀測的觀察變數中，而無法直接觀察到，卻影響或支配觀察變數的潛在因素（或稱為公共因素，common factor），然後使用這少數的幾個假想變數（潛在因素）來表示複雜資料之基本資料結構的方法，所以也稱作探索性因素分析（exploratory factor analysis, EFA）。它是利用原始資料，萃取出一些公共因素（潛在因素），估計公共因素對觀察變數的影響程度，以及公共因素間之關聯性的統計方法。

一、模型

探索性因素分析模型的一般數學模型為：

$$X_i = w_{1i}F_1 + w_{2i}F_2 + \cdots\cdots + w_{ji}F_j + w_iU_i + e_i \qquad\text{（式9-3）}$$

其中，X_i表示觀察變數，F_j代表因素分析中最基本的公共因素，它們是各個觀察變數所共有的因素，它們解釋了變數之間的相關性，U_i代表特殊因素（unique factor），它是每個觀察變數所特有的因素，相當於多元迴歸分析中的殘差項，代表該變數不能被公共因素所解釋的部分；w_{ji}代表因素負荷量（factor loading），它是每個變數在各公共因素上的負荷，相當於多元迴歸分析中的迴歸係數，它代表著第i個潛在因素F_j對第i個可觀測的觀察變數X_i的影響程度；而e_i則代表了每一觀察變數的隨機誤差。

二、基本假設

探索性因素分析要求變數間的關係，須滿足下述假設：

1. 所有的公共因素（F_j）都不相關。
2. 所有的公共因素（F_j）都直接影響所有的觀察變數（X_i）。
3. 特殊因素（U_i）間不相關，且其為平均數為0，變異數為常數的常態隨機變數。
4. 所有的觀察變數只受一個特殊因素（U_i）影響。
5. 所有的公共因素（F_j）和所有特殊因素（U_i）間不相關。

三、特點

1. 因素分析能探索隱藏在多個觀察變數（通常為原始問卷中的每一個題項）中，無法直接觀察到，卻影響或支配觀察變數的潛在因素。因素分析要求萃

取出的潛在因素間必須是相互獨立的，而且要能盡可能的解釋原來之觀察變數所代表的資訊，並且要有實際意義，亦即每個因素都能具有一個合理、有意義的名稱。

2. 因素分析能將多個觀察變數間的關聯性，轉化爲少數幾個因素間的關係。也就是說，因素分析只須透過幾個潛在因素就能呈現出多個觀察變數間之關聯性所代表的大部分意義。因此，可以將所研究的變數變得更簡潔、更直觀和更容易解釋。

四、運用時的困難點

一般在對實際問題做研究時，研究者往往希望盡可能地多多蒐集與研究主題相關的變數，以期能針對問題，而有比較全面性的、完整性的掌握和認識。雖然蒐集這些變數資料需投入許多的人力、物力與時間成本，然而也因此能夠較爲完整而精確地描述研究主題。但將這些變數資料實際運用在分析、建立模型時，卻未必能眞正發揮研究者所預期的作用。也就是說，研究者的「投入」和「產出」並非呈合理的正比，相反的，這樣的蒐集資料行爲，反而會給研究者於統計分析時帶來許多問題，這些問題如下：

(一) 計算量的問題

由於研究者所蒐集的變數相當多，如果這些資料都投入分析與建模時，無疑的，這將會增加分析過程中於計算上的工作量。雖然，目前電腦運用普遍且其計算能力亦相當優異，然而對於此種高維度的變數和龐大的資料量仍是於計算上所不容忽視的。

(二) 變數間的相關性問題

由於研究者針對特定之主題所蒐集到的諸多變數之間，通常或多或少都會存在著相關性。也就是說，變數之間往往具有資訊的高度重疊性和高度相關性，這些特質將會給進階統計方法的應用帶來許多的不便。例如：在多元線性迴歸分析中，如果這些眾多的解釋變數之間，存在著較強且顯著的相關性時，將導致多重共線性問題，那麼於迴歸方程的係數估計時，將帶來許多麻煩，致使迴歸方程係數不準確，甚至模型不可用等問題。

◆ 9-3　路徑分析 ◆

　　路徑分析（path analysis）又譯為通徑分析（觀察變數的路徑分析之簡稱），是由生物學家Wright（1921）最先提出並發展出來的一種分析因果關係的建模方法。它可分析多個觀察變數之間的關係，特別是變數間存在間接影響關係的情況。

　　路徑分析是迴歸模型的一種延伸，傳統的迴歸模型中，自變數（X）可以有多個，但只能有一個依變數（Y）。然而，在管理學的因果關係研究中，往往存在多個依變數。而且傳統的迴歸模型只能研究解釋變數（自變數）對結果變數（依變數）的直接效果，無法分析具有間接效果的問題。在有間接效果的因果關係中，中介變數（mediator）的角色既是自變數，又是依變數；有時還存在一些變數互為因果的問題。這時，傳統的迴歸模型就無能為力了。於是，路徑分析模型逐漸的應用到因果關係的分析中。

　　路徑分析的內容包括三個部分：路徑圖、路徑分析模型與影響效果分解。利用路徑分析，可以分析自變數對依變數影響的方向、影響的大小以及解釋的能力，亦可以用於預測。

一、路徑圖

　　路徑圖是進行路徑分析時，最有用的一個工具。它使用圖形方式表示變數之間的各種線性關係，包括直接的和間接的關係。從路徑圖中，可以直觀地展示各觀察變數間的關係，給人一目了然的認識。

　　一般在路徑圖中，任意兩個變數A和B間，有四種可能的基本結構關係：

1. A可能影響B，但B不影響A。A和B之間的直線為單向箭頭，由A指向B。
2. B可能影響A，但A不影響B。A和B之間的直線為單向箭頭，由B指向A。
3. A可能影響B，B也可能影響A。A和B之間的直線為雙向箭頭。
4. A和B之間沒有結構關係，但可能有相關關係。A和B之間有一帶雙箭頭的弧線相連。

　　如果在路徑圖中，只有單向的箭頭，即模型中變數之間只有單向的因果關係，且所有的誤差項彼此不相關，即解釋變數與其結果變數的誤差之間或解釋變數的誤差之間相互獨立，也就是相關係數為零的模型，這種路徑模型通常稱為遞迴模型（recursive model，如圖9-2），否則，就稱為非遞迴模型（non-recursive model）。

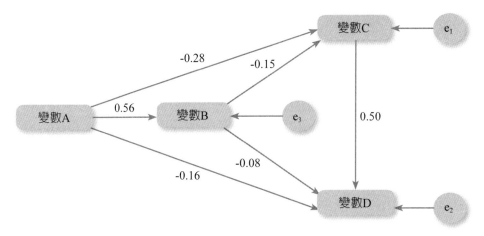

圖9-2　遞迴模型之路徑圖

二、路徑分析模型

路徑分析模型可以反映出多個變數間的關聯性或依存關係。路徑分析模型的一般形式，如式9-4：

$$Y = \alpha + \beta Y + \gamma X + \varepsilon \qquad\qquad （式9-4）$$

式9-4中，α、β與γ是待估計的路徑係數矩陣；ε是殘差項矩陣。

而爲了要能保證式9-4能得到不偏的路徑係數估計值，模型須符合下列的假設條件：

1. Y爲隨機變數、服從多變數常態性，且每一個Y變數的殘差項之間相互獨立；
2. X爲非隨機變數，無測量誤差，且相互獨立；
3. ε爲隨機變數、且服從平均值爲0，變異數爲常數的常態分配，且與X不相關。

三、影響效果分解

路徑分析的最終目的是進行因果效應的分解，其中因果效應可分爲直接效果和間接效果。直接效果是自變數對依變數的直接影響，即自變數到依變數之間的路徑係數。例如：圖9-2中「變數A」到「變數D」的直接效果爲–0.16，到「變數C」的直接效果爲–0.28，等等。間接效果是自變數透過中介變數到依變數的效果。當只有一個中介變數時，間接效果是兩個路徑之係數的乘積，例如：「變數A」透過「變數B」對「變數D」的間接效果是0.56×(–0.08) = –0.0448。對於遞迴模型，中介變數不只一

個時，間接效果就是從依變數出發，通過所有中介變數到依變數形成的「箭頭鏈」上所有路徑係數的乘積。對於非遞迴模型，間接效果的計算比較複雜，此處不予討論。

與迴歸分析一樣，路徑分析也是一種實證性技術，根據樣本檢驗假設的因果關係是否合理，而不能指望路徑發現來尋找和發現因果關係。儘管路徑分析模型解決了一般迴歸模型不能處理依變數多於一個和中介變數等問題，但這種方法在使用上仍然有一些缺陷。這些問題主要是：路徑分析假定變數沒有測量誤差的存在，只能處理可以觀測的外顯變數的因果關係問題，至於潛在變數則不能進行處理。這些問題的解決就需要靠結構方程模型來完成了。

9-4　結構方程模型的產生

一般而言，研究者在分析多個自變數與單個依變數間的因果關係時，通常會採用多元迴歸分析方法。多元迴歸分析可以同時使用多個自變數去預測一個依變數，在此過程中，多元迴歸分析使用最小平方法去估計所有自變數對依變數的影響程度，而且尚可在控制其他自變數的情況下，分析某個自變數對依變數的單獨解釋能力。然而，應用多元迴歸分析時仍有其限制：

1. 在迴歸模型中通常會假設變數沒有測量誤差，即變數可以被完全的測量出來。此假設將導致運用最小平方法來估計參數時，容易產生偏差。
2. 迴歸模型僅能表示出自變數對依變數的直接作用，無法探究可能存在的間接影響效果。
3. 單一條的迴歸模型僅允許一個依變數存在。

為了克服上述的一些問題，路徑分析因而產生了。路徑分析由一組迴歸方程式所組成，透過研究者所建立的假設性因果關係模型，利用觀察到的資料與理論數值進行比對，進而評估假設的路徑模型是否能夠有效解釋觀察到的資料，並確認研究變數間不同型態的關係。路徑分析或多或少能彌補迴歸分析之不足，如：探究變數間的中介效果或干擾效果、從總效果中分離出間接效果與直接效果，使得由模型所分析出來的結果更能反映出變數間的真實相關性及相關的強度。但是，應用路徑分析時，仍舊會存在一些問題，諸如：

1. 假設模型之路徑圖相當複雜，且對同一問題所畫的路徑圖，可具有很多不同

的型式，此將導致路徑分析的結果具不確定性。

2. 前提假設甚多，導致實際資料往往難以滿足。

3. 尚無用以檢定理論模型與抽樣資料之間配適程度的機制。

雖然路徑分析於解析因果關係的過程中，已相當程度的進化，然而路徑分析也僅能處理可直接觀測的變數，亦即其前提假設仍是變數不能具有測量誤差。很不幸的是，在社會科學領域的研究中，我們所要研究的變數，大部分都是不能或不易直接測量得到的，即使能測量到，也總是存在著測量誤差。例如：在研究遊客體驗（X_1）、目的地意象（X_2）對重遊意願（Y）的影響時，這三個變數都是不能或不易直接觀測得到的。在統計學中，我們稱這種變數為潛在變數（latent variable）；而與之對應的則稱為觀察變數（observed variable）或稱外顯變數（manifest variable）。潛在變數所代表的意義是一種抽象的客觀事實，雖然無法直接測得，但是可以透過測量指標（indicator）（與潛在變數相關的觀察變數）或稱指標變數（indicate variable），而對潛在變數間接地加以衡量。

1904年Spearman提出了因素分析技術，該技術可以用來尋找那些潛藏在觀察變數中，無法直接觀察到，卻影響觀察變數的潛在因素，並可估計潛在因素對觀察變數的影響程度以及潛在因素之間關聯性。此外，因素分析尚允許對潛在變數設立多元指標，也能夠處理測量誤差。但是，因素分析仍不能探究因素（潛在變數）之間的結構關係（因果關係）。然而這種潛在變數之間的因果關係，卻往往是研究者所關注的主要議題。在這種情況下，就需要尋找一種能夠有效地解決這類問題的統計分析技術了。

隨著統計理論和電腦技術的持續發展，結構方程模型（structural equation modeling, SEM）乃孕育而生了。在20世紀70年代，Jöreskog、Kessling等人於潛在變數的相關研究中，結合了路徑分析與因素分析的概念，而形成了結構方程模型。其原理為，運用驗證性因素分析技術（confirmatory factor analysis, CFA）結合潛在變數與觀察變數，而構成了結構方程模型的測量模型部分，另藉助路徑分析模型探究各潛在變數之間的因果關係，此即結構方程模型的結構模型部分，最後將測量模型與結構模型整合於一個整體的架構中，即形成了完整的結構方程模型。

第10章

結構方程模型簡介

PLS

　　結構方程模型是一種複雜的因果關係模型，可以處理觀察變數與潛在變數以及潛在變數之間的關係，同時還可考慮到誤差變數的問題。而事實上，一些常用的第一代統計技術如迴歸分析、主成分分析、因素分析、路徑分析及變異數分析等都可看成是結構方程模型的特例而已。此外，結構方程模型也擁有這些第一代統計技術所無法比擬的優點。也正因為如此，近二十年來，導致結構方程模型在心理學、社會學、管理學以及行為科學等領域中能被廣泛的應用。

◆ 10-1　結構方程模型的基本概念 ◆

　　結構方程模型屬多變數統計分析（multivariate analysis）方法，是一種運用假設檢定，對潛在變數之路徑關係的內在結構理論進行分析的一種統計方法。它是近年來發展甚為快速，應用愈來愈廣泛的一種多變數分析方法。由於其對潛在變數、測量誤差和路徑關係具有獨特的處理能力，因此除了在心理學、教育學等領域的應用日趨成熟與完善之外，還不斷的被應用在其他的多種領域中。

　　由於社會科學領域中，一般研究者所關注之議題的相關研究中所涉及的變數，大都是屬於不能準確、直接測量的潛在變數（如：滿意度、忠誠度……等）。對於這些潛在變數的處理，傳統的統計方法如迴歸分析、因素分析與路徑分析皆無法妥善處理。此時，就須運用到能同時處理潛在變數與觀察變數（指量表中的每個題項）的結構方程模型了。基於此，Fornell（1982, 1987）曾將過去社會科學家所常用的統計方法稱為第一代統計技術（first-generation techniques），而將結構方程模型稱為第二代統計技術（second-generation techniques），如表10-1。

表10-1　多變數統計方法分類

	探索性（exploratory）	驗證性（comfirmatory）
第一代統計方法	集群分析（cluster analysis） 探索式因素分析（exploratory factor analysis） 多維尺度分析（multidimensional scaling）	變異數分析（analysis of variance） 羅吉斯迴歸（logistic regression） 多元迴歸（multiple regression）
第二代統計方法	PLS-SEM	CB-SEM 驗證性因素分析（comfirmatory factor analysis）

表格修改自：Hair et al. (2014)

表10-1可明顯看出，第一代統計方法大部皆源自於迴歸分析的理論基礎，這些方法也都如同迴歸分析而具有探索（預測）功能或驗證（解釋）功能。其中，集群分析、探索式因素分析與多維尺度分析等方法，常用於探索資料的本質、類似程度或檢視資料的潛在分布規則，因此在實務的應用上會較偏向於探索性研究（exploratory research）；而變異數分析、羅吉斯迴歸與多元迴歸等方法，則常用來驗證已建好的理論或釐清資料間的關係，因此較偏向於驗證性研究（confirmatory research）。然而，研究者必須了解的是，探索性與驗證性並非是互斥的概念，例如：多元迴歸方法它就可同時具有探索（預測）與驗證（解釋）功能。

第一代統計方法於運用上，會受限於潛在變數存在之事實。也就是說，第一代統計方法尚無法確實處理潛在變數的測量問題之意。於是，第二代的統計方法乃孕育而生了。第二代的統計技術是透過觀察變數，把透過量表或問卷間接測量到的潛在變數納入分析，並計算觀察變數的測量誤差，這就是目前最盛行的結構方程模型。結構方程模型是一種相當複雜的因果關係模型，它除了運用驗證性因素分析技術（confirmatory factor analysis, CFA），將誤差變數內入考量，並結合潛在變數與觀察變數，而構成了結構方程模型的測量模型部分（解決了潛在變數的測量問題），另藉助路徑分析模型探究各潛在變數之間的因果關係，此即結構方程模型的結構模型部分，最後將測量模型與結構模型整合於一個整體的架構中，即形成了完整的結構方程模型。

具體而言，認識結構方程模型最簡單的方法，莫過於謹記，結構方程模型中包含著「三兩」的概念，即兩種變數、兩種路徑與兩種模型。兩種變數意味著結構方程模型中的變數類型有兩種，即觀察變數（長方形）與潛在變數（橢圓形或圓形）。兩種路徑則代表結構方程模型中包含兩類路徑，即代表因果關係的路徑（單向箭頭）與共變（相關）關係（雙向箭頭）的路徑。而兩種模型則是指測量模型（驗證性因素分析模型）與結構模型（路徑分析模型）。

◆ 10-2　PLS-SEM簡介 ◆

PLS（Partial Least Squares，偏最小平方法）是現在有很多社會科學研究者不可或缺的統計分析工具之一。基本上，PLS的結構方程模型（簡稱PLS-SEM）也是一種屬於結構方程模型的統計分析方法，和傳統的結構方程模型（例如：過去常用Amos、LISREL進行分析的SEM）有所區別，但都是屬於結構方程模型的一種。一般

研究者常將過去使用的傳統結構方程模型稱做是CB-SEM（Covariance-based SEM，以共變數為基礎的SEM），主要原因在於CB-SEM透過最大概似估計法檢驗觀察變數的共變矩陣和理論模型的共變矩陣的適配度，以驗證研究者所建的概念性（假設）模型是否能得到所蒐集到的資料之支持。

但是PLS-SEM的基本原理和CB-SEM完全不一樣，PLS-SEM簡單的來說，就是以普通最小平方法（ordinary least squares, OLS），而同時跑了許多條迴歸模型，以期能使結構（路徑）模型中的依變數（內因構念）之誤差項能最小化，並致使結構模型中的依變數能具有最大的值的結構方程模型。PLS-SEM的結構模型圖，如圖10-1所示。

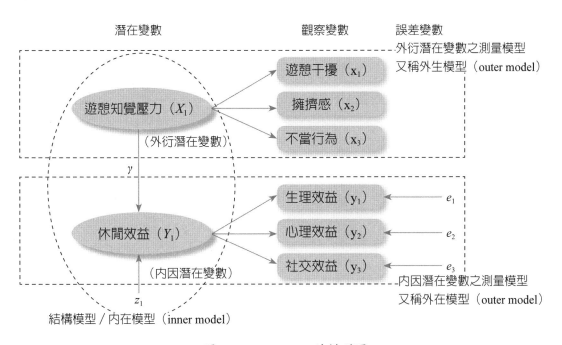

圖10-1　PLS-SEM的模型圖

10-2-1　PLS-SEM模型中的變數類型

PLS-SEM模型中包含了兩類變數：觀察變數與潛在變數，另外誤差變數有些時候也可視為是一種潛在變數，因為它也是不能被直接觀察得到的。此外，亦可根據影響路徑的因果關係，而將PLS-SEM模型的變數分為外衍潛在變數（exogenous latent variables）和內因潛在變數（endogenous latent variables）。

(一) 觀察變數與潛在變數

觀察變數，是指可以直接觀察或測量的變數，又稱為外顯變數（manifest variable）。這些觀察變數通常是指問卷中的每一個題項，一個題項就是一個觀察變數。當然，在一些因素結構較複雜的構念中，觀察變數亦可能是數個觀察變數的平均值。例如：在圖10-1中，「遊憩知覺壓力」這個構念是由「遊憩干擾」、「擁擠感」與「不當行為」等三個觀察變數（子構念）所衡量，然而真實問卷中，「遊憩干擾」子構念又包含了三個題項（觀察變數）。因此，在結構方程模型的分析過程中，我們會將該三個題項得分的平均值設定給「遊憩干擾」子構念，然後再以此子構念當作是主構念「遊憩知覺壓力」的三個測量指標之一。故，觀察變數亦可以是數個其他觀察變數的平均值。在PLS-SEM模型的路徑圖中，觀察變數通常以長方形圖表示，如圖10-1中的x_1、x_2、x_3、y_1、y_2與y_3。

然而，很多社會科學研究中所涉及的變數都是不能被準確、直接地測量，這種變數即稱為潛在變數（latent variable）。雖然潛在變數不能直接測得，但是由於它是一種抽象的客觀事實，所以潛在變數是可以被研究的。方法是透過測量與潛在變數相關的觀察變數作為其指標變數而對其間接地加以評價。傳統的多元統計方法不能有效處理這種含潛在變數的問題，而結構方程模型則能同時處理潛在變數及其指標間的關係。在結構方程模型的路徑圖中，潛在變數通常以橢圓形圖（或圓形）表示，如圖10-1中的「遊憩知覺壓力」（X_1）與「休閒效益」（Y_1）。

此外，在CB-SEM中常將觀察變數和測量誤差項合稱為指標（indicators），但在PLS-SEM模型中，由於假設外衍潛在變數的觀察變數不會有誤差項，因此觀察變數就會直接稱之為指標。利用數個指標就可以間接測量潛在變數。其次，須特別注意的是，內因潛在變數會有測量誤差（如圖10-1中的e_1、e_2與e_3）和結構模型的結構誤差項（即外衍潛在變數預測內因潛在變數時，所產生的誤差），如圖10-1中的z_1。誤差項所代表的意義是測量模型或結構模型中，估算時未能被解釋的變異。然而，未來利用SmartPLS建模時，於模型圖上，並不會畫出這些測量誤差項與結構誤差項。

(二) 外衍潛在變數與內因潛在變數

外衍潛在變數是指模型中不受任何其他變數影響，但會影響模型中的其他變數之變數，也就是說，在路徑圖中，外衍潛在變數會指向任何一個其他變數，但不會被任何變數以單箭頭指向它（如圖10-1中的X_1）。在一個因果模型中，外衍潛在變數的角色是解釋變數或自變數。

　　而內因潛在變數，是指在模型內會受到任何一個其他變數所影響的變數，也就是說，在路徑圖中，內因潛在變數會受到任何一個其他變數以單向箭頭指向的變數（如圖10-1中的Y_1）。在一個因果模型中，內因潛在變數會被看作是結果變數或依變數。

　　通常我們會用x表示外衍觀察變數（如圖10-1中的x_1、x_2與x_3）；y表示內因觀察變數（如圖18-1中的y_1、y_2與y_3）。而外衍潛在變數和內因潛在變數則分別用X_1和Y_1表示。

　　由於結構方程模型中的變數有：觀察變數與潛在變數兩種，且依其在模型中所扮演的角色，又可分為內因、外衍兩類。故結構方程模型中的變數，依其角色定位大致可分為四類，分別為：外衍觀察變數、外衍潛在變數（潛在自變數）、內因觀察變數、內因潛在變數（潛在依變數）。

10-2-2　PLS-SEM模型中的路徑

　　在CB-SEM中會包含兩類路徑，即代表因果關係的路徑（單向箭頭）與共變關係（雙向箭頭）的路徑。但是在PLS-SEM模型中將只包含單向箭頭路徑而不會有雙向箭頭路徑，它的路徑值一般稱為路徑係數（如圖10-1中的）。

　　與路徑分析類似，在進行PLS-SEM分析前，常須繪製路徑圖，它能直觀地描述變數間的相互關係。應用路徑圖有一些規則，如圖10-1所示：

1. 長方形：表示觀察變數。如圖10-1中的x_1、x_2、x_3、y_1、y_2與y_3。
2. 橢圓形或圓形：表示潛在變數。如圖10-1中的X_1和Y_1。
3. 長方形◀── 橢圓形：代表潛在變數的因素結構，即各觀察變數與潛在變數間的迴歸路徑，其真實意義就是因素負荷量之意。
4. 橢圓形◀── 橢圓形：代表因果關係，即外衍潛在變數X_1對內因潛在變數Y_1的直接影響。

10-2-3　結構方程模型的構造

　　一般而言，PLS-SEM模型的構造可以分為測量模型（measurement model）和結構模型（structural model）兩部分。測量模型用以描述潛在變數與指標之間的關係。如圖10-1矩形虛線的範圍，即表明模型中有兩個測量模型（又稱外生模型，outer model），分別外衍潛在變數的測量模型與內因潛在變數的測量模型。結構模型（又

稱內因模型，inner model）則用以描述潛在變數之間的關係，又稱為路徑分析模型。如圖10-1橢圓形虛線的範圍，則表明模型中有一個結構模型，即「遊憩知覺壓力」與「休閒效益」間的關係。實務上，進行PLS-SEM模型分析時，要先驗證測量模型具有信、效度後，才能驗證結構模型。也就是說，唯有潛在變數的測量是可信的、有效的情形下，驗證潛在變數間的關係才有實質意義（邱皓政，2004）。

◆◆ **10-3　PLS-SEM與CB-SEM的差異** ◆◆

　　基本上，結構方程模型可分為兩種類型，一種是以共變數（covariance）為基礎的結構方程模型，可針對各觀察變數的共變數結構進行運算分析，並藉由研究者所推論的概念性模型來解釋變項間的共變關係。因此，這類型的結構方程模型就常被稱為是以共變數為基礎的結構方程模型（covariance based SEM, CB-SEM）；另一種則是以變異數為基礎的結構方程模型，也就是利用偏最小平方法（partial least squares）求解的結構方程模型（PLS-SEM），該方法利用觀察變項的線性組合而定義出一個主成分結構後，再利用迴歸原理解釋檢驗主成分間的預測與解釋關係，因此也稱為以主成分為基礎的結構方程模型。

　　由於以共變數為基礎的結構方程模型（CB-SEM）發展已相當成熟，且應用在許多科學領域，大眾較為熟悉。但CB-SEM在實務應用時仍有許多的限制（如常態性要求、須大樣本等），故近期已有不少研究者（尤其是資訊領域）紛紛改用PLS-SEM，似有後浪推前浪之勢。因此本書也將聚焦於偏最小平方法結構方程模型（PLS-SEM）的原理與運算、統計特性與結構方程模型的差異，以及其優勢和限制。

　　CB-SEM的基本概念是：研究者首先會根據過去文獻中所提及的理論，然後依據本身所具備的知識與經驗，經過觀念釐清、文獻整理、分析、理論的邏輯推導等理論性的辯證與演繹後，從而建立一個足以描述一組變數之間相互關係的概念性模型（又稱為假設模型、理論模型），且這個概念性模型尚有待檢驗，以驗證自己所提出的理論觀點之適用性（邱皓政，2004）。因此，CB-SEM大都應用於驗證性研究中。當研究者提出概念性模型後，欲利用結構方程模型進行分析時，首先會對模型中所涉及的觀察變數進行測量，從而獲得一組觀察變數的實際資料和基於此樣本資料所形成的共變數矩陣，這個共變數矩陣稱為樣本矩陣（S）。結構方程模型就是要將概念性模型中，各變數之路徑關係（聯立方程式）所形成的共變數矩陣（又稱再生矩陣，Σ）與

實際的樣本矩陣（S）進行配適性檢驗並以最大概似法（maiximum likelihood, ML）進行估計，以能確實評估樣本矩陣到底有多接近再生矩陣，評估時，將使用如GFI、AGFI、NFI、CFI、NNFI、SRMR……等指標輔助評估模型配適度。如果概念性模型與實際的樣本資料配適良好，那麼就表示概念性模型是可以接受的；否則就要對概念性模型進行修正，如果修正之後仍然不符合配適指標的要求，那麼就須否定概念性模型，一切得從頭再來。

相對於CB-SEM，PLS-SEM並不以最大概似估計法評估模型配適度，而是以普通最小平方法進行估計。PLS-SEM的運算是由一系列的加權迴歸方程式所完成，藉由一組加權係數來調整迴歸方程式，以使結構（路徑）模型中的依變數（內因構念）之誤差項能最小化為目標，而獲得結構模型的最佳化。也就是說，期望所估計出的參數能使得結構模型中的依變數（內因構念）具有最大的值。因此其主軸概念在於探索一個較佳的模型（具最大值）。因此，故當研究者之研究主題尚未臻成熟，或特別是當研究模型的主要目標在於預測或解釋模型中的依變數時，PLS-SEM可能是個較合適的方法。亦即，PLS-SEM對預測理論的發展以及解釋變異的研究來說，是個較佳的方法（Hair et al., 2014）。

最後，將就CB-SEM與PLS-SEM於統計技術、分析目的、資料分配、共線性、樣本數、指標型態、模型評估與工具軟體的差異性，整理如表10-2。

10-4　使用PLS-SEM時的考量

當研究者決定使用PLS-SEM進行統計分前，最好能考量其統計特性的適用性，因為這些統計特性可能會影響最終結果的評鑑（Hair et al., 2014）。一般而言，使用PLS-SEM須考量的重要議題有四類：(1)資料；(2)模型特性；(3)PLS-SEM的演算特性；(4)模型評鑑。

一、資料特性

資料特性，如最小樣本需求、非常態性資料與測量尺度是選用PLS-SEM最重要的幾個考量因素（Hair et al., 2012b; Henseler et al., 2009）。首先，研究者須理解，CB-SEM的估計運算必須在假設資料為常態分配的情況下才能進行，因此CB-SEM會受到多元常態分配的假設限制，倘若資料型態為非常態分配時，那麼所得到的結果就會有所偏誤。相較於CB-SEM，PLS-SEM是種無母數的迴歸分析技術，亦即PLS-

表10-2　CB-SEM和PLS-SEM的差異性

項目	CB-SEM	PLS-SEM
統計技術	以指標間的共變數矩陣與實際樣本的共變數矩陣為基礎，進行配適分析，以檢驗概念性（假設）模型與實際的樣本資料的配適程度。	以指標間的線性組合，定義出構念的變異數結構，再利用OLS迴歸模型進行分析，以檢驗構念（主成分）間的預測或解釋關係。又稱為以變異數為基礎的結構方程模型。
分析目的	主要用於檢測研究者所提之概念性（假設）模型的適用性，故常用於驗證型研究中。	其主要功能在於預測與解釋，且並不會產生整體配適度指標。故適合用於模型的探索與驗證透過推導所建構之模型的路徑（因果）關係。
資料分配	會受到資料分配影響，以最大概似估計法進行估計時，則資料必須具有多元常態性，否則易得偏誤解。	屬無母數統計分析技術，故資料可以不具常態性，甚至小樣本也無所謂。但是當資料型態具有非常態分配又是小樣本時，仍需要相當規模的樣本，才能期望獲得較穩定的估計結果。
共線性	由於，演算過程為常態機率模型所限制，共線性問題的威脅較低。	雖在無母數機率環境下，迴歸模型不易受到多元共線性問題影響，但指標間具有高度相關性時，或指標為形成性時，共線性問題的威脅較高。
樣本數	所需樣本數之最小值介於100～150間，但實務上，欲達良好配適，樣本數通常非常大。	樣本大小應為研究中所使用問卷之題項數的10倍以上。
指標型態	反映性為主。	反映性與形成性皆可。
模型評估	主要針對模型的整體配適程度進行評估，評估指標有：卡方值、各種配適度指標、組合信度（CR值）、平均變異抽取量（AVE值）、收斂效度、區別效度。	主要針對模型的預測能力與解釋能力進行評估。評估模型的預測能力時，可使用決定係數（coefficeint of determination, R^2）和外生變數對內因變數的解釋效果量指標（f^2）來輔助評估；而評估模型的預測能力時，可以採用由盲解法（blindfolding method）所計算出之內因變數的預測相關性指標Stone-Geisser's Q^2或預測效果量q^2進行評估。
工具軟體	AMOS、LISREL、EQS	SmartPLS、PLS gragh、Visual PLS

資料來源：修改自蕭文龍（2018）

SEM並沒有限制資料須符合多元常態分配的假設。因此，PLS-SEM縱使在小樣本的情況下進行估計，也可以獲得良好的參數估計值。相反的，CB-SEM對常態性的要求則相當嚴謹，因此，須要使用比較大的樣本以維繫估計解的不偏性。不過事實上，當資料型態具有非常態分配且又是小樣本時，其實PLS-SEM也需要相當規模的樣本，才能期望獲得較穩定的估計結果（李承傑、董旭英，2017）。

其次，雖然PLS-SEM可配適小樣本資料，不過當樣本數小於測量變數之數目時，也很有可能會得到不理想的估計解（Hair et al., 2014），只有當樣本數愈大時，才可以獲得愈穩健的結果。至於樣本數到底要多大呢？Barclay et al.（1995）曾提出所謂的十倍數法則供學界參考。也就是說決定樣本數時，應參考研究模型中具有最多指標數的構念，並以該最多指標數為計算基礎，樣本數應為該最多指標數的10倍。雖然這樣的法則，在學界也有些運用，然而學界也對樣本數的大小提出了不少實務上的看法。因而，目前似乎還沒有一個統一的樣本大小之選取標準，各篇文獻的結論與建議都不盡相同，有的甚至相互矛盾。不過，對於實務應用的研究者而言，最簡捷的法則莫過於Nunnally（1967）對結構方程模型所建議的，樣本大小應為研究中所使用問卷之題項數的10倍以上。

最後，有關測量尺度，PLS-SEM模型中的測量指標通常為數值型資料，且對於等距的次序尺度與二元型變數亦能妥善處理。但內因潛在變數最好不要是二元型變數。通常在PLS-SEM模型中，會使用到二元型變數的時機為進行干擾效果（moderating effect）檢定或多群組分析（multi-group analysis）時。因為只要依照二元型變數的值，就可適當的對原始樣本分群，而進行檢定。

至於其他有關資料特性的細節，建議讀者可自行參考表10-3。

二、模型特性

PLS-SEM能同時妥善處理反映性（reflective）與形成性（formative）的測量模型以及僅具有單一題項之構念，故PLS-SEM於處理測量模型時是相當有彈性的，而不像CB-SEM只能妥善處理反映性測量模型，對於形成性的測量模型之處理能力相對較弱。

在CB-SEM中，常稱結構方程模型具有「三兩」的概念，即具有兩種變數、兩種模型與兩種路徑。然而，在PLS-SEM中，只具有「二兩一」的概念。兩種路徑是指結構方程模型具有單向箭頭的路徑（因果關係）與雙向箭頭的路徑（相關性）。由於，PLS-SEM演算法要求路徑模型必須是遞迴模型（recursive model），亦即潛在變數間彼此不相關，也就是潛在變數間的相關係數為零。因此，在PLS-SEM中只有單向箭頭的路徑，而不存在代表相關性的雙向箭頭路徑。

在CB-SEM中，常要求模型須有良好的配適度外，最好模型也能愈精簡愈好。因為模型的複雜度對CB-SEM的演算過程是種即為嚴峻的挑戰。相反的，對於PLS-SEM而言，只要樣本數能符合最低要求，模型複雜度基本上並不是問題（Hair et al., 2014）。

表10-3　PLS-SEM的主要特徵

主項目	分項	特性
資料特性	樣本大小	1. 能妥善處理小樣本研究，沒有模型識別問題。
		2. 即使是小樣本，分析結果仍具高統計檢定力。
		3. 但大樣本更能增加估計的正確性與一致性。
	資料分配	1. PLS-SEM屬無母數統計方法。
		2. 樣本資料不須具有常態性。
	遺漏值	1. 遺漏值若能控制在5%以下，則估計結果仍具穩定性。
	測量尺度	1. 外衍或內因潛在變數，最好是數值資料。
		2. 次序尺度或二元資料等類別型資料亦適用。
		3. 內因潛在變數最好不要使用類別型資料。
模型特性	指標數	1. 單一指標或多指標之構念皆適用。
	指標型態	1. 反映性或型型性指標皆可妥善處理。
	模型複雜度	1. 處理複雜模型時，甚具效率性。
		2. 測量模型中，構念之指標數愈多，愈有利於降低PLS-SEM偏誤。
演算特性	目標	1. 期能使未解釋變異量最小化（值最大化）。
	效率	1. 即使是處理複雜性高的模型時，亦甚具效率。
	潛在變數得分	1. 以指標的線性組合進行估計。
		2. 可用來進行預測。
		3. 可用來作後續任何分析時，潛在變數的代表值。
	參數估計	1. 會低估結構模型的路徑關係（屬PLS-SEM的一種偏誤）。
		2. 會高估測量模型的因素負荷或權重（亦屬PLS-SEM的一種偏誤）。
		3. 估計結果具穩定性。
		4. 估計結果具高統計檢定力。
模型評鑑特性	整體模型評鑑	1. 沒有整體模型配適度評鑑指標。
	測量模型評鑑	1. 反映性測量重視因素負荷量、CR值、AVE值等信、效度評鑑指標。
		2. 形成性測量重視權重顯著性、共線性、收斂效度的評鑑。
	結構模型評鑑	1. 應針對模型的預測能力與解釋能力進行評鑑。
		2. 評鑑模型的解釋能力時，可使用決定係數（coefficeint of determination, R^2）和外生變數對內因變數的解釋效果量指標（f^2）來輔助評鑑。
		3. 評鑑模型的預測能力時，可以採用由盲解法（blindfolding method）所計算出之內因變數的預測相關性指標Stone-Geisser's Q^2或預測效果量q^2進行評鑑。
	其他分析	1. 可檢驗多重中介效果。
		2. 可進行階層成分分析（hierarchical component models）。
		3. 可進行類別型干擾變數檢定。
		4. 可進行連續型干擾變數檢定。
		5. 可利用多群組分析，進行測量恆等性（measurement invariance）檢驗。
		6. 可利用多群組分析，進行模型泛化性（model generalization）檢驗。

資料來源：修改自Hair, Ringle, & Sarstedt（2011）

三、PLS-SEM的演算特性

PLS-SEM的演算主要是透過一系列的加權迴歸模型分析所達成，演算過程中會藉由加權迴歸係數的持續變化而調整迴歸模型的估算結果，進而獲得最佳化狀態（最大的R^2值）的結構模型。

PLS-SEM的演算程序基本上有四個步驟：首先，進行線性組合。PLS-SEM會將潛在變數與其所屬的各指標進行線性組合，以獲取潛在變數的標準化得分。其次，估計結構模型權重。於前一步驟取得各潛在變數的標準化得分後，利用迴歸模型分析或路徑分析求解，以取得結構模型中各潛在變數的權重。然後，再於結構模型中，於外衍潛在變數與內因潛在變數間進行線性組合，由此就可以計算出新的結構模型中，各潛在變數的新估計值。最後，再重新估計測量模型的權重。藉由新結構模型中，各潛在變數的新估計值與其所屬各指標間的相關係數或迴歸係數再做為測量模型的權重，再次代入第一步驟求取測量模型潛在變數得分以進行線性組合。如此，反覆疊代估計，直到獲得的測量模型權重收斂至不再有明顯改變時才停止計算。

當然，如前所述，在PLS-SEM的演算過程中，都是以能達成將未解釋的變異量最小化為主要目標（即R^2值的最大化）。其次，讀者也應不難發現，PLS-SEM的演算過程還蠻類似傳統的主成分分析法與迴歸模型分析，且事實上PLS-SEM也具有前述方法的某些特質。例如：在進行預測時，PLS-SEM具有相當的便捷性與彈性，而且重視實務應用與實際預測控制的效用，但此作為應也會減損理論價值與概念的詮釋性，不過這並非PLS-SEM發展的目的，因此也不算是個缺點（李承傑、董旭英，2017）。

四、模型評鑑

CB-SEM主要是應用於驗證性的研究，其目的在於檢驗研究者所提出的概念性（假設）模型與實際的樣本資料是否配適良好。因此，將使用到一些可用以輔助評鑑模型配適度的指標如GFI、AGFI、NFI、CFI、NNFI、SRMR……等。然而，對於PLS-SEM而言，其主要功能在於預測與解釋，且並不會產生整體配適度指標，故評鑑模型品質時，則應針對模型的預測能力與解釋能力進行評鑑。在SmartPLS軟體中，評鑑模型的解釋能力時，可使用決定係數（R^2）和外生變數對內因變數的解釋效果量指標（f^2）來輔助評鑑；而評鑑模型的預測能力時，可以採用由盲解法所計算出之內因變數的預測相關性指標Stone-Geisser's Q^2或預測效果量q^2進行評鑑。

其次，由於PLS-SEM的演算過程中，主要是針對潛在變數與其所屬的指標進行

線性組合，所以簡化了主成分分數間的運算過程，並直接進行OLS迴歸分析，所以即使樣本數不多也可用來估計測量模型與結構模型。再者，由於路徑分析是迴歸的延伸，以迴歸為核心概念的PLS-SEM也可以延伸其功能到路徑模型的檢驗，以及中介效果分析（李承傑、董旭英，2017）。

此外，PLS-SEM也可以簡單的完成有關類別型干擾變數、連續型干擾變數與多群組分析等異質性資料的分析工作，而且也因PLS-SEM能夠直接套用交互作用項而進行迴歸，或多群組比較策略，因此，處理異質性資料問題也顯得較有效率。簡而言之，相較於CB-SEM，PLS-SEM對樣本條件的需求較少，也不須強求資料須符合多元常態分配，還可以處理多個構念的複雜結構模型，並能同時處理反映性指標和形成性指標的測量模型。因此，特別適用於預測與強調模型整體解釋變異程度的研究中（李承傑、董旭英，2017）。

◆ 10-5　反映性與形成性 ◆

一個完整的結構方程模型應包括測量模型和結構模型等兩個部分，測量模型描述著潛在變數和外顯指標間的關係；而結構模型則描述著不同潛在變數間的因果關係。測量模型中每個潛在變數都將由一組指標來界定，且通常認為潛在變數的變異會引起指標變異，故指標是潛在變數的效應呈現（Diamantopoulos, 2008），這種模型即是Spearman提出的因素分析法所代表的模型，一般稱為反映性模型（reflectivemodel），而其指標就稱為反映性指標（reflective indicator），又可稱為效應指標（effect indicator）。但是，Blalock（1964）也指出，在某些情況下，因指標變異而導致潛在變數變異的情況下，在測量的解釋上或許更為合理，而這種測量模型就稱為是形成性模型（formative model），而其指標則稱為形成性指標（formative indicator），又可稱為原因指標（causal indicator），且這種觀點得到了愈來愈多研究者的關注。

在目前的社會科學研究中，研究者甚少仔細思考指標和潛在變數之間的關係，幾乎都非常自然的接受反映性模型。然而將形成性模型錯誤的界定為反映性模型，或者將反映性模型錯誤的界定為形成性模型，均會導致模型界定錯誤。錯誤的模型界定將會使得參數估計時容易產生偏誤，導致對變數間關係的錯誤評估，進而影響統計結論的有效性，甚至導致研究者對整個研究問題的錯誤解釋（Jarvis, MacKenzie, & Podsakoff, 2003）。因此，研究者於研究前，應能明確區分所將建構的測量模型到底

是反映性模型或是形成性模型具有非常重要的意義。

10-5-1 反映性與形成性測量模型簡介

圖10-2a就是一個典型的反映性測量模型，該測量模型可用圖形下方的式10-1來加以表示。i代表第i個指標，λ_i表示第i個指標在潛在變數η上的因素負荷量，ε_i表示第i個指標的測量誤差，測量誤差之間會相互獨立，測量誤差與潛在變數間也要相互獨立。

圖10-2b則是一個典型的形成性測量模型，該測量模型可用圖形下方的式10-2來加以表示來。γ_i表示第i個指標x_i對潛在變數η的影響力，ς為殘差，x_i與殘差ς相互獨立。

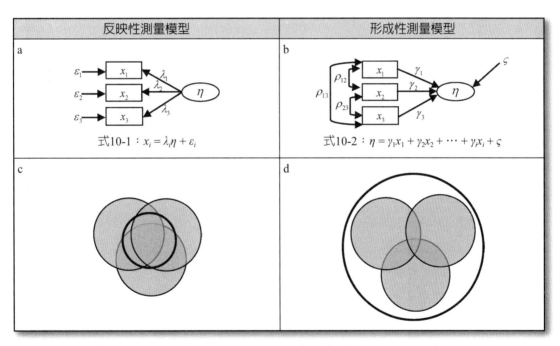

資料來源：圖型修改自Diamantopoulos, Riefler, & Roth（2008）與Hair et al.（2014）

圖10-2　反映性與形成性測量模型

其次，圖10-2c與圖10-2d則描繪了兩種指標型態於概念上的差異。圖中黑色圓圈代表構念之概念的總集合，也就是構念透過指標間接測量所想要測到的內容。而灰色圓圈則代表每一指標所能涵蓋之概念範圍。明顯的，反映型測量的目標在於將這些可互換的指標間的重疊區域最大化；而形成性測量則強調能將代表不同面向意涵的指標

所能擴展的範圍最大化，因此指標間重疊的面積應愈少愈好。

而若從模型界定的觀點來看，反映性測量模型和形成性測量模型具有下列的差異：

(一) 潛在變數與指標的關係

一般而言，反映性測量模型顯示了潛在變數的變異將會導致指標的變異，故指標會展現出潛在變數的特徵與概念。各指標對潛在變數而言，都具有同樣有效的測量，因此刪除某個指標對潛在變數的本質並不會有所影響。相對的，形成性測量模型則顯示指標的變異將會導致潛在變數的變異，各指標共同界定了潛在變數的特徵，代表著一系列概念範圍不同且不可互換的因素，每個指標代表變數的某一面向的特定意涵。因此，刪除某個指標就會改變變數的本質（Jarvis et al., 2003）。

(二) 各指標間的關係

反映性測量模型中，所有的指標之間必須有正相關，如此才會具有內部一致性；而形成性測量模型中，指標間的相關並不是必要的條件，相關的程度也沒有特定的要求，可以是正相關、負相關或無相關（Jarvis et al., 2003）。

(三) 有關誤差

反映性與形成性測量模型都會具有誤差項。但是反映性測量模型的誤差是指指標水準間的測量誤差；而形成性測量模型的誤差則是指潛在變數水準間的結構誤差（殘差）（Diamantopoulos, 2006）。

Jarvis等人（2003）曾評估了四種主要的行銷研究期刊上所發表的文章，結果發現，有大約三分之一的研究，其模型界定錯誤了。這類的模型界定錯誤大致可分為兩種型態：應該採用形成性模型而卻採用反映性模型，稱為Ⅰ型錯誤；應該採用反映性模型而卻採用了形成性模型，稱為Ⅱ型錯誤（Diamantopoulos & Siguaw, 2006）。此外，Diamantopoulos等人（2006）的研究也發現，如果按照反映性模型和形成性模型的量表開發原則進行分析的話，以最初相同的30個題項，經項目分析後，最終被保留下來的題項，在反映性模型和形成性模型中竟只有兩個是一致的。可見，模型界定錯誤對最終的測量指標確實有極大影響。模型界定錯誤帶來的最嚴重後果是模型正確卻被拒絕或者模型錯誤卻被接受，更為常見的結果是使模型參數估計發生偏差，但無論哪種類型的錯誤，最終都會影響研究結論的準確性和科學性。

10-5-2 總結

整體而言，反映性模型和形成性模型在變數的本質、潛在變數與指標的因果關係、指標的特徵、指標與前因／後果變數的關係以及測量誤差方面都存在著些許差異，這些差異如表10-4。

表10-4　反映性與形成性的差異

	反映性	形成性
潛在變數的本質	潛在變數獨立於指標而存在	潛在變數是指標的組合
潛在變數與指標的關係	潛在變數的變異導致指標的變異	指標的變異導致潛在變數的變異
指標的特徵	指標顯示潛在變數的特徵	指標定義潛在變數
	指標間呈現相似內容或主題	指標間不必呈現相似內容或主題
	指標可替換	指標不可替換
	增加或減少某個指標不會改變潛在變數的概念範疇（conceptual domain）	增加或減少某個指標會改變潛在變數的概念範疇
	指標間須要高的正相關	指標間不必有高的正相關，但要有相同的方向
指標與前因／後果變數的關係	所有指標與前因／後果變數的關係具有相同的符號和相似的顯著性	所有指標與前因／後果變數的關係不必具有相同的符號和相似的顯著性
測量誤差	可以評價指標水準的誤差	單個模型無法評價指標誤差

已有不少文獻顯示（Jarvis et al., 2003; MacKenzie et al., 2005; Podsakoff, Shen, & Podsakoff, 2006），實證研究中的測量模型經常被錯誤界定，例如：形成性模型被錯誤的界定為反映性模型。這一方面的錯誤可能是由於研究者對形成性模型不熟悉所致（Diamantopoulos, 2008; Bollen & Davis, 2009）。另一方面，Bollen和Davis（2009）指出，由於文獻上較少討論形成性模型的實務使用方法與建議，因此也限制了形成性模型的應用性。雖然形成性模型已經引起了眾多研究者的重視，但相關的系統性研究並不充分，尚存不少問題有待深入探討。另外，對高階形成性模型的理論解釋和模型識別與評估，也存在很大的難度，仍需要研究者再接再勵。

10-6 應用PLS的步驟

　　基本上，應用PLS-SEM時有其步驟程序，研究者必須謹遵這些程序，才能有效率的完成執行PLS-SEM的任務，而本書後續章節也將以此步驟爲基礎，進行編排，這些步驟如圖10-3。

　　具體來說，PLS-SEM始於測量模型與結構模型的界定，在SmartPLS中也就是模型圖的繪製之意（第11章）。接著就是資料準備工作（第11章）。根據Anderson and Gerbing（1988）及Williams and Hazer（1986）等學者的建議，進行結構方程模型分析時應分爲兩個階段，第一階段先針對各研究構面及其衡量題項進分析，以了解各構面的信度、收斂效度（convergent validity）及區別效度（discriminant validity）；第二階段爲運用潛在變數的路徑分析，以驗證研究中對於各種因果關係之假設檢定。因此，接下來將進行測量模型的評鑑，這包含了反映性測量模型的評鑑（第12章）與形成性性測量模型的評鑑（第13章）。測量模型中的信、效度都達學術性研究所要求的水準後，就可進行結構模型分析，以確認各潛在變數間的路徑（因果）關係（第14章）。最後，若有需要則可再探討有關PLS-SEM的較進階議題，如階層成分模式、多重中介效果、干擾效果、測量恆等性與模型泛化等議題（第15、16、17章）。

圖10-3　應用PLS-SEM的步驟

第11章

SmartPLS基本操作

PLS

　　常見且可用於執行PLS-SEM的工具軟體有SmartPLS、PLS-Gragh、VisualPLS等，這些軟體中又以SmartPLS最為研究者所喜好。SmartPLS是由德國漢堡大學Ringle et al.（2005）所開發的電腦軟體，是種專門用來輔助PLS-SEM建模、評鑑測量與結構模型的套裝軟體。近年來，其運用面相當廣泛，幾乎涵蓋了人文、社會科學的研究領域，可說是執行PLS-SEM的主流軟體。

◆ 11-1　SmartPLS簡介與安裝 ◆

　　SmartPLS套裝軟體並不像一般坊間的應用軟體，以光碟的形式販賣與推廣。使用者必須至其官網（https://www.smartpls.com/）下載最新版本軟體（目前為SmartPLS 3.2.7）並於安裝後才能使用。下載時，若你的電腦之作業系統為Windows xp時，則下載32 BIT的安裝程式（smartpls-3.2.7_32bit.msi）；若為Windows 7以上版本時，則請下載64 BIT的安裝程式（smartpls-3.2.7_64bit.msi）。

　　安裝SmartPLS時，只要於下載的安裝檔案（smartpls-3.2.7_32bit.msi或smartpls-3.2.7_64bit.msi）上，快按兩下，即可啟動安裝程式。安裝過程相當簡易，只要稍懂電腦者，小菜一碟。不過安裝過程中會出現版本選項畫面，如圖11-1。有四種版本選項可供選擇，分別為「Student（Limited Features Free Forever）」、「Professional（All Features 30 days for free）」、「Professional（All Features Enter License Key）」與「Professional（All Features Enter License Server）」等版本。「Student（Limited Features Free Forever）」就是所謂的學生版，雖為無料（free）且可無限期使用，但是資料檔限制只能包含100個樣本且某些功能被鎖住不能使用。而「Professional（All Features 30 days for free）」則屬無料專業版，且所有功能亦皆能使用，但是只能使用30天。但「Professional（All Features Enter License Key）」與「Professional（All Features Enter License Server）」則都是有料專業版，全功能開放，須要的話可洽SmartPLS臺灣經銷商。

　　建議讀者可於練習階段先選用「Student（Limited Features Free Forever）」版本，待要實際應用於論文寫作或有需要全功能版本時，再切換為「Professional（All Features 30 days for free）」版本，先撐個30天看看。撐過30天後若還須使用，那麼就只能向SmartPLS臺灣經銷商承租了（其銷售策略為只租不賣），其租金還算便宜，大約一個月1,000元（教師、學生還可打折）。當然，若讀者堅持不租的話，換臺電腦重新安裝也是可以的！

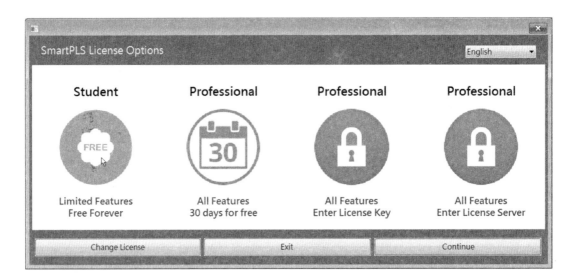

圖11-1　SmartPLS版本選項

安裝時，若讀者選擇「Student（Limited Features Free Forever）」版本（建議），將來要切換為其他版本時，只要於SmartPLS主視窗中執行「Info/Switch License」，然後再重新選擇欲使用的版本名稱即可。

11-2　SmartPLS 3的主視窗

安裝好SmartPLS 3後，開啓SmartPLS 3的方式與其他的視窗應用軟體並無不同，於桌面上代表「SmartPLS 3」的圖示上快按兩下，即可開啓SmartPLS 3主視窗，如圖11-2。

SmartPLS 3主視窗大致上可分為六個區域，分別介紹如下：

一、功能表

功能表中會依功能類別而詳列出SmartPLS 3的所有功能，各功能待將來用到時，再詳加予以介紹。

二、工具列

工具列中將以圖示方式列出SmartPLS 3較常用的功能，以方便使用者取用。

工作空間

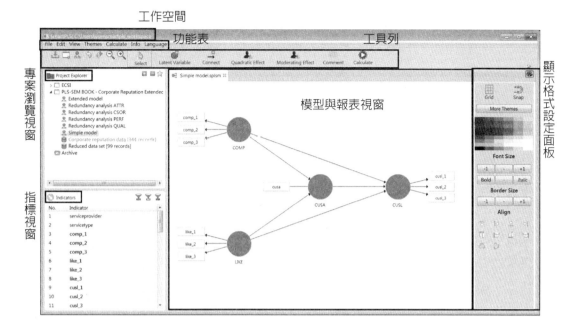

功能表　　　　　　　　　　　工具列

專案瀏覽視窗

指標視窗

模型與報表視窗

顯示格式設定面板

圖11-2　SmartPLS主視窗

三、Project Exploer（專案瀏覽視窗）

專案瀏覽視窗位於主視窗的左上角，SmartPLS 3的檔案架構可概分為三個層級，第一級為工作空間（work space），其概念類似檔案總管中的「資料夾」；第二級為專案（project），其概念類似檔案總管中的「子資料夾」；第三級才是檔案，包含兩種類型，一種為模型檔（*.splsm），另一種為資料檔（*.txt或*.csv）。SmartPLS中的每個專案都可以包含複數個模型檔與複數個資料檔。

如圖11-2，目前SmartPLS所使用的工作空間顯示在視窗的標題列上，其位置在資料夾「c:\users\user\smartpls_workspace」。這個工作空間下包含了兩個專案，其名稱分別「ECSI」與「PLS-SEM BOOK - Corporate Reputation Extended」。「ECSI」專案中包含三個模型圖（ ）、兩個資料檔（ ）；而「PLS-SEM BOOK - Corporate Reputation Extended」專案中則包含六個模型圖、兩個資料檔。資料檔名稱若以綠色字體顯示，代表其為作用中檔案，即該資料檔是目前模型圖所配適的資料檔之意。

四、Indicators（指標視窗）

指標視窗位於主視窗的左下角，會顯示出目前作用中的資料檔之所有指標的名稱（csv檔的欄位名稱，即問卷中的每一題項的代號）。如果指標名稱具有黃色網底

時，代表這些指標已被指定屬於目前模型圖中的某個構念。例如：圖11-2中，指標comp_1～comp_3都具有黃色網底，因為它們都是模型圖（Simple model.splsm）中，「CUSL」構念的指標。

五、模型與報表視窗

主視窗的右半邊具有多重顯示功能，可以顯示模型圖，也可顯示未來進行估計或檢定後之結果報表，因此這個視窗就稱為「模型與報表視窗」。例如：欲顯示「Simple model」模型圖時，只要在「專案瀏覽視窗」中，找到「Simple model」項目，然後於其上快按兩下，此時即可在「模型與報表視窗」中，以標籤頁的形式顯示出該模型圖，且標籤頁會註明該模型圖的名稱為「Simple model.splsm」，如圖11-2。當然，如果在「專案瀏覽視窗」中於資料檔上快按兩下，就會在「模型與報表視窗」中，顯示出該資料檔的相關資訊。甚至未來執行「Calculate/PLS algorithm」或「Calculate/Bootstrapping」等功能後所產生的報表，也都將以標籤頁的形式顯示在本視窗中。

六、顯示格式設定面板

主視窗的最右邊有一個浮動式的「顯示格式設定面板」。在這個面板中，主要是針對物件或主視窗畫面的顯示格式進行設定。例如：可設定「模型與報表視窗」需不需要隔線（grid）來輔助模型中各物件的定位、圖形物件的填充顏色或邊框大小（border size）、字型格式（font size）以及指標的對齊方式（align）。「顯示格式設定面板」在一般情形下用到的機率並不高。因此，讀者若覺得礙眼的話，也可按右上角的 ▦ 鈕讓它暫時性消失。

11-3　利用SmartPLS 3建立模型

在本節中，我們將透過一個範例模型的建立過程，帶領讀者了解並熟悉SmartPLS 3的基本操作。這些基本操作將包含：

1. 建立工作空間。
2. 建立專案。
3. 資料準備與匯入。
4. 繪製模型圖。

首先，就先來介紹本節中，欲建立的範例模型圖。

11-3-1 範例模型介紹

贊助活動（sponsorship）是目前商場上最有影響力的行銷溝通工具之一（Mazodier and Merunka, 2012），也因此近年來贊助活動被廣泛的運用在各類行銷活動中（Cornwell, 2008）。Mazodier 與 Merunka（2012）曾提及不同於傳統行銷溝通工具（例如：廣告），透過贊助活動可強而有效的達成行銷溝通。且各式贊助形式中，尤以運動贊助最具行銷效力（王智弘、湯雅云，2016）。基於此，本研究歸納過往研究之缺口，以球迷的自我形象一致性與贊助企業品牌反應之文獻為基礎（Mazodier and Merunka, 2012; Sirgy et al., 2008），並進一步結合品牌相關文獻，納入品牌認同，將其視為模型中的關鍵中介因子，以了解贊助中華職棒之企業的品牌權益形成原因與實務上的效益。基於此，本研究將建立三個研究假設以架構概念性（假設）模型，如圖11-3，並將研究題目訂為「贊助品牌之自我形象一致性、品牌認同與品牌權益關係之研究」。

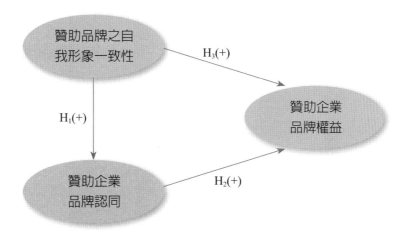

圖11-3　概念性模型圖

假設一：球迷與贊助品牌之自我形象一致性會正向影響其對贊助企業的品牌認同。

假設二：球迷對贊助企業的品牌認同會正向影響贊助企業的品牌權益。

假設三：球迷與贊助品牌之自我形象一致性會正向影響贊助企業的品牌權益。

(一) 研究量表

概念性模型中，對於各變數的衡量，將參考過往贊助與品牌文獻中，已被採用

且經驗證具有信、效度的量表為主；同時，亦將考量當前中華職棒贊助特性以及研究目的進行修改，而發展出適合本研究的衡量問卷，因此量表應已具有內容效度（王智弘、湯雅云，2016）。研究中，各變數（構念）皆為一階測量（即沒有子構念）且指標皆為反映性，各構念所採用之量表與衡量題項描述如下：

1. 贊助品牌之自我形象一致性：採用Sirgy, Grewal, Mangleburg, & Park（1997）所發展之量表，共4題以衡量消費者所知覺的贊助品牌形象與自我形象的一致性。各題項皆以李克特七點尺度衡量（1 = 非常不同意、7 = 非常同意），其內容如表11-1。

2. 贊助企業品牌認同：採用Stokburger-Sauer, Ratneshwar, & Sen（2012）所發展之量表，共5題以衡量消費者對贊助企業所知覺的品牌認同。各題項皆以李克特七點尺度衡量（1 = 非常不同意、7 = 非常同意），其內容如表11-1。

3. 贊助企業品牌權益：採用Yoo & Donthu（2001）所發展之短版量表，共4題以衡量球迷對贊助企業所知覺得整體品牌權益。各題項皆以李克特七點尺度衡量（1 = 非常不同意、7 = 非常同意），其內容如表11-1。

表11-1　各構念的衡量題項

構念名稱	型態	量表依據	題　項
贊助品牌之自我形象一致性（sc）	反映性	Sirgy et al. (1997)	贊助企業之產品形象跟我眼中的自己是一致的（sc1）。
			使用贊助企業的產品，可以反映出我是哪種類型的人（sc2）。
			使用贊助企業之產品的消費者都跟我很類似（sc3）。
			贊助企業之產品的使用者形象與我眼中的自己是一致的（sc4）。
贊助企業品牌認同（bi）	反映性	Stokburger-Sauer et al. (2012)	我對贊助企業的品牌形象，有種強烈的歸屬感（bi1）。
			我可以把自己的形象與贊助企業的品牌形象劃上等號（bi2）。
			贊助企業的品牌形象，正代表著我所相信的一切（bi3）。
			贊助企業的品牌形象，感覺上好像就是我個人形象的一部分（bi4）。
			我認為贊助企業的品牌形象，可賦予我許多的個人意義（bi5）。
贊助企品牌權益（be）	反映性	Yoo &Donthu (2001)	就算有其他品牌的產品跟贊助企業的很類似，購買時，贊助企業的產品仍是我的不二之選（be1）。
			即使其他品牌的產品跟贊助企業的產品有類似的特性，我還是會偏向購買贊助企業的產品（be2）。
			假使有其他品牌的產品，如同贊助企業的這麼好，我還是會偏好購買贊助企業的產品（be3）。
			假使其他品牌的產品與贊助企業的差異不大，購買贊助企業的產品，也似乎是明智之舉（be4）。

(二) 研究對象與步驟

本研究以中華職棒大聯盟（CPBL）球迷為研究對象，茲因中華職棒是臺灣1989年成立的第一個職業運動聯盟，也是目前臺灣大多數人休閒時主要觀賞的運動（王智弘、湯雅云，2016）。本研究中，對於贊助商的選擇有兩原則，一為贊助期至少半年以上；二為接受贊助之球隊須具有相當球迷與人氣（王智弘、湯雅云，2016）。基於此兩原則，本研究選定中信兄弟隊為目標球隊。於是乃先從中信兄弟隊球迷中，邀請50位球迷回想過去二個月中，對於中信兄弟隊的贊助品牌中，印象最深刻者。根據球迷之篩選結果，最後選定某品牌礦泉水作為運動贊助企業的對象，並於屬中信兄弟隊主場地的臺中球場，針對觀賞球賽的中信兄弟球迷為問卷發放對象。問卷發放時，由接受過專業訓練的訪員，針對每10位球迷中，隨機詢問1位球迷參與填答問卷的意願。問卷共發放320份，扣除填答不完整之問卷，最終回收260份有效問卷。

(三) 模型建立範例

▶ 範例11-1

參考第11-3節中對範例模型的說明，論文【贊助品牌之自我形象一致性、品牌認同與品牌權益關係之研究】的問卷題項，如表11-1。試匯入資料檔「Sponsor Brand (100).csv」並繪製研究模型圖。

論文【贊助品牌之自我形象一致性、品牌認同與品牌權益關係之研究】的概念性模型圖，如圖11-3所示。在圖11-3的概念模型圖中，只畫出了各構念之間的關係，將來在SmartPLS中尚須再為各構念建立測量模型（即為各構念指定專屬的指標）。於SmartPLS中，欲評估測量模型的信、效度或求算各構念間的路徑係數前，須先繪製模型圖，且這個模型圖除須顯示出各構念間的關係外，尚須將各構念所屬的指標繪製出來。基本上，在SmartPLS中繪製模型圖的過程相當簡單，但仍建議須遵守下列程序：

1. 建立工作空間與新建專案。
2. 匯入資料檔。
3. 繪製各構念的測量模型。
4. 建立各構念的關係（結構模型）。

11-3-2 建立工作空間

在SmartPLS中，工作空間是儲放專案、模型圖與資料檔的地方。其概念類似於檔案總管所管理的「資料夾」，故工作空間實際上就是實體記憶體中的一個儲存空間，也就是電腦硬碟中的一個「資料夾」。於SmartPLS中建立模型前，須先指定某個資料夾當作是工作空間。SmartPLS預設的工作空間為「smartpls_workspace」，這個工作空間的實際位置在「c:\users\user\smartpls_workspace」。

由於，我們將利用SmartPLS來進行一系列的研究，因此，最好也有一個論文專屬的工作空間，以能有效率的做好專案管理的基本工作。要新增一個工作空間時，須在儲存媒體中新建一個資料夾，假設資料夾建立在磁碟機的「E:」，名稱為「my_pls」。

這個資料夾「my_pls」和電腦中的資料夾並沒兩樣，但是只要經過SmartPLS指定後，它就變成一個工作空間了，指定為工作空間的方法如下：

操作步驟

步驟1：於SmartPLS主視窗中，執行「File/Switch Workspace」，隨即跳出「瀏覽資料夾」視窗，找到先前所建好的資料夾「my_pls」，其路徑為「E:\my_pls」。選取資料夾「my_pls」後，按「確定」鈕，即可將資料夾「my_pls」指定為現行作用中的工作空間，如圖11-4。圖11-4為一個沒有任專案存在的空白工作空間，工作空間的實際位置會顯示在主視窗的標題列上。

11-3-3 建立專案

專案是實際儲放模型檔與資料檔的地方，其於SmartPLS之檔案系統的層級位在工作空間之下，一個工作空間可以有許多個專案，其概念類似檔案總管中的「子資料夾」。建立專案的方式如下：

操作步驟

步驟1：於SmartPLS主視窗的標題列，先確認目前的工作空間是否為「E:\my_pls」。確認後，執行「File/Create New Project」，隨即跳出「Create Project」視窗，於視窗的「Name:」輸入欄中輸入新專案名稱「Sponsor

Brand」，然後按「OK」鈕，如圖11-5。

步驟2：專案建好後，會於主視窗的左上角的專案瀏覽器中標示出該專案
名稱「Sponsor Brand」，如圖11-6。該專案下會包含兩個項目，一

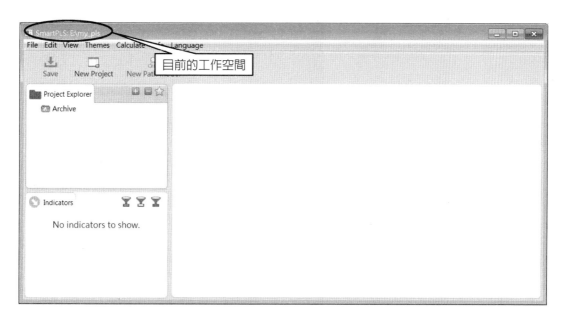

圖11-4　新建的工作空間「E:\my_pls」

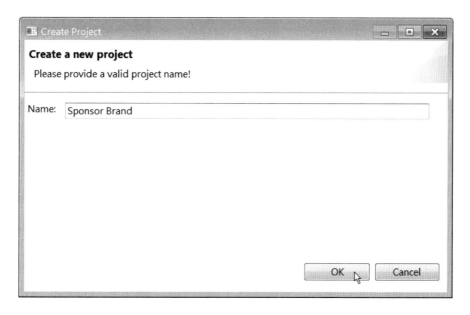

圖11-5　「Create Project」視窗

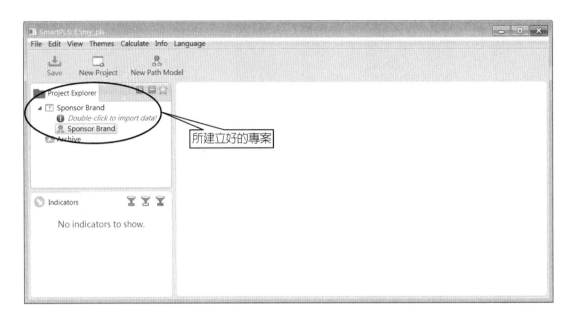

圖11-6　新建的專案「Sponsor Brand」

為「Double-click to import data!」項目；另一為與專案名稱同名的
「Sponsor Brand」項目。「Double-click to import data!」項目將用以匯
入資料檔，而「Sponsor Brand」項目將用以繪製模型圖。此時，「E:\
my_pls」之下，也會同時新增一個子資料夾「Sponsor Brand」。

步驟3：建立好專案「Sponsor Brand」後，若覺得名稱不妥，也可改名。方法為
　　　　選取專案瀏覽器中的專案「Sponsor Brand」後，按滑鼠右鍵，待出現快
　　　　顯功能表後，從中選取「Rename」功能，就可為專案更改名稱。

步驟4：詳細操作過程，讀者亦可自行參閱影音檔「ex11-1.wmv」。

11-3-4　資料蒐集與檢查

　　雖然，於小樣本的資料量下，PLS-SEM就可妥善進行估計運算。不過事實上，
當資料型態具有非常態分配，且又是小樣本時，其實PLS-SEM也需要相當規模的樣
本，才能期望獲得較穩定的估計結果（李承傑、董旭英，2017）。至於規模要多大
呢？Nunnally（1967）提供了一個原則上的建議，即樣本大小應為研究中所用問卷之
題項數的10倍以上。以本節中的範例而言，問卷中的主要題項共有13題，因此有效
問卷應為130份以上即可，而實際上本範例所蒐集的有效樣本為260個。

　　另外，須注意的是，SmartPLS只能讀取副檔名為「*.csv」或「*.txt」的資料檔。一般而言，統計分析工作進入到應用SmartPLS來進行結構模型分析的階段前，研究者通常已針對樣本資料用SPSS軟體進行了一些基本分析。因此，樣本資料已大都屬於SPSS的資料檔「*.sav」，在此情形下，研究者只要於SPSS系統中執行「另存新檔」，然後指定檔案類型為「*.csv」，即可將SPSS的資料檔轉換為SmartPLS可讀取的「*.csv」。

　　回收資料於SPSS軟體中建立好資料檔後，研究者可利用SPSS所提供的各種功能來檢查資料的狀況，這些檢查包含遺漏值（missing value）、離群值（outlier）與資料分配等檢驗。

(一) 遺漏值

　　社會科學的相關研究中，往往會使用問卷調查的方式來取得分析時所需的資料。受訪者填寫問卷的過程中，也難免會有遺漏值產生。當受訪者對於某一個題項的內容感覺敏感、產生抗拒感、尷尬或難以回答時，往往會傾向不予作答，這時就產生遺漏值了。邱皓政（2006）曾建議對於某題項，當其遺漏值的數量，若占「全體樣本的5%以上」時，則研究者可考慮刪除該題項，以維持問卷品質與樣本資料的可用性。

　　SmartPLS的執行過程中，是不允許有遺漏值存在的，因為遺漏值將致使SmartPLS無法進行估計運算。當遺漏值總數較少時，雖不至於移除該題項或個案，但亦須進行處理以避免遺漏值存在於資料檔案中。因此，SmartPLS提供了三種處理方法來處理遺漏值問題，這三種處理方法分別是平均數替代法（mean value replacement）、整列刪除法（casewise deletion）與成對刪除法（pairwise deletion）。

　　所謂「平均數替代法」，顧名思義，就是看該遺漏值是發生在哪個變數（資料檔中直的一行稱為變數，代表一個題項或指標），然後以該變數的整體平均值來取代該遺漏值。例如：教學評量問卷中，某同學第一題未填寫，所以就以其他學生填寫第一題答案的平均數來替代。平均數替代法雖然簡單容易，但會降低資料的變異程度導致對資料間關係的探索會產生偏誤。所以此方法較適合於當某變數之遺漏值的比例只占全體樣本的5%以下時（Hair et al., 2014）。

　　整列移除法則比較乾脆，某樣本（資料檔中橫的一列稱為樣本或個案）所具有的諸多變數（題項、指標）中，只要有一個變數是遺漏值時，那麼就把整個樣本刪除，當然在這樣的作為下，樣本數就會少了1個。因此刪除的時候要小心，當遺漏值過多

時，很有可能因為樣本被刪除而導致樣本數過少的問題。此外，由於是整個樣本刪除，很有可能會連續刪到一群具有相關意義的樣本，這樣的話，將來進行估計時也容易導致偏誤。

成對刪除法是指在進行統計分析時先保留遺漏值，等到要分析時，分析內容真的涉及到這些有遺漏值的個案或變數時，才將擁有該遺漏值的個案或變數刪除。此方法的優點是盡可能極大化可以利用的資料，避免樣本的大量減少；但其缺點是會產生不一致的相關係數矩陣，甚至此一相關係數矩陣的特徵值（eigenvalues）可能會出現負值。由於這個方法會改變相關係數矩陣的變異性質，整個研究的檢定力也會隨之變動，導致後續利用多變量分析進行統計推論時，困難重重（Hair et al. 2010；劉正山、莊文忠，2012）。

基於上述，實務上處理遺漏值時，較佳的做法是先確保遺漏值能少於5%，然後再使用平均數替代法來填補遺漏值。而這個平均數替代法也是SmartPLS處理遺漏值時的預設方法。

(二) 離群值

極端值英文為outlier，跟臺語的「奧梨ㄚ」，音、義都蠻接近的，都具有不符常態概念的味道。離群值包含偏離值與極端值兩種類型，一般是指某一個觀察值與其他觀察值的數值呈現很大的差異。也就是說，離群值會遠大於或遠小於同一筆數據中的其他觀察值。故研究者常因此而懷疑該觀察值與其他觀察值並不是經由同一機制所產生的（Stevens, 1990），這代表著該觀察值的可信度有待驗證。離群值的存在，將會嚴重影響到很多統計分析的估計值。例如：從基本的母體特徵、平均值估計到兩個變數之間的線性相關，甚至一些統計模型的參數估計值等，都有可能因離群值的存在而產生偏差。如果這些離群值沒有在資料分析的初始階段或過程中被檢驗出來，則後續的結果詮釋將會有所偏誤（譚克平，2008）。

過往文獻中已提出多種判斷離群值的方法，在此只介紹兩種較容易執行且較常見的方法，即標準化值法（standardized value）與盒形圖法。

1. 標準化值法

如果已能確認某變數資料符合常態分配的話，最常見的檢測方法是「將資料轉成標準化值（或稱Z分數）」來進行判斷。也就是說，先算出每筆資料遠離平均值的距離（即離差分數，deviation score），再除以該變數的標準差後，所得的數值即為標準化值（又稱Z分數）。根據常態分配的性質，約有99%資料的Z分數會落在平均值

的正負3個標準差之內，因此有一些文獻會將Z分數大於3或小於-3的數據視為離群值
（例如：Shiffler, 1988; Stevens, 1990）。

2. 盒形圖法

盒形圖（Box-Whisker Plot，簡稱Box Plot）是資料的一種圖形展示法，從視覺上
即可有效的找出資料之五種主要的表徵值，這五種主要表徵值如：資料之集中趨勢
（中位數）、變異數、偏態、最小值、最大值等。因此，盒形圖又稱「五指標摘要
圖」（five-number summary plot）（如圖11-7）。

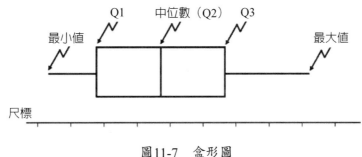

圖11-7　盒形圖

Q1：第一「四分位數」或稱為第 25 百分位數。
Q2：第二「四分位數」或稱為中位數。
Q3：第三「四分位數」或稱為第 75 百分位數。

利用盒形圖辨認離群值是種相當簡便的方法。為了方便說明，假設盒形圖是以垂
直的方式呈現，如圖11-8所示。盒形圖中盒子內的水平線，代表變數資料的中位數，
盒子上下兩端的水平線分別稱為上樞紐（upper hinge）及下樞紐（lower hinge），
上樞紐代表該變數的第75百分位數（Q3），下樞紐則為第25百分位數（Q1）。也就
是說，這兩個樞紐的值，一般視為是該變數的第75及第25百分位數。上、下樞紐之
間的距離稱為四分位距（interquartile range, IR），它代表盒形圖中盒子的高度。此
外，內側欄（inner fence）是指離開上及下樞紐以外1.5個四分位距的距離（記為1.5*
（Q3-Q1）或1.5*IR），外側欄（outer fence）是指離開上及下樞紐以外3個四分位距
的距離（記為3*（Q3-Q1）或3*IR）。偵測離群值時，方法如下：

　(1)偏離值：落於內、外側欄之間的觀察值（1.5*IR至3*IR之間），即稱為偏離
　　　值。它屬於離群值的一種類型。在SPSS的輸出報表中，會以「o」標示出來。
　(2)極端值：落於外側欄外的觀察值（大於3*IR），即稱為極端值。它亦屬於離
　　　群值的一種類型。在SPSS的輸出報表中，會以「*」標示出來。

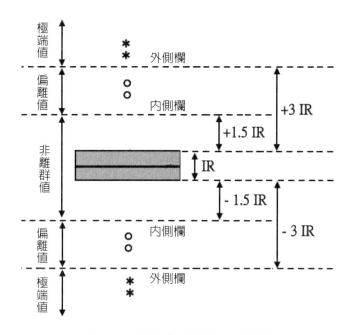

圖11-8　運用盒形圖辨認離群值

　　上述兩種判斷偏離值的方法，皆可利用SPSS的相關功能完成，讀者若有興趣的話，可參考第2章範例2-2與第3章範例3-3。若偵測出偏離值後，就必須進行處理。因此，當偏離值的數量不多的話，處理時可考慮直接移除；但是若偏離值數量很多時，則研究者應該具有的敏感度是，或許這些偏離值正代表著具有某方面意義的群體，因此，須額外的詳加探究。

(三) 資料分配

　　由於PLS-SEM屬無母數的統計方法，相信讀者們皆已能理解PLS-SEM估計時，並沒有要求資料一定得服從常態分配，非常態性的資料也能被妥善的處理。但是，對於「極端非常態」的資料仍須小心，否則會對參數估計值之顯著性造成影響。也就是說，極端非常態資料會導致未來以拔靴法所求得的標準誤無謂的膨脹，而造成某些關係不顯著（因標準誤愈大，t值將愈小，那麼就愈不容易顯著）（Hair et al., 2011; Henseler et al., 2009）。

　　一般而言，當觀察變數的偏態與峰度絕對值皆小於2時，則可認定觀察變數具常態性（Bollen and Long, 1993）。而對於極端非常態的偵測，Curran, West, and Finch等人則在1996年的研究中發現，偏態係數介於2.00～3.00之間，且峰度係數介於

7.00～21.00之間時，資料可以被認定爲具有「中等嚴重」程度地偏離常態分配；而當偏態係數大於3.00且峰度係數大於21.00時，資料可被認定爲「相當嚴重」地偏離常態分配（引自余民寧，2006）。而Kline（1998）也指出當變數分配的偏態係數絕對值大於3時，就被視爲是極端偏態；峰度（kurtosis）絕對值大於10則被視爲是有常態性問題，若大於20則可以視爲是極端的峰度（引自黃芳銘，2004）。

11-3-5　匯入資料檔

在SmartPLS中，資料檔經遺漏值、偏離值與資料分配等三項詳細檢查後，若能符合下列情況，即可將資料檔匯入專案「Sponsor Brand」中。

1. 當變數之遺漏值的比例只占全體樣本的5%以下（檢測方法可第8章範例8-1）。
2. 離群值均已移除（檢測方法可參考第2章範例2-2與第3章範例3-3）。
3. 無極端非常態情形（檢測方法可參考第3-2-3節範例3-2）。

匯入資料檔的詳細步驟如下：

操作 步驟

步驟1：本範例模型所配適的資料檔檔名爲「Sponsor Brand.sav」，其內包含有260個樣本，然而爲使下載Student（Limited Features Free Forever）版本的讀者亦能使用，本書另外製作一個只包含100個樣本的資料檔，其名稱爲「Sponsor Brand(100).sav」。「Sponsor Brand.sav」與「Sponsor Brand(100).sav」皆放在「sem_smartpls\pls_all」資料夾中，在此將以「Sponsor Brand(100).sav」檔案進行匯入資料檔的示範。此外，須注意的是「Sponsor Brand(100).sav」中包含一個遺漏值（第2個樣本的sc1變數），遺漏值的代碼爲「-99」。

步驟2：製作「*.csv」檔。首先利用SPSS軟體開啓範例檔案「Sponsor Brand(100).sav」，由於「Sponsor Brand(100).sav」皆已通過遺漏值、離群值與極端非常態的檢查，故請直接執行另存新檔至「E:\my_pls」，且將儲存類型調整爲「逗號分隔（*.csv）」，如圖11-9。

圖11-9　轉存為csv檔

步驟3：匯入資料檔。首先，於「Sponsor Brand」專案內的「Double-click to import data!」上快按兩下，以開啟「Please choose a file」視窗，然後選擇欲匯入的檔案，在此請選擇「Sponsor Brand(100).csv」，選取該檔案後，再次出現「Create Project」視窗，於視窗的「Name:」輸入欄中已自動填入所欲匯入的資料檔名稱「Sponsor Brand(100).csv」，按「OK」鈕，即可匯入資料檔，如圖11-10。顯見資料匯入後，SmartPLS會新增一個標籤頁「Sponsor Brand(100).txt」。在該標籤頁內會即時的將各指標的描述性統計量求算出來，並提供資料檔的相關訊息，如遺漏值數量（missing value）、遺漏值標記（missing value marker）、樣本大小（sample size）、指標個數（indicators）等。

步驟4：標註遺漏值。由圖11-10的上半部可觀察到「Missing Value Marker」為None，代表目前尚未替遺漏值設定其標註記號，因此sc1顯示0個遺漏值，但由變數sc1的偏態（skewness）和峰度（kurtosis）的數值異常，也可臆測變數sc1可能具有遺漏值。由於sc1變數確實有一個遺漏值，其代碼為「-99」，須將此訊息透過「Missing Value Marker」的設定才能讓SmartPLS理解「-99」的實際意義，進而偵測出檔案中的遺漏值。

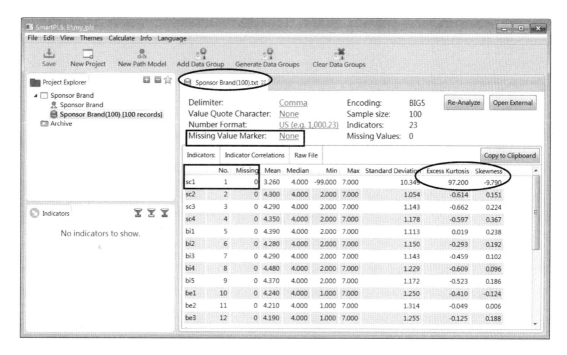

圖11-10　資料檔「Sponsor Brand(100).csv」已匯入

請於「Sponsor Brand(100).txt」標籤頁中，按「Missing Value Marker」
後面的「None」。此時將跳出「Setup Missing Value Marker」視窗，於
其輸入欄輸入遺漏值代碼「-99」，然後按「OK」，即可完成遺漏值標
註設定。完成後，Sponsor Brand(100).txt」標籤頁將即時更新其內容，
如圖11-11。由圖11-11顯見，遺漏值確實已被偵測出來。

步驟5：詳細操作過程，讀者亦可自行參閱影音檔「ex11-1.wmv」。

11-3-6　繪製模型圖

在SmartPLS中繪製模型圖是相當簡單的一件事。基本上，再複雜的模型圖都是
由三種物件所組成的，即圓形（代表潛在變數或稱構念）、矩形（代表指標或稱觀察
變數，即問卷中的每一個題項）與單向箭頭（代表因果關係或稱路徑）。要畫這三
種物件，只要熟悉並善用工具列（如圖11-12）上的「Latent Variable」工具（畫潛在
變數用）、「Connect」工具（畫因果關係用）與主視窗左下角的指標視窗（畫指標
用）即可。

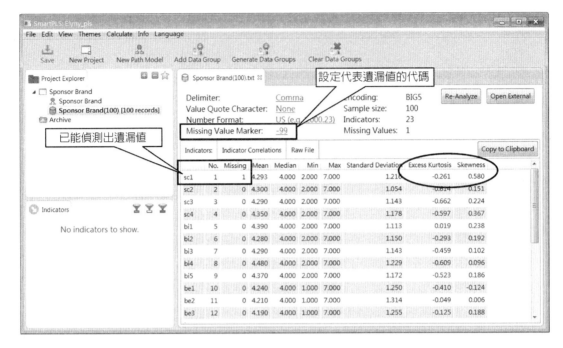

圖11-11　遺漏值已被偵測

圖11-12　SmartPLS的工具列

其次，若要改變物件的顯示方式、大小、格式、排列或對齊方式時，只要先利用工具列上的「Select」工具去選取物件，然後再按滑鼠右鍵，從跳出的快顯功能表中去選取合適的功能即可，如圖11-13。而若要改變物件的顏色時，則只須選取物件後，從右側的「顯示格式設定面板」中去挑選顏色即可。若主視窗右側沒出現「顯示格式設定面板」，也只要按右上角的 🌐 鈕即可讓該面板顯示出來。

研究者只要熟稔上述的畫圖工具與功能後，再參考概念模型圖（如圖11-3）與理解各構念與其指標的關係（如表11-1）後，即可輕易的繪製模型圖。繪製模型圖的詳細步驟如下：

⊗	Delete	刪除所選物件	Delete
🔲	Rename	變更所選物件名稱	F2
🔲	Add Moderating Effect ...	新增干擾效果	
🔲	Add Quadratic Effect ...		
反映性／形成性指標切換 | 🔧 | Switch Between Formative/Reflective | | Alt+Q |
顯示所選構面的指標 | 🔽 | Show Indicators of Selected Constructs | | Alt+C |
隱藏所選構面的指標 | 🔽 | Hide Indicators Of Selected Constructs | | Alt+X |

🔧	Set Indicator Weighting to 'Automatic'
🔧	Set Indicator Weighting to 'Mode A'
🔧	Set Indicator Weighting to 'Mode B'
🔧	Set Indicator Weighting to 'Sumscores'
🔧	Set Indicator Weighting to 'Predefined'

🔘	Align Indicators Top	指標向上對齊	Alt+W
🔘	Align Indicators Left	指標向左對齊	Alt+A
🔘	Align Indicators Bottom	指標向下對齊	Alt+S
🔘	Align Indicators Right	指標向右對齊	Alt+D

🔲	Align Selected Element Top	所選物件向上對齊
🔲	Align Selected Element Left	所選物件向左對齊
🔲	Align Selected Element Bottom	所選物件向下對齊
🔲	Align Selected Element Right	所選物件向右對齊

| 🔲 | Match Width | 調整物件寬度一致 |
| 🔲 | Match Height | 調整物件高度一致 |

| ⬆ | Export as Image to File |
| ⬆ | Export as Image to Clipboard |

圖11-13　快顯功能表

⬤操⬤作 步驟

步驟1：繪製各構念的測量模型。研究模型中共包含3個構念。其中，「贊助品
牌之自我形象一致性」構念包含四個指標，名稱分別為sc1～sc4；「贊
助企業品牌認同」構念包含五個指標，名稱分別為bi1～bi5；「贊助企
業品牌權益」構念包含四個指標，名稱分別為be1～be4。

首先，於「Sponsor Brand」專案内的「Sponsor Brand」模型圖上快按兩下，以於主視窗的右半邊開啟空白的「Sponsor Brand.splsm」頁面，同時主視窗左下角的「指標視窗」也會同步出現「Indicators」頁面，以顯示所有的指標名稱（若沒出現，按Show All Indicators ⧖ 鈕即可）。

先繪製「贊助品牌之自我形象一致性」構念的測量模型，於左下角的「Indicators」頁面中，同時選取sc1～sc4等四個指標（左手按Shift鍵可連選），然後拖曳至空白「Sponsor Brand.splsm」頁面中的適當位置，即可畫出「贊助品牌之自我形象一致性」構念的測量模型，如圖11-14。

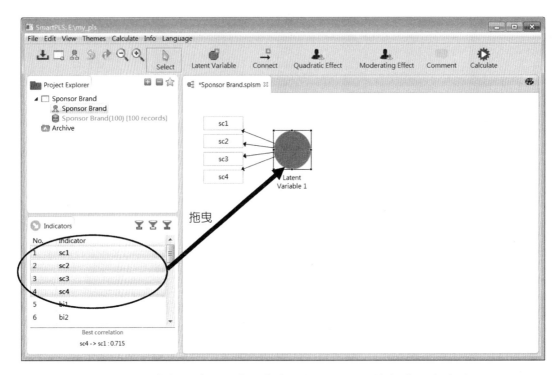

圖11-14　繪製「贊助品牌之自我形象一致性」構念的測量模型

接著，運用類似方法，可陸續完成「贊助企業品牌認同」構念與「贊助企業品牌認同」構念的測量模型，如圖11-15。由於各構念間尚未建立關係（連線），故各構念之圖形外觀皆呈紅色圓圈，待建立路徑關係後，才會變爲水藍色圓圈（代表模型已處於可執行狀態）。

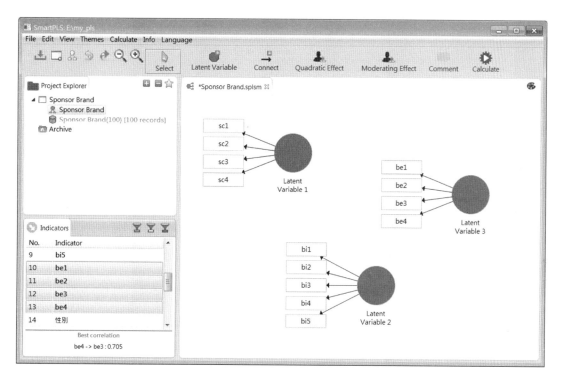

圖11-15　各構念之測量模型圖皆已完成

步驟2：建立各構念的關係。首先，確認各構念的名稱，先利用「Select」工具
鈕，選取代表構念的紅色圓形，並於其上，按右鍵，待出現快顯功能表
後選取「Rename」功能，即可設定各構念名稱，請將各構念依序命名
為「自我一致性」、「品牌認同」與「品牌權益」。

接著，調整指標的方向，以避免路徑線和指標線重疊。請於「品牌
認同」構念上按右鍵，待出現快顯功能表後選取「Align Indicators
Bottom」功能，即可將指標置於構念下方。依同樣方式，請將「品牌權
益」構念的指標置於其右方（Align Indicators Right）（若無法選取構念
時，可先按「Select」工具鈕）。

最後，按工具列上的「Connect」鈕，然後於「自我一致性→品牌認
同」、「品牌認同→品牌權益」與「自我一致性→品牌權益」的關係上
連線。完成後，按工具列上的「Save」鈕存檔，本研究的模型圖即已繪
製完成，如圖11-16。

步驟3：詳細操作過程，讀者亦可自行參閱影音檔「ex11-1.wmv」。

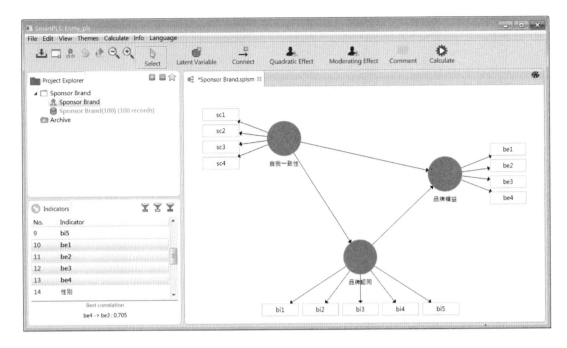

圖11-16　研究模型圖已完成

11-4　PLS Algorithm參數估計方法的設定

　　模型繪製完成後，只要執行「Calculate/PLS Algorithm」或按 <kbd>Calculate</kbd> 鈕後，再選擇「PLS Algorithm」功能，就可進行參數估計運算了。執行後，將跳出「Partial Least Squares Algorithm」設定視窗，如圖11-17。為了能針對所設計好的研究模型進行妥善的參數估計，必須於圖11-17中進行適當的設定。這些設定包括路徑權重計算方式（weighting scheme）的選取、最大疊代數（maximum iterations）、停止演算的標準（stop criterion）與初始權重值（initial weights）的設定。

一、路徑權重計算方式

　　由圖11-17中可發現，SmartPLS有三種權重計算方式：(1)重心權重（centroid）；(2)因素權重（factor）；(3)路徑權重（path）。基本上，這三種權重計算方式之演算結果差異不大，但由於路徑權重法可以將內因潛在變數的解釋變異量最大化（即最大化值），且幾乎能適用於所有的PLS路徑模型估計，因此建議使用者選取路徑權重法來進行估計。此外，在使用的限制上，當路徑模型包含高階構面（通常稱為二階模

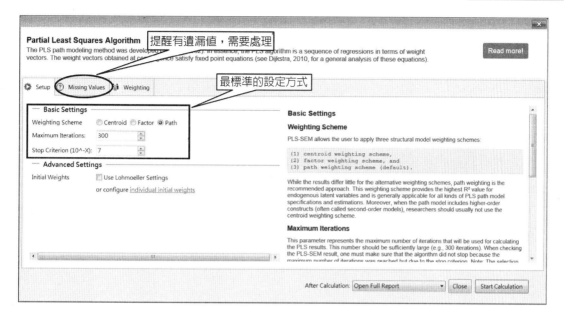

圖11-17 「Partial Least Squares Algorithm」設定視窗

型）時，則建議不要選擇重心權重法，而應使用因素權重法（Hair et al., 2014）。

二、最大疊代次數與停止演算標準

由於SmartPLS路徑模型的演算（algorithm）估計過程以疊代（iterations）方式進行，因此研究者必須設定讓演算估計過程停止計算的方法。一般的概念是：當發現演算之「計算結果穩定」時就應停止疊代計算。此「計算結果穩定」的判定標準是最後兩次疊代的權重總值之差異非常小，甚至低於一個預先所設定的標準（又稱門檻值或停止演算標準，stop criterion）時。這個門檻值建議設定為1×10^{-7}，以確保PLS-SEM在演算過程中能將疊代間的差異控制在一個合理的標準，並確保演算過程中的疊代差異能收斂至門檻值以下。此外，在疊代演算過程中，設定足夠大的最大疊代次數（maximum number of iterations）也是必要的，由於SmartPLS的演算效率極高，縱使處理高複雜度的模型，其亦能在很少的疊代次數下，就達收斂。因此，建議可將最大疊代次數設定為300就好（因為疊代次數愈多，演算時間就愈長），這樣應可保證每次估計都能收斂至停止演算的標準（1×10^{-7}）以下。

三、初始權重

最後，設定演算的初始權重值。PLS-SEM測量模型中的參數估計須以一個預設的初始權重值來啓動。以第一次疊代爲例，每一個指標變數之非簡單線性組合（nontrivial linear combination）的值，都可用來當作潛在變數分數的初始權重值。因此，在第一次疊代中，SmartPLS會將測量模型中所有參數的初始權重值都預設爲1。當然，也有其他的初始權重值設定方式，如Lohmöller（1989）設定方式（Lohmöller Settings）。Lohmöller 建議除了最後一個指標變數的權重設定爲「−1」外，測量模型中其餘的所有指標變數的權重設定爲「+1」。在此設定狀態下，雖然PLS-SEM演算法的收斂速度會更快。然而，這種初始權重值設定方式，可能會導致測量模型或結構模型中，所估計出來的參數值異常，甚至能直覺的觀察出結果並不合常理（Hair et al., 2014）。

在圖11-17的演算設定內容中，最標準的設定方式爲：將權重計算方式（weighting scheme）設定爲路徑（path）、最大疊代次數（maximum iterations）設定爲300、停止計算的標準（stop criterion）設定爲1×10^{-7}、初始權重值（initial weights）採預設值（不用設定）。只要設定好上述的內容後，按視窗右下角的「Start Calculation」鈕，即可開始執行模型各參數（因素負荷、權重、路徑係數等）的估計。

然而有時演算過程並不會啓動，並顯示資料矩陣爲奇異矩陣（singular matrix）問題。這是因爲，由於奇異矩陣無法轉化爲逆矩陣，也因此將無法順利進行參數求解過程，故就無法進行參數估計了。奇異矩陣發生的原因不外有二，一爲某指標變數其值皆爲同一常數，所以沒有變異；另一爲某兩（或更多）指標變數的值完全一樣（可能是重複輸入）或某指標可能爲另一指標變數的線性組合（共線性嚴重），例如：某指標可能爲另一指標變數的倍數。

最後，讀者必須注意的是，由於資料檔「Sponsor Brand(100).csv」中具有遺漏值，因此，圖11-17的「PLS Algorithm」設定視窗中，會比一般沒有遺漏值之情形下，多出一個標籤頁「Missing Values」。在「Missing Values」標籤頁中可設定遺漏值的處理方式，如圖11-18。明顯的，爲能順利進行參數估計，SmartPLS提供了三種處理遺漏值的方法，分別是平均數替代法（mean value replacement）、整列刪除法（casewise deletion）與成對刪除法（pairwise deletion）。這三種方法在第11-3-4節中已進行詳細說明，在此請選擇預設值「mean replacement」（平均數替代法）就好。

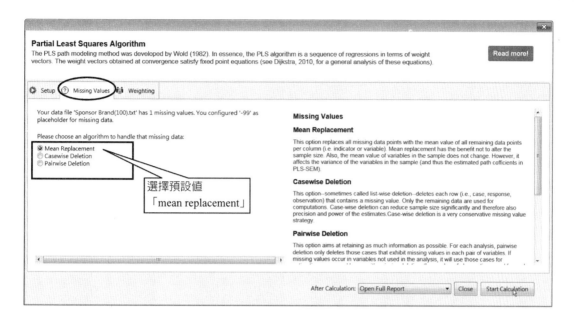

圖11-18　設定處理遺漏值的方法

11-5　PLS Algorithm的執行結果

　　當PLS Algorithm完成收斂後,最終狀態的權重值會被用來計算各潛在變數的分數(latent variable score),這些分數緊接著會被運用於估計結構模型中各潛在變數間的路徑關係。一般而言,執行成功後,視窗中將產生兩種變化,一為原始的模型圖(Sponsor Brand.splsm)中會顯示出已估計參數的結構模型圖;二為新增一個「PLS Algorithm(Run No.1)」標籤頁。

　　圖11-19即為參數估計完成時,原始的模型圖中所顯示的資料狀況,可直接從圖中看出各指標變數的因素負荷量(或權重)、各潛在依變數的值(決定係數,代表外生變數對內因變數的解釋或預測能力)與各潛在變數間的路徑係數(因果關係)。雖然目前原始結構模型圖中只顯示出前述的三項數據,但亦可顯示其他數據,這可由左下方的「Calculation Results」標籤頁中的各選項來加以設定。

　　另外,PLS Algorithm執行成功後,亦將同時產生「PLS Algorithm(Run No.1)」標籤頁,如圖11-20。PLS Algorithm(Run No.1)結果視窗中,上半部顯示出研究者於視窗下半部所選擇之報表類別的詳細輸出資料,而下半部則顯示出收斂後所產生的四類報表,分別為「Final Results」、「Quality Creteria」、「Interim Results」與「Base

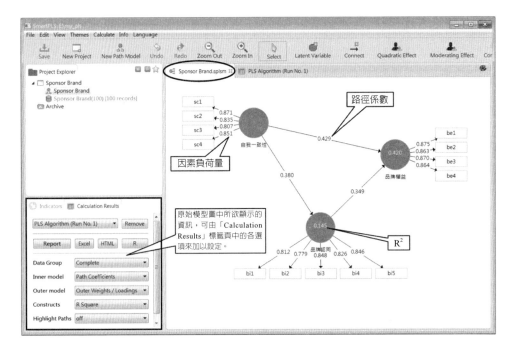

圖11-19　執行成功後的結構模型圖「Sponsor Brand.splsm」

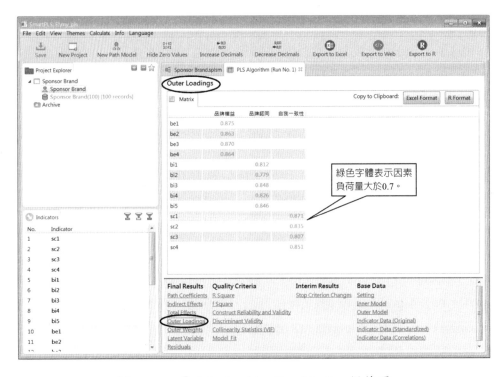

圖11-20　「PLS Algorithm(Run No.1)」標籤頁

Data」，各類別報表中尚包含各種不同的輸出資料。此外，研究者須認知的是：無論測量模型如何設定，在「Final Results」報表中一定會提供所估算出的權重、因素負荷量與結構路徑係數等三個重要資料。此外，「Interim Results」與「Base Data」報表於評鑑模型時，被運用到的機率並不高，因此於本書中，將只針對「Final Results」與「Quality Creteria」報表進行詳細的說明。

一、Final Results（最終結果）報表

在Final Results（最終結果）報表中將呈現PLS Algorithm的參數最終估計結果，這些參數的估計結果包含未來評鑑測量模型時所須的因素負荷量、權重與評鑑結構模型時所須的路徑係數、間接效果、總效果等估計值。Final Results報表包含7種分報表，分別為Path Coefficients（路徑係數）、Indirect Effects（間接效果）、Total Effects（總效果）、Outer Loadings（因素負荷量）、Outer Weights（權重）、Latent Variable（潛在變數的相關輸出）與Residuals（殘差）。分項介紹如下：

（一）Path Coefficients（路徑係數）分報表

Path Coefficients（路徑係數）分報表中所顯示的資料即為結構模型中，各潛在變數間的路徑係數（因果關係）。Path Coefficients分報表中將以兩種標籤頁來顯示路徑係數，一為「Matrix」（矩陣方式），另一為「Path Coefficients」（直方圖方式）。通常研究者會選擇運用Matrix方式，使用該方式研究者即可簡單檢視各潛在變數間的路徑係數，如圖11-21。圖11-21中的表格中，橫列代表自變數（外生變數）、直行代表依變數（內因變數）。因此，圖11-21即顯示出「自我一致性→品牌權益」的路徑係數為0.429；「品牌認同→品牌權益」的路徑係數為0.349；「自我一致性→品牌認同」的路徑係數為0.380。值得注意的是，這些路徑係數當然都是屬於所謂的直接效果，可用於解釋因果關係，有時也被稱為影響力。

（二）Indirect Effects（間接效果）分報表

Indirect Effects（間接效果）分報表中將顯示出結構模型中所存在的間接關係，且將以兩種標籤頁來顯示間接效果，一為「Total Indirect Effects」標籤頁；另一為「Specific Indirect Effects」標籤頁，如圖11-22。「Total Indirect Effects」標籤頁會以矩陣的方式列出所有於結構模型中所存在的間接關係；而「Specific Indirect Effects」標籤頁則會以條列式的方式列出結構模型中所存在之特定路徑的間接關係。一般而言，「Specific Indirect Effects」標籤頁的可讀性較高，尤其是具多重間接效果的模

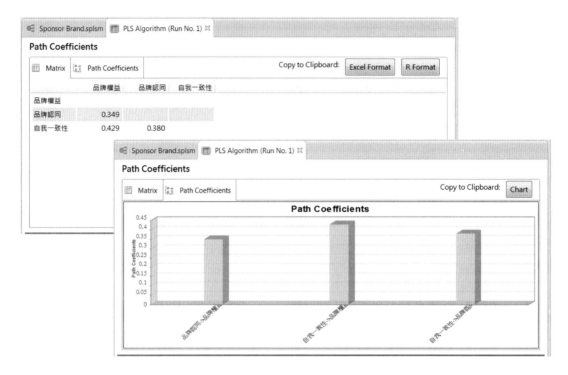

圖11-21　Path Coefficients分報表

圖11-22　Indirect Effects（間接效果）分報表

型，更建議研究者當欲檢驗間接效果時，請儘量使用「Specific Indirect Effects」標籤頁。

圖11-22中，「Total Indirect Effects」標籤頁與「Specific Indirect Effects」標籤頁皆一致的顯示出目前的結構模型中只存在一個間接關係，即「自我一致性→品牌權益」間的間接效果值為0.133，這個間接效果值在「Specific Indirect Effects」標籤頁描述得更清楚，即「自我一致性→品牌認同→品牌權益」的間接效果值為0.133。其實，這個間接效果值讀者也可自己算，算法就是將Path Coefficients分報表中「自我一致性→品牌認同」之路徑係數（0.380）乘以「品牌認同→品牌權益」之路徑係數（0.349）後，就可得到「自我一致性→品牌認同→品牌權益」的間接效果值（0.133）。

(三) Total Effects（總效果）分報表

Total Effects（總效果）分報表中將以矩陣的方式列出各外生變數（自變數）對各內因變數（依變數）的總效果，如圖11-23所示。圖11-23顯示，「自我一致性→品牌權益」的總效果為0.562，該值為「自我一致性→品牌權益」的直接效果（0.429）（取自Path Coefficients分報表）與間接效果（0.133）（取自Indirect Effects分報表）加總而得。而「品牌認同→品牌權益」的總效果為0.349，由於沒有間接效果，因此「品牌認同→品牌權益」的直接效果即為總效果。「自我一致性→品牌認同」間亦無間接效果，故其總效果（0.380）即為直接效果。

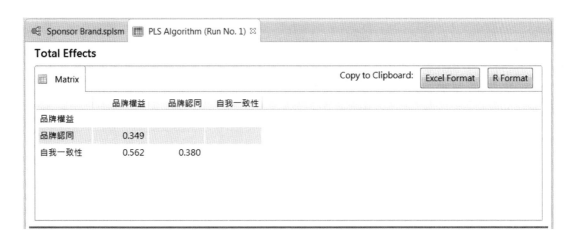

圖11-23　Total Effects（總效果）分報表

（四）Outer Loadings（因素負荷量）分報表

　　Outer Loadings（因素負荷量）分報表中亦將以矩陣的方式列出各指標變數對其所屬構念（潛在變數）的標準化因素負荷量，如圖11-24所示。就反映性測量構念（本範例）而言，將來評鑑測量模型時，主要參考的指標就是因素負荷量，當因素負荷量大於0.7，即是判斷測量模型是否具有收斂效度的標準之一。該因素負荷量是以測量模型中的某一個指標作為依變數、構念為自變數，然後進行OLS迴歸分析後所得的結果。相對的，就形成性測量構念而言，於評鑑測量模型時，則注重權重的顯著性，此權重即是以構念作為依變數、多個指標同時做為自變數，再進行多元迴歸分析後所得的結果。雖然，因素負荷量與權重的使用時機並不相同，但無論如何，PLS Algorithm會同時算出因素負荷量與權重，以供研究者自行取用。

　　圖11-24中顯示，「自我一致性」構念有四個指標變數，其因素負荷量分別為0.871、0.835、0.807與0.851皆大於指標信度之門檻值0.7；「品牌認同」構念有五個指標變數，其因素負荷量分別為0.812、0.779、0.848、0.826與0.846，亦皆大於指標信度之門檻值0.7。「品牌權益」構念有四個指標變數，其因素負荷量分別為0.875、0.863、0.870與0.864，亦皆大於指標信度之門檻值0.7。在SmartPLS中指標變數的因素負荷量若大於0.7時，會以綠色字體顯示，代表因素負荷量已超越學術上對指標信

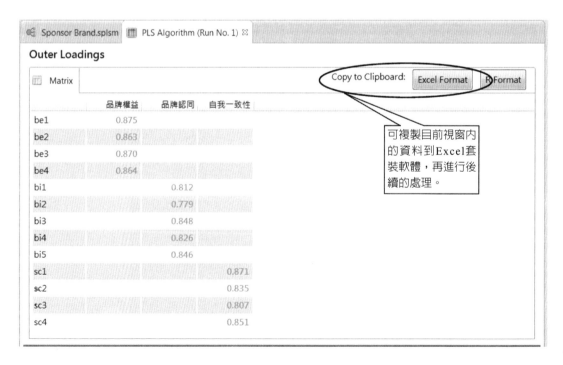

圖11-24　Outer Loadings（因素負荷量）分報表

度的要求；而若未達指標信度門檻值（0.7）之指標的因素負荷量，於矩陣中則會以紅色字體顯示。不過，說實在的，這個0.7的門檻值確實是有點高。因此，Hulland（1999）認為標準化因素負荷量大於0.5，就可接受。

此外，圖11-24中各構念或指標的排列順序，有時還蠻混亂的。因此若欲將因素負荷資料整理成報表時，亦可藉助Excel套裝軟體輔助整理或排序。方法為於圖11-24中，按右上角的「Copy to Clipboard: Excel Format」鈕（學生版不能使用），就可將所有的因素負荷資料複製起來，待開啓Excel套裝軟體再貼上後，即可進行整理、排序等工作了。

(五) Outer Weights（權重）分報表

Outer Weights（權重）分報表中亦將以矩陣的方式列出各指標變數對其所屬構念（潛在變數）的權重，如圖11-25所示。權重為評估形成性指標之貢獻度或其相對重要性的重要參數，其為以構念作為依變數、多個指標同時作為自變數，再進行OLS迴歸分析後所得的結果。也就是說，構念為形成性指標的分數與其權重的線性總合，且前述之OLS迴歸分析的R^2值會等於1（即假設無誤差，亦即構念的變異可100%被其形成性指標變數所解釋）。為確認構念的變異是否真的能全部被所有的形成性指標所解釋，研究者必須進一步的使用拔靴法（bootstraping）來檢驗形成性指標的權重是否顯著的不等於0。也就是說須要透過權重的顯著性檢定，才能確認該形成性指標的重要性與貢獻度。由於本範例中所有的構念皆為反映性構念，因此評鑑測量模型時，主要將採用因素負荷量，故圖11-25中的權重值，於評鑑反映性測量模型時，可不予以參考。

(六) Latent Variable（潛在變數的相關輸出）分報表

Latent Variable（潛在變數的相關輸出）分報表中包含三種標籤頁，以顯示潛在變數的各種相關輸出。例如：在「Latent Variable」標籤頁將顯示潛在變數的標準化分數（得分），潛在變數的標準化分數將來在進行高階測量模型分析時，占有極重要的角色；在「Latent Variable Correlations」標籤頁則顯示各潛在變數間的相關係數；在「Latent Variable Covariances」標籤頁則將顯示各潛在變數間的共變數，如圖11-26所示。

(七) Residuals（殘差）分報表

Residuals（殘差）分報表中將顯示四種標籤頁，「Outer Model Residual Score」

Outer Weights

	品牌權益	品牌認同	自我一致性
be1	0.316		
be2	0.305		
be3	0.270		
be4	0.261		
bi1		0.290	
bi2		0.223	
bi3		0.264	
bi4		0.215	
bi5		0.224	
sc1			0.306
sc2			0.290
sc3			0.263
sc4			0.327

圖11-25　Outer Weights（權重）分報表

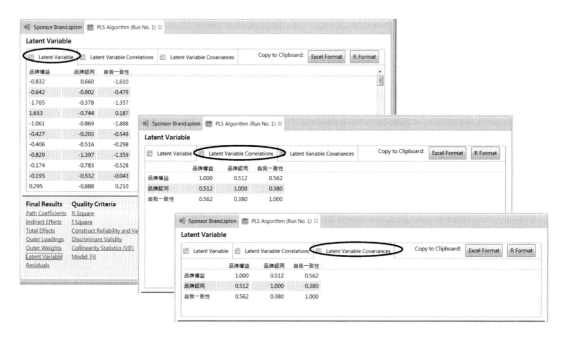

圖11-26　Latent Variable（潛在變數的相關輸出）分報表

標籤頁將顯示外生變數的殘差值；「Outer Model Residual Correlation」標籤頁可顯示外生變數之殘差的相關係數；「Inner Model Residual Score」標籤頁會顯示內因變數的殘差值；而「Inner Model Residual Correlation」標籤頁會顯示內因變數之殘差的相關係數，如圖11-27所示。此報表將來於評估測量模型或結構模型時，用到的機率並不高。

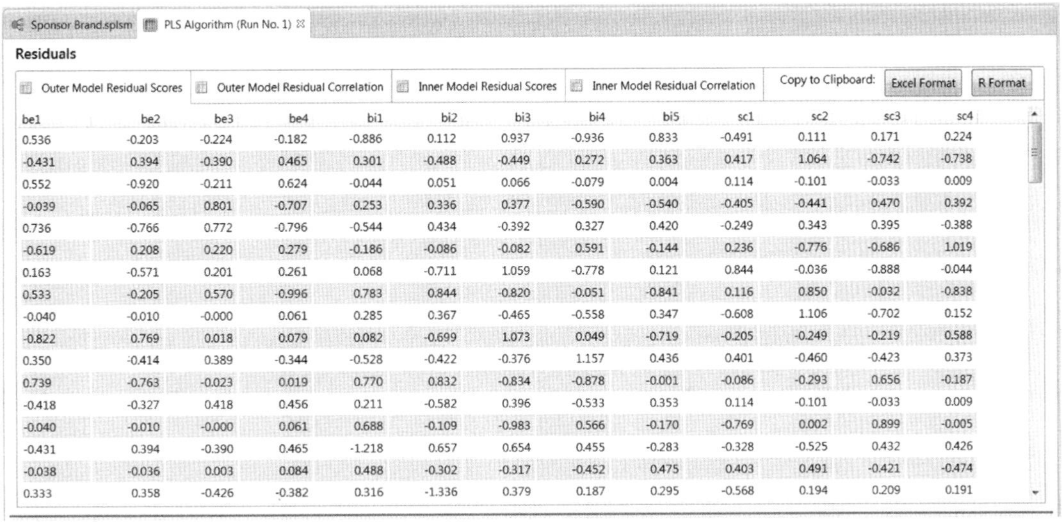

be1	be2	be3	be4	bi1	bi2	bi3	bi4	bi5	sc1	sc2	sc3	sc4
0.536	-0.203	-0.224	-0.182	-0.886	0.112	0.937	-0.936	0.833	-0.491	0.111	0.171	0.224
-0.431	0.394	-0.390	0.465	0.301	-0.488	-0.449	0.272	0.363	0.417	1.064	-0.742	-0.738
0.552	-0.920	-0.211	0.624	-0.044	0.051	0.066	-0.079	0.004	0.114	-0.101	-0.033	0.009
-0.039	-0.065	0.801	-0.707	0.253	0.336	0.377	-0.590	-0.540	-0.405	-0.441	0.470	0.392
0.736	-0.766	0.772	-0.796	-0.544	0.434	-0.392	0.327	0.420	-0.249	0.343	0.395	-0.388
-0.619	0.208	0.220	0.279	-0.186	-0.086	-0.082	0.591	-0.144	0.236	-0.776	-0.686	1.019
0.163	-0.571	0.201	0.261	0.068	-0.711	1.059	-0.778	0.121	0.844	-0.036	-0.888	-0.044
0.533	-0.205	0.570	-0.996	0.783	0.844	-0.820	-0.051	-0.841	0.116	0.850	-0.032	-0.838
-0.040	-0.010	-0.000	0.061	0.285	0.367	-0.465	-0.558	0.347	-0.608	1.106	-0.702	0.152
-0.822	0.769	0.018	0.079	0.082	-0.699	1.073	0.049	-0.719	-0.205	-0.249	-0.219	0.588
0.350	-0.414	0.389	-0.344	-0.528	-0.422	-0.376	1.157	0.436	0.401	-0.460	-0.423	0.373
0.739	-0.763	-0.023	0.019	0.770	0.832	-0.834	-0.878	-0.001	-0.086	-0.293	0.656	-0.187
-0.418	-0.327	0.418	0.456	0.211	-0.582	0.396	-0.533	0.353	0.114	-0.101	-0.033	0.009
-0.040	-0.010	-0.000	0.061	0.688	-0.109	-0.983	0.566	-0.170	-0.769	0.002	0.899	-0.005
-0.431	0.394	-0.390	0.465	-1.218	0.657	0.654	0.455	-0.283	-0.328	-0.525	0.432	0.426
-0.038	-0.036	0.003	0.084	0.488	-0.302	-0.317	-0.452	0.475	0.403	0.491	-0.421	-0.474
0.333	0.358	-0.426	-0.382	0.316	-1.336	0.379	0.187	0.295	-0.568	0.194	0.209	0.191

圖11-27　Residuals（殘差）分報表

二、Quality Criteria（模型品質指標）報表

當PLS Algorithm完成收斂後，除於「Final Results」（最終結果）報表中報告各參數的估計結果外，也會將可用於評鑑模型品質的相關指標於「Quality Criteria」（模型品質指標）報表中顯示出來。這些可用於評鑑模型品質的指標有R^2、f^2、Cronbach's α、組合信度（composite reliability, CR值）、平均變異抽取量（average variance extracted, AVE值）、膨脹係數（variance inflation factor, VIF）與模型配適指標（如SRMR、Chi-Square、NFI）等。「Quality Criteria」報表包含6個分報表，分別爲「R square」、「f square」、「Construct Reliability and Validity」、「Discriminant Validity」、「Collinearity Statistics」與「Model Fit」。茲分項介紹如下：

(一) R square（決定係數）分報表

R square（決定係數）分報表中的「Matrix」標籤頁，可顯示出各內因構念的R^2

值與R_{adj}^2值，如圖11-28。迴歸模型中最常用來評鑑迴歸擬合效果或預測能力的指標就是決定係數（coefficient of determination, R^2值）了。R^2值可用來測量預測的準確度，其爲某特定的內因構念之實際值和預測值之相關係數的平方，代表著模型中所有的外生變數對內因變數的整體影響或解釋效果。也就是說，決定係數代表著模型中內因變數的變異可被外生變數所能解釋的量。R^2值會介於0～1之間，數值愈高即代表模型的預測能力或解釋能力也愈高。

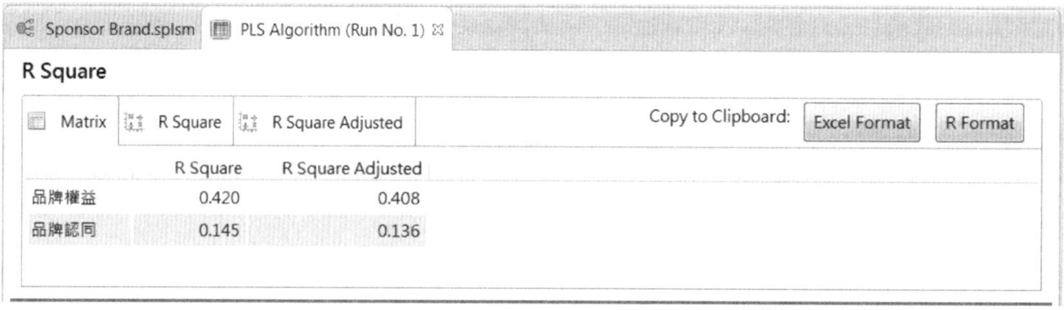

	R Square	R Square Adjusted
品牌權益	0.420	0.408
品牌認同	0.145	0.136

圖11-28　R square（決定係數）分報表

過往，在CB-SEM於競爭模型的相關研究中，常使用代表模型擬合程度的各種配適度指標（如：GFI、RMR等），來輔助篩選最佳模型。但在PLS-SEM中，雖常利用R^2值來選擇最佳模型，卻並不是一個好方法。因爲學者已證明了，若在原始模型中加入了一個不顯著、但與內因變數具有些微相關的構念時，R^2值就會上升。也就是說，只要有愈多的箭頭（愈多自變數）指向內因變數，R^2值就會一直提高，而不管這些指標的實質意義或影響力爲何，因而導致模型的複雜度愈來愈高。然而，建模過程中，研究者總是希望最佳模型除應有較高的解釋力（即較高的值）外，且同時希望外生變數的數量要愈少愈好，也就是希望最佳模型能符合簡約（parsimonious）原則。在這種情形下，就多元迴歸而言，校正R^2值（adjusted R^2 value, R_{adj}^2值）就是個可避免複雜模型的指標，該指標的調整狀況會依據外生變數的數量和樣本大小而定。R_{adj}^2值可定義爲：

$$R_{adj}^2 = 1 - (1 - R^2) \times \frac{n-1}{n-k-1} \qquad \text{（式11-1）}$$

其中，n爲樣本大小，k爲用來預測內因變數的外生變數之數量

(二) f square（效果值）分報表

f square（效果值）分報表的「Matrix」標籤頁，可顯示出各外生變數對內因變數

的效果值f^2（f effect size），如圖11-29。效果值f^2爲刪除模型中特定外生變數後，R^2值的變化量。其可用來評估該外生變數對內因變數是否具有顯著的影響力。其計算公式爲：

$$f^2 = \frac{R^2_{included} - R^2_{excluded}}{1 - R^2_{included}}$$ （式11-2）

式11-2中，$R^2_{included}$與$R^2_{excluded}$爲外生變數被納入或移除時，內因變數的R^2值。透過執行PLS結構模型兩次，即第一次納入外生變數（得$R^2_{included}$），第二次移除外生變數（得$R^2_{excluded}$），即可求出f^2。雖然可根據式11-2算出f^2，但也不用研究者自己動手求算，SmartPLS在f square分報表中就有提供f^2的資訊。根據Cohen（1988）的f^2值評估原則，當$0.02 < f^2 \leq 0.15$時稱爲小效果，$0.15 < f^2 \leq 0.35$時稱爲中效果，而$f^2 > 0.35$時則稱爲大效果。如圖11-29中，所有外生變數的f^2值皆大於0.15，但小於0.35，因此都屬中效果，代表自我一致性與品牌認同對於品牌權益都只具有中等效果的預測能力。

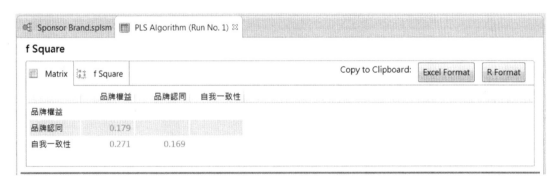

圖11-29　f square（效果值）分報表

(三) Construct Reliability and Validity（構念信度與效度）分報表

　　Construct Reliability and Validity（構念信度與效度）分報表中將顯示用以評估反映性測量模型之信度與收斂效度的指標，如一般信度指標Cronbach's α、評量內部一致性的組合信度（Composite Reliability, CR值）與平均變異萃取量（Average variance extracted, AVE值），如圖11-30。

　　當評鑑反映性測量模型時，首要目標便是內部一致性信度（internal consistency reliability）。傳統上用於評估內部一致性的指標爲Cronbach's α，其估算信度的概念爲根據指標變數間的相關程度。然而Cronbach's α缺點是，於計算Cronbach's α時會假

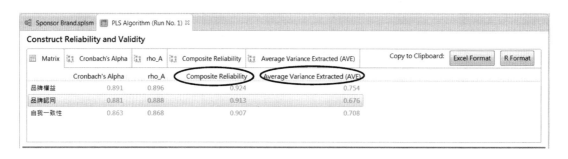

圖11-30　Construct Reliability and Validity（構念信度與效度）分報表

定所有指標對構念的因素負荷量都是相等的，且有低估內部一致性的傾向。然而在PLS-SEM中，並不假設「所有指標對構念的因素負荷量皆相等」，故Cronbach's α的使用宜斟酌。其次，由於組合信度會考慮到各指標間因素負荷量的差異，故運用組合信度來評量反映性測量模型的內部一致性將較爲適當（Hair et al., 2014）。

　　一般而言，量表的效度類型大致上有三種：內容效度、效標關聯效度與建構效度。內容效度是指測量內容的適切性；而效標關聯效度則是指測量工具的內容確實具有預測或估計的能力。此外，尚有一般研究者針對量表設計，所最常檢驗的效度—建構效度（construct reliability）。建構效度是指問卷或量表能測量到理論上的構念或特質之程度。建構效度有兩類：收斂效度與區別效度。而檢測量表是否具備建構效度時，須先根據指標（觀察）變數的因素負荷量求算出組合信度（composite reliability, CR值）與平均變異抽取量（average variance extracted, AVE值）後，再據以輔助判斷量表是否具有收斂效度與區別效度。

1. 組合信度

　　組合信度也稱爲建構信度（construct reliability, CR值），組合信度爲潛在變數（構念）的信度指標，可用來衡量潛在變數之指標變數（觀察變數，即問卷中的題項）的內部一致性，CR值愈高表示這些指標項目的一致性愈高。一般學者建議潛在變數的組合信度宜大於0.7（Fornell and Larcker, 1981）。組合信度的計算公式如下：

$$CR = \frac{(\Sigma \lambda^2)}{[(\Sigma \lambda^2) + \Sigma(\theta)]}$$
（式11-3）

CR：組合信度

λ：指標變數在潛在變數上的因素負荷量

θ：指標變數的測量誤差，$\theta = 1 - \lambda^2$

2. 平均變異抽取量

潛在變數的平均變異抽取量爲潛在變數之各指標變數對該潛在變數（構念）的平均變異解釋力。也就是說，AVE值的意義代表指標變數的總變異量有多少是來自於潛在變數的變異量。且Fornell & Larcker（1981）建議各構念的平均變異抽取量宜大於門檻值0.5，才能符合收斂效度之原則，其計算公式如下：

$$AVE = \frac{\sum \lambda^2}{[\sum \lambda^2 + \sum (\theta)]} \qquad (式11\text{-}4)$$

AVE：平均變異抽取量

λ：指標變數在潛在變數上的因素負荷量

θ：指標變數的測量誤差，$\theta = 1 - \lambda^2$

基本上，組合信度與平均變異抽取量這兩個統計量，在計算上也是蠻複雜的，但在SmartPLS中會自動算出組合信度與平均變異抽取量，且顯示在Construct Reliability and Validity（構念信度與效度）分報表中。

(四) Discriminant Validity（區別效度）分報表

區別效度的概念是不同構念間的題項，其相關程度應該要低。亦即，區別效度是指對兩個不同的構念進行測量，若此兩個構念經相關分析後，其相關程度很低，則表示此兩個構面間具有區別效度（Churchill, 1979; Anderson and Gerbing, 1988）。也就是說，在PLS路徑模型中，區別效度評估的目標在於確保反映性構念與其自身的指標（例如：與任何其他構念相比），應具有最強的關聯性，且與其他構念的相關性則要低（Hair et al., 2017）。

在進行結構（路徑）模型分析之前，其先決條件之一即是評鑑各構念的區別效度。對於以變異數爲基礎的結構方程模型（如PLS-SEM），最常用以評鑑區別效度的準則或指標爲Fornell-Larcker準則（Fornell-Larcker criterion）與交叉負荷量（cross loadings）。

然而，Henseler、Ringle和Sarstedt（2015）曾透過模擬研究提及，上述兩種方法並不能可靠地檢測出常見研究情況下的區別效度。因此，這些學者提出了一種基於多元特質多元方法矩陣（multitrait-multimethod matrix, MTMM）的替代方法，以評估區別效度，此方法即稱爲「heterotrait-monotrait ratio of correlations」（HTMT）。Henseler、Ringle和Sarstedt（2015）透過蒙特卡羅模擬研究以比較HTMT和Fornell-

Larcker準則、交叉負荷量的差異，證明了HTMT方法的優越性，並具體訂出PLS-SEM中評估區別效度的準則。以下，將分別介紹這些用以評估區別效度的準則或指標，這些準則或指標的值皆顯示於Discriminant Validity（區別效度）分報表中，如圖11-31。

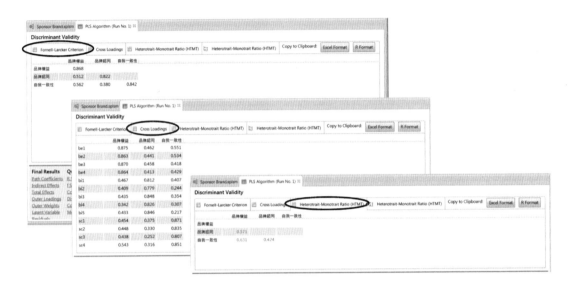

圖11-31　Discriminant Validity（區別效度）分報表

1. Fornell-Larcker準則

　　Fornell-Larcker準則（Fornell & Larcker, 1981）是個判斷構念間是否具有區別效度的最重要方法，其內容為每一個構念的AVE平方根應大於該構念與模型中其他構念間的相關係數，這樣構念間才具有區別效度。若構念的AVE平方根小於構念間的相關係數，則表示不同構念將無法適當地被區分開來。

2. 交叉負荷量

　　某特定構念的指標與模型中其他構念間的因素負荷量即稱為交叉負荷量。一般而言，一個指標對其所屬的構念之因素負荷量應大於該指標與模型中其他構念間的負荷量（即交叉負荷量），才符合區別效度的概念。然而，這原則只是判斷區別效度的最基本、最寬鬆的基準而已（Hair, Ringle, & Sarstedt, 2011）。

3. HTMT（heterotrait-monotrait ratio of correlations）

　　雖然交叉負荷量及Fornell-Larcker準則已被普遍性的應用於評估CB-SEM與PLS-SEM的區別效度。但Henseler等人（2015）仍認為上述指標的敏感度仍不足，因此提

出了運用HTMT指標評估構念間的區別效度的概念。Henseler等人（2015）認為，所有構念間的HTMT信賴區間皆未包含1時，則構念間才具有區別效度；若包含1表示則判斷該構念與其他構念間不具有區別效度。在Discriminant Validity（區別效度）分報表中，我們建議使用HTMT指標來評估區別效度。如果HTMT值小於0.90，則兩個反映性構念間具有區別效度（Hair et al., 2014）。

(五) Collinearity Statistics（共線性統計量）分報表

在反映性測量模型中，反映性指標彼此間具有可替代性；然而在形成性測量模型中，其指標間則不該具有太強的相關性，此特質亦稱為共線性（collinearity）。測量模型的指標中，若存在共線性問題則將造成方法誤用與解釋偏差。此外，當共線性問題若涉及三個指標以上時，則稱為多元共線性（multicollinearity）問題。

一般而言，形成性測量模型中，當兩個（或多個）指標所測量的標的，最後被發現是完全相同時（即指標呈現完全相關），那麼共線性問題就嚴重的產生了。這種狀況很有可能是因為指標被重複使用或者其中某個指標恰好是其他指標的線性總和。例如：銷售量和銷售金額這兩個指標，由於銷售金額 = 銷售量乘以售價（常數，如100），因此，測量時，若銷售量和銷售金額同為某形成性構念的指標時，就會產生嚴重的共線性問題。當共線性問題存在時，以PLS-SEM估算各參數時，將導致產生奇異矩陣（singular matrix），以致無法估計出其中某一參數（Hair et al., 2014）。

共線性問題也會影響權重估計與參數的顯著性檢定。由於存在共線性問題時，PLS估計時將導致權重大小及其正負符號估計錯誤，甚至亦將致使權重的標準差提高，造成權重不容易顯著（即權重不等於0的機率降低）。此外須特別注意的是，小樣本的研究，其標準差本來就容易偏高，故對於小樣本的PLS-SEM來說，共線性問題的影響程度將特別嚴重，因此也須要格外予以重視。

要檢測共線性問題時，須先計算出各指標變數的容忍值（tolerance, TOL）。容忍值代表一個指標未被同一構念之其他指標所解釋的變異量大小。容忍值的定義為1減去該指標與其他指標之相關係數的平方。故而，當容忍值愈接近於0時，則代表指標之間有線性關係的可能性就愈大，共線性問題存在的可能性就愈高。容忍值離0愈遠，則變數之間愈不可能有線性關係，則共線性問題較不易產生。

另一個與容忍值相關的指標為變異數膨脹係數（variance inflation factor, VIF），其為容忍值的倒數。與容忍值相反，VIF值愈大，則指標之間有線性關係的可能性就愈大，共線性問題存在的可能性就愈高。它的值愈小，則變數之間愈不可能有線性關係，則共線性問題較不易產生。

過去在使用SPSS進行迴歸分析時，於報表中就可顯示容忍值與VIF，研究者也通常會在迴歸係數（即權重）未顯著時，針對自變數間的共線性問題進行診斷。在PLS中，Hair, Ringle, and Sarstedt（2011）就曾提及，當容忍值小於等於0.2或VIF值大於等於5時，即意味著指標變數間可能有共線性問題存在。除了上述兩個指標外，研究者亦可使用具綜合評斷特質的條件指標（condition index, CI）來檢測形成性構念之共線性問題的嚴重程度（Gotz, Liehr-Gobbers, & Krafft, 2010）。條件指標愈高表示共線性愈嚴重，若小於30，表示共線問題緩和，30～100表示中度共線問題，大於100表示共線問題嚴重，但CI指標僅在SPSS的迴歸分析中有提供，在SmartPLS中則無提供此指標。

解決測量模型中的共線性問題時，可利用剔除那些「相關性較強」的指標為方向。也就是說，研究者應考慮刪除相關性較高的（一個或多個）指標。當然刪除的過程中，亦應注意保持構念的完整意涵為最高指導原則，否則刪完「可疑」指標後，變成一個四不像的構念，那就毫無意義可言了。

SmartPLS的Collinearity Statistics（共線性統計量）分報表中，提供有各構念的VIF值（inner VIF values）與各指標的VIF值（outer VIF values），如圖11-32。

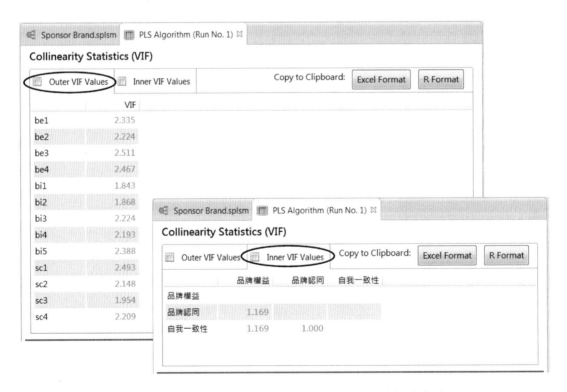

圖11-32　Collinearity Statistics（共線性統計量）分報表

(六) Model Fit（模型配適）分報表

在CB-SEM中，當研究者提出理論／概念性模型後，欲利用結構方程模型進行分析時，首先會對模型中所涉及的指標變數利用問卷進行間接測量，從而獲得一組指標變數的實際資料和基於此樣本資料所形成的共變數矩陣，這個共變數矩陣稱為樣本矩陣。結構方程模型就是要將概念性（假設）模型中，各變數之路徑關係所形成的共變數矩陣（又稱再生矩陣）與實際的樣本矩陣進行配適性檢驗（即檢驗樣本矩陣到底有多接近再生矩陣），如果概念性模型與實際的樣本資料配適良好，那麼就表示概念性模型是可以接受的；否則就要對概念性模型進行修正，如果修正之後仍然不符合配適指標的要求，那麼就須否定原來的概念性模型，一切得從頭再來。

然而PLS-SEM的概念不同於CB-SEM，PLS-SEM是將模型與資料做配適以求取可以讓內因潛在變數能被解釋的變異量最大化的最佳參數估計。明顯的，PLS-SEM重視的是R^2值的大小，而CB-SEM則在試圖將樣本與概念性模型共變矩陣間之差異最小化的概念下，重視模型的整體配適指標，如chi-square（卡方值，χ^2）、SRMR、NFI等指標，這些指標顯然的並不適用於PLS-SEM。PLS-SEM模型評估時，最主要的原則或指標為路徑係數或因素負荷量的顯著性、R^2值的大小、效果值f^2、預測相關性Q^2與q^2效應量，這些指標在後續的章節中將會陸續介紹。雖是如此，PLS Algorithm的估算結果，仍會將chi-square（卡方值，χ^2）、SRMR、NFI等指標放於Model Fit（模型配適）分報表中，如圖11-33。

	Sponsor Brand.splsm	PLS Algorithm (Run No. 1) ✕

Model_Fit

Fit Summary	rms Theta		Copy to Clipboard:	Excel Format	R Format

	Saturated Model	Estimated Model
SRMR	0.068	0.068
d_ULS	0.424	0.424
d_G1	0.268	0.268
d_G2	0.208	0.208
Chi-Square	123.112	123.112
NFI	0.845	0.845

圖11-33　Model Fit（模型配適）分報表

◆ 11-6　執行Bootstrapping功能 ◆

由於PLS-SEM對資料並不須強求其常態性，所以基本上其估計過程應屬無母數估計過程。因此，在PLS-SEM中欲檢驗因素負荷量、權重與路徑係數的顯著性時，傳統在多元迴歸分析中所使用的參數檢定法並不適用。相對的，PLS-SEM將使用屬無母數統計方法中的拔靴法（bootstrapping），來檢驗由PLS Algorithm所估算出的參數之顯著性（Davison & Hinkley, 1997; Efron & Tibshirani, 1993）。

11-6-1　拔靴法簡介

拔靴法是個投返式的重複抽樣（resampling）過程。它會將既有（原有）的觀察值當作是母體，而進行投返式的重複抽樣，當抽出的樣本數達預先設定的數量（即達拔靴樣本數之意）時，即把這些已抽出的觀察值，集合成一個子樣本（或稱拔靴樣本）。每一子樣本抽出形成後，隨即進行運算並記錄執行結果的分配特性（如參數平均數、標準差等統計量），經多次重複此過程後，當特定量的子樣本（即拔靴抽樣數，bootstrap samples）被抽出後（如5,000個子樣本），即停止運算，然後針對每次抽樣所得到的子樣本經分析後，演算結果的分配特性進行統計，以求取原先因資料不足而無法探討的資料分配特性（如標準誤）。抽樣過程中，投返式意味著每次抽樣後，隨機由母體中被抽出的觀察值會於下次抽樣前，再次被放回母體中。也就是說，每次抽樣時，母體內的觀察值之內容或數量永遠不變之意。故對某特定的觀察值而言，它可能會多次的包含於各子樣本中（被抽中），當然也可能會不屬於其他的子樣本（沒被抽中），如圖11-34。

圖11-34為拔靴法之示意圖，簡略說明了拔靴法的運作原理。進行拔靴法時，必須明確說明兩件事，一為拔靴抽樣數；另一為拔靴樣本數（bootstrap cases）。拔靴抽樣數代表從原始樣本（母體）所抽出的子樣本數量，進行拔靴法時，為使最終統計結果更精確，通常要求較大的拔靴抽樣數，且至少要大於母體中的觀察值數量。學界一般建議的拔靴抽樣數為5,000個。而拔靴樣本數則是每個子樣本中觀察值的數量，對於拔靴樣本數的決定原則為：其數量應等於原始樣本中的觀察值數量。例如：原始樣本中有240個觀察值，那麼拔靴樣本數就是240個，當拔靴抽樣數為5,000時，即代表所抽出的5,000個子樣本中，每個子樣本內應該都須具有240個觀察值（拔靴樣本數），否則參數的顯著性檢定結果將產生系統性偏誤。

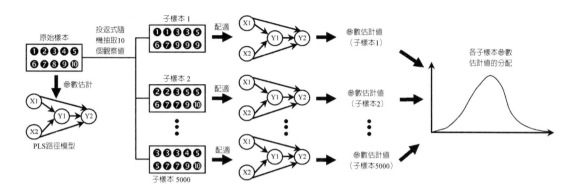

圖11-34　拔靴法示意圖

　　拔靴法中，每個被抽出來的子樣本都將被用來配適，以進行PLS路徑模型之估計，亦即拔靴抽樣數為5,000時，就進行了5,000次的模型估計，這些參數估計結果將可被視為一種分配，即拔靴分配。根據拔靴分配即可求算出估計參數的平均值與標準誤，進而計算出估計參數的t值。當t值大於1.96時，則我們可以推論在顯著水準5%下，估計參數顯著不為0（或稱為具顯著性）。

11-6-2　執行Bootstrapping功能

　　在SmartPLS中欲檢驗PLS Algorithm所估算出的因素負荷量、權重與路徑係數值是否顯著時，須使用拔靴法（bootstrapping）。於SmartPLS視窗中，執行「Calculate/Bootstrapping」或按 🔆 後，選擇「Bootstrapping」功能，即可出現「Bootstrapping設定視窗」，如圖11-35。Bootstrapping設定視窗有四個分頁，分別為「Setup」、「Partial Least Squares」、「Missing Values」與「Weighting」。分別說明如下：

(一) Setup分頁

　　在Setup分頁中，主要將設定拔靴法的運作方式，分基本設定（Basic Settings）與進階設定（Advanced Settings）等兩個設定內容。基本設定中有四個設定選項，分別為Subsamples（子樣本設定）、Do Parallel Processing（進行平行處理）選項、Sign Changes（正負符號改變設定）選項與Amount of Result（結果輸出量）選項；而進階設定則包含Confidence Interval Method（求取信賴區間的方法）選項、Test Type（檢定型態）選項與Significance Level（顯著水準設定）等三個設定選項。以下將詳細說明各設定選項之意義與設定方式。

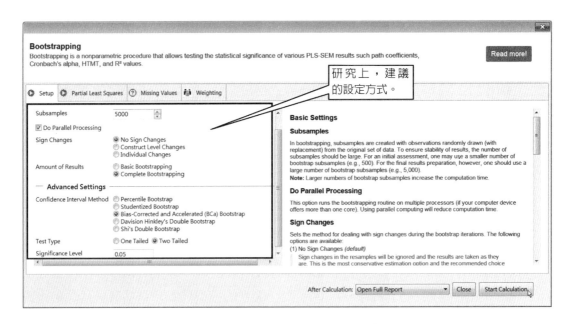

圖11-35　Bootstrapping設定視窗

1. Subsamples（子樣本設定）

在拔靴法中，子樣本是由原始資料集中，以隨機投返式的方式抽取一定數量（拔靴樣本數）的觀察值而得。為了保證最終結果的穩定性，子樣本的數量（拔靴抽樣數）應該很大。對於略帶測試性質的初始評估而言，可以使用較少量的拔靴子樣本（拔靴抽樣數）（例如：500）。然而，若是欲評估模型的最終結果時，研究者應使用較大量的拔靴子樣本（例如：5,000）。當然，拔靴子樣本數量愈多，執行所花費的時間就愈長。尤其是對複雜性較高的模型時，適當設定拔靴抽樣數的大小，也是研究者實務上須考量的。

2. Do Parallel Processing（進行平行處理）選項

「Do Parallel Processing」選項可設定電腦是否以平行處理的方式來執行拔靴法。執行過程若能以平行處理的方式進行，則將能大幅縮短拔靴法運作的時間。不過，這功能能取決於研究者的電腦是否具有多個處理器以進行平行計算。

3. Sign Changes（正負符號改變設定）選項

PLS-SEM中使用拔靴法時，存在一個很重要的議題，即潛在變數得分之正負符號的不確定性（sign indeterminacy），意指待估計參數的正負符號在拔靴法中是無法

直接確定的（wold, 1985）。正負符號的不確定性將導致拔靴法所估計出的參數之正負符號具隨機性，這將導致估計參數值的平均值漸漸往0趨近，且使標準誤變大，因而導致t值不正常的縮小了。

處理正負符號改變的問題，基本上有三種方法選項：不作正負符號改變（no sign changes）、構念層級正負符號改變（construct level changes）與個別正負符號改變（individual changes）。「不作正負符號改變」意味著正負符號改變對t值的負面影響將不予處理；「構念層級正負符號改變」為同時檢視一群估計值（例如：所有的權重），然後比較原始PLS路徑模型估計值與拔靴法的估計結果，若發現大部分的估計值的正負符號不一致，則在進行拔靴法時，就設定成所有正負符號同時作改變或同時不作改變；「個別正負符號改變」則是每當拔靴法樣本與原始樣本所估計的參數值之正負符號不同時，則將正負符號作改變，以確保拔靴樣本與原始樣本之估計結果的正負符號能一致。

實務上，三種方法的估計結果差異並不大，研究上建議使用「不作正負符號改變」法，因為此法提供了最保守的估計結果，若估計值在此方法中能顯著，則在其他方法中也一定能顯著（Hair et al., 2014）。

4. Amount of Result（結果輸出量）選項

研究者可以透過Amount of Result（結果輸出量）選項，設定執行Bootstrapping時將進行顯著性檢定的估計參數並將結果輸出於報表中，包含Basic Bootstrapping（基本拔靴輸出）與Complete Bootstrapping（完整拔靴輸出）等兩個子選項。

➤ Basic Bootstrapping（基本拔靴輸出）

選取此子選項時，表示執行拔靴法後將只輸出基本的拔靴結果。基本的拔靴結果中將只包含路徑係數、間接效果、總效應、因素負荷量和權重等估計參數的檢定結果。進行拔靴抽樣數較大的拔靴法時，選用此選項將可大幅縮短執行時間。

➤ Complete Bootstrapping（完整拔靴輸出）

選取此子選項時，表示執行拔靴法後將輸出完整的拔靴結果。完整的拔靴結果中將包含路徑係數、間接效果、總效應、因素負荷量、權重、R^2、AVE值、CR值、Cronbach's 係數與HTMT等完整估計參數的檢定結果。

5. Confidence Interval Method（求取信賴區間的方法）選項

執行拔靴法後，除可針對估計參數進行顯著性檢定（t檢定）外，也可藉由參數的信賴區間提供有關參數估計之穩定性或顯著性的額外資訊。拔靴信賴區間的大小

將由進行拔靴法後所得的標準誤與顯著水準來決定。例如：某指標的權重為$w1$、進行拔靴法後所得的標準誤為se_{w1}、當顯著水準為0.05時，則95%雙尾的信賴區間即為$w1 \pm 1.96 \times se_{w1}$。這信賴區間若未包含0時，則代表$w1$等於0的虛無假設將被拒絕，即$w1$顯著的不等於0之意。除了顯著性檢定外，信賴區間亦簡易的提供了參數估計值穩定性的額外資訊，即當信賴區間的範圍愈小，則代表所估計出的參數值之穩定性就愈大。

在SmartPLS的拔靴法中，求取信賴區間的方法大致有Percentile Bootstrap法、Studentized Bootstrap法、Bias-Corrected and Accelerated (BCa) Bootstrap法、Davison Hinkley's Double Bootstrap法與Shi's Double Bootstrap法等五種。由於Bias-Corrected and Accelerated (BCa) Bootstrap法計算時間快速且結果最穩定，且過往研究亦曾指出運用Bias-Corrected confidence intervals（校正誤差的信賴區間）來驗證間接效果是較為恰當之方法（Cheung & Lau, 2008; Lau & Cheung, 2012），因此，SmartPLS之拔靴法亦將以Bias-Corrected and Accelerated（BCa）Bootstrap法為預設方法。

6. Test Type（檢定型態）選項

由於運用拔靴法的主要目的在於針對所估計出的參數進行檢定，因此檢定的型態也須設定。在Test Type（檢定型態）選項中有兩個子選項，分別為One Tailed（單尾檢定）與Two Tailed（雙尾檢定）。其中，Two Tailed（雙尾檢定）為預設的檢定型態。

7. Significance Level（顯著水準設定）

在此設定項中可設定檢定時的顯著水準，並可據此計算出信賴區間。一般而言，學術上將顯著水準設定為0.05是最標準、最基本的要求。

綜合上述，執行拔靴法時，建議研究者可進行如圖11-35的設定內容，以得到正確且有效的結果。

(二) Partial Least Squares分頁

在此分頁中，將進行PLS Algorithm的執行設定，基本上其設定內容與圖11-17完全相同，請讀者自行參考圖11-17。

(三) Missing Values分頁

在「Missing Values」標籤頁中可設定遺漏值的處理方式，如圖11-18。明顯的，為能順利進行參數估計，SmartPLS提供了三種處理遺漏值的方法，分別是平均數

替代法（mean value replacement）、整列刪除法（casewise deletion）與成對刪除法（pairwise deletion）。這三種方法在第11-3-4節中已進行詳細說明，在此請選擇預設值「mean replacement」（平均數替代法）就好。

(四) Weighting分頁

設定初始權重，通常採預設值就好，不用特意去設定。

11-7　Bootstrapping的執行結果

執行Bootstrapping成功後，視窗中將產生兩種變化，一為原始的模型圖（Sponsor Brand.splsm），原始模型圖中會預設的顯示出指標變數之因素負荷量或權重的顯著性與路徑係數的t值（圖11-36）。其實原始模型圖中所顯示出的資訊也是可以調整的，只要透過視窗左下角的「Calculation Results」視窗中的各種顯式設定，就可改變原始模型圖中顯示出的資訊；二為新增一個「Bootstrapping (Run No.1)」標籤頁（圖11-37）。

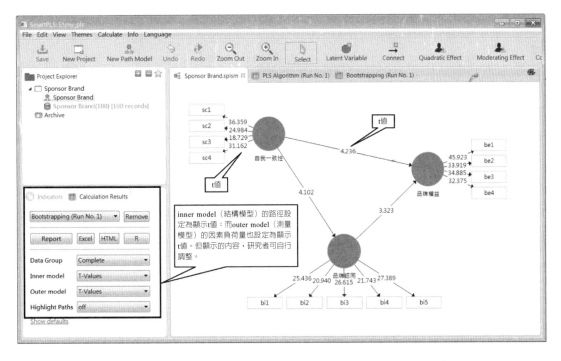

圖11-36　拔靴後的原始的模型圖（Sponsor Brand.splsm）

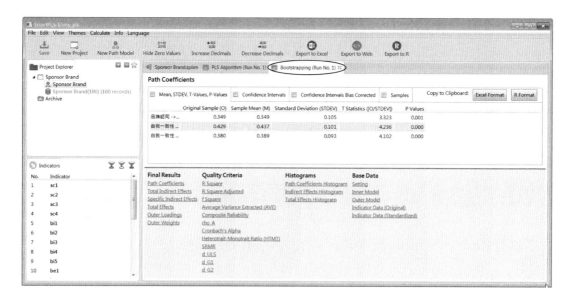

圖11-37 「Bootstrapping (Run No.1)」標籤頁

在「Bootstrapping (Run No.1)」標籤頁中（圖11-37），上半部顯示出研究者於視窗下半部所選擇之報表類別的詳細輸出資料，而下半部則顯示出拔靴後所產生四類的報表，分別為「Final Results」、「Quality Creteria」、「Histograms」與「Base Data」，各類別報表中尚包含各種不同的輸出資料。在「Final Results」、「Quality Creteria」報表中將顯示各種參數估計值的檢定狀況，這是研究者必須要查閱的部分。至於「Histograms」與「Base Data」報表於評鑑模型時，運用的機率並不高，因此於本書中，將只針對「Final Results」與「Quality Creteria」報表進行詳細的說明。

在「Final Results」與「Quality Creteria」報表中，將顯示Path Coefficients（路徑係數）、Total Indirect Effects（總間接效果）、Specific Indirect Effects（特定路徑的間接效果）、Total Effects（總效果）、Outer Loadings（因素負荷量）、Outer Weights（權重）、R Square、R Square Adjusted、f Square、平均變異抽取量（average variance extracted, AVE值）、組合信度（composite reliability, CR值）、rho_A、Cronbach's α、Heterotrait-Monotrait Ratio（HTMT）、SRMR、d_ULS與d_G等參數值的檢定資料。所有參數值的檢定資料都將以四種分報表來顯示，分別為「Mean, STDEV, T-Values, P-Values」分報表、「Confidence Intervals」分報表、「Confidence Intervals Bias Corrected」分報表與「Samples」分報表。因此，在此將只針對這四種分報表的格式、內容做說明；而不以各參數為基礎做分項說明。

一、「Mean, STDEV, T-Values, P-Values」分報表

在「Mean, STDEV, T-Values, P-Values」分報表中,將顯示出各參數的原始樣本估計值(Original Sample)、5,000次拔靴估計值的平均值(Sample Mean)、5,000次拔靴估計值的標準差(Standard Deviation, STDEV)、t值(T Statistics)與機率p值(P Values,即顯著性),如圖11-38。圖11-38為路徑係數的「Mean, STDEV, T-Values, P-Values」分報表,根據t值或顯著性即可研判參數估計值(本例為路徑係數)是否顯著(即不等於0)。例如:在顯著水準為0.05、雙尾檢定時,t值大於1.96或顯著性小於0.05時,參數估計值即顯著。

由圖11-38可見,「自我一致性→品牌權益」的路徑係數為0.429,t值4.236,大於1.96,故顯著(顯著性為0.000);「品牌認同→品牌權益」的路徑係數為0.349,t值3.323,大於1.96,亦顯著(顯著性為0.001);「自我一致性→品牌認同」的路徑係數為0.380,t值4.102,大於1.96,故亦顯著(顯著性為0.000)。因此範例論文所建立的三個因果關係假設(H_1、H_2與H_3),皆成立。

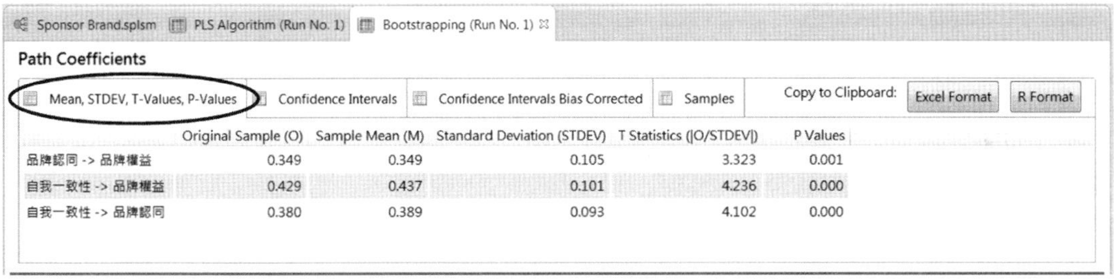

	Original Sample (O)	Sample Mean (M)	Standard Deviation (STDEV)	T Statistics (|O/STDEV|)	P Values
品牌認同 -> 品牌權益	0.349	0.349	0.105	3.323	0.001
自我一致性 -> 品牌權益	0.429	0.437	0.101	4.236	0.000
自我一致性 -> 品牌認同	0.380	0.389	0.093	4.102	0.000

圖11-38 路徑係數的「Mean, STDEV, T-Values, P-Values」分報表

二、「Confidence Intervals」分報表

在「Confidence Intervals」分報表中,將顯示出各參數的原始樣本估計值(Original Sample)、5,000次拔靴估計值的平均值(Sample Mean)、各參數值的95%信賴區間的下界(2.5%)與上界(97.5%)。由各參數值的95%信賴區間是否包含0值,亦可判斷各參數值是否顯著。例如:圖11-39中「品牌認同→品牌權益」路徑係數之估計值的95%信賴區間為0.141～0.552,不包含0值,因此亦可研判「品牌認同→品牌權益」的路徑係數為顯著不為0。

圖11-39 路徑係數的「Confidence Intervals」分報表

圖11-40 路徑係數的「Confidence Intervals Bias Corrected」分報表

三、「Confidence Intervals Bias Corrected」分報表

在「Confidence Intervals Bias Corrected」（校正誤差信賴區間）分報表中，將顯示出各參數的原始樣本估計值（Original Sample）、5,000次拔靴估計值的平均值（Sample Mean）、校正誤差之信賴區間的下界（2.5%）與上界（97.5%），如圖11-40。由各參數值的校正誤差信賴區間是否包含0值，亦可判斷各參數值是否顯著。由於校正誤差信賴區間的計算時間快速且結果最穩定，且過往研究亦曾指出運用校正誤差的信賴區間來驗證間接效果較為恰當（Cheung & Lau, 2008; Lau & Cheung, 2012），因此建議研究者欲運用信賴區間法檢定參數值的顯著性時，最好能運用校正誤差的信賴區間。

由各參數值的校正誤差信賴區間是否包含0值，即可判斷各參數值是否顯著。例如：圖11-40中「品牌認同→品牌權益」路徑係數之估計值的校正誤差信賴區間為0.136～0.545，不包含0值，因此可研判「品牌認同→品牌權益」的路徑係數亦為顯著不為0。

四、「Samples」分報表

在「Samples」分報表中，將顯示出拔靴法歷次抽樣之估計結果的原始數據，如圖11-41。研究者亦可將這些數據藉由按「Excel Format」鈕複製到Microsoft Excel（本方法學生版不能使用），然後加以應用、計算，以滿足個人額外的資訊需求。

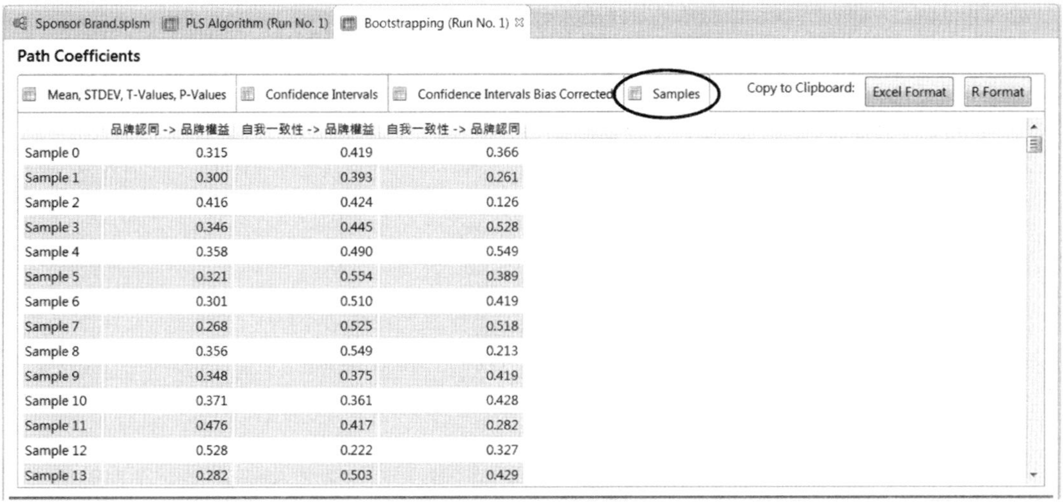

	品牌認同 -> 品牌權益	自我一致性 -> 品牌權益	自我一致性 -> 品牌認同
Sample 0	0.315	0.419	0.366
Sample 1	0.300	0.393	0.261
Sample 2	0.416	0.424	0.126
Sample 3	0.346	0.445	0.528
Sample 4	0.358	0.490	0.549
Sample 5	0.321	0.554	0.389
Sample 6	0.301	0.510	0.419
Sample 7	0.268	0.525	0.518
Sample 8	0.356	0.549	0.213
Sample 9	0.348	0.375	0.419
Sample 10	0.371	0.361	0.428
Sample 11	0.476	0.417	0.282
Sample 12	0.528	0.222	0.327
Sample 13	0.282	0.503	0.429

圖11-41　路徑係數的「Samples」分報表

第12章
評鑑反映性測量模型

根據Anderson and Gerbing（1988）及Williams and Hazer（1986）等學者的建議，進行結構方程模型分析時應分為兩個階段，第一階段先評鑑測量模型，以了解各構念的信度、收斂效度及區別效度；第二階段再評鑑結構模型，以驗證各構念間之因果關係的假設檢定。在本章所使用的範例，屬一階的反映性測量模型，是結構方程模型分析中，最簡單的模型。透過本書所設計的系統性評鑑過程，相信讀者能輕易的掌握評鑑反映性測量模型的技巧。

12-1　反映性測量模型評鑑

一個完整的結構方程模型應包括測量模型和結構模型等兩個部分，測量模型描述著潛在變數和外顯指標間的關係；而結構模型則描述著不同潛在變數間的因果關係。根據Anderson and Gerbing（1988）及Williams and Hazer（1986）等學者的建議，進行結構方程模型分析時應分為兩個階段，第一階段先針對各研究構念及其衡量題項進行測量模型分析，以了解各構念的信度、收斂效度（convergent validity）及區別效度（discriminant validity）；第二階段再運用潛在變數的路徑分析（結構模型分析），以驗證研究架構中對於各構念間之因果關係的假設檢定。故在本章中，將先進行第一階段的測量模型分析。

12-1-1　評鑑反映性測量模型的基本概念

在CB-SEM中，進行模型估計時（使用Amos、Lisrel等軟體），須分兩階段進行估計（如驗證性因素分析與路徑分析），每階段的估計中，必先探討各種模型的配適度指標（如χ^2、GFI、AGFI、NFI、REMSE、SRMR……等）是否合於標準，然後再進行信、效度檢驗或路徑係數的假設檢定，且嚴格限制測量模型必須先通過特定的一些準則後，才能執行結構模型評估。然而，在SmartPLS中，上述兩階段的參數估計或模型估計將同時進行，以使研究者能針對依據理論所建構的測量模型、結構模型與抽樣資料所展現的實際現象進行比較，從而得知理論和資料之間的配適程度。雖可同時估計測量與結構模型，但進行結構方程模型分析時，我們仍將遵守兩階段原則，先測量、後結構。

值得注意的是，配適（fitness）的概念在CB-SEM和 PLS-SEM中並不相同。在CB-SEM中，配適程度的好壞取決於理論模型與實際資料之共變數矩陣的差異性，因此會使用各種配適度指標檢核模型；而PLS-SEM則聚焦於依變數的觀測值和實際的

預測值之間的差異（迴歸分析的概念），故將使用屬於預測性的指標（如R^2）或指標因素負荷量或權重的顯著性來評估模型的好壞。在這種情況下顯著性的評估，係以無母數統計的相關評估準則來進行的，通常會使用拔靴法與盲解法（blindfolding）等（Hair et al., 2014）。

在目前的社會科學研究中，研究者甚少審慎思考指標和潛在變數之間的關係，幾乎非常自然的接受反映性模型。然而將形成性模型錯誤的界定為反映性模型，或者將反映性模型錯誤的界定為形成性模型，均會導致模型界定錯誤。錯誤的模型界定將會使參數估計產生偏誤，導致對變量間關係的錯誤評估，進而影響統計結論的有效性，導致研究者對整個研究問題的錯誤解釋（Jarvis et a., 2003）。因此，研究者於研究前，能明確區分所將建構的測量模型到底是反映性模型或形成性模型具有非常重要的意義。

基於此，評估測量模型時也應考慮指標的型態，而進行不同的評估內容。例如：就反映性測量構念（本章範例）而言，將來評估測量模型時，因素負荷量的角色就相當重要，因其為判斷測量模型是否具有收斂效度的標準之一。相對的，就形成性測量構念而言，於評估測量模型時，則注重權重的顯著性、指標間的共線性。綜合而言，根據過往諸多學者的建議，於評鑑反映性測量模型時，將就下列四項進行評估（Hulland, 1999; Hair, et al., 2014）：

➤ 內部一致性（組合信度）。
➤ 指標信度。
➤ 收斂效度（平均變異抽取量）。
➤ 區別效度。

(一) 內部一致性（組合信度）

當評估反映性測量模型時，首要目標便是評估內部一致性，此即針對構念的組合信度（CR值，又稱為Dillon-Goldstein's rho）進行評鑑。根據第11章中所提供的組合信度計算公式（式11-3），不難理解CR值會介於0與1之間，其所代表的意義與Cronbach's α值類似，CR值愈高表示構念信度愈佳。學術上，一般學者皆認為，CR值大於0.7，表示構念的測量指標具有內部一致性信度（Nunally & Bernstein, 1994; Gefen, Straub, & Boudreau, 2000; Esposito Vinzi et al., 2010）。

(二) 指標信度

指標信度意指同屬某構念之各指標間的共同性（communality）高，且共同性亦須大部分皆能由該構念所解釋。由於共同性為標準化因素負荷量的平方，且構念必須至少能解釋每個指標的50%變異，才符合高指標信度原則。因此，理論上若指標的標準化因素負荷量大於0.708（0.5的平方根），則該指標就具有高指標信度。故Hair, et al.（2014）認為標準化因素負荷量大於0.7，才具有指標信度。然而標準化因素負荷量大於0.7，在實務上卻是不容易達到的，故Hulland（1999）認為標準化因素負荷量大於0.5，就可接受。

(三) 收斂效度（平均變異抽取量）

構念的收斂效度以評估平均變異抽取量（AVE值）最具有代表性，由第11章中所提供的平均變異抽取量計算公式（式11-4），可明瞭，AVE值其實就是標準化因素負荷量平方的加總再除以指標數量（問項題數）而已，更簡單的講法是AVE值就是指標的平均共同性，其所代表的意義是「構念對指標的平均解釋能力」。Fornell and Larcker（1981）及Bagozzi and Yi（1988）都曾建議：構念的AVE值最好能超過0.50，因為這就表示構念受到指標的貢獻相較於誤差的貢獻量要來得多。也就是，構念已能解釋50%以上的指標變異。

(四) 區別效度

區別效度的意義在於：屬某構念的指標須和屬其他構念的指標間有較低的相關性（Churchill, 1979; Anderson and Gerbing, 1988）。明顯的，區別效度在說明著一個構念與其他構念間的差異程度。評估構念的區別效度時，有三個指標可運用，分別為交叉負荷量、Fornell-Larcker準則與HTMT。

1. 交叉負荷量

某特定構念的指標與模型中其他構念間的負荷量即稱為交叉負荷量。一般而言，一個指標對其所屬的構念之因素負荷量應大於該指標與模型中其他構念間的負荷量（即交叉負荷量），才符合區別效度的概念（Chin, 2010; Fornell & Larcker, 1981; Hair et al., 2014）。然而，這原則只是判斷區別效度的最基本、最寬鬆的基準而已。

2. Fornell-Larcker準則

Fornell-Larcker準則是個判斷構念間是否具有區別效度的重要方法，其內容為

每一個構念的AVE平方根應大於該構念與模型中其他構念間的相關係數（Fornell & Larcker, 1981）。若構念的AVE平方根小於構念間的相關係數，表示不同構念將無法適當地被區分開來。

3. HTMT

雖然交叉負荷量及Fornell-Larcker準則已被普遍用於評估CB-SEM與PLS-SEM的的區別效度，但Henseler等人（2015）仍認為上述指標的敏感度仍不足，因此提出應運用HTMT指標來評估構念間的區別效度。Henseler等人（2015）認為所有構念間的HTMT信賴區間皆未包含1，則構念間才具有區別效度；若包含1則判斷該構念未與其他構念間，具有區別效度。在Discriminant Validity（區別效度）分報表中，我們建議使用HTMT指標來評估區別效度。如果HTMT值小於0.90，則兩個反映性構念間就具有區別效度（Gold, Malhotra, & Segars, 2001; Teo, Srivastava, & Jiang, 2008）。

12-1-2 製作評鑑反映性測量模型時所需的表格

▶ 範例12-1

> 參考第11-3節中對範例模型的說明，論文【贊助品牌之自我形象一致性、品牌認同與品牌權益關係之研究】的問卷題項，如表11-1。其資料檔為Sponsor Brand.csv，試製作評鑑反映性測量模型所需的「測量模型參數估計表」、「交叉負荷表」與「區別效度檢定表」，如表12-1、表12-2與表12-3。

在第11章範例11-1中，於SmartPLS內已繪製好本範例的模型圖後，接著即可進行測量模型的評鑑工作。首先須確認的是，本範例屬反映性測量模型，故評鑑反映性測量模型時將使用四大指標，如內部一致性（組合信度）、指標信度、收斂效度（平均變異抽取量）與區別效度。進行評鑑前，須先製作評鑑所需的表格，這些表格的詳細的製作過程，說明如下：

操作步驟

步驟1：重新匯入資料檔。在第11章範例11-1中，所使用的資料檔案為「Sponsor Brand (100).csv」，只包含練習用的100個樣本，於評鑑反映性測量模型之信、效度時，恐不敷使用。為了後續的學習，請讀者將「sem_smartpls\pls_all」資料夾中的所有檔案皆複製到「E:\my_pls」中。複

製完成後，再次開啓SmartPLS時，就可在「E:\my_pls」這個工作空間中，看到本書所使用的所有專案。

首先於SmartPLS主視窗的左上角，打開「Sponsor Brand」專案，就可看到「Sponsor Brand」模型和資料檔案「Sponsor Brand(100).csv」。在此將重新匯入新的資料檔「Sponsor Brand.csv」。資料檔「Sponsor Brand.csv」包含260個樣本，爲「Sponsor Brand」專案專屬的資料檔。

由於「Sponsor Brand」專案內已存在資料檔「Sponsor Brand(100).csv」，要再匯入另一個資料檔時，須先選取「Sponsor Brand」專案，然後執行「File/Import Data File」，就可匯入新的資料檔「Sponsor Brand.csv」。匯入完成後，接著，再點選「Sponsor Brand.csv」，然後執行「File/Select Active Data File」，就可將「Sponsor Brand.csv」設定爲作用中檔案，這樣才能配適「Sponsor Brand.splsm」模型圖。作用中的資料檔會以綠色字體顯示。

步驟2：開啓模型圖（Sponsor Brand.splsm）。首先於SmartPLS主視窗的左上角「Sponsor Brand」專案內，快按「Sponsor Brand」項目兩下，即可開啓模型圖，開啓時主視窗的右半邊將新增「Sponsor Brand.splsm」頁面並顯示出已繪製完成的模型圖，如圖12-1。

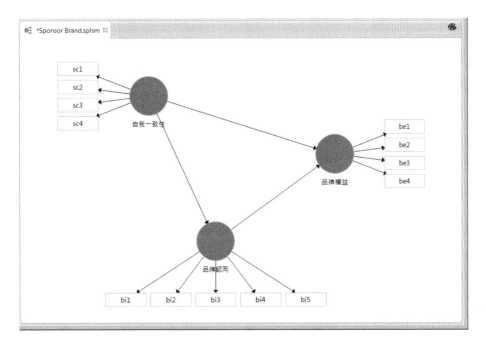

圖12-1　模型圖（Sponsor Brand.splsm）已開啓

步驟3：估計參數。顯示出模型圖後，執行「Calculate/PLS Algorithm」或按

　　　　![Calculate] 後，選擇「PLS Algorithm」功能，即可開啟「Partial Least Squares

　　　　Algorithm」視窗，於該視窗中，進行必要的設定後，如圖12-2，就可啟

　　　　動執行參數估計的程序。圖12-2中之設定內容的意義，請讀者自行回顧

　　　　第11章的11-4節。

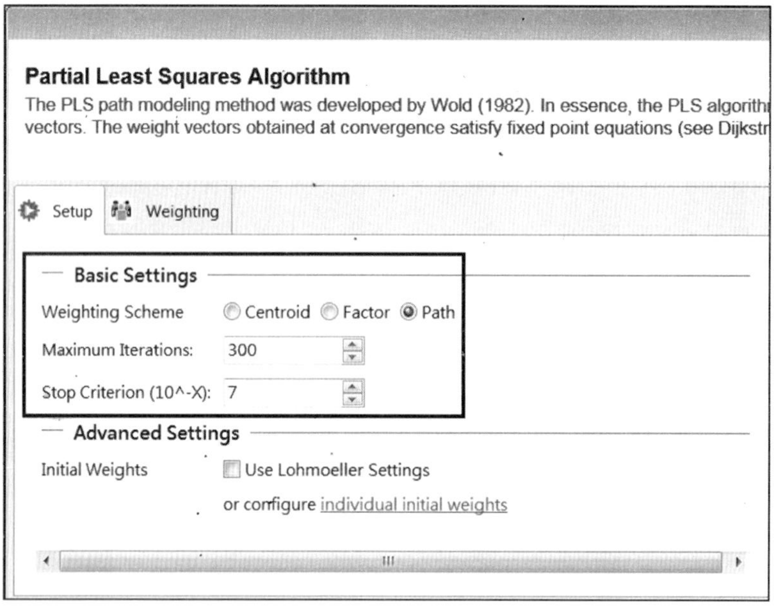

圖12-2　　「PLS Algorithm」視窗的設定內容

步驟4：於原始模型圖中顯示參數估計值。「PLS Algorithm」執行成功後，視

　　　　窗中將產生兩種變化，一為原始的模型圖（Sponsor Brand.splsm）中會

　　　　顯示出所估計出來的結構模型圖，二為新增一個「PLS Algorithm(Run

　　　　No.1)」標籤頁面。原始的模型圖中所顯示的資料狀況，可直接看出各

　　　　指標變數的因素負荷量（或權重）、各構念的R^2值（決定係數）與各構

　　　　念間的路徑係數。雖然目前原始結構模型圖中顯示出前述的三項數據，

　　　　但亦可顯示其他數據，這可由左下方的「Calculation Results」視窗的各

　　　　選項來加以設定，如圖12-3。

步驟5：於報表顯示參數估計值。「PLS Algorithm(Run No.1)」標籤頁面中，

　　　　上半部會顯示出研究者於視窗下半部所選擇之報表類別的詳細輸出

　　　　資料，而下半部則顯示出收斂後所產生四類的報表，分別為「Final

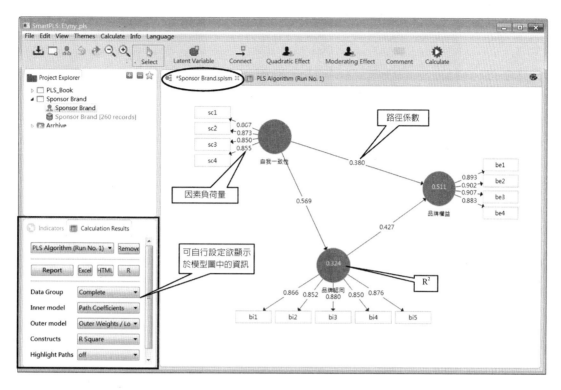

圖12-3　執行成功後的結構模型圖（Sponsor Brand.splsm）

Results」、「Quality Creteria」、「Interim Results」與「Base Data」，
各類別報表中尚包含各種不同的參數估計結果，如圖12-4。這些參數
估計結果的意義，請讀者自行回顧第11章的11-4節。未來評鑑測量模型
時，將會把這些眾多的參數估計值彙整在「測量模型參數估計表」、
「交叉負荷表」與「區別效度檢定表」中，如表12-1、表12-2與表12-
3。

步驟6：進行參數估計值的檢定。在PLS SEM中欲檢驗因素負荷量、權重與
　　　　路徑係數等各種參數估計值是否顯著時，將使用屬無母數統計方法
　　　　中的拔靴法（bootstrapping）來進行檢驗。於SmartPLS主視窗中，先
　　　　調回原始模型圖畫面（Sponsor Brand.splsm），然後執行「Calculate/
　　　　Bootstrapping」或按 ![Calculate] 後，選擇「Bootstrapping」功能，即可出現
　　　　「Bootstrapping」設定視窗。建議研究者可進行如圖12-5的設定方式，
　　　　以得到正確且有效的結果。

圖12-4　「PLS Algorithm(Run No.1)」標籤頁

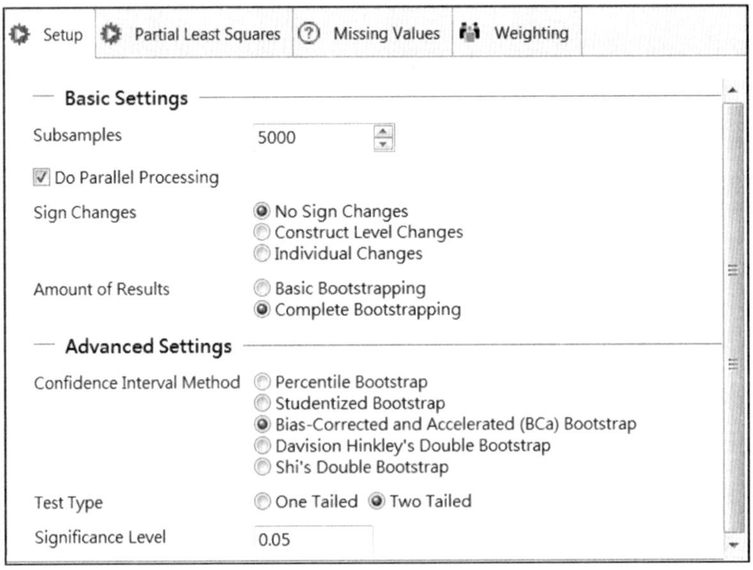

圖12-5　建議的Bootstrapping設定值

步驟7：於原始模型圖中顯示參數估計值的檢定結果。執行「Bootstrapping」功能成功後，視窗中將產生兩種變化，一爲原始的模型圖（Sponsor Brand.splsm）中會顯示出指標變數之因素負荷量或權重的t值與路徑係數的t值；二爲新增一個「Bootstrapping (Run No.1)」標籤頁。原始的模型圖（Sponsor Brand.splsm）中所顯示的資料狀況，可直接看出各指標變數的因素負荷（或權重）、各構念間的路徑係數的t值，如圖12-6。

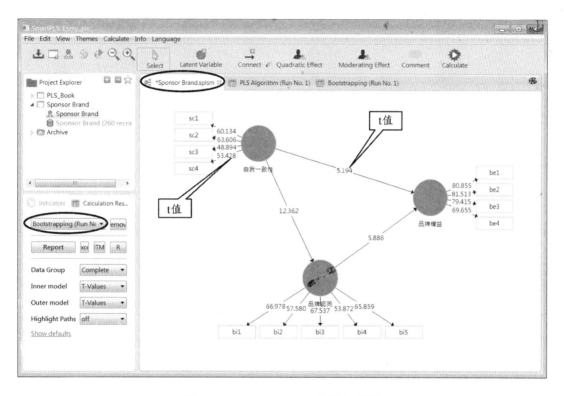

圖12-6　Bootstrapping的執行結果

步驟8：於報表顯示參數估計值的檢定結果。在「Bootstrapping (Run No.1)」標籤頁中，上半部顯示出研究者於視窗下半部所選擇之報表類別的詳細輸出資料，而下半部則顯示出拔靴後所產生四類的報表，分別爲「Final Results」、「Quality Creteria」、「Histograms」與「Base Data」，各類別報表中尚包含各種不同的輸出資料，如圖12-7。這些參數估計結果的意義，請讀者自行回顧第11章的11-7節。未來評鑑測量模型時，將會把因素負荷量的顯著性資料，彙整在表12-1的「測量模型參數估計表」中。

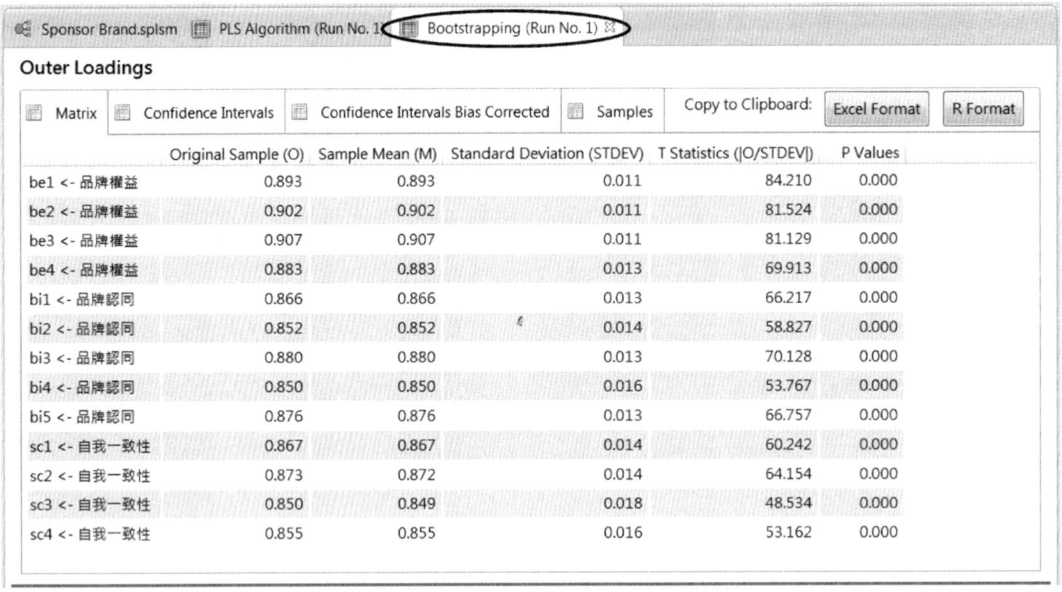

	Original Sample (O)	Sample Mean (M)	Standard Deviation (STDEV)	T Statistics (|O/STDEV|)	P Values
be1 <- 品牌權益	0.893	0.893	0.011	84.210	0.000
be2 <- 品牌權益	0.902	0.902	0.011	81.524	0.000
be3 <- 品牌權益	0.907	0.907	0.011	81.129	0.000
be4 <- 品牌權益	0.883	0.883	0.013	69.913	0.000
bi1 <- 品牌認同	0.866	0.866	0.013	66.217	0.000
bi2 <- 品牌認同	0.852	0.852	0.014	58.827	0.000
bi3 <- 品牌認同	0.880	0.880	0.013	70.128	0.000
bi4 <- 品牌認同	0.850	0.850	0.016	53.767	0.000
bi5 <- 品牌認同	0.876	0.876	0.013	66.757	0.000
sc1 <- 自我一致性	0.867	0.867	0.014	60.242	0.000
sc2 <- 自我一致性	0.873	0.872	0.014	64.154	0.000
sc3 <- 自我一致性	0.850	0.849	0.018	48.534	0.000
sc4 <- 自我一致性	0.855	0.855	0.016	53.162	0.000

圖12-7　「Bootstrapping (Run No.1)」標籤頁

步驟9：製作測量模型參數估計表。當「PLS Algorithm」與「Bootstrapping」執行成功後，所有的參數估計值與檢定結果會顯示在「PLS Algorithm (Run No.1)」與「Bootstrapping (Run No.1)」標籤頁中。接下來，爲了評鑑測量模型，須將這些分散在各報表中的估計參數值彙整成可讀性較高的報表。就評鑑測量模型而言，研究者須製作三張報表，分別爲「測量模型參數估計表」、「交叉負荷表」與「區別效度檢定表」中，如表12-1、表12-2與表12-3。

首先，製作「測量模型參數估計表」。製作「測量模型參數估計表」時，僅須於「PLS Algorithm (Run No.1)」標籤頁的各報表中，找到因素負荷量（Outer Loadings，在Outer Loadings分報表中）、Cronbach's α（在Construct Reliability and Validity分報表中）、CR值（Composite Reliability，在Construct Reliability and Validity分報表中）與AVE值（Average Variance Extracted，在Construct Reliability and Validity分報表中）後，填入表12-1即可。

詳細操作過程，讀者亦可自行參閱影音檔「ex12-1-1.wmv」。

表12-1　測量模型參數估計表

構念	型態	指標	因素負荷量	Cronbach's α	CR值	AVE值
贊助品牌之自我形象一致性	反映性	sc1	0.867	0.884	0.920	0.741
		sc2	0.872			
		sc3	0.849			
		sc4	0.854			
贊助企業品牌認同	反映性	bi1	0.866	0.916	0.937	0.748
		bi2	0.852			
		bi3	0.880			
		bi4	0.850			
		bi5	0.876			
贊助企業品牌權益	反映性	be1	0.893	0.918	0.942	0.803
		be2	0.902			
		be3	0.907			
		be4	0.883			

步驟10：交叉負荷表。交叉負荷的估計值可在Discriminant Validity分報表中找到。但由於其資料量較大，且各構念的顯示順序可能無法依照如表12-1的構念順序。為維持表格構念順序之一致性，須將Discriminant Validity分報表中的交叉負荷的估計值再重新整理。整理的方式將利用Excel套裝軟體。

首先，於「PLS Algorithm (Run No.1)」標籤頁中，找到Discriminant Validity分報表，然後選取「Cross Loadings」報表。接著按主視窗右上角的「Excel Format」鈕，即可複製目前顯示畫面中的交叉負荷表。隨即開啟Excel軟體，新增一個新檔案，然後直接貼上先前所複製的交叉負荷表。於Excel軟體中，經適當整理交叉負荷表後，即可得到如表12-2的交叉負荷表。在此另需注意一點，為增進交叉負荷表的可讀性，建議研究者可將各構念所屬的指標之因素負荷量以粗體顯示，以茲辨別。

詳細操作過程，讀者亦可自行參閱影音檔「ex12-1-2.wmv」。

步驟11：區別效度檢定表。區別效度檢定表將依據Fornell-Larcker準則而製作，可在Discriminant Validity分報表中找到。但由於其構念的顯示順序可能無法依照如表12-1的構念順序。為維持表格構念順序之一致性，須將Discriminant Validity分報表中的Fornell-Larcker準則再重新整理。整理

的方式與步驟10相同。完成後，如表12-3。

詳細操作過程，讀者亦可自行參閱影音檔「ex12-1-3.wmv」。

表12-2　交叉負荷表

構念	指標	自我一致性	品牌認同	品牌權益
贊助品牌之自我形象一致性	sc1	**0.867**	0.513	0.536
	sc2	**0.873**	0.514	0.557
	sc3	**0.850**	0.450	0.533
	sc4	**0.855**	0.479	0.520
贊助企業品牌認同	bi1	0.540	**0.866**	0.591
	bi2	0.469	**0.852**	0.556
	bi3	0.515	**0.880**	0.562
	bi4	0.438	**0.850**	0.512
	bi5	0.490	**0.876**	0.555
贊助企業品牌權益	be1	0.548	0.580	**0.893**
	be2	0.592	0.568	**0.902**
	be3	0.536	0.580	**0.907**
	be4	0.558	0.578	**0.883**

表12-3　區別效度檢定表

	自我一致性	品牌認同	品牌權益
自我一致性	**0.861**		
品牌認同	0.569	**0.865**	
品牌權益	0.623	0.643	**0.896**

12-2　評鑑反映性測量模型

實務上評鑑反映性測量模型時，將根據過往諸多學者的建議，針對內部一致性（組合信度）、指標信度、收斂效度（平均變異抽取量）與區別效度等四個項目進行評估（Hulland, 1999; Hair, et al., 2014）。評估時，該四個項目的準則依據如表12-4所示。

根據表12-4的準則依據與「表12-1 測量模型參數估計表」、「表12-2 交叉負荷表」與「表12-3 區別效度檢定表」即可輕易的進行評鑑反映性測量模型。

表12-4　評鑑反映性測量模型的準則依據

項目	準則	依據
內部一致性 （CR值）	CR值大於0.7	Nunally & Bernstein (1994); Gefen, Straub, & Boudreau (2000); Esposito Vinzi et al. (2010)
指標信度	標準化因素負荷量大於0.7	Hair, et al. (2014)
	標準化因素負荷量大於0.5	Hulland (1999)
收斂效度 （AVE值）	AVE值大於0.50	Fornell and Larcker (1981) Bagozzi and Yi (1988)
區別效度 （交叉負荷量）	一個指標對其所屬的構念之因素負荷量應大於該指標與模型中其他構念間的負荷量。	Chin (2010) Fornell & Larcker (1981) Hair et al. (2014)
區別效度 （Fornell-Larcker準則）	每一個構念的AVE平方根應大於該構念與模型中其他構念間的相關係數。	Fornell & Larcker (1981)

一、內部一致性（組合信度）

由「表12-1 測量模型參數估計表」得知，「贊助品牌之自我形象一致性」、「贊助企業品牌認同」與「贊助企業品牌權益」等構念的CR值分別為：0.920、0.937與0.942，皆大於門檻值0.7，表示三個構念的測量指標皆具有內部一致性信度（Nunally & Bernstein, 1994; Gefen, Straub, & Boudreau, 2000; Esposito Vinzi et al., 2010）。

二、指標信度

由「表12-1 測量模型參數估計表」得知，「贊助品牌之自我形象一致性」、「贊助企業品牌認同」與「贊助企業品牌權益」等構念的各指標之標準化因素負荷量介於0.850～0.907之間，明顯皆大於0.7。表示各指標皆屬高信度指標（Hair, et al., 2014）。

三、收斂效度（平均變異抽取量）

由「表12-1 測量模型參數估計表」得知，「贊助品牌之自我形象一致性」、「贊助企業品牌認同」與「贊助企業品牌權益」等構念的AVE值分別為：0.741、0.748與0.803，皆大於門檻值0.5，顯示三個構念對指標的平均解釋能力皆超過50%以上，因此，三個構念皆具有收斂效度（Fornell & Larcker, 1981; Bagozzi & Yi, 1988）。

四、區別效度

(一) 交叉負荷量

由「表12-2 交叉負荷表」得知，「贊助品牌之自我形象一致性」、「贊助企業品牌認同」與「贊助企業品牌權益」等三個構念的因素負荷量皆大於其交叉負荷量。故可研判三個構念皆具有區別效度（Chin, 2010; Fornell & Larcker, 1981; Hair et al., 2014）。

(二) Fornell-Larcker準則

此外，再由「表12-3 區別效度檢定表」得知，「贊助品牌之自我形象一致性」、「贊助企業品牌認同」與「贊助企業品牌權益」等三個構念的AVE平方根分別為：0.861、0.865與0.896，皆大於其與其他構念間的相關係數，表示三個構念皆具有區別效度（Fornell & Larcker, 1981）。

▶ 總結

綜合上述分析結果，本研究中的測量模型，由內部一致性（組合信度）、指標信度、收斂效度（平均變異抽取量）與區別效度等四個面向進行評鑑，結果皆已達學術性要求。代表「贊助品牌之自我形象一致性」、「贊助企業品牌認同」與「贊助企業品牌權益」等三個構念的測量系統已皆具有信度、收斂效度與區別效度。接下來即可進行結構模型分析，以檢驗各構念間的因果路徑關係。

第13章

評鑑形成性測量模型

PLS

由於形成性指標與反映性指標在本質上有相當大的差異，並無法使用相同的方式來檢測其統計的特質。因此，研究者必須先釐清形成性指標與反映性指標的差異性，才能於評鑑時使用適當的方法。這些差異包含：反映性構念之指標間具有可替代性而形成性指標則無、內部一致性的特質對於形成性指標是無意義的及各形成性指標的權重並不會一致。

在實證研究上，除了某些特定的理由，須將構念界定為形成性構念外，研究者亦應透過文獻探討，儘量能參考先前的研究定義，以利研究成果的比較與累積發現。若過去研究的定義不適用，則須提出理由及證據，以證明為什麼新的定義較合適。進而可再對構念進行概念化，經由文獻而歸納出所應包含的構面（dimension）與面向（facet），如此才能確保測量的發展已具有合理的理論基礎（Diamantopoulos & Winklhofer, 2001; Jarvis et al., 2003）。

◆ 13-1 範例模型簡介 ◆

13-1-1 範例模型與假設

本章的範例模型旨在探討線上商家的服務品質對消費者忠誠度的影響。隨著網路的快速發展，B2C的電子商務正邁向新的挑戰，然而市場競爭亦更加白熱化。在市場逐漸飽和以及資通訊技術取得容易的情形下，消費者對於商品相關的情報與評價，都能快速的掌握。線上購物商家之利潤也因紅海策略之盛行而獲利減少。

值此之際，實務上亦不難發現，消費者在進行購買決策時，除了價格因素之外，線上商家的服務品質亦逐漸成為消費者所注重的項目之一。由於線上購物市場資訊的透明化，消費者所搜尋到的商品價格通常相去不遠，在創造差異化的概念下，線上商家的服務品質將成為影響消費者進行購買決策的重要因素（湯凱程，2013）。此外，當消費者感受到較好服務品質時，其對於商家的電子口碑散播與忠誠度是否會造成正面的影響，亦是個待研究的課題。基於此，本章範例的主題為【探討線上商家的服務品質對消費者忠誠度之影響】，研究中將建立一個概念性（假設）模型，以探討線上商家的服務品質、電子口碑與消費者忠誠度間的關係，其概念性模型圖，如圖13-1所示。

假設一（H_1）：線上商家的服務品質會正向影響消費者傳播電子口碑的意願。

假設二（H_2）：消費者的電子口碑傳播意願會正向影響線上忠誠度。

假設三（H_3）：線上商家的服務品質會正向影響消費者的線上忠誠度。

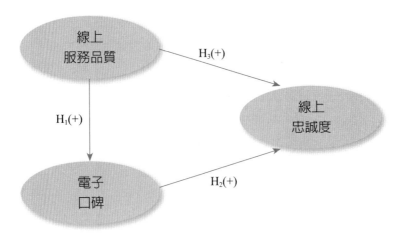

圖13-1　概念性模型圖

13-1-2　研究量表

　　概念性模型中，對於各變數的衡量，將參考過往電子商務研究領域中，已被採用且經驗證具有信、效度的量表爲主；同時，亦將考量當前網路購物之特性以及研究目的而進行修改，發展出適合本研究的衡量問卷。在如此嚴謹的考量下，量表應具有內容效度。概念性模型中，將包含三個主要構念，皆爲一階測量（即沒有子構念）。其中，線上服務品質構念的指標型態爲形成性，其餘電子口碑與線上忠誠度構念之指標型態則皆爲反映性。各構念所採用之量表與衡量題項描述如下：

1. 線上服務品質：採用Parasuraman et al.（2005）所發展之量表，共6題以衡量消費者所知覺的線上商家之服務品質。另外，尚須注意的是，由於線上服務品質構念的指標型態爲形成性的，爲顧及後續能以重複分析法（redundancy analysis）檢驗形成性構念的收斂效度，必須爲線上服務品質構念增列一題以上的整體性題項（Hair et al., 2014）。因此，在本範例中，線上服務品質構念將新增1題整體性題項，即「整體而言，線上商家的服務品質是可接受的」。故線上服務品質構念之題項總數將變爲7題，各題項皆以李克特七點尺度衡量（1＝非常不同意、7＝非常同意），其內容如表13-1。

2. 電子口碑：採用Goyette et al.（2010）所發展之量表，共5題以衡量消費者對於購買後，將其個人意見與其他人以電子平臺等方式進行交流的意願。各題項皆以李克特七點尺度衡量（1＝非常不同意、7＝非常同意），其內容亦如表13-1。

3. 線上忠誠度：採用Anderson & Srinivasan（2003）所發展之量表，共5題以衡量消費者對於線上商家所具有的偏好，進而有重複購買或作出正面購買行為的傾向。各題項皆以李克特七點尺度衡量（1 = 非常不同意、7 = 非常同意），其內容如表13-1。

表13-1　各構念的衡量題項

構念名稱	型態	量表依據	題項
線上服務品質（OS）	形成性	Parasuraman et al. (2005)	這個線上商家，無論於搜尋或交易商品上，都相當有效率（os1）。
			這個線上商家，於交易過程，能對交易內容信守交易承諾（os2）。
			這個線上商家，能嚴謹的保護消費者個資（os3）。
			這個線上商家，能妥善處理消費者所遇到的交易問題（os4）。
			當無法達到消費者預期結果時，這個線上商家會進行適當的補償作為（os5）。
			這個線上商家，能提供暢通的諮詢服務，與消費者互動良好（os6）。
			整體而言，線上商家的服務品質是可接受的（os_g）。
電子口碑（OW）	反映性	Goyette et al. (2010)	我會推薦這個線上商家（ow1）。
			我會為這個線上商家說出正面評價（ow2）。
			我會很榮幸的向其他人說，我是這間線上商家的顧客（ow3）。
			我會強烈建議其他人在這間線上商家購物（ow4）。
			我會多向其他人稱讚這間線上商家（ow5）。
線上忠誠度（OL）	反映性	Anderson & Srinivasan (2003)	每當我想要購物時，我會使用這個線上商家（ol1）。
			當我想要購物時，這個線上商家是我的第一選擇（ol2）。
			我喜歡在這個線上商家購物（ol3）。
			這個線上商家對我而言是最佳的商家（ol4）。
			我相信這個線上商家是我最喜歡的（ol5）。

13-1-3　研究對象與步驟

　　本研究主要探討線上商家的服務品質對消費者忠誠度的影響。因此，本研究的研究對象將設定在使用過網路購物的消費者，其中包括曾經具有實際購買經驗的消費者，以及有瀏覽過網路購物相關資訊但無實際經驗者。本研究希望能了解到這些消費者對於線上商家的服務品質是否會對電子口碑與消費者忠誠度有一定的影響。

　　本研究將以線上問卷方式進行回收樣本，將問卷訊息發佈至各線上購物討論區以及國內最大BBS討論區（臺大批踢踢實業坊），以引導有意願填答者能自行連結至問卷網頁作答。為了能提升問卷回收率，本研究將以隨機抽獎方式，抽出7-11禮券100元共50名作為受訪者的獎勵，以利本次研究問卷的回收。資料蒐集時間為期一個月，共回收287份問卷，經檢查以及刪除未填答完畢之無效問卷後，共回收256份有效問卷。

13-2　繪製模型圖

▶ 範例13-1

參考第13-1節中，對範例模型的說明，論文【探討線上商家的服務品質對消費者忠誠度之影響】的問卷題項，如表13-1，試匯入其資料檔「Online Store.csv」並繪製研究模型圖。

　　評鑑形成性測量模型時，在模型圖繪製的數量上會和反映性模型稍有差異。也就是說，除原始的研究模型圖外，為能運用重複分析法以檢驗形成性構念的收斂效度，必須為該形成性構念多繪製一個模型圖，此模型圖就稱為重複分析模型圖。

13-2-1　繪製原始模型圖

　　論文【探討線上商家的服務品質對消費者忠誠度之影響】的概念性模型圖，如圖13-1所示。在SmartPLS中，原始模型圖的繪製過程，讀者可回顧第11-3-5與11-3-6節的內容。雖然「線上服務品質」構念屬形成性構念，然而繪圖初期仍會以反映性模型圖的方式來繪製，待完成後，再轉換指標的方向即可繪製出形成性構念。其步驟如下：

操作 步驟

　　　步驟1：於工作空間「E:\my_pls」中，新建專案「Online Store」，然後匯入資料檔「Online Store.csv」，參考第11-3節範例11-1的作法，建立原始模型圖（Online Store.splsm），如圖13-2。此時的「線上服務品質」構念尚屬反映性構念。

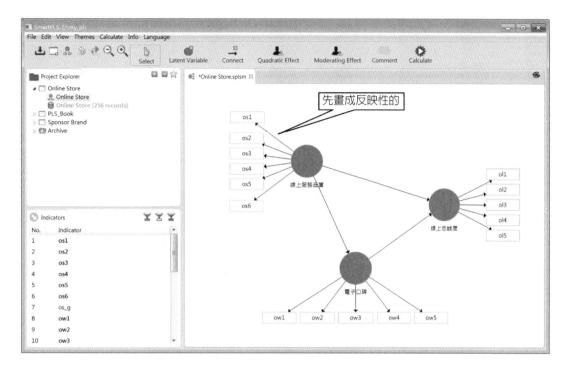

圖13-2　未轉換指標方向的原始模型圖（Online Store.splsm）

步驟2：於SmartPLS主視窗中，先按 ⌷ 鈕，然後點選「線上服務品質」構
　　　念，滑鼠按右鍵，待出現快顯功能表（圖11-13）後，選取「Switch
　　　Between Formative／Reflective」功能，即可將反映性的「線上服務品
　　　質」構念轉換為形成性的「線上服務品質」構念，而完成原始模型圖的
　　　繪製工作，如圖13-3。

步驟3：詳細操作過程，讀者亦可自行參閱影音檔「ex13-1.wmv」。

13-2-2　繪製重複分析模型圖

　　顧名思義，繪製重複分析模型圖的主要意義在於：能運用重複分析法以檢驗形成
性構念的收斂效度。重複分析的作法是以形成性構念作為外衍潛在變數（自變數），
來預測一個具一或多個反映性指標的內因潛在變數（依變數）。而且，此內因潛在變
數所涵蓋的概念應與外衍潛在變數非常相關，也就是反映性指標所具有的意義和形成
性指標具有很強的相關性。而事實上，這個內因潛在變數對於研究模型本身而言，它
是虛擬出來的，而且在本範例研究中，它將只包含一個反映性指標。由於此反映性指

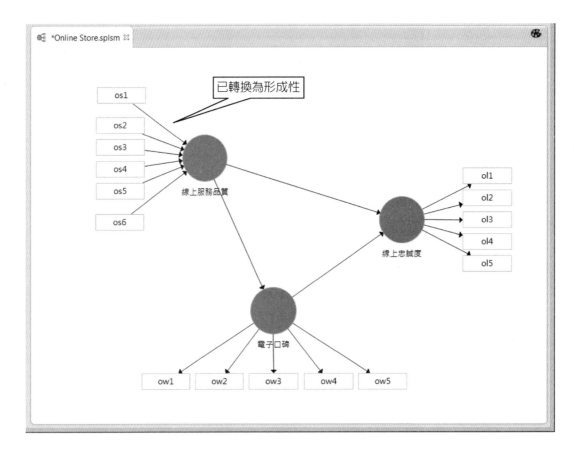

圖13-3　正確的原始模型圖（Online Store.splsm）

標須與形成性指標之意義有很強的相關性，因此，這一個反映性指標通常具有所有形成性指標所共同形成的整體性意義（如表13-1中的題項os_g）。重複分析模型圖的繪製過程如下：

（操）（作）步驟

步驟1：新建模型圖。首先，選取原有的「Online Store」專案，執行「File/Create New Path Model」或於工具列按 ［New Path Model］ 鈕，即可開啟「Create New Path Model」視窗，於該視窗「Name:」輸入欄後輸入新模型的名稱「收斂效度_OS」後（OS代表線上服務品質），按「OK」鈕，如圖13-4。即可於「Online Store」專案中新建一個模型圖「收斂效度_OS.splsm」。

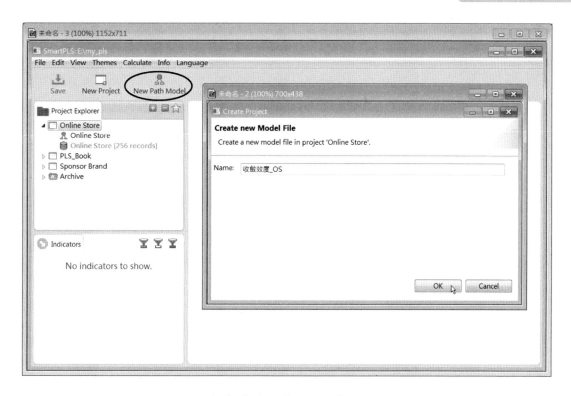

圖13-4　新建模型圖「收斂效度_OS.splsm」

步驟2：繪製線上服務品質構念的測量模型。重複分析模型圖（收斂效度_
　　　OS.splsm）中共包含2個構念。其中，「線上服務品質」構念為形成性
　　　構念，包含6個指標，名稱分別為os1～os6；另一個構念為不存在於原
　　　始模型圖中的虛擬反映性構念「整體線上服務品質」構念，其只包含1
　　　個指標，名稱為os_g。

　　　首先繪製「線上服務品質」構念的測量模型，於主視窗的左上角
　　　「Online Store」專案內的「收斂效度_OS」模型圖上快按兩下，以於主
　　　視窗的右半邊開啟空白的「收斂效度_OS.splsm」頁面，同時主視窗的
　　　左下角也同步出現「Indicators」頁面，以顯示所有的指標名稱（若沒出
　　　現，按Show All Indicators　鈕即可）。

　　　先繪製「線上服務品質」構念的測量模型，於左下角的「Indicators」
　　　頁面中，同時選取os1～os6等6個指標，然後拖曳至空白「收斂效度_
　　　OS.splsm」頁面中的適當位置，即可畫出「線上服務品質」構念的反映
　　　性測量模型。

接著，選取反映性的「線上服務品質」構念，並於該構念上，滑鼠按右鍵，待出現快顯功能表（圖11-13）後，選取「Switch Between Formative/Reflective」功能，即可將原本屬反映性的「線上服務品質」構念轉換為形成性「線上服務品質」構念。

最後，於代表構念的紅色圓形上，按右鍵，待出現快顯功能表後，選取「Rename」功能，即可將構念名稱設定為「線上服務品質」。

步驟3：繪製「整體線上服務品質」構念。運用類似方法，應可完成反映性的「整體線上服務品質」構念的測量模型，如圖13-5。

步驟4：建立兩構念間的關係。由於兩構念間尚未建立關係（連線），故兩構念之圖形外觀皆呈紅色圓圈，待建立路徑關係後，才會變為水藍色圓圈。經調整指標的方向，以避免路徑線和指標線重疊後，按主視窗上方的Connect鈕 ，然後於「線上服務品質→整體線上服務品質」的關係上連線，如圖13-5。完成後，重複分析模型圖即已繪製完成。

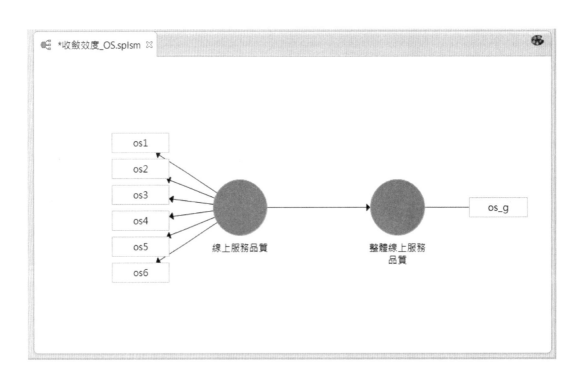

圖13-5　完成重複分析模型圖（收斂效度_OS.splsm）

步驟5：詳細操作過程，讀者亦可自行參閱影音檔「ex13-1.wmv」。

13-3 形成性測量模型評鑑

13-3-1 評鑑形成性測量模型的基本概念

由於形成性指標與反映性指標在本質上有相當大的差異，並無法使用相同的方式來檢測其統計的特質。因此，研究者必須先釐清形成性指標與反映性指標的差異性，才能於評鑑時使用適當的方法，這些差異包含以下幾點：

一、反映性構念之指標間具有可替代性。

換句話說，某構念的反映性指標中，即使移除其中一個也不致於會改變構念的基本性質；然而，就形成性構念而言，其指標與指標間可能是獨立的，一旦移除一指標，即很有可能會失去該形成性構念之某一面向的特質。故應不難理解，反映性構念的特徵是指標間的關係明確且彼此具有高相關性，而形成性構念的指標間並沒有這麼明確的關係存在，它們之間可以是高相關，也可以是低相關，甚至可能是其他任何的相關形式。也就是說，形成性構念的指標間不一定會共變。由於在PLS-SEM中，假設形成性指標可完全地掌握到構念之完整內涵，因此，若根據使用與相關（共變）狀況為基礎的準則來評鑑形成性構念，反而容易導致構念之內容效度問題。所以，過去在評鑑反映性構念中所運用的指標（如CR值、AVE值）也應不太適用於形成性構念，而是應另尋其他指標來評鑑形成性構念。針對上述情況，Hair et al.（2012a, 2012b）亦曾廣泛回顧策略管理與行銷領域之研究文獻，卻發現有不少研究者誤用了評估反映性測量模型的準則來評鑑形成性測量模型的品質。

二、內部一致性的特質對於形成性指標是無意義的。

由於形成性構念並非由共同的核心概念來形成指標之間的關係，而是直接由指標來組成構面，此外，在形成性測量模型中，形成性指標也被假設成無測量誤差（Diamantopoulos, 2006; Edwards & Bagozzi, 2000）。因此，內部一致性的概念也將不適用於評鑑形成性測量模型（Hair et al., 2014）。

三、最後，更須注意的是，由於形成性構念中各指標的權重並不一致，過往評鑑反映性測量模型時，針對收斂效度與區別效度問題所使用的準則，也會不適用於評鑑形成性測量模型（Chin, 1998）。相對的，研究者於實務上，評鑑形成性測量模型前，應先專注於探究：目前所使用的指標，是否已能完全的掌握到形成性構念的所有（或至少主要的）面向；也就是說，應更先專注於形成性構念之內容效度

（content validity）的確立（Hair et al., 2014）。

內容效度意指某構念所屬的測量指標（題項）內容是否周延、具代表性、適切性、並確實已包含所欲測量之構念的所有內涵。亦即，研究者須從欲測量的指標內容來檢驗，看看是否已能符合測量目標（即欲測量的構念）所預期的內容。因此，就形成性構念而言，研究者必須嚴格精確地記述構念所包含的意義範圍，亦即研究者必須透過內容界定（content specification）的機制納入全面性的指標，以完整的掌握形成性構念的意涵。內容界定對形成性構念來說，尤其重要，因為形成性構念是直接由指標所組成的，故指標必須能充分涵蓋構念的全部範圍內容。若是沒有涵蓋全部範圍內容，則會使欲測量的構念少掉一部分的定義，對構念的衡量影響甚巨。此外，常見的專家效度（expert validity），亦屬於內容效度的一種，檢驗專家效度時，將聘請專家（對於測量的主題熟稔，可協助判斷題項內容是否符合內容效度之要求的人）協助檢查指標的內容與格式，評斷是否恰當。若測量內容已涵蓋所有研究計畫所要探討的架構及內容，就可說是具有優良的內容效度（Hair et al., 2014）。

在實證研究上，除了某些特定的理由須將構念界定為形成性構念外，研究者亦應透過文獻探討，儘量能參考先前的研究定義，以利研究成果的比較與累積發現。若過去研究的定義不適用，則須提出理由及證據，以證明為什麼新的定義較合適。進而可再對構念進行概念化，並由文獻中歸納出所應包含的構面（dimension）與面向（facet），以確保發展形成性測量時，能有較合理的理論基礎（Diamantopoulos & Winklhofer, 2001; Jarvis et al., 2003）。

13-3-2　評鑑形成性測量模型的步驟

Hair et al.（2014）建議評鑑形成性測量模型時，應遵循三個步驟，第一為先評估形成性測量模型的收斂效度，其目的在於確認每個指標是否能反應出形成性構念的主要意涵。然而，在這過程也需注意兩個問題，一為指標的相關性；另一為指標的相對貢獻度（指標的權重）。在形成性構念中，當某一指標與同構念的其他指標間具有高度相關性時，就隱喻著可能有些指標可能是多餘的，這種狀況須檢測指標間的共線性，加以釐清（此即第二步驟）。最後（第三步驟），亦須檢驗每個指標對形成性構念的相對貢獻度是否真的存在，而這就須檢驗權重的顯著性了。

(一) 評估形成性構念的收斂效度

收斂效度意指某特定指標與其他同構念指標間的正相關程度。由於形成性指標間的相關要低，故內部一致性的觀點在形成性指標中是完全不適用的。因此，評估形成性測量模型時，將求算形成性構念和該構念的反映性測量間的相關性，來評估其收斂效度，此方法亦稱為重複分析（Chin, 1988），如圖13-6。也就是說，重複分析的作法是以形成性構念作為外衍潛在變數（自變數），來預測具反映性指標的同構念之內因潛在變數（依變數）。之所以稱為重複，是因為在此過程中，相同的資訊同時被涵蓋在形成性構念和反映性構念中。且兩構念間的路徑係數之強度將取決於形成性指標預測依變數時的有效性（類似過往校標關聯效度的概念）。Chin（1988）曾建議，當重複分析模型中的路徑係數大於0.8時，就代表該形成性構念具有收斂效度。

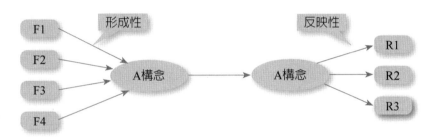

圖13-6　重複分析模型示意圖

由圖13-6的重複分析模型示意圖可知，理論上研究者必須透過文獻回顧去找到一個和形成性構念（自變數）意義相同、但其指標型態是反映性的測量。如果能找到這樣的測量當然很好、很幸運，但這並不容易。因此，實務上的替代作法是虛擬一個依變數，且這個依變數只有一個反映性指標。於設計該反映性指標時，須盡可能的使該指標能代表形成性構念（自變數）的整體性意涵。這個機制於問卷設計階段就必須加以考量。也就是說，必須將該整體性指標，納入問卷的題項中，以便將來所蒐集回來的資料中，就已經包含有該整體性的反映性指標。例如：本章範例模型中包含一個形成性構念（線上服務品質），線上服務品質構念包含6個形成性指標（6題問項），但為能使用重複分析法以評估其收斂效度，故必須新增一個整體性的題項，如「整體而言，線上商家的服務品質是可以接受的」。所以，問卷中有關線上服務品質構念的題項將有7題。

(二) 評估形成性指標的共線問題

　　共線性，就是指在研究模型中，構念的指標間有兩個或兩個以上存在著完全線性或幾乎完全線性的關係。因為使用最小平方法估計參數時的一個基本條件是：「指標間不能是完全線性相關」。如果指標之間具有完全線性相關的現象，那麼其所估計的參數就不屬唯一解了，從而不可能求得每個估計參數的數值，也就不可能使用最小平方法了。因此，指標間的共線性要低，若共線性高則無法衡量指標對構念的貢獻程度了。解決研究模型中的共線性問題，可以嘗試使用剔除相關程度較高之指標的策略來達成。

　　Diamantopoulos and Winklhofer（2001）特別強調了，形成性指標中的多重共線性問題的重要性。反映性測量僅涉及簡單迴歸，因此不存在多重共線性的問題。但形成性測量模型則是基於多元迴歸，因此指標權重的穩定性受到樣本大小和指標強度的影響。故形成性構念的信度評估應假設無多重共線性的存在（Diamantopoulos and Siguaw, 2006）。指標間過多的共線性會造成難以清楚區別每個形成性指標對形成性構念的影響。在此情況下會產生兩個問題，一為效度問題，即在共線性存在的場合下，個別指標之權重的意涵或貢獻度將不易被彰顯出來（Bollen, 1989）。再者，若特定的指標與其他指標產生完全線性重合，則其可能會被從指標中移除（Bollen and Lennox, 1991）。為避免指標間相關程度過高而引起多重共線性問題，Hair et al.（2014）建議計算變異數膨脹因子（variance inflation factor, VIF）來檢驗多重共線性。

　　如前所述，評估指標的共線性時，可運用容忍值（tolerance, TOL）及變異數膨脹係數（VIF）（Hair, Anderson, Tatham & Black, 1998）。要檢測共線性問題時，須先計算出各指標變數的容忍值。容忍值代表一個指標未被同一構念之其他指標所解釋的變異量大小。容忍值的定義為1減去該指標與其他指標之相關係數的平方。故而，當容忍值愈接近於0時，則代表指標之間有線性關係的可能性就愈大，共線性問題存在的可能性就愈高。容忍值離0愈遠，則變數之間愈不可能有線性關係，則共線性問題較不易產生。

　　因此，研究者總是希望，指標與指標間的共線性要低，若共線性高則無法衡量指標對構念的貢獻程度。在評估指標的共線性時，我們會先計算容忍度（tolerance）（Hair et al., 1998）。「容忍度」的值愈小，表示共線性的可能性就愈高。

(三) 評估形成性指標之權重的顯著性

就反映性構念而言，評鑑其測量模型時，主要參考的指標即是因素負荷量。當因素負荷量大於0.7，且顯著時，即是判斷測量模型是否具有信、效度的標準之一。相對的，就形成性測量構念而言，若採用因素負荷量來檢測指標信度則是個錯誤的作法，因為形成性的指標之間可能是完全獨立的。因此，於評鑑測量模型時，應注重權重（weights）的顯著性，此權重即是以構念作為依變數、其所屬的多個指標同時作為自變數，再進行多元迴歸分析後所得的結果。Chin（1998）建議宜使用權重來評估指標對潛在構念的相對貢獻度（relative contribution），亦即，權重的意義代表著形成性構念可藉由指標所解釋的程度有多少比例。如果權重是顯著的，那麼該指標就具有信度。Diamantopoulos and Winklhofer（2001）則建議，若指標的權重不顯著，則一次刪除一個不顯著指標，直到所有指標的權重都顯著為止（Diamantopoulos & Siguaw, 2006）。除此之外，若指標相對於權重有較高的標準誤時，也要將此指標刪除。

權重未達顯著的指標並非代表著該指標一定就是品質不佳的指標。畢竟，指標權重只是代表著指標對潛在構念的相對貢獻度而已。故尚須考量該指標對所屬構念的絕對貢獻性（absolute contribution）。絕對貢獻性可由指標的因素負荷量來觀察，當一指標的權重未達顯著時，但其因素負荷量來卻大於0.5時，該指標應被視為具有絕對貢獻性、但不具有相對貢獻度，而應予以保留（Hair et al., 2014）。

13-3-3　製作評鑑形成性測量模型時所需的表格

▶ 範例13-2

參考第13-1節中，對範例模型的說明，論文【探討線上商家的服務品質對消費者忠誠度之影響】的問卷題項，如表13-1。其資料檔為Online Store. csv，試製作評鑑形成性測量模型所需的「測量模型參數估計表」、「交叉負荷表」與「區別效度檢定表」，如表13-2、表13-3與表13-4。

範例13-1中，於SmartPLS中，繪製好模型圖後，接著即可進行測量模型的評鑑工作了。首先須確認的是，本範例包含三個構念，一個屬於形成性測量模型（線上服務品質），二個屬反映性測量模型（電子口碑、線上忠誠度），故評鑑測量模型時，將運用到屬評鑑反映性測量模型的四大指標，如內部一致性（組合信度）、指標信

度、收斂效度（平均變異抽取量）、區別效度與評鑑形成性測量模型的三大步驟，即重複分析、共線性檢定、權重顯著性檢定。但在此，將較偏重於評鑑形成性測量模型的三大步驟解說。在進行這些評鑑前，若能將執行結果，先予以整理成可讀性較高的報表，則將有助於後續的評鑑工作，這些報表的製作過程，詳細說明如下：

操作步驟

步驟1：進行重複分析以評鑑形成性構念的收斂效度。首先，開啟模型圖（收斂效度_OS.splsm），顯示出模型圖後，執行「Calculate/PLS Algorithm」或按 ■ 後，選擇「PLS Algorithm」功能，即可開啟「Partial Least Squares Algorithm」設定視窗，於該視窗中，進行必要的設定後，按「Start Calculation」鈕，就可啟動執行參數估計的程序。

「PLS Algorithm」執行成功後，重複分析模型圖（收斂效度_OS.splsm）中會顯示出所估計出來的結構模型圖，如圖13-7。由圖13-7可發現「線上服務品質→整體線上服務品質」的路徑係數為0.822，超過門檻值0.8，所以可得結論：形成性構念（線上服務品質）具有收斂效度。

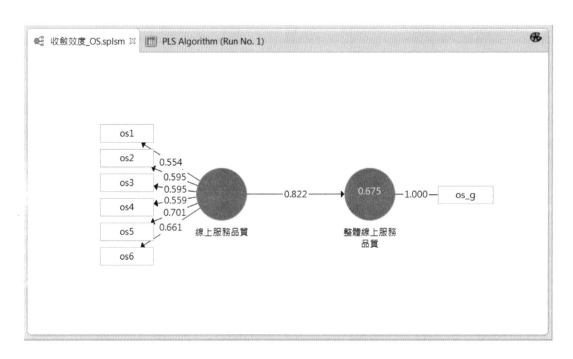

圖13-7　重複分析模型圖之執行結果

步驟2：開啟原始模型圖，並進行參數估計。首先，開啟原始模型圖「Online
Store.splsm」，顯示出原始模型圖後，執行「Calculate/PLS Algorithm」
或按 ⚙Calculate 後，選擇「PLS Algorithm」功能，即可開啟「Partial Least
Squares Algorithm」設定視窗，於該視窗中，進行必要的設定後，按
「Start Calculation」鈕，就可啟動執行參數估計的程序。執行成功後，
除將於原始模型圖「Online Store.splsm」中顯示出估計結果外，也將新
增一個「PLS Algorithm (Run No.1)」標籤頁面，以報表的型態展示參數
估計的結果，如圖13-8。

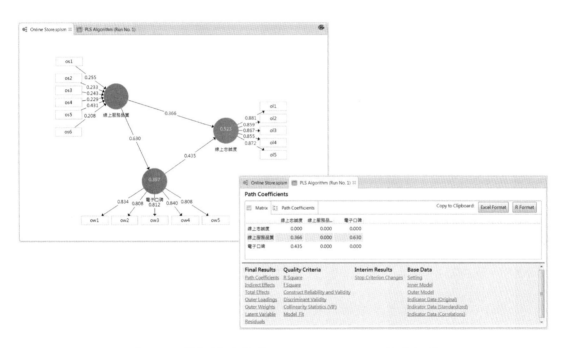

圖13-8　原始模型圖「Online Store.splsm」估計結果

步驟3：進行參數估計值的檢定。在PLS SEM中欲檢驗因素負荷量、權重與路徑
係數等各種參數估計值是否顯著時，將使用屬無母數統計方法中的拔靴
法（bootstrapping）來進行檢驗。於SmartPLS主視窗中，先調回原始模
型圖畫面（Online Store.splsm），然後執行「Calculate/Bootstrapping」
或按 ⚙Calculate 後，選擇「Bootstrapping」功能，即可出現「Bootstrapping」
設定視窗。建議研究者可進行如圖12-5的設定方式，以得到正確且有效
的結果。

執行「Bootstrapping」功能成功後，視窗中將產生兩種變化，一為原始的模型圖（Online Store.splsm）中會顯示出指標變數之因素負荷量或權重的顯著性與路徑係數的t值；二為新增一個「Bootstrapping (Run No.1)」標籤頁，如圖13-9。

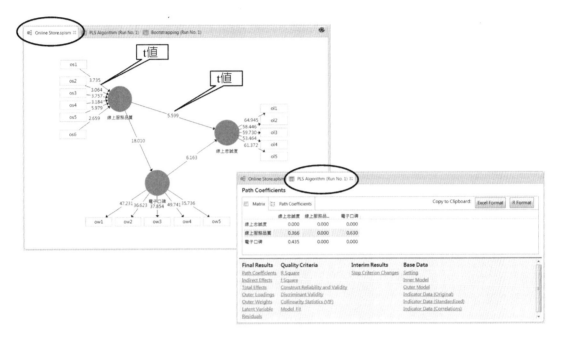

圖13-9　原始模型圖「Online Store.splsm」的拔靴結果

步驟4：製作測量模型參數估計表。當「PLS Algorithm」與「Bootstrapping」都執行成功後，所有的參數估計值與檢定結果會顯示在「PLS Algorithm (Run No.1)」與「Bootstrapping (Run No.1)」標籤頁中。接下來，為了評鑑測量模型，須將這些分散在各報表中的估計參數值彙整成可讀性較高的報表。就評鑑測量模型而言，研究者須製作三張報表，分別為「測量模型參數估計表」、「交叉負荷表」與「區別效度檢定表」中，如表13-2、表13-3與表13-4。

首先，製作「測量模型參數估計表」。製作「測量模型參數估計表」時，僅須抄錄「PLS Algorithm (Run No.1)」標籤頁之各報表中的評估指標即可，概分為反映性與形成性兩類：

一、反映性指標須填寫項目：

1. 因素負荷量（Outer Loadings，資料在Outer Loadings分報表中）。

2. Cronbach's α（資料在Construct Reliability and Validity分報表中）。

3. CR值（Composite Reliability，資料在Construct Reliability and Validity分報表中）。

4. AVE值（Average Variance Extractcd，資料在Construct Reliability and Validity分報表中）。

二、形成性指標須填寫項目：

1. 權重（Outer Weights，資料在Outer Weights分報表中）。

2. VIF值（資料在Collinearity Statistics分報表中）。

3. 為了能判斷權重的相對貢獻性，權重尚須註明其t值或顯著性。t值或顯著性可在「Bootstrapping (Run No.1)」標籤頁的Outer Weights分報表中找到。

表13-2　測量模型參數估計表

構念	型態	指標	因素負荷量／權重	Cronbach's α	CR值／VIF	AVE值／t值
線上服務品質	形成性	os1	-/0.255	—	-/1.161	-/3.735
		os2	-/0.233		-/1.224	-/3.064
		os3	-/0.243		-/1.212	-/3.757
		os4	-/0.229		-/1.178	-/3.184
		os5	-/0.431		-/1.328	-/5.979
		os6	-/0.208		-/1.278	-/2.659
電子口碑	反映性	ow1	0.834	0.879	0.912	0.673
		ow2	0.808			
		ow3	0.812			
		ow4	0.840			
		ow5	0.808			
線上忠誠度	反映性	ol1	0.881	0.917	0.938	0.751
		ol2	0.859			
		ol3	0.867			
		ol4	0.855			
		ol5	0.872			

步驟5：製作交叉負荷表。交叉負荷的估計值可在Discriminant Validity分報表中找到。但由於其資料量較大，且各構念的顯示順序可能無法依照如

表13-2的構念順序。爲維持表格構念順序之一致性，須將Discriminant Validity分報表中的交叉負荷的估計值再重新整理。整理的方式將利用Excel套裝軟體。

首先，於「PLS Algorithm (Run No.1)」標籤頁中，找到Discriminant Validity分報表，然後選取「Cross Loadings」報表。接著按主視窗右上角的「Excel Format」鈕，即可複製目前顯示於畫面中的交叉負荷表。隨即開啓Excel軟體，新增一個新檔案，然後直接貼上先前所複製的交叉負荷表。於Excel軟體中，經適當整理交叉負荷表後，即可得到如表13-3的交叉負荷表。由於「線上服務品質」構念屬形成性，因此其因素負荷量、交叉負荷量不予討論。此外，另須要注意一點，爲增進交叉負荷表的可讀性，建議研究者可將各構念所屬的指標之因素負荷量以粗體顯示，以茲辨別。

表13-3　交叉負荷表

構念	型態	指標	線上服務品質	電子口碑	線上忠誠度
線上服務品質	形成性	os1	—	0.294	0.399
		os2	—	0.350	0.382
		os3	—	0.348	0.370
		os4	—	0.356	0.347
		os5	—	0.530	0.456
		os6	—	0.380	0.398
電子口碑	反映性	ow1	—	**0.834**	0.565
		ow2	—	**0.808**	0.562
		ow3	—	**0.812**	0.509
		ow4	—	**0.840**	0.566
		ow5	—	**0.808**	0.523
線上忠誠度	反映性	ol1	—	0.575	**0.881**
		ol2	—	0.584	**0.859**
		ol3	—	0.572	**0.867**
		ol4	—	0.578	**0.855**
		ol5	—	0.573	**0.872**

步驟6：製作區別效度檢定表。區別效度檢定表將依據Fornell-Larcker準則Fornell & Larcker（1981）而製作，可在Discriminant Validity分報表中

找到相關資料。但由於其構念的顯示順序可能無法依照如表13-2的構念順序。為維持表格構念順序之一致性，須將Discriminant Validity分報表中的Fornell-Larcker準則再重新整理。整理的方式與步驟5相同。須特別注意的是，形成性構念將無AVE值，且各對角線的數值為反映性構念的AVE值平方根，建議可使用粗體加以標示。完成後，如表13-4。

表13-4　區別效度檢定表

	線上服務品質	電子口碑	線上忠誠度
線上服務品質	—		
電子口碑	0.630	**0.821**	
線上忠誠度	0.640	0.665	**0.867**

步驟7：詳細操作過程，讀者亦可自行參閱影音檔「ex13-2-1.wmv」、「ex13-2-2.wmv」與「ex13-2-3.wmv」。

13-3-4　評鑑反映性與形成性測量模型

由於原始模型圖中同時包含反映性測量模型與形成性測量模型，故評鑑時將分別予以討論。

(一) 評鑑反映性測量模型

實務上評鑑反映性測量模型時，將根據過往諸多學者的建議，須針對內部一致性（組合信度）、指標信度、收斂效度（平均變異抽取量）與區別效度等四個項目進行評估（Hulland, 1999; Hair, et al., 2014）。評估時，該四個項目的準則依據如表13-5所示。

表13-5　評鑑反映性測量模型的準則依據

項目	準則	依據
內部一致性 （CR值）	CR值大於0.7	Nunally & Bernstein (1994); Gefen, Straub, & Boudreau (2000); Esposito Vinzi et al. (2010)
指標信度	標準化因素負荷量大於0.7	Hair, et al. (2014)
	標準化因素負荷量大於0.5	Hulland (1999)
收斂效度 （AVE值）	AVE值大於0.50	Fornell and Larcker (1981) Bagozzi and Yi (1988)
區別效度 （交叉負荷量）	一個指標對其所屬的構念之因素負荷量應大於該指標與模型中其他構念間的負荷量。	Chin (2010) Fornell & Larcker (1981) Hair et al. (2014)
區別效度 （Fornell-Larcker準則）	每一個構念的AVE平方根應大於該構念與模型中其他構念間的相關係數。	Fornell & Larcker (1981)

　　根據表13-5的準則依據與「表13-2　測量模型參數估計表」、「表13-3　交叉負荷表」與「表13-4　區別效度檢定表」即可輕易的評鑑反映性測量模型。

1. 內部一致性（組合信度）

　　由「表13-2 測量模型參數估計表」得知，反映性構念中「電子口碑」與「線上忠誠度」等構念的CR值分別為：0.912與0.938，皆大於門檻值0.7，表示兩個反映性構念的測量指標皆具有內部一致性信度（Nunally & Bernstein, 1994; Gefen, Straub, & Boudreau, 2000; Esposito Vinzi et al., 2010）。

2. 指標信度

　　由「表13-2 測量模型參數估計表」得知，反映性構念中「電子口碑」與「線上忠誠度」等構念的各指標之標準化因素負荷量分別為0.808～0.881之間，明顯皆大於0.7。表示各指標皆屬高信度指標（Hair, et al., 2014）。

3. 收斂效度（平均變異抽取量）

　　由「表13-2 測量模型參數估計表」得知，反映性構念中「電子口碑」與「線上忠誠度」等構念的AVE值分別為：0.673與0.751，皆大於門檻值0.5，顯示兩個反映性構念對指標的平均解釋能力皆超過50%以上，因此，兩個反映性構念皆具有收斂效度（Fornell & Larcker, 1981; Bagozzi & Yi, 1988）。

4. 區別效度

(1)交叉負荷量

由「表13-3 交叉負荷表」得知，反映性構念中「電子口碑」與「線上忠誠度」等兩個構念的因素負荷量皆大於其交叉負荷量。故可研判兩個反映性構念皆具有區別效度（Chin, 2010; Fornell & Larcker, 1981; Hair et al., 2014）。

(2)Fornell-Larcker準則

此外，再由「表13-4 區別效度檢定表」得知，反映性構念中「電子口碑」與「線上忠誠度」等兩個構念的AVE平方根分別為：0.821與0.867，皆大於其與其他構念間的相關係數，表示兩個反映性構念皆具有區別效度（Fornell & Larcker, 1981）。

綜合上述分析結果，本研究中的反映性測量模型，由內部一致性（組合信度）、指標信度、收斂效度（平均變異抽取量）與區別效度等四個面向評鑑，結果皆已達學術性要求。代表「電子口碑」與「線上忠誠度」等兩個反映性構念的測量系統已皆具有信度、收斂效度與區別效度。接下來尚須再針對形成性測量模型進行評鑑。

(二) 評鑑形成性測量模型

評鑑形成性測量模型時，將根據Hair, et al.（2014）所提出的三項準則進行評估，這三項準則依序為：評估形成性構念的收斂效度、共線性診斷與評估形成性指標之權重的顯著性。評估時，該三個項目的準則依據，如表13-6所示。分項說明如下：

表13-6　評鑑形成性測量模型的準則依據

項目	準則	依據
收斂效度	重複分析中，路徑係數必須大於0.8	Chin (1998)
共線性診斷	容忍值大於等於0.2 VIF值小於等於5時，即意味著指標變數間沒有共線性問題存在	Hair, Ringle, and Sarstedt (2011)
權重的顯著性	權重須顯著（t值大於1.96）	Chin (1998); Diamantopoulos and Winklhofer (2001)

1. 形成性構念的收斂效度

根據重複分析的結果，如圖13-7。由圖13-7可發現「線上服務品質→整體線上服務品質」的路徑係數為0.822，超過門檻值0.8（Chin, 1998），所以支持形成性構念（線上服務品質）具有收斂效度。

2. 共線性診斷

由「表13-2 測量模型參數估計表」得知，「線上服務品質」構念的VIF值介於1.167～1.328間，皆小於門檻值5，表示形成性構念（線上服務品質）之指標的共線性問題並未達嚴重程度（Hair et al., 2011），未來共線性問題應也不會對結構模型之路徑係數估計造成不良的影響。

3. 權重的顯著性

由「表13-2 測量模型參數估計表」得知，「線上服務品質」構念之各指標的權重介於0.208～0.431間，且t值皆大於1.96，因此，所有形成性指標的權重皆顯著。由此可知所有形成性指標對其所屬的「線上服務品質」構念，皆具有相當的貢獻度。

▶ 總結

經針對反映性構念評鑑其內部一致性、指標信度、收斂效度、區別效度等四大指標與針對形成性構念評鑑重複分析、共線性檢定、權重顯著性檢定等三步驟後得知，反映性構念中內部一致性、指標信度、收斂效度與區別效度等四個面向之評鑑結果皆已達學術性要求。代表「電子口碑」與「線上忠誠度」等兩個反映性構念的測量系統已皆具有信度、收斂效度與區別效度。再就形成性構念而言，「線上服務品質」構念除具有收斂效度外，各指標間亦無共線性問題且對「線上服務品質」構念亦都具有相當的貢獻度。由上述說明可推論，研究模型之測量模型已具有信度、收斂效度與區別效度，且各指標無共線問題與皆具有貢獻度，因此，接下來已可繼續進行後續的結構模型評鑑，以驗證概念性模型的假設與探究各潛在變數間的因果關係了。

第14章
評鑑結構模型

　　根據Anderson and Gerbing（1988）及Williams and Hazer（1986）等學者的建議，進行結構方程模型分析時應分為兩階段，第一階段先針對各研究構念及其衡量題項進行評鑑，以了解各構面的信度、收斂效度及區別效度；第二階段再運用結構模型加以分析，以驗證概念性模型中各構念間之因果關係的假設檢定。基於此，前兩章中分別介紹了反映性與形成性測量模型的評鑑，在本章則將進一步將重點置於以路徑分析為基礎的結構模型分析，以驗證概念性模型中的各項假設檢定。

◆ 14-1　評鑑結構模型簡介 ◆

　　在第12、13章確認了測量模型已具有信、效度後，接下來就可進行結構模型分析了。在結構模型的分析過程中，研究者除了應檢視概念性模型中各假設路徑的因果關係是否顯著外，更重要的是要評鑑結構模型的品質。如果結構模型的品質差，縱使各因果關係皆顯著，那麼概念性模型所蘊含的意義或解釋能力將難以彰顯。在PLS-SEM中評鑑結構模型的品質時，將以兩個方向進行評估，一為模型的預測能力；另一為模型的解釋能力。針對這兩面向的評鑑，Hair et al.（2014）曾提出一個系統性的方法以有效的評鑑結構模型，該系統性方法中將評鑑過程細分為五個階段：

階段一：結構模型的共線性診斷。
階段二：路徑係數之顯著性檢定。
階段三：評估R^2大小。
階段四：評估解釋效果值f^2。
階段五：評估預測相關性Q^2。

　　在PLS-SEM中，以OLS迴歸為基礎而求算出外衍潛在變數（自變數）和內因潛在變數（依變數）間的路徑係數。在這過程中，外衍潛在變數間的共線性問題仍須進行診斷，否則結構模型若真存在共線性問題時，那麼所求算出的路徑係數可能會產生偏誤，甚至導致對模型所呈現之意涵的誤解。

　　在PLS-SEM中進行結構模型分析時，其原理為將概念性模型與資料做配適，以讓內因潛在變數能被解釋的變異量最大化為目標，進而求算出各外衍潛在變數和內因潛在變數間之最佳化的路徑係數。明顯的，PLS-SEM的概念不同於CB-SEM。在CB-SEM中，當研究者提出理論／概念性模型後，欲利用結構方程模型進行分析時，首先會對模型中所涉及的指標變數進行測量，從而獲得一組指標變數的實際資料和基於

此樣本資料所形成的共變數矩陣，這個共變數矩陣稱爲樣本矩陣。結構方程模型就是要將理論／概念性模型中，各變數之路徑關係所形成的共變數矩陣（又稱再生矩陣）與實際的樣本矩陣進行配適性檢驗（即檢驗樣本矩陣到底有多接近再生矩陣），如果理論／概念性模型與實際的樣本資料配適良好（極近似），那麼就表示概念性模型是可以接受的；否則就要對概念性模型進行修正。

因此，CB-SEM在將再生矩陣與樣本矩陣之差異最小化的概念下，就需要利用整體配適指標來驗證假設模型之再生矩陣與實際資料的樣本矩陣到底有多近似，顯見CB-SEM較屬驗證性的統計方法。這些具有驗證性質的整體配適指標，如chi-square（卡方值，χ^2）、SRMR、RMSEA、GFI、AGFI、CFI、NFI、NNFI等。然而，由於模型的運算方法與概念不同，PLS-SEM性質上較屬探索性（預測或解釋）的統計方法，上述指標顯然的並不適用於PLS-SEM。PLS-SEM模型評估時，主要的指標或準則爲路徑係數或因素負荷量的顯著性、探討模型解釋能力的R^2值、解釋效果值f^2與評估模型預測能力的預測相關性Q^2與q^2效果量，這些指標將在後續的章節中陸續介紹。

14-2　結構模型的共線性診斷

模型中的共線性問題若未能排除或不當的忽略，將容易導致模型解釋上的偏誤。故於評鑑模型時，務必確認共線性問題已確實排除。先前在測量模型中，我們針對各構念的指標進行共線性診斷；然而在結構模型中，我們針對的是「構念」。與測量模型時一致，在結構模型中進行共線性診斷時所使用的準則，將與評鑑形成性測量模型時相同，都是使用容忍值與變異數膨脹因子（VIF值）來檢驗「構念」間的共線性。當容忍值小於等於0.2或VIF值大於等於5時，即意味著構念間可能有共線性問題存在（Hair et al., 2011）。此時，可利用剔除那些「相關性較強」的構念爲方向。也就是說，研究者應考慮刪除相關性較高的（一個或多個）構念，以排除共線性問題。

在結構模型中，進行共線性診斷時，須將結構模型中的構念依預測關係而加以分組，如此才能詳細的診斷各構念間的共線性問題。例如：圖14-1的結構模型就必須依照可能的內因潛在變數（依變數）而分組。顯然，結構模型中有三個內因潛在變數，分別爲Y_6、Y_7與Y_8，此時就須分成三組預測關係來討論構念間的共線性。在內因變數Y_6的預測關係中，可檢核外衍潛在變數Y_1與Y_2兩構念間的共線性；Y_7的預測關係中，可檢核Y_3、Y_4與Y_5等構念間的共線性；而Y_8的預測關係中，則可檢核Y_6與Y_7兩構念間的共線性。

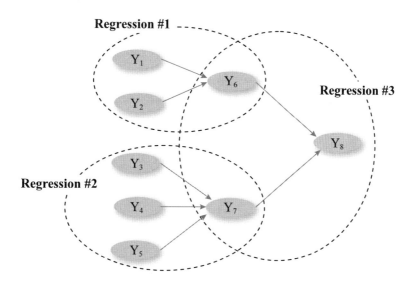

Regression #1

Y_1

Y_2

Y_6

Regression #3

Y_8

Y_3

Regression #2

Y_4

Y_7

Y_5

圖14-1　結構模型的共線性問題

 範例14-1　參考第11-3節中對範例模型的說明，論文【贊助品牌之自我形象一致性、品牌認同與品牌權益關係之研究】的問卷題項，如表11-1。請匯入資料檔「Sponsor Brand.csv」並建立研究模型圖，試對結構模型進行共線性診斷。

　　論文【贊助品牌之自我形象一致性、品牌認同與品牌權益關係之研究】的概念性模型圖已於第11章中建立完成，如圖11-16。由結構模型可發現只有一個內因潛在變數，即「品牌權益」構念，具有多個自變數。故進行結構模型的共線性診斷時，將只針對預測「品牌權益」構念的自變數「自我形象一致性」構念與「品牌認同」構念的共線問題進行討論即可。其步驟如下：

操 作 步驟

　　步驟1：開啓模型圖（Sponsor Brand.splsm）。然後，執行「Calculate/PLS Algorithm」或按 📷 後，選擇「PLS Algorithm」功能，即可開啓「Partial Least Squares Algorithm」視窗，於該視窗中，進行必要的設定後，按「Start Calculation」鈕，就可啓動執行參數估計的程序。

　　步驟2：查閱VIF值。PLS Algorithm執行成功後，於「PLS Algorithm (Run No.1)」標籤頁中，於視窗下方選擇Collinearity Statistics（VIF）分報

表，即可顯示出測量模型中各指標的VIF值（Outer VIF）與結構模型中各構念的VIF值（Inner VIF）。

步驟3：由於目前將診斷「構念」間的共線性，故選擇「Inner VIF Values」頁面，如圖14-2所示。顯見，「自我形象一致性」構念與「品牌認同」構念的VIF值都是1.479，皆小於門檻值5，表示結構模型中各構念的共線性問題並未達嚴重程度（Hair et al., 2011）。因此，共線性問題未來應也不會對結構模型之路徑係數估計造成不良的影響。

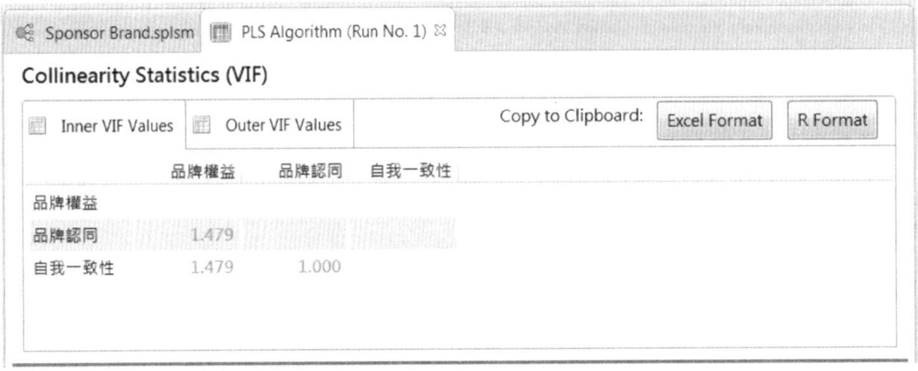

圖14-2　Collinearity Statistics（VIF）分報表

步驟4：詳細操作過程，讀者亦可自行參閱影音檔「ex14-1.wmv」。

14-3　路徑係數之顯著性檢定

在研究模型圖中，執行「Calculate/PLS Algorithm」或按 ⚙ 後，選擇「PLS Algorithm」功能，即可估計測量系統中各指標的因素負荷量或權重，而在結構模型中則可估計出各構念間的因果關係（或稱假設關係）。這些關係的強弱，將以其標準化路徑係數（簡稱路徑係數）的大小來表示。路徑係數的值通常介於-1與1之間，正負符號則表示著外衍潛在變數對內因潛在變數的正向影響或負向影響。此外，路徑係數的數值要具有解釋性的意義，則必須於檢定時顯著才行。

路徑係數進行顯著性檢定時，將使用t檢定。理論上，t值可由路徑係數除以其標準誤而得到，然而在執行「Calculate/PLS Algorithm」的參數估計過程中，並無法估計出路徑係數的標準誤。因此，必須透過拔靴法才能取得計算t值時所需的標準誤

（拔靴標準誤），從而計算出t值。在顯著水準為5%時，路徑係數的t值須大於1.96才具有顯著性。

此外，雖然路徑係數的顯著性，代表著外衍潛在變數對內因潛在變數的影響效果是否顯著，但不顯著也不代表完全沒有影響力。因為，通常我們所稱的路徑係數就是指外衍潛在變數對內因潛在變數的「直接」影響效果，所以，路徑係數不顯著，只是代表沒有直接影響效果而以，或許有其他的「間接」影響效果存在也說不定。所謂「間接」影響效果是指A構念對B構念的影響效果是透過第三構念而達成的效果。因此，在探討各構念的影響關係時，必須全面考量各構念間的直接影響效果、間接影響效果，甚至是整體效果（直接效果加間接效果）。

▶ 範例14-2

參考第11-3節中對範例模型的說明，論文【贊助品牌之自我形象一致性、品牌認同與品牌權益關係之研究】的問卷題項，如表11-1。請匯入資料檔「Sponsor Brand.csv」並建立研究模型圖，試進行結構模型分析，以確認各構念間的因果關係。

本範例之目的在於估計各構面間的路徑係數，並確認其顯著性。此外，亦將探討各構念間的直接、間接影響效果與整體效果，以比較相對性的顯著關係（relevance of significant relationships）。故實務操作上，除須執行「PLS Algorithm」以估計參數外，尚須利用拔靴法，以進行路徑係數的顯著性檢定。

操作步驟

步驟1：估計路徑係數。開啟模型圖（Sponsor Brand.splsm）。然後，執行「Calculate/PLS Algorithm」或按 [Calculate] 後，選擇「PLS Algorithm」功能，即可開啟「Partial Least Squares Algorithm」視窗，於該視窗中，進行必要的設定後，按「Start Calculation」鈕，就可啟動執行參數估計的程序。

步驟2：查看路徑係數值。PLS Algorithm執行成功後，於「PLS Algorithm (Run No.1)」標籤頁中，視窗下方選擇Path Coefficients分報表，即可顯示出結構模型中各構念間的路徑係數（因果關係），如圖14-3。

步驟3：查看間接效果與整體效果。於「PLS Algorithm (Run No.1)」標籤頁中，視窗下方選擇Indirect Effect分報表的「Specific Indirect Effects」標籤頁

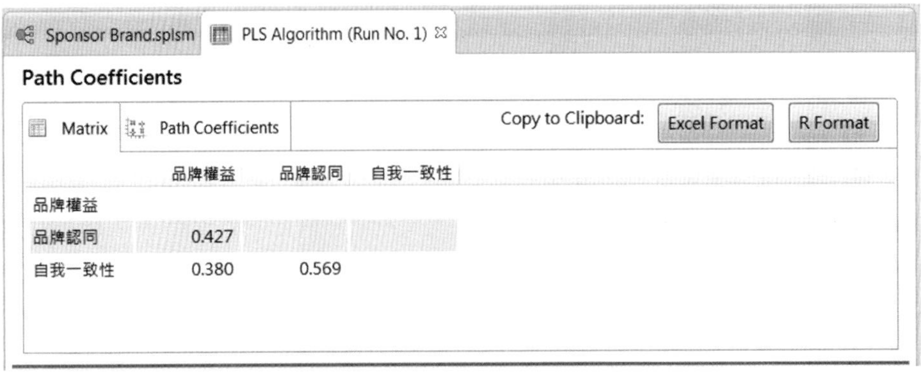

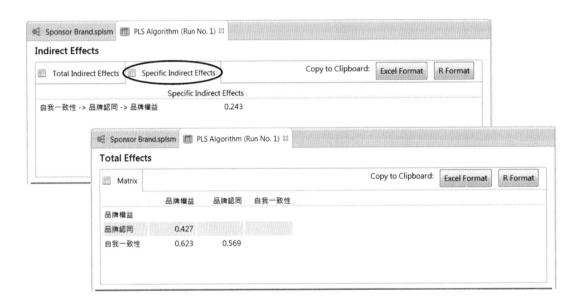

圖14-3　結構模型中各構念間的路徑係數

圖14-4　各構念間的間接效果與整體效果

與 Total Effects分報表，即可顯示出結構模型中各構念間的間接效果與整體效果，如圖14-4。

步驟4：進行路徑係數的檢定。在PLS SEM中欲檢驗路徑係數的估計值是否顯著時，將使用屬無母數統計方法中的拔靴法（bootstrapping）來進行檢驗。於SmartPLS主視窗中，先調回原始模型圖畫面（Sponsor Brand. splsm），然後執行「Calculate/Bootstrapping」或按 ⚙Calculate 後，選擇「Bootstrapping」功能，即可出現「Bootstrapping」設定視窗。建議研

究者可進行如圖12-5的設定方式，以得到正確且有效的結果。

步驟5：於報表顯示路徑係數的檢定結果。在「Bootstrapping (Run No.1)」標籤頁中，於視窗下方選擇Path Coefficients分報表，即可顯示出結構模型中各構念間之路徑係數的檢定t值與顯著性，如圖14-5。

Sponsor Brand.splsm | PLS Algorithm (Run No. 1) | Bootstrapping (Run No. 1)

Path Coefficients

Mean, STDEV, T-Values, P-Values | Confidence Intervals | Confidence Intervals Bias Corrected | Samples | Copy to Clipboard: Excel Format | R Format

	Original Sample (O)	Sample Mean (M)	Standard Deviation (STDEV)	T Statistics (|O/STDEV|)	P Values
品牌認同 -> 品牌權益	0.427	0.425	0.072	5.925	0.000
自我一致性 -> 品牌權益	0.380	0.382	0.072	5.308	0.000
自我一致性 -> 品牌認同	0.569	0.569	0.046	12.355	0.000

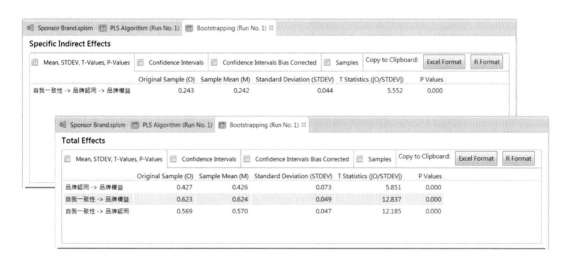

圖14-5　各構念間之路徑係數的檢定

步驟6：查看間接效果與整體效果的檢定結果。在「Bootstrapping (Run No.1)」標籤頁中，於視窗下方選擇Specific Indirect Effects與 Total Effects分報表，即可顯示出結構模型中各構念間之間接效果與整體效果的檢定t值與顯著性，如圖14-6。

步驟7：詳細操作過程，讀者亦可自行參閱影音檔「ex14-2.wmv」。

Sponsor Brand.splsm | PLS Algorithm (Run No. 1) | Bootstrapping (Run No. 1)

Specific Indirect Effects

Mean, STDEV, T-Values, P-Values | Confidence Intervals | Confidence Intervals Bias Corrected | Samples | Copy to Clipboard: Excel Format | R Format

	Original Sample (O)	Sample Mean (M)	Standard Deviation (STDEV)	T Statistics (|O/STDEV|)	P Values
自我一致性 -> 品牌認同 -> 品牌權益	0.243	0.242	0.044	5.552	0.000

Sponsor Brand.splsm | PLS Algorithm (Run No. 1) | Bootstrapping (Run No. 1)

Total Effects

Mean, STDEV, T-Values, P-Values | Confidence Intervals | Confidence Intervals Bias Corrected | Samples | Copy to Clipboard: Excel Format | R Format

	Original Sample (O)	Sample Mean (M)	Standard Deviation (STDEV)	T Statistics (|O/STDEV|)	P Values
品牌認同 -> 品牌權益	0.427	0.426	0.073	5.851	0.000
自我一致性 -> 品牌權益	0.623	0.624	0.049	12.837	0.000
自我一致性 -> 品牌認同	0.569	0.570	0.047	12.185	0.000

圖14-6　各構念間之間接效果與整體效果的檢定

▶總結

為便於結論之製作，可將圖14-3與圖14-5整理成表14-1，圖14-4與圖14-6整理成表14-2。由表14-1可知，研究模型中的三個假設關係（H_1、H_2與H_3）的路徑係數分別為0.569、0.427與0.380，且都顯著，即三個假設皆成立。此外，再由表14-2影響效果表可知，「自我一致性」構念可透過「品牌認同」構念而間接顯著的影響「品牌權益」（間接效果值為0.243，顯著）。「自我一致性」構念對「品牌權益」構念的總影響效果達0.623，大於「品牌認同」構念的影響力（0.427）。

表14-1　路徑關係檢定表

假設	路徑	假設關係	路徑值	假設成立與否
H_1	自我一致性→品牌認同	正向	0.569*	成立
H_2	品牌認同→品牌權益	正向	0.427*	成立
H_3	自我一致性→品牌權益	正向	0.380*	成立

註：「*」表在顯著水準0.05時顯著

表14-2　影響效果表

自變數	依變數	直接效果	間接效果	整體效果
自我一致性	品牌權益	0.380*[1]	0.243*(0.569×0.427)	0.623*
品牌認同		0.427*	—[2]	0.427*
自我一致性	品牌認同	0.569*	—	0.569*

註：1.「*」表P < 0.05
　　2.「—」表無該效果

◆ 14-4　評估決定係數（R^2值）◆

在PLS-SEM中，評鑑結構模型的品質時，可將評鑑指標概分為兩類，一類為評鑑模型解釋能力的指標；另一類評鑑模型預測能力的指標。評鑑模型解釋能力的指標包含R^2值和效果值f^2；而評鑑模型預測能力的指標則包含路徑係數的顯著性與預測相關性（predictive relevance）（Q^2值與效果值q^2）。本小節將說明R^2值的相關概念與算法。

迴歸模型中，最常用來評估結構模型之品質的指標為決定係數（coefficient of

determination, R^2值）。事實上，決定係數即為某特定內因構念的實際值和其預測值之相關係數的平方，故該值可用來衡量結構模型中，外衍構念的解釋能力。也就是說，決定係數代表著模型中內因構念的變異可被外衍構念所能解釋的量。R^2值會介於0～1之間，數值愈高即代表解釋能力愈高。至於學術上對於R^2值大小的要求，似乎沒有一定的標準，這可能與研究領域的差異有關（Hair et al., 2014）。例如：在消費者行為的研究中，R^2值為0.2時算是高的了，但在某些與因素分析相關的研究中，甚至要求R^2值要大於0.75（Hair et al., 2014）。在社會科學相關領域的學術研究中，一般而言R^2值接近0.25時，可視為解釋能力稍嫌微弱；R^2值接近0.50時，則模型具有中等程度的解釋力；而當R^2值接近0.75時，則模型的解釋能力就甚為顯著（Hair et al., 2014）。

▶ 範例14-3

參考第11-3節中對範例模型的說明，論文【贊助品牌之自我形象一致性、品牌認同與品牌權益關係之研究】的問卷題項，如表11-1。請匯入資料檔「Sponsor Brand.csv」並建立研究模型圖，試進行結構模型分析，並以R^2值評估結構模型的解釋能力。

本範例之目的在於估計各內因構面間的R^2值，R^2值代表模型的解釋能力，其數值愈高，解釋能力愈高。

操作步驟

步驟1：估計結構模型。開啟模型圖（Sponsor Brand.splsm）。然後，執行「Calculate/PLS Algorithm」或按 ⚙ 後，選擇「PLS Algorithm」功能，即可開啟「Partial Least Squares Algorithm」視窗，於該視窗中，進行必要的設定後，按「Start Calculation」鈕，就可啟動執行參數估計的程序。

步驟2：查看R^2值。於「PLS Algorithm (Run No.1)」標籤頁中，於視窗下方選擇R Square分報表，即可顯示出結構模型中各內因構念的R^2值，如圖14-7。

步驟3：詳細操作過程，讀者亦可自行參閱影音檔「ex14-3.wmv」。

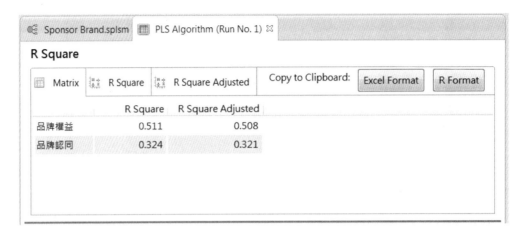

圖14-7　各內因構念間的值

▶ **總結**

　　由圖14-7不難發現，內因構念「品牌認同」的R^2值為0.324，屬弱解釋力；而「品牌權益」的R^2值則為0.511，屬中度解釋力。綜合而言，概念性模型應具有中等程度左右的解釋能力。

14-5　評估解釋效果值 f^2

　　解釋效果值f^2為刪除模型中特定的外衍變數後，R^2值的變化量。其可用來評估外衍變數對內因變數是否具顯著的解釋能力。其計算公式為：

$$f^2 = \frac{R^2_{included} - R^2_{excluded}}{1 - R^2_{included}} \tag{式14-1}$$

　　式14-1中，$R^2_{included}$與$R^2_{excluded}$為外生變數被納入或移除時，內因變數的R^2值。透過執行PLS結構模型兩次，即第一次納入外生變數（得$R^2_{included}$），第二次移除外生變數（得$R^2_{included}$），即可求出f^2。雖然可根據式14-1算出f^2，但也不用研究者自己動手求算，SmartPLS在f square分報表中就有提供f^2的資訊。根據Cohen（1988）的f^2值評估原則，當$0.02 < f^2 \leq 0.15$時稱為小效果，$0.15 < f^2 \leq 0.35$時稱為中效果，$f^2 > 0.35$時則稱為大效果。

範例14-4

參考第11-3節中對範例模型的說明,論文【贊助品牌之自我形象一致性、品牌認同與品牌權益關係之研究】的問卷題項,如表11-1。請匯入資料檔「Sponsor Brand.csv」並建立研究模型圖,試進行結構模型分析,並評估各外衍變數的解釋效果值。

本範例之目的在於估計各外衍變數的解釋效果值f^2,透過解釋效果值f^2可探究特定的外衍變數對內因變數是否具有顯著的解釋能力。

操作步驟

步驟1:估計結構模型。開啓模型圖(Sponsor Brand.splsm)。然後,執行「Calculate/PLS Algorithm」或按 圖示 後,選擇「PLS Algorithm」功能,即可開啓「Partial Least Squares Algorithm」視窗,於該視窗中,進行必要的設定後,按「Start Calculation」鈕,就可啓動執行參數估計的程序。

步驟2:查看解釋效果值f^2。於「PLS Algorithm (Run No.1)」標籤頁中,於視窗下方選擇f Square分報表,即可顯示出結構模型中各外衍變數的解釋效果值f^2,如圖14-8。

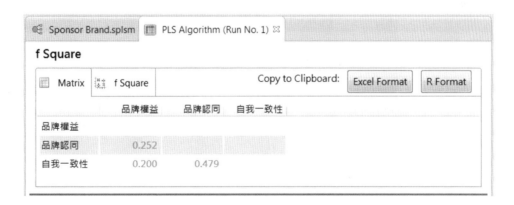

圖14-8　各外衍變數的解釋效果值f^2

步驟3:詳細操作過程,讀者亦可自行參閱影音檔「ex14-4.wmv」。

▶ 總結

由圖14-8可發現，外衍構念「品牌認同」對內因構念「品牌權益」的解釋效果值 $f^2_{品牌認同 \rightarrow 品牌權益}$ 為0.252，屬中效果解釋能力；外衍構念「自我一致性」對內因構念「品牌認同」的解釋效果值 $f^2_{自我一致性 \rightarrow 品牌認同}$ 為0.200屬中效果解釋能力；而外衍構念「自我一致性」對內因構念「品牌權益」的解釋效果值 $f^2_{自我一致性 \rightarrow 品牌認同}$ 為0.479，屬大效果解釋能力。綜合而言，外衍構念「自我一致性」與「品牌認同」的解釋效果值皆屬中等程度以上，代表外衍構念對內因構念甚具解釋能力。

◆ 14-6 評估預測相關性 Q^2

所謂預測相關性是指模型能準確的預測反映性內因構念的值，甚至進而使用這個內因構念的預測值和透過PLS Algorithm所估算出的各指標之因素負荷，亦能精準的預測出該內因構念之測量系統中各指標的值。評估反映性內因構念與其所屬各指標之預測值的準確性（即預測相關性）時，可檢核Stone-Geisser的 Q^2 值（Geisser, 1974; Stone, 1974）。Henseler et al.（2009）曾提及結構模型中，反映性內因構念的 Q^2 值大於0，就意味著結構模型對該反映性內因構念具有預測相關性。亦即結構模型能精準預測該反映性內因構念與該構念測量系統中之各指標值之意。

Q^2 值必須透過盲解法（blindfolding）才能求得。盲解法是一種藉由對原始樣本重複取樣（re-sampling）而交叉驗證（cross-validation）模型預測能力的過程。重複取樣的意義為在每一輪次的取樣過程中，將有系統的移除反映性內因構念之所有指標的某些樣本點。哪些樣本點會在各輪次的取樣過程中被移除則取決於移除距離（omission distance, D）的設定計畫。在SmartPLS中移除距離D會預設為7，決定移除距離D的最重要原則是原始樣本點的數量不可被移除距離D所整除，否則每一輪次的取樣過程中，所移除的樣本點就會一成不變，那就失去交叉驗證的意義了。

例如：圖14-9右上方的結構模型中，反映性內因構念（ Y_3 ）有3個指標（ x_5 、 x_6 與 x_7 ），當移除距離D設定為3時，意味著在 x_5 、 x_6 與 x_7 的所有樣本點中，間隔第3個樣本點須在每一輪次的盲解過程中被移除。如圖14-9左方表格，第一個表格為原始資料集，原始資料集中 x_5 、 x_6 與 x_7 的樣本點旁標註著d1、d2或d3代表著這些樣本點，將依移除計畫於每依輪次的盲解過程而被移除。也就是說，第一輪的盲解過程將使用到移除d1樣本點後所剩的資料集（移除的樣本點於配適時，會用該指標的整體平均值來填

補），第二輪使用到移除d2樣本點後所剩的資料集，而第三輪則使用到移除d3樣本點後所剩的資料集。照這樣的移除法，x_5、x_6與x_7所剩下的樣本點會組合成三種不同的資料集（如圖14-9左邊的表格），每一種資料集會用以執行盲解法一次，故會執行3個輪次的盲解法。也就是說，執行盲解法的次數、移除後所產生之資料集的數量都會等於移除距離D的值。當然，每一次盲解法的執行都是為了預測那些被我們依移除計畫所移除的x_5、x_6與x_7之樣本點。由於，樣本點是輪流被移除後，然後再被預測，因此就稱之為交叉驗證過程。

如圖14-9，執行盲解法時，反映性內因構念（Y_3）之測量模型中的各指標樣本點（x_5、x_6與x_7）會透過兩階段的方式來進行預測。在第一個階段中，將利用結構模型來預測內因構念（Y_3）的分數。盲解過程中，研究模型每次都會使用到一個已移除樣本點的資料集（共三種）來執行「PLS Algorithm」，執行時，被移除的樣本點將被視為遺漏值，且此遺漏值亦將以各指標的平均數來替代處理。待執行「PLS Algorithm」後，雖然會得到外生構念（Y_1、Y_2）和內因構念（Y_3）的分數，但盲解法預測內因構念（Y_3）的各指標值時，並不直接使用Y_3的分數，而是使用Y_3的預測值（$\hat{Y}_3$），計算$\hat{Y}_3$時，將使用到結構模型所估算出的路徑係數值（p_{13}、p_{23}）與外生構念（Y_1、Y_2）的分數。預測值$\hat{Y}_3$的計算公式為：$\hat{Y}_3 = p_{13} \times Y_1 + p_{23} \times Y_2$。當然，「PLS Algorithm」所估計出的$Y_3$分數和預測值$\hat{Y}_3$會有些許差異。

接著，進入第二階段，在此階段中將聚焦於反映性內因構念（Y_3）的測量模型。因為，盲解法將利用內因構念的預測值（$\hat{Y}_3$）與透過PLS Algorithm所估算出的各指標之因素負荷量（l_{35}、l_{36}與l_{37}），而預測x_5、x_6與x_7中那些已被移除的樣本點。也就是說，第一輪的盲解過程就預測那些於原始資料集中被標識為d1的樣本點，第二輪預測被標識為d2的樣本點，而第三輪則預測被標識為d3的樣本點。當然，這些預測出來的x_5、x_6與x_7之值與原始的真實值會有所差異（預測誤差），根據這些測量誤差就可計算出Q^2值（Chin, 1988），Q^2值大於0，就意味著結構模型對該反映性內因構念具有預測相關性。反之，則不具有預測相關性。

此外，尚須注意的是，計算Q^2值的方式有兩種，一為交叉驗證重疊度（cross-validated redundancy）；另一為交叉驗證共同性（cross-validated communality）。由於交叉驗證共同性僅採用反映性內因構念的估計分數來預測已移除的資料點，其預測力評估基準較受質疑（Hair et al., 2014）。故學術論文中，皆採用交叉驗證重疊度來計算Q^2值，因為，交叉驗證重疊度的意義，就如同上述的盲解法兩階段概念，將使用結構模型所預測出的內因構念預測值（$\hat{Y}_3$）和測量模型所估算出的因素負荷量

（l_{35}、l_{36}與l_{37}）來預測已移除的資料點，進而計算Q^2值。因此，Hair et al.（2014）建議利用交叉驗證重疊度來計算Q^2值，較爲妥當。

最後，也可類似由R^2值計算解釋效果值f^2的過程，由Q^2值也可計算預測效果值q^2。Q^2值可以用來評估結構模型預測原始觀察值的準確度，是個預測相關性的指標，而預測效果值q^2則是評估預測相關性之相對重要性（效果量）的指標，其定義爲：

$$q^2 = \frac{Q^2_{included} - Q^2_{excluded}}{1 - Q^2_{included}}$$
（式14-2）

例如：圖14-9中，要計算$Y_1 \rightarrow Y_3$的預測效果值q^2時，則須要先求出有構念Y_1（$Q^2_{included}$）和沒有構念Y_1（$Q^2_{excluded}$）兩種模型的PLS-SEM結果。類似解釋效果值f^2，預測效果值q^2的評估原則爲，當$0.02 < q^2 \le 0.15$時，代表結構模型中，外衍構念對內因構念只具有小效果的預測相關性，$0.15 < q^2 \le 0.35$時，則稱外衍構念對內因構念具有中等效果的預測相關性，而$q^2 > 0.35$時，則外衍構念對內因構念就具有較大效果的預測相關性。

▶ 範例14-5

參考第11-3節中對範例模型的說明，論文【贊助品牌之自我形象一致性、品牌認同與品牌權益關係之研究】的問卷題項，如表11-1。請匯入資料檔「Sponsor Brand.csv」並建立研究模型圖，試進行結構模型分析，並評估各外衍構念對內因構念的預測效果值q^2。

本範例之目的在於估計各內因構念的預測效果量q^2，q^2可探究特定的外衍構念對內因構念具有何種程度的預測相關性，可藉以評鑑結構模型的預測能力。

操作 步驟

步驟1：使用盲解法估計結構模型。開啓模型圖（Sponsor Brand.splsm）。然後，執行「Calculate/Blindfolding」或按 ⚙ 後，選擇「Blindfolding」功能，即可開啓「Blindfolding」視窗，於該視窗中，請將「omission distance」（移除距離）設定爲7後，按「Start Calculation」鈕，就可啓動執行盲解法之參數估計程序。

步驟2：查看效果值$Q^2_{included}$。執行成功後，轉回原始模型圖畫面，如圖14-10，在內因潛在變數上，即可看到各內因構念依交叉驗證重疊度方式所計算

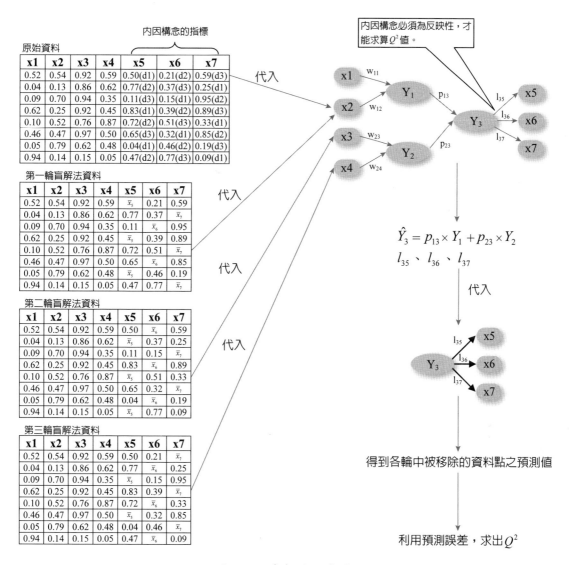

圖14-9　盲解法示意圖

出來的Q^2值，也由於該值是使用原始模型圖（Sponsor Brand.splsm）進行估計，因此所得到的Q^2值應屬的$Q^2_{included}$值。由圖14-10可知，「自我一致性→品牌認同」的$Q^2_{included}$值為0.225；「自我一致性→品牌權益」的$Q^2_{included}$值為0.383；且「品牌認同→品牌權益」的$Q^2_{included}$值也是0.383，請將這些值先填入表14-3的$Q^2_{included}$欄位中，以利後續預測效果量q^2的計算。

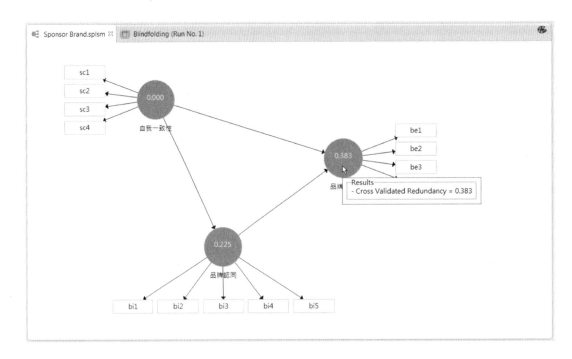

圖14-10　盲解法結果圖（include）

步驟3：求取效果值$Q^2_{excluded}$。請先將視窗轉回原始模型圖畫面，由於模型中的外衍構念有「自我一致性」構念與「品牌認同」構念，在此將先檢驗「自我一致性」構念的$Q^2_{excluded}$值。因此，於模型中先刪除「自我一致性」構念後，再執行與「步驟2」相同的盲解法程序，即可得到外衍構念「自我一致性」的$Q^2_{excluded}$值，如圖14-11。由圖14-11可知，「自我一致性→品牌認同」的$Q^2_{excluded}$值為0；而「自我一致性→品牌權益」的$Q^2_{excluded}$值變為0.310。接著回復原始模型後，刪除「品牌認同」構念後，運用同樣的方式，可再求取「品牌認同」的$Q^2_{excluded}$值為0.292。請也將這些值先填入表14-3的$Q^2_{excluded}$欄位中。

步驟4：求取各外衍構念的預測效果量q^2。於表中分別將各$Q^2_{excluded}$代入式14-2中，即可得到預測效果值q^2，如表14-3。

步驟5：詳細操作過程，讀者亦可自行參閱影音檔「ex14-5.wmv」。

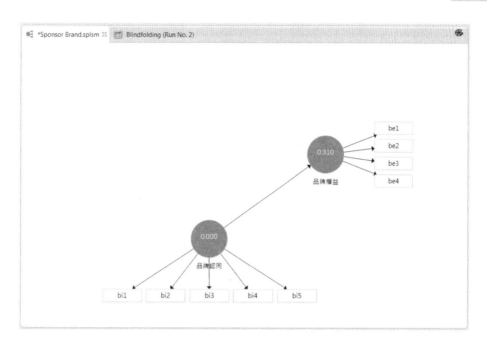

圖14-11　盲解法結果圖（exclude）

表14-3　各外衍構念對內因構念的預測效果值q^2

外衍構念	內因構念	$Q^2_{included}$	$Q^2_{excluded}$	預測效果值q^2
自我一致性	品牌認同	0.225	0	0.290
品牌認同	品牌權益	0.383	0.292	0.147
自我一致性	品牌權益	0.383	0.310	0.118

▶ 總結

　　由表14-3可知，「自我一致性→品牌認同」的預測效果值q^2為0.290，代表結構模型中，「自我一致性」對「品牌認同」具有中等效果的預測相關性；「品牌認同→品牌權益」的預測效果值q^2為0.147，代表結構模型中，「品牌認同」對「品牌權益」具有小效果的預測相關性：而「自我一致性→品牌權益」的預測效果值q^2為0.118，代表結構模型中，「自我一致性」對「品牌權益」也只具有小效果的預測相關性。

14-7 評估整體模型配適度

評鑑結構模型時，SmartPLS也提供了一些可以評估整體模型配適度的指標。這些指標包含：SRMR、d_ULS、d_G、Chi-Square、NFI、RMS_theta等。但在PLS-SEM中最爲常用的指標爲SRMR、NFI與RMS_theta。

一、標準化均方根殘差（Standardized Root Mean Square Residual, SRMR）

殘差均方根（root mean square residual, RMR）是種對預測（配適）結果的殘差共變數之平均絕對值的測量，而標準化均方根殘差（SRMR）於計算時，則把RMR中的共變數矩陣值以觀測值的相關係數和預測值的相關係數來取代。故標準化均方根殘差（SRMR）可被定義爲觀測值的相關係數矩陣和模型隱含的相關係數矩陣的差異。所以SRMR可用來評估原始觀測值和預測結果之相關性間的差異之平均大小，故可作爲模型擬合程度的絕對評估指標。SRMR的取值範圍在0～1之間，當SRMR小於0.08時，可視爲模型的配適程度良好（Hu & Bentler, 1998）。而對於PLS-SEM而言，由於SRMR可用以避免模型的界定失誤（model misspecification），Henseler et al.（2014）認爲SRMR確實是個可評鑑結構模型之配適程度的指標。

二、規範配適指標（Normed Fit Index, NFI）又稱Bentler and Bonett指標

規範配適指標（NFI）的計算公式，如式14-3。

$$NFI = \frac{\chi_0^2 - \chi_i^2}{\chi_0^2}$$
（式14-3）

χ_0^2是獨立（最差配適）模型的卡方值，χ_i^2是概念性模型的卡方值。因爲獨立模型是比概念性模型更差的模型，所以χ_0^2總是大於χ_i^2。當$\chi_0^2 = \chi_i^2$時，NFI = 0，表示概念性模型配適不好；當$\chi_i^2 = 0$，NFI = 1，表示概念性模型完美配適。所以NFI取值在0～1之間，一般大於「0.90」表示模型配適很好（Bentler & Bonett, 1980）。NFI對資料偏離常態和樣本大小很敏感，且無法控制自由度的影響，當樣本數較小時易被低估。

三、RMS_theta

實際上，RMS_theta就是測量模型之殘差的共變數矩陣的均方根（Lohmöller, 1989）。RMS_theta僅適合用於評估反映性測量模型，因爲形成性測量模型的測量殘差是沒有意義的。RMS_theta可用以評估測量殘差間相關的程度。理論上，RMS_ theta應該要接近0，才能表示良好的模型配適，因為這就意味著測量殘差間的相關性非常小（即接近於0）。實務上，RMS_theta值低於0.12時，就已可表明模型配適程度良好了（Henseler et al., 2014）。

▶ 範例14-6

參考第11-3節中對範例模型的說明，論文【贊助品牌之自我形象一致性、品牌認同與品牌權益關係之研究】的問卷題項，如表11-1。請匯入資料檔「Sponsor Brand.csv」並建立研究模型圖，試進行結構模型分析，並評估整體模型配適度。

在評估整體模型配適度時，本範例將只用到三個指標，分別為SRMR、NFI與RMS_theta。在SmartPLS中只要執行「PLS Algorithm」就可獲得這三個指標。

操作步驟

步驟1：估計結構模型。開啓模型圖（Sponsor Brand.splsm）。然後，執行「Calculate/PLS Algorithm」或按 ![Calculate] 後，選擇「PLS Algorithm」功能，即可開啓「Partial Least Squares Algorithm」視窗，於該視窗中，進行必要的設定後，按「Start Calculation」鈕，就可啓動執行參數估計的程序。

步驟2：查看Model Fit分報表。於「PLS Algorithm (Run No.1)」標籤頁中，於視窗下方選擇Model Fit分報表，即可顯示出各種整體模型配適指標，如圖14-12。

步驟3：詳細操作過程，讀者亦可自行參閱影音檔「ex14-6.wmv」。

▶ 總結

由圖14-12可知，SRMR為0.043，小於0.08，表模型配適度佳；NFI為0.928，大於0.9表模型配適度佳；RMS_theta為0.173，雖大於0.12，但亦相差不大。故整體而言，整體模型配適度佳，且應已達學術上對整體模型配適度的要求。

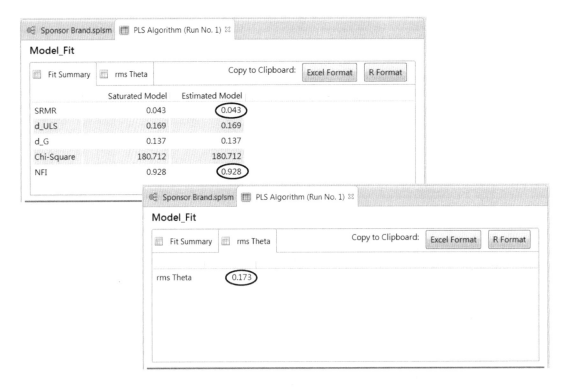

圖14-12　整體模型配適指標

14-8　評鑑結構模型

在本章，已詳細介紹如何根據Hair et al.（2014）的系統性方法評鑑結構模型。由於該系統性方法分成了五個階段，於是在本章中也分段式的介紹各階段的評鑑內容（每階段都各執行PLS Algorithm與Bootstrapping一次），而且每個階段也都獲得一些階段性的結論。但將來讀者要實作時，其實只要分別執行PLS Algorithm與Bootstrapping各一次，就可獲得所須的各種報表。讀者只需要將評鑑過程中所須使用的指標與準則彙整於表格（如表14-4）中，就可輕易的獲得最終結論。

由於評鑑結構模型除在確認研究模型中的路徑關係是否顯著外，尚須評鑑模型的解釋能力、預測能力與整體模型配適度，故在本書中，將把這四個目的評鑑所需資料，彙整於表14-4中，以利評鑑作業之進行。

表14-4　結構模型評鑑檢定表

假設	關係	路徑係數	t值	決策	R^2	f^2	q^2	95%CI LL	95%CI UL	配適度
H_1	自我一致性→品牌認同	0.569	12.200	成立	0.324	0.479	0.290	0.283	0.566	SRMR=0.043
H_2	品牌認同→品牌權益	0.427	5.933	成立	0.511	0.252	0.147	0.235	0.522	NFI=0.928
H_3	自我一致性→品牌權益	0.380	5.226	成立		0.200	0.118	0.472	0.654	RMS_theta=0.173

▶ **總結**

由表14-4可知：

1. 路徑關係之檢定

研究模型中的三個假設關係（H_1、H_2與H_3）的路徑係數分別為0.569、0.427與0.380，且都顯著，即三個假設皆成立。此外，也可再由表14-2 影響效果表可知，「自我一致性」構念可透過「品牌認同」構念而間接顯著的影響「品牌權益」（間接效果值為0.243，顯著）。「自我一致性」構念對「品牌權益」構念的總體影響效果達0.623，大於「品牌認同」構念的影響力（0.427）。

2. 模型解釋能力評鑑

內因構念「品牌認同」的R^2值為0.324，屬弱解釋能力；而「品牌權益」的R^2值則為0.511，屬中度解釋能力。另外，外衍構念「品牌認同」對內因構念「品牌權益」的解釋效果值$f^2_{品牌認同→品牌權益}$為0.252，屬中等效果解釋能力；外衍構念「自我一致性」對內因構念「品牌認同」的解釋效果值$f^2_{自我一致性→品牌認同}$為0.479屬大效果解釋能力；而外衍構念「自我一致性」對內因構念「品牌權益」的解釋效果值$f^2_{自我一致性→品牌權益}$為0.200，亦屬中等效果解釋能力。整體而言，外衍構念對內因構念的解釋能力大約具有中等效果的解釋能力。

3. 模型預測能力評鑑

「自我一致性→品牌認同」的預測效果值q^2為0.290，代表結構模型中，「自我一致性」對「品牌認同」具有中等效果的預測相關性；「品牌認同→品牌權益」的預測效果值q^2為0.147，代表結構模型中，「品牌認同」對「品牌權益」具有小效果的預測相關性：而「自我一致性→品牌權益」的預測效果值q^2為0.118，代表結構模型中，「自我一致性」對「品牌權益」也只具有小效果的預測相關性。整體而言，外衍

構念對內因構念大約具有中下程度效果的預測相關性。

4. 評鑑整體模型配適度

SRMR為0.043，小於0.08，表模型配適度佳；NFI為0.928，大於0.9表模型配適度佳；RMS_theta為0.173，雖大於0.12，但亦相差不大。故整體而言，整體模型配適度佳，且應已達學術上對整體模型配適度的要求。

經由上述的系統性評鑑過程後得知：各自變數構念間不具有共線性問題，且概念性模型中的三個因果關係假設皆能獲得支持。此外，就結構模型的品質而言，無論從模型解釋能力、預測能力或整體配適度指標等面向評估，各類指標已皆能符合學術上對模型品質的要求，故概念性模型中，各潛在變數的因果關係於理論或實務的應用上，應具有其價值性。

第**15**章

高階模型評鑑

　　本章之前所分析的模型皆屬一階構念模型，於實務運用上有其限制。在社會科學領域的研究中，許多構念的構造往往都是相當複雜的，如二階構念、三階構念等。利用二階以上的構念所架構的研究模型，在PLS-SEM中，一般即稱為高階模型（higher model）或階層成分模型（hierarchical component model, HCM）（Lohmoller, 1989）。雖稱為高階模型，但常見的高階模型仍是以二階模型居多。

<h2>◆ 15-1　階層成分模型簡介 ◆</h2>

　　在管理學領域的研究中，服務品質長久以來一直是個熱門的議題。由於服務品質不同於一般產品品質，它是一種無形的、抽象的觀念，因此不易衡量。1985年，Parasuram, Zeithaml以及Berry等三位學者考慮到服務的無形性、異質性、同時性等特性，選擇銀行、信用卡公司、證券經紀商和維修廠等四種產業進行一項探索性研究，經過與顧客的群組訪談後，提出了：可靠性、反應性、勝任性、接近性、禮貌、溝通性、信用性、安全性、了解顧客及有形性等10個構念以衡量服務品質。

　　然而，實在是太過於複雜，1988年三位學者進一步的進行實證研究，挑選電器維修業、銀行、長途電話公司、證券經紀商和信用卡公司等五種服務業為研究對象，將十個構念精鍊為：有形性（Tangibles）、可靠性（Reliability）、回應力（Responsiveness）、保證性（Assurance）與關懷性（Empathy）等五個構念，以衡量服務品質。此即著名的SERVQUAL量表（Parasuraman, Zeithaml, & Berry, 1988）。SERVQUAL服務品質量表，包含五個構念（有形性、可靠性、回應力、保證性、關懷性）、22個題項。它是第一個有系統發展出來的服務品質衡量尺度，提供了學者增補及改良服務品質的重要基礎（Parasuraman et al., 1998）。明顯的，SERVQUAL服務品質量表就是一個階層成分模型（HCM）構念，其結構如圖15-1所示。

　　在圖15-1中，「服務品質」構念，位於架構的第二階（最高階），掌握著較抽象的構念本質，亦可稱為高階成分（higher order component, HOC）；而「有形性」、「可靠性」、「回應力」、「保證性」與「關懷性」等構念位於架構的第一階（最低階），直接呈現著構念的本質，故亦稱為低階成分（lower order component, LOC）。

　　在PLS-SEM中，HCM的類型會有四種類型（Jarvis et al., 2003; Wetzels et al., 2009），如圖15-2。四種類型HCM的名稱中，可用「—」符號前後的指標類型，來了解HCM的模型架構。「—」符號之前的指標類型屬LOC的指標類型；之後則為HOC的指標類型。例如：反映性—形成性類型HCM代表LOC為反映性而HOC為形成

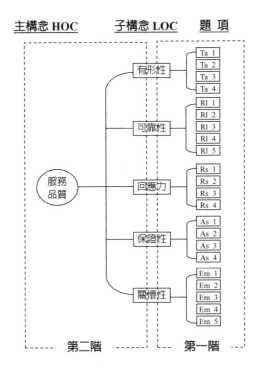

圖15-1　SERVQUAL量表的結構

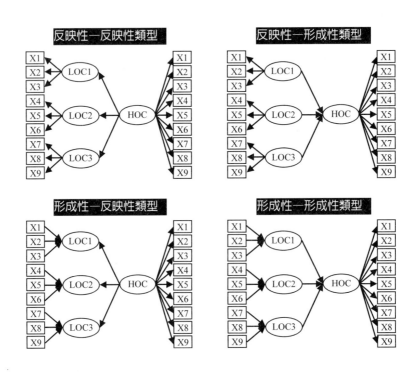

修改自：Hair et al.（2014）

圖15-2　HCM的類型

性的HCM。實務上，就一個二階的HCM而言，HOC又可稱為主構念；而LOC即稱為子構念。其中LOC的指標即為問卷中的題項，而HOC的指標則為LOC構念（子構念）。

15-2　執行階層成分模型的方法

本章之前所分析的模型皆屬一階構念模型，於實務運用上有其限制。在社會科學領域的研究中，許多構念的構造往往都是相當複雜的，如二階構念、三階構念等。利用二階以上的構念所架構的研究模型，在PLS-SEM中，執行時有兩種作法可供選擇：一為重複指標法（repeated indicators approach）；另一為兩階段法（two stage approach）。

15-2-1　重複指標法

所謂重複指標法是指於建構模型時，將HOC所屬之各LOC的所有全部指標（反映性或形成性皆可），於建模時全都被指定成HOC的反映性衡量指標。如圖15-2中，反映性—反映性類型的HCM中，HOC中有三個LOC（LOC1～LOC3），每個LOC中有三個指標共9個指標（x1～x9），因此，將來於HCM建模時，HOC將被設定成具有9個反映性的衡量指標。

評鑑HCM模型時，基本邏輯與先前所介紹的評鑑測量與結構模型的過程或所使用的指標，並無不同，較為複雜罷了。然而，更重要的是該選擇使用何種方法建模，Hair et al.（2014）建議：當HCM為反映性—反映性類型時，宜使用重複指標法。然而，也有學者提醒，使用重複指標法有兩點注意事項，須予以關注：

(一) 每個LOC之指標數量須相同

若各LOC之指標數量無法一致，則於估計HOC和各LOC間的關係時，將產生偏誤（Becker, Klein, & Wetzels, 2012）。但偏誤的大小，應該會與各LOC間指標數量之差異大小有關。例如：假設一HOC有兩個LOC，LOC1有2個指標、LOC2有8個指標，因此HCM建模時，總共有10個指標將設定給HOC。在這情形下，不難看出，HOC的10個指標中有8個與LOC2的指標重疊，想當然，HOC與LOC2的關聯性必定高，故就測量所欲涵蓋的整體面向而言，偏誤在所難免。然而試想，若各LOC間之指

標數量差異不大時，或許該偏誤並不高，故也可常看到一些文獻或教材，在各LOC指標數量雖不相等但差異不大時，依然使用重複指標法。

(二) HOC構念的信效度標準應與結構模型中，其他的構念一致

評鑑HCM的測量模型時，就形成性—形成性類型而言，收斂效度、共線性診斷與權重顯著性的檢定等程序性過程大致上與一階形成性測量模型都相同，也沒什麼須特別注意的。然而，對反映性—反映性類型而言，雖所有的信、效度的指標或準則也與一階反映性測量模型一致，且須皆滿足。但有一點例外，即並不要求HOC與其所屬的各LOC間須具區別效度。也就是說，不用刻意去檢核HOC的AVE平方根是否都大於其與各LOC間的相關係數。這並不難理解，因為反映性的HOC與各LOC間的關聯性應都很強，故AVE平方根要大於其間的相關係數並不容易。且就測量理論而言，HOC與各LOC間具有區別效度又有何意義呢？

15-2-2　兩階段法

形成性—形成性類型或反映性—形成性類型的HCM中，評鑑結構模型時，HOC除會受LOC所預測外，也會被其他的前置變數影響（Ringle et al., 2012）。在這種情形下，若使用重複指標法，由於HOC幾乎全由LOC所解釋，導致其他前置變數和HOC間的路徑關係會接近於0且不顯著，這將是研究者所不樂見的。這時，Hair et al.（2014）建議使用兩階段法。

所謂兩階段法即是於第一階段中，各LOC構念的測量模型中使用重複指標法以取得各LOC構念的得分，然後將該得分錄入資料檔後（一個LOC，就設一個欄位），第二階段中，就以各LOC構念的得分當作HOC的指標建立HCM模型（即降階之意），然後與其他構念建立結構模型。

特別注意的是，於取得各LOC的得分過程中，也是必須先透過重複指標法來為LOC建模，但是當執行「PLS Algorithm」取得其得分時，宜將權重估計法設定為因素法（factor）或路徑法（path）（Hair et al., 2012）。

◆ 15-3　範例模型簡介 ◆

　　本節所將介紹的第一個範例模型是一份實際的碩士論文之概念性模型（conceptual model），題名為「品牌形象、知覺價值與品牌忠誠度關係之探討」。基本上，這是一篇還算簡單，但結構完整的碩士論文，非常適合初學者模擬。一般而言，研究的初學者往往都是從模擬前輩的研究方法（methodology）開始，所該重視的是過程的嚴謹性，而不是其成果。再深入點，學會基本功後，那麼研究者所該重視的即是創意了。

　　在本節中，將建立一個含二階構念的研究模型，模型中將包含兩個二階反映性─反映性構念與一個一階反映性構念。

15-3-1　範例模型介紹

　　本研究透過相關文獻整理、分析、推論與建立假設，引導出品牌形象正向影響知覺價值、品牌忠誠度；知覺價值正向影響品牌忠誠度；品牌形象會透過知覺價值間接顯著正向影響品牌忠誠度等假設。研究中所使用的變數分別為自變數、依變數以及中介變數等三項。自變數為消費者所認知的品牌形象，其包含三個子構念分別為品牌價值、品牌特質與企業聯想。此外，依變數則為消費者對品牌的忠誠度。而處於自變數與依變數之間的中介變數則是消費者所知覺的價值感，其包含四個子構念分別為品質價值、情感價值、價格價值與社會價值等。由此，該研究所建構的消費者品牌忠誠度之概念性模型，其架構將如圖15-3所示。

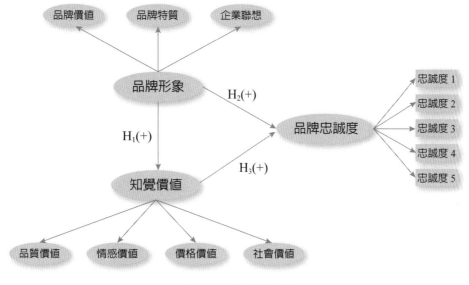

圖15-3　概念模型圖

15-3-2　研究假設

根據圖15-3所建立之概念性（假設）模型圖，本研究將提出下列研究假設，盼能透過市場調查所蒐集的資料，運用結構方程模型分析，驗證這些假設的成立與否，並釐清品牌形象、知覺價值、品牌忠誠度之間關係，這些研究假設分述如下：

假設一（H_1）：品牌形象對知覺價值有正向影響。

假設二（H_2）：品牌形象對品牌忠誠度有正向影響。

假設三（H_3）：知覺價值對品牌忠誠度有正向影響。

假設四（H_4）：知覺價值於品牌形象與品牌忠誠度間扮演中介角色。

15-3-3　構念之操作型定義與衡量

為了檢驗上述之研究假說，本研究試圖將概念性架構予以操作化，並建構相對應的問項。根據圖15-3的概念性模型，本研究之構念（潛在變數）包含品牌形象、知覺價值與品牌忠誠度等，且皆屬反映性構念。以下為本研究之研究變數的操作型定義與題項。

(一) 品牌形象

Aaker（1996）曾以消費者對獨特產品類別或品牌聯想來闡釋品牌形象。認為品牌形象係建構在三種知覺層面上，即品牌對映產品價值、品牌對映個人特質及品牌對映組織（企業）的聯想，由於此論點較契合本研究之衡量標的與推論，因此本研究將應用Aaker（1996）所主張的品牌形象之構成三要素，即品牌價值、品牌特質與企業聯想等，作為衡量品牌形象構念的指標，表15-1即為品牌形象構念之操作型定義與衡量題項。

(二) 知覺價值

知覺價值是來自於讓顧客期望自產品所獲得的利益高於消費者長期付出的成本。本研究採用Sweeney and Soutar（2001）所提出的四類知覺價值，即品質價值，情感價值，價格價值與社會價值等作為知覺價值的衡量基準，並以此發展知覺價值構念的評量問項，表15-2詳列知覺價值構念之操作型定義與衡量題項。

表15-1　品牌形象的操作型定義與衡量題項

構念	操作型定義	衡量題項
品牌價值 bi1	消費者對此一品牌的功能性利益與品質之知覺	1. 85度C的產品風味很特殊（bi1_1）。 2. 85度C的產品很多樣化（bi1_2）。 3. 85度C和別的品牌有明顯不同（bi1_3）。
品牌特質 bi2	消費者對此一品牌的情感連結與自我表現聯想	4. 85度C很有特色（bi2_1）。 5. 85度C很受歡迎（bi2_2）。 6. 我對85度C有清楚的印象（bi2_3）。
企業聯想 bi3	消費者對此一品牌的提供者或製造者的情感連結	7. 85度C的經營者正派經營（bi3_1）。 8. 85度C形象清新（bi3_2）。 9. 85度C讓人聯想到品牌值得信任（bi3_3）。

表15-2　知覺價值的操作型定義與衡量題項

構念	操作型定義	衡量題項
品質價值 pv1	來自對產品的知覺品質或期望效果	1. 我認為85度C的產品，其品質是可以接受的（pv1_1）。 2. 我不會對85度C之產品的品質，感到懷疑（pv1_2）。
情感價值 pv2	來自於對產品的感覺或感動	3. 我會想使用85度C的產品（pv2_1）。 4. 使用85度C的產品後，會讓我感覺很好（pv2_2）。
價格價值 pv3	來自長期或短期的投入金錢成本	5. 我認為85度C的產品價格合理（pv3_1）。 6. 我認為以此價格購買85度C的產品是值得的（pv3_2）。
社會價值 pv4	來自產品對社會自我認知的影響力	7. 我認為85度C的產品，能符合大部分人的需求（pv4_1）。 8. 使用85度C的產品後，能讓其他人對我有好印象（pv4_2）。

表15-3　品牌忠誠度的操作型定義與衡量題項

構念	操作型定義	衡量題項
品牌忠誠度 ly	消費者對同一品牌的購買經驗與行為承諾	1. 購買個案公司的產品對我來說是最好的選擇（ly1）。 2. 我是個案公司的忠實顧客（ly2）。 3. 當我有需求時，我會優先選擇個案公司的產品（ly3）。 4. 我願意繼續購買個案公司的產品（ly4）。 5. 我會向親朋好友推薦個案公司的產品（ly5）。

(三) 品牌忠誠度

　　依據文獻分析，在本研究中，品牌忠誠度主要將探討顧客受品牌形象與知覺價值之影響，對品牌之忠誠行為的產出結果，研究目的偏重於實務運用性質，因此參考 Chaudhuri and Holbrook（2001）、Yoo and Donthu（2001）之主張，以單構念之題項

衡量品牌之忠誠行為，題項內容則包含：品牌忠誠行為、再購意願及衍生行為等。表15-3即顯示品牌忠誠度的操作型定義與衡量題項。

15-4　以重複指標法建立HCM模型

論文【品牌形象、知覺價值與品牌忠誠度關係之探討】的概念性模型圖，如圖15-3。根據概念性模型圖，研究者將驗證各構念間的路徑關係。由表15-1與表15-2得知，「品牌形象」與「知覺價值」皆屬HCM，且屬反映性—反映性類型。因此，於SmartPLS中繪製模型圖與評鑑測量模型的分析方法，將迥異於過往一階模型的分析過程。

15-4-1　繪製HCM模型圖

由於，本研究範例的概念性模型為HCM模型（二階），且屬反映性—反映性類型。根據Hair et al.（2014）建議可使用重複指標法建立研究模型。基本上，在SmartPLS中繪製模型圖的過程相當簡單，但仍須遵守下列程序：
(一) 新建專案。
(二) 匯入資料檔。
(三) 繪製各構念的測量模型。
(四) 建立各構念的關係。

▶ 範例15-1

參考第15-3節中對範例模型的說明，論文【品牌形象、知覺價值與品牌忠誠度關係之探討】的問卷題項，如表15-1～15-3。其資料檔為Brand Image. csv，由於概念性模型屬HCM模型（二階），且屬反映性—反映性類型，故請嘗試使用重複指標法建立研究模型。

第11章中，本書已示範過建立工作空間（E:\my_pls）的過程。本章中亦將沿用這個工作空間，因此須將新專案（名稱為2ND_RIP_Brand Image）建立在工作空間「E:\my_pls」中。其過程如下：

操作 步驟

步驟1：建立專案。於工作空間「E:\my_pls」中，新建專案。開啟「SmartPLS 3」後，先調整或確認目前的工作空間已處於「E:\my_pls」中。然後執行「File/Create New Project」，隨即跳出「Create Project」視窗，於視窗的「Name:」輸入欄中輸入新專案名稱「2ND_RIP_Brand Image」，然後按「OK」鈕。

步驟2：專案建好後，會於主視窗的左上角標示出該專案名稱「2ND_RIP_Brand Image」。該專案下會包含兩個項目，一為「Double-click to import data!」項目；另一為「2ND_RIP_Brand Image」項目。「Double-click to import data!」項目將用以匯入資料檔，而「2ND_RIP_Brand Image」項目將用以繪製模型圖。

步驟3：匯入資料檔。匯入前，資料檔必須先準備好，其格式必須為csv檔或txt檔。本研究論文之資料檔名稱為「Brand Image.csv」，其內包含334個有效樣本。首先，於「2ND_RIP_Brand Image」專案內的「Double-click to import data!」項目上快按兩下，以開啟「Please choose a file」視窗，然後選擇欲匯入的檔案，在此為「Brand Image.csv」，選取該檔案後，將再次出現「Create Project」視窗，由於視窗的「Name:」輸入欄中已自動填入所欲匯入的資料檔名稱「Brand Image.csv」，按「OK」鈕，即可匯入資料檔。資料匯入後，SmartPLS會即時的將各指標的描述性統計量求算出來，並提供資料檔的相關訊息，如遺漏值數量（missing value）、遺漏值標記（missing value marker）、樣本大小（sample size）、指標個數（Indicators）等。

步驟4：以重複指標法建立HCM構念模型。本範例的概念性模型中，包含兩個HCM構念（品牌形象、知覺價值）。在此將先運用重複指標法建立品牌形象的測量模型。

品牌形象（BI）構念共包含3個子構念，分別為品牌價值（bi1）、品牌特質（bi2）與企業聯想（bi3）。其中，品牌價值（bi1）子構念包含3個指標，名稱分別為bi1_1～bi1_3；品牌特質（bi2）子構念包含3個指標，名稱分別為bi2_1～bi2_3；企業聯想（bi3）子構念包含3個指標，名稱分別為bi3_1～bi3_3。

首先，於主視窗的左上角「2ND_RIP_Brand Image」專案內的「2ND_RIP_Brand Image」項目圖上快按兩下，以於主視窗的右半邊開啟空白的「2ND_RIP_Brand Image.splsm」頁面，同時主視窗的左下角也將同步出現「Indicators」頁面，以顯示所有的指標名稱（若沒出現，按Show All Indicators鈕即可）。

接著，在左下角的「Indicators」頁面中，同時選取bi1_1～bi1_3等3個指標，然後拖曳至空白「2ND_RIP_Brand Image.splsm」頁面中的適當位置，即可畫出「品牌價值」（bi1）構念的測量模型。再運用同樣的方法，畫出「品牌特質」（bi2）與「企業聯想」（bi3）構念的測量模型。

最後，繪製bi1、bi2與bi3的HOC構念—品牌形象（BI）。應用重複指標法建模時，須將HOC所屬之各LOC的所有全部指標，於建模時全都被指定成HOC的反映性衡量指標。因此，於視窗左下角的「Indicators」頁面中，同時選取bi1_1～bi3_3等9個指標，然後拖曳至「2ND_RIP_Brand Image.splsm」頁面中的適當位置，即可畫出反映性「品牌形象」（BI）構念。接著，於「品牌形象」（BI）構念上，以反映性指標的型態連接各LOC構念（bi1、bi2與bi3）。完成後，即可建立二階「品牌形象」（BI）構念的測量模型，如圖15-4。若覺得bi1_1～bi3_3等9個指標占據太大的空間，也可於選擇BI構念後，按滑鼠右鍵，然後選擇「Hide indicators of Seleted Constructs」功能，即可將指標隱藏。隱藏後，當然也可選擇「Show indicators of Seleted Constructs」功能，查看指標。

步驟5：運用如同步驟4的方法，請繼續完成二階的「知覺價值」（PV）構念，與一階的「品牌忠誠度」（LY）構念。然後再依概念模型（圖15-3）建立各構念間的路徑關係，畫好路徑關係後，即可完成整個研究模型的建模工作了。完成後的HCM模型圖，如圖15-5所示。

步驟6：詳細操作過程，讀者亦可自行參閱影音檔「ex15-1.wmv」。

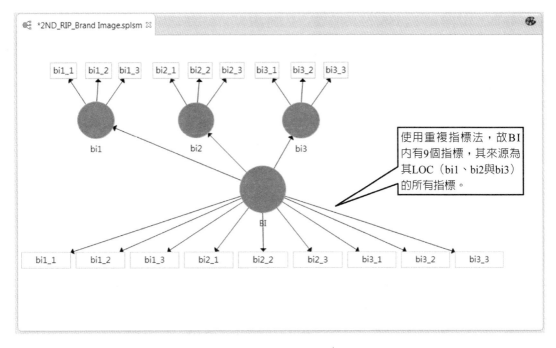

圖15-4　二階「品牌形象」（BI）構念的測量模型

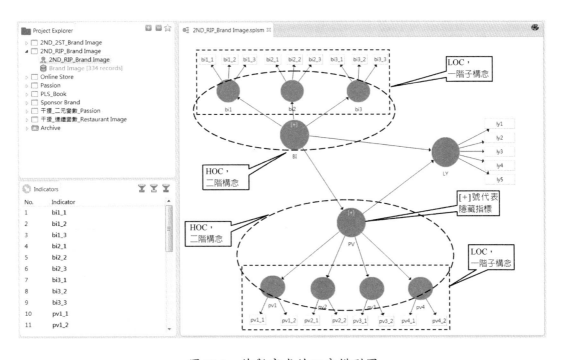

圖15-5　繪製完成的研究模型圖

15-4-2 製作評鑑HCM測量模型的表格

▶ 範例15-2

参考第15-3節中對範例模型的說明，論文【品牌形象、知覺價值與品牌忠誠度關係之探討】的問卷題項，如表15-1～15-3。其資料檔為Brand Image. csv，試依其概念性模型，繪製研究模型圖，並製作評鑑測量模型所需的「測量模型參數估計表」、「交叉負荷表」與「區別效度檢定表」等表格。

範例15-1中，於SmartPLS繪製好模型圖後，接著即可進行測量模型的評鑑工作了。首先須確認的是，本範例屬反映性－反映性HCM測量模型，評鑑時如同第12章的一階模型，亦將使用四大指標，如內部一致性（組合信度）、指標信度、收斂效度（平均變異抽取量）與區別效度等。評鑑前宜先製作評鑑表格，各表格之製作過程，說明如下：

操作步驟

步驟1：開啓模型圖（2ND_RIP_Brand Image.splsm）。首先於SmartPLS主視窗的左上角「2ND_RIP_Brand Image」專案內，快按「2ND_RIP_Brand Image」項目兩下，即可開啓模型圖，此時主視窗的右半邊將新增「2ND_RIP_Brand Image.splsm」頁面並顯示出已繪製完成的模型圖。

步驟2：估計參數。顯示出模型圖後，執行「Calculate/PLS Algorithm」或按 後，選擇「PLS Algorithm」功能，即可開啓「Partial Least Squares Algorithm」視窗，於該視窗中，進行必要的設定後（如圖12-2的設定內容），就可啓動執行參數估計的程序。

步驟3：於報表顯示參數估計值。「PLS Algorithm」執行成功後，視窗中將新增一個「PLS Algorithm (Run No.1)」標籤頁面。「PLS Algorithm (Run No.1)」標籤頁面中，上半部會顯示出研究者於視窗下半部所選擇之報表類別的詳細輸出資料，而下半部則顯示出執行完畢後所產生四類的報表，分別爲「Final Results」、「Quality Creteria」、「Interim Results」與「Base Data」。各類別報表中尚包含各種不同的參數估計結果。這些參數估計結果的意義，請讀者自行回顧第11章的11-5節。未來評鑑測量模型時，將會把這些眾多的參數估計值彙整在「測量模型參數估計表」、「交叉負荷表」與「區別效度檢定表」中，如表15-4、表15-5與

表15-6。

步驟4：進行參數估計值的檢定。在PLS SEM中欲檢驗因素負荷量、權重與路徑係數等各種參數估計值是否顯著時，將使用屬無母數統計方法中的拔靴法（bootstrapping）來進行檢驗。於SmartPLS主視窗中，先調回原始模型圖畫面（2ND_RIP_Brand Image.splsm），然後執行「Calculate/ Bootstrapping」或按 Calculate 後，選擇「Bootstrapping」功能，即可出現「Bootstrapping」設定視窗。建議研究者可進行如圖12-5的設定方式，以得到正確且有效的結果。

步驟5：於報表顯示參數估計值的檢定結果。執行「Bootstrapping」功能成功後，視窗中將新增一個「Bootstrapping (Run No.1)」標籤頁。在「Bootstrapping (Run No.1)」標籤頁中，上半部顯示出研究者於視窗下半部所選擇之報表類別的詳細輸出資料，而下半部則顯示出拔靴後所產生四類的報表，分別為「Final Results」、「Quality Creteria」、「Histograms」與「Base Data」，各類別報表中尚包含各種不同的輸出資料。這些參數估計結果的意義，請讀者自行回顧第11章的11-7節。未來評鑑測量模型時，將會把因素負荷量的顯著性彙整在表15-4的「測量模型參數估計表」。

步驟6：製作測量模型參數估計表。當「PLS Algorithm」與「Bootstrapping」都執行成功後，所有的參數估計值與檢定結果會顯示在「PLS Algorithm (Run No.1)」與「Bootstrapping (Run No.1)」標籤頁中。接下來，為了評鑑測量模型，須將這些分散在各報表中的估計參數值彙整成可讀性較高的報表。就評鑑測量模型而言，研究者須製作三張報表，分別為「測量模型參數估計表」、「交叉負荷表」與「區別效度檢定表」中，如表15-4、表15-5與表15-6。

首先，製作「測量模型參數估計表」。製作「測量模型參數估計表」時，僅須於「PLS Algorithm (Run No.1)」標籤頁的各報表中，找到因素負荷量（Outer Loadings，在Outer Loadings分報表中）、Cronbach's α（在Construct Reliability and Validity分報表中）、CR值（Composite Reliability，在Construct Reliability and Validity分報表中）與AVE值（Average Variance Extracted，在Construct Reliability and Validity分報表中）後，填入表15-4即可。

表15-4　測量模型參數估計表

二階構念	一階構念	指標型態	指標	因素負荷量	Cronbach's α	CR值	AVE值
品牌形象		反映性			0.889	0.910	0.531
	品牌價值	反映性	bi1_1	0.882	0.871	0.921	0.795
			bi1_2	0.886			
			bi1_3	0.908			
	品牌特質	反映性	bi2_1	0.942	0.934	0.958	0.883
			bi2_2	0.942			
			bi2_3	0.935			
	企業聯想	反映性	bi3_1	0.949	0.939	0.961	0.891
			bi3_2	0.945			
			bi3_3	0.937			
知覺價值		反映性			0.844	0.880	0.479
	品質價值	反映性	pv1_1	0.941	0.870	0.939	0.885
			pv1_2	0.940			
	情感價值	反映性	pv2_1	0.935	0.860	0.934	0.877
			pv2_2	0.938			
	價格價值	反映性	pv3_1	0.934	0.858	0.934	0.876
			pv3_2	0.937			
	社會價值	反映性	pv4_1	0.937	0.865	0.937	0.881
			pv4_2	0.940			
	品牌忠誠度	反映性	ly1	0.904	0.941	0.955	0.808
			ly2	0.897			
			ly3	0.894			
			ly4	0.894			
			ly5	0.905			

步驟7：製作交叉負荷表。交叉負荷的估計值可在Discriminant Validity分報表中找到。但由於其資料量較大，且各構念的顯示順序可能無法依照如表15-4的構念順序。為維持表格構念順序之一致性，須將Discriminant Validity分報表中的交叉負荷的估計值再重新整理。整理的方式將利用Excel套裝軟體。

首先，於「PLS Algorithm (Run No.1)」標籤頁中，找到Discriminant Validity分報表，然後選取「Cross Loadings」報表。接著按主視窗右上角的「Excel Format」鈕，即可複製目前顯示畫面中的交叉負荷表。隨即開啟Excel軟體，新增一個新檔案，然後直接貼上先前所複製的交叉

負荷表。於Excel軟體中，經適當整理交叉負荷表後，即可得到如表15-5的交叉負荷表。在此另需注意一點，為增進交叉負荷表的可讀性，建議研究者可將各構念所屬的指標之因素負荷量以粗體顯示，以茲辨別。

表15-5　交叉負荷表

二階構念	一階構念	指標	BI	PV	bi1	bi2	bi3	pv1	pv2	pv3	pv4	LY
品牌形象	品牌價值	bi1_1	**0.731**	0.521	**0.882**	0.379	0.467	0.358	0.373	0.425	0.381	0.533
		bi1_2	**0.704**	0.478	**0.886**	0.340	0.439	0.322	0.358	0.418	0.306	0.509
		bi1_3	**0.745**	0.493	**0.908**	0.366	0.487	0.335	0.377	0.436	0.301	0.543
	品牌特質	bi2_1	**0.691**	0.411	0.375	**0.942**	0.338	0.251	0.263	0.460	0.230	0.469
		bi2_2	**0.701**	0.448	0.386	**0.942**	0.349	0.293	0.312	0.471	0.236	0.521
		bi2_3	**0.691**	0.415	0.384	**0.935**	0.336	0.266	0.228	0.501	0.222	0.495
	企業聯想	bi3_1	**0.770**	0.456	0.480	0.368	**0.949**	0.284	0.299	0.447	0.310	0.487
		bi3_2	**0.771**	0.468	0.528	0.323	**0.945**	0.287	0.300	0.459	0.331	0.511
		bi3_3	**0.747**	0.431	0.467	0.338	**0.937**	0.243	0.310	0.413	0.302	0.454
知覺價值	品質價值	pv1_1	0.394	**0.717**	0.360	0.272	0.299	**0.941**	0.480	0.303	0.387	0.395
		pv1_2	0.365	**0.711**	0.353	0.268	0.242	**0.940**	0.459	0.318	0.379	0.381
	情感價值	pv2_1	0.393	**0.713**	0.380	0.255	0.293	0.468	**0.935**	0.373	0.310	0.418
		pv2_2	0.416	**0.726**	0.396	0.279	0.308	0.466	**0.938**	0.382	0.339	0.424
	價格價值	pv3_1	0.582	**0.662**	0.451	0.475	0.450	0.304	0.380	**0.934**	0.312	0.507
		pv3_2	0.566	**0.680**	0.443	0.475	0.423	0.313	0.374	**0.937**	0.363	0.528
	社會價值	pv4_1	0.361	**0.653**	0.323	0.231	0.296	0.368	0.296	0.363	**0.937**	0.372
		pv4_2	0.393	**0.669**	0.370	0.228	0.329	0.397	0.355	0.317	**0.940**	0.392
	品牌忠誠度	ly1			0.522	0.495	0.477	0.355	0.414	0.523	0.379	**0.904**
		ly2			0.564	0.450	0.497	0.389	0.419	0.522	0.390	**0.897**
		ly3			0.511	0.458	0.395	0.342	0.406	0.501	0.335	**0.894**
		ly4			0.541	0.514	0.492	0.417	0.411	0.475	0.367	**0.894**
		ly5			0.524	0.449	0.437	0.343	0.366	0.462	0.355	**0.905**

步驟8：製作區別效度檢定表。區別效度檢定表將依據Fornell-Larcker準則而製作，可在Discriminant Validity分報表中找到。但由於其構念的顯示順序可能無法依照如表15-4的構念順序。為維持表格構念順序之一致性，須將Discriminant Validity分報表中的Fornell-Larcker準則再重新整理。整理的方式與步驟7相同。

須特別注意的是，對反映性—反映性類型而言，並不要求HOC與其所屬的各LOC間須具區別效度。也就是說，不用去檢核HOC的AVE平方根是

否都大於其與各LOC間的相關係數（Hair et al., 2014）。因此，在區別效度檢定表中，將只列出LOC構念（一階構念）。完成後，如表15-6。

表15-6　區別效度檢定表

一階構念	bi1	bi2	bi3	pv1	pv2	pv3	pv4	LY
品牌價值bi1	**0.892**							
品牌特質bi2	0.406	**0.940**						
企業聯想bi3	0.521	0.363	**0.944**					
品質價值pv1	0.379	0.287	0.288	**0.941**				
情感價值pv2	0.414	0.285	0.321	0.499	**0.936**			
價格價值pv3	0.478	0.508	0.466	0.330	0.403	**0.936**		
社會價值pv4	0.369	0.244	0.333	0.408	0.347	0.361	**0.939**	
品牌忠誠度LY	0.593	0.527	0.513	0.412	0.449	0.553	0.407	**0.899**

步驟9：詳細操作過程，讀者亦可自行參閱影音檔「ex15-2-1.wmv」、「ex15-2-2.wmv」與「ex15-2-3.wmv」。

15-4-3　評鑑測量模型

如同第12章評鑑反映性測量模型，評鑑反映性—反映性類型HCM的測量模型時，亦將根據過往諸多學者的建議，針對內部一致性（組合信度）、指標信度、收斂效度（平均變異抽取量）與區別效度等四個項目進行評估（Hulland, 1999; Hair, et al., 2014）。評估時，該四個項目的準則依據如表15-7所示。

(一) 內部一致性（組合信度）

由「表15-4 測量模型參數估計表」得知，二階構念「品牌形象」與「知覺價值」的CR值分別為：0.910與0.880，皆大於門檻值0.7。其次，所有一階構念的CR值皆介於0.880～0.958之間，亦皆大於0.7。在一、二階構念皆具高CR值的情形下，表示模型中所有構念的測量指標皆具有內部一致性信度（Nunally & Bernstein, 1994; Gefen, Straub, & Boudreau, 2000; Esposito Vinzi et al., 2010）。

表15-7　評鑑反映性測量模型的準則依據

項目	準則	依據
內部一致性 （CR值）	CR值大於0.7	Nunally & Bernstein (1994); Gefen, Straub, & Boudreau (2000); Esposito Vinzi et al. (2010)
指標信度	標準化因素負荷量大於0.7	Hair, et al. (2014)
	標準化因素負荷量大於0.5	Hulland (1999)
收斂效度 （AVE值）	AVE值大於0.50	Fornell and Larcker (1981) Bagozzi and Yi (1988)
區別效度 （交叉負荷量）	一個指標對其所屬的構念之因素負荷量應大於該指標與模型中其他構念間的負荷量。	Chin (2010) Fornell & Larcker (1981) Hair et al. (2014)
區別效度 （Fornell-Larcker準則）	每一個構念的AVE平方根應大於該構念與模型中其他構念間的相關係數。	Fornell & Larcker (1981)

(二) 指標信度

評鑑指標信度時，HOC構念所屬之重複性指標的因素負荷量，可不納入評鑑（因指標與LOC重複）。故將只針對一階構念之指標的因素負荷量進行評鑑。由「表15-4 測量模型參數估計表」得知，bi1（品牌價值）、bi2（品牌特質）、bi3（企業聯想）、pv1（品質價值）、pv2（情感價值）、pv3（價格價值）、pv4（社會價值）與品牌忠誠度之指標的因素負荷量皆介於0.882～0.949之間，明顯皆大於0.7。表示一階構念中，各指標皆屬高信度指標（Hair, et al., 2014）。

(三) 收斂效度（平均變異抽取量）

評鑑收斂效度時，HOC構念的AVE值，亦可不納入討論。這是因為HOC與各LOC重複使用了相同指標，且大部分的變異已由LOC所抽取，故HOC構念的AVE值會偏低。

由「表15-4 測量模型參數估計表」得知，一階構念的AVE值介於0.795～0.891之間，皆大於門檻值0.5，顯示bi1（品牌價值）、bi2（品牌特質）、bi3（企業聯想）、pv1（品質價值）、pv2（情感價值）、pv3（價格價值）、pv4（社會價值）與品牌忠誠度等一階構念對指標的平均解釋能力皆超過50%以上，故8個一階構念皆具有收斂效度（Fornell & Larcker, 1981; Bagozzi & Yi, 1988）。

(四) 區別效度

1. 交叉負荷量

由「表15-5 交叉負荷表」得知，二階構念「品牌形象」（BI）與「知覺價值」（PV）之指標的因素負荷量皆大於其交叉負荷量；此外，8個一階構念的因素負荷量亦皆能大於其交叉負荷量。故可研判三個構念皆具有區別效度（Chin, 2010; Fornell & Larcker, 1981; Hair et al., 2014）。

2. Fornell-Larcker準則

於HCM模型中，依據Fornell-Larcker準則評鑑區別效度時，並不要求HOC與其所屬的各LOC間須具區別效度（Hair et al., 2014）。也就是說，不用去檢核HOC的AVE平方根是否都大於其與各LOC間的相關係數。在HCM模型中Fornell-Larcker準則的運用，將只針對LOC構念或一階構念。

由「表15-6 區別效度檢定表」得知，bi1（品牌價值）、bi2（品牌特質）、bi3（企業聯想）、pv1（品質價值）、pv2（情感價值）、pv3（價格價值）、pv4（社會價值）與品牌忠誠度等8個一階構念的AVE平方根介於0.892～0.944之間，皆大於與其他構念間的相關係數，表示8個一階構念間皆具有區別效度（Fornell & Larcker, 1981）。

▶ 總結

綜合上述分析結果，本研究中的HCM測量模型，由內部一致性（組合信度）、指標信度、收斂效度（平均變異抽取量）與區別效度等四個面向評鑑，結果皆已達學術性要求。代表「品牌形象」、「知覺價值」與「品牌忠誠度」等三個構念的測量系統已皆具有信度、收斂效度與區別效度。接下來可再進行結構模型分析，以檢驗各構念間的因果路徑關係。

15-4-4 製作結構模型評鑑檢定表

根據Anderson and Gerbing（1988）及Williams and Hazer（1986）等學者的建議，進行結構方程模型分析時應分為兩階段，第一階段先針對各研究構念及其衡量題項進行評鑑，以了解各構念的信度、收斂效度及區別效度；第二階段再運用結構模型加以分析，以驗證概念性模型中各構念間之因果關係的假設檢定。基於此，15-4-3節

中已進行了反映性─反映性HCM測量模型的評鑑，在本小節中則將進一步將重點置於以路徑分析為基礎的結構模型分析，以驗證概念性模型中的各項假設檢定。

如同第14章的結構模型分析。在結構模型的分析過程中，將針對構念間的關係、模型的解釋能力與預測能力進行評估。Hair et al.（2014）曾提出一個系統性的方法以有效的評鑑結構模型，該系統性方法，將評鑑過程細分為五個階段：

階段一：結構模型的共線性診斷。

階段二：路徑係數之顯著性檢定。

階段三：評估R^2大小。

階段四：評估解釋效果值f^2。

階段五：評估預測相關性Q^2。

上述五階段中，除「階段一」的共線性診斷將獨立完成外，其餘四個階段所將使用到的分析數據將彙整成「結構模型評鑑檢定表」，以利結構模型分析之進行。

▶ 範例15-3

參考第15-3節中對範例模型的說明，論文【品牌形象、知覺價值與品牌忠誠度關係之探討】的問卷題項，如表15-1～15-3。其資料檔為Brand Image.csv，由於概念性模型屬HCM模型（二階），且屬反映性─反映性類型，故請嘗試使用重複指標法建立研究模型。研究模型建立後，試對結構模型進行共線性診斷與製作結構模型評鑑檢定表。

論文【品牌形象、知覺價值與品牌忠誠度關係之探討】之測量模型評鑑，已於第15-4-3節中完成，各構念的信度、收斂效度及區別效度也已能符合學術性要求。接下來，進行結構模型評鑑時，將使用Hair et al.（2014）所建議的五階段法。評鑑前宜將各類數據整理成可讀性較高的報表，報表之製作過程，說明如下：

操作步驟

步驟1：進行共線性診斷。延續前一章節的估計參數結果，於「PLS Algorithm (Run No.1)」標籤頁中，於視窗下方選擇Collinearity Statistics（VIF）分報表，即可顯示出測量模型中各指標的VIF值（Outer VIF）與結構模型中各構念的VIF值（Inner VIF）。

步驟2：由「Outer VIF Values」與「Inner VIF Values」頁面，如圖15-6所示。顯

見，於「Outer VIF Values」頁面中顯示各指標的VIF值皆小於5；再由「Inner VIF Values」頁面可見，自變數「品牌形象」（BI）構念與「知覺價值」（PV）構念的VIF值都是1.657，亦皆小於門檻值5，表示測量模型與結構模型中各指標、各自變數構念的共線性問題並未達嚴重程度（Hair et al., 2011），未來共線性問題應也不會對結構模型之路徑係數估計造成不良的影響。

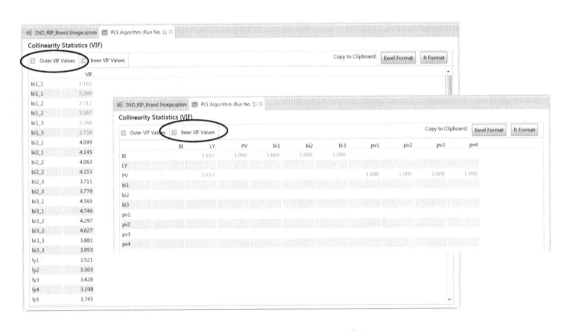

圖15-6　各指標的共線性診斷

步驟3：製作結構模型評鑑檢定表。雖然，製作結構模型評鑑檢定表的過程是冗長的，但讀者若可詳細回顧第14章的內容，或參看本範例的影音檔（ex15-3.wmv），當可輕而易舉完成「表15-8結構模型評鑑檢定表」。

表15-8　結構模型評鑑檢定表

假設	關係	路徑係數	t值	決策	R^2	f^2	q^2	95%CI LL	95%CI UL	配適度
H_1	品牌形象→知覺價值									
H_2	品牌形象→品牌忠誠度									
H_3	知覺價值→品牌忠誠度									

步驟4：「表15-8結構模型評鑑檢定表」中的所有評鑑指標，大都可透過「Algorithm」功能與「Bootstrpping」功能取得。唯獨預測效果量q^2須另外使用盲解法估計。盲解法估計過程讀者可回顧第12-6節範例12-5。但在此，仍示範求取預測效果量q^2的過程。

步驟5：使用盲解法估計結構模型。開啓模型圖（2ND_RIP_Brand Image. splsm）。然後，執行「Calculate/Blindfolding」或按 [Calculate] 後，選擇「Blindfolding」功能，即可開啓「Blindfolding」視窗，於該視窗中，請將「omission distance」（移除距離）設定爲7後，按「Start Calculation」鈕，就可啓動執行盲解法之參數估計程序。

步驟6：查看效果值$Q^2_{included}$。執行成功後，轉回原始模型圖畫面（圖15-7），即

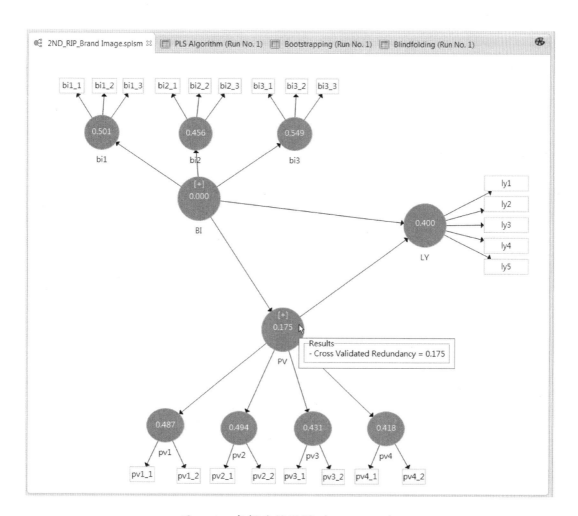

圖15-7　盲解法結果圖（include BI）

可看到各內因構念依交叉驗證重疊度方式所計算出來的Q^2值，也由於該值是使用原始模型圖（2ND_RIP_Brand Image.splsm）進行估計，因此所得到的Q^2值應屬的$Q^2_{included}$值。由圖15-7可知，「品牌形象→知覺價值」的$Q^2_{included}$值為0.175；「品牌形象→品牌忠誠度」的$Q^2_{included}$值為0.400；且「知覺價值→品牌忠誠度」的$Q^2_{included}$值也是0.400，請將這些值先填入表15-9的$Q^2_{included}$欄位中，以利後續預測效果量q^2的計算。

步驟7：求取效果值$Q^2_{excluded}$。請先將視窗轉回原始模型圖畫面，由於模型中的外衍構念有「品牌形象」構念與「知覺價值」構念，因此，於模型中先刪除「品牌形象」構念後，再執行與「步驟6」相同的盲解法程序，即可得到外衍構念「品牌形象」的$Q^2_{excluded}$值，如圖15-8。由圖15-8可知，「品牌形象→知覺價值」的$Q^2_{excluded}$值為0；而「品牌形象→品牌忠誠度」的$Q^2_{excluded}$值為0.286。接著回復原始模型後，刪除「知覺價值」構念後，運用同樣的方式，可再求取「知覺價值」的$Q^2_{excluded}$值為0.358，如圖15-9。請也將這些值先填入表15-9的$Q^2_{excluded}$欄位中。

步驟8：求取各外衍構念的預測效果量q^2。於表中分別將各$Q^2_{excluded}$代入式14-2中，即可得到預測效果值q^2。

表15-9　各外衍構念對內因構念的預測效果值q^2

外衍構念	內因構念	$Q^2_{included}$	$Q^2_{excluded}$	預測效果值q^2
品牌形象	知覺價值	0.175	0	0.212
品牌形象	品牌忠誠度	0.400	0.286	0.190
知覺價值	品牌忠誠度	0.400	0.358	0.070

步驟9：完成後的「結構模型評鑑檢定表」，如表15-10所示。

步驟10：詳細操作過程，讀者亦可自行參閱影音檔「ex15-3.wmv」。

15-4-5　評鑑結構模型

在本小節中，將彙整「Algorithm」功能、「Bootstrpping」功能與盲解法所蒐集到的資料而製作「表15-8 結構模型評鑑檢定表」。接下來，將根據Hair et al.（2014）的系統性方法所蒐集評鑑結構模型。

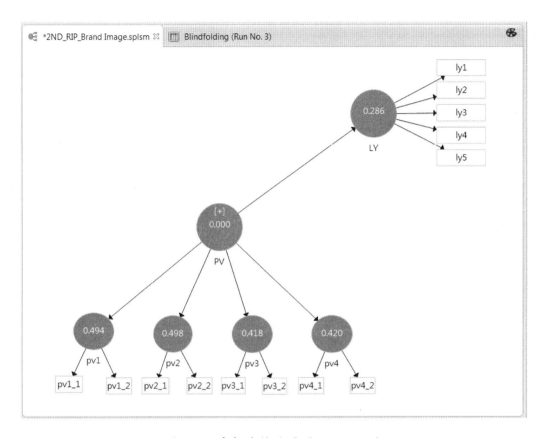

圖15-8　盲解法結果圖（exclude BI）

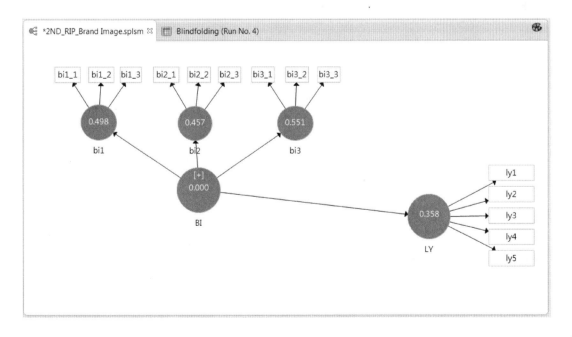

圖15-9　盲解法結果圖（exclude PV）

表15-10　結構模型評鑑檢定表

假設	關係	路徑係數	t值	決策	R^2	f^2	q^2	95%CI LL	95%CI UL	配適度
H_1	品牌形象→知覺價值	0.630	17.243	成立	0.397	0.657	0.212	0.555	0.699	SRMR=0.135
H_2	品牌形象→品牌忠誠度	0.498	7.450	成立	0.533	0.320	0.190	0.364	0.628	NFI=na
H_3	知覺價值→品牌忠誠度	0.306	4.786	成立		0.121	0.070	0.182	0.433	RMS_theta=0.187

▶ **總結**

由表15-10可知：

1. 路徑關係之檢定

研究模型中的三個假設關係（H_1、H_2與H_3）的路徑係數分別為0.630、0.498與0.306，且都顯著，即三個假設皆成立。

2. 模型解釋能力評鑑

內因構念「知覺價值」的R^2值為0.397，屬弱解釋能力；而「品牌權益」的R^2值則為0.533，屬中度效果之解釋能力。另外，外衍構念「知覺價值」對內因構念「品牌忠誠度」的解釋效果值$f^2_{知覺價值→品牌忠誠度}$為0.121，屬小效果解釋能力；外衍構念「品牌形象」對內因構念「知覺價值」的解釋效果值$f^2_{品牌形象→知覺價值}$為0.657屬大效果解釋能力；而外衍構念「品牌形象」對內因構念「品牌忠誠度」的解釋效果值$f^2_{品牌形象→品牌忠誠度}$為0.320，屬中效果解釋能力。整體而言，外衍構念對內因構念的解釋能力大約具有中度效果的解釋能力。

3. 模型預測能力評鑑

「品牌形象→知覺價值」的預測效果值q^2為0.212，代表結構模型中，「品牌形象」對「知覺價值」具有中等效果的預測相關性；「品牌形象→品牌忠誠度」的預測效果值q^2為0.190，代表結構模型中，「品牌形象」對「品牌忠誠度」亦具有中等效果的預測相關性；而「知覺價值→品牌忠誠度」的預測效果值q^2為0.070，代表結構模型中，「知覺價值」對「品牌忠誠度」只具有小效果的預測相關性。整體而言，外衍構念對內因構念大約具有中下程度效果的預測相關性。

4. 評鑑整體模型配適度

SRMR為0.135，大於0.08，表模型配適度不佳；RMS_theta為0.173，雖大於

0.12，但相當接近。雖整體而言，整體模型配適度不佳，但PLS SEM中模型配適狀況，應可再參考路徑係數的顯著性、模型的解釋能力與預測能力進行評估。故若從多方考量，本模型應已達學術上對整體模型配適度的要求。

經由上述的系統性評鑑過程後得知：各指標與各自變數構念間皆不具有共線性問題，且概念性模型中的三個因果關係假設皆能獲得支持。此外，就結構模型的品質而言，無論從模型解釋能力、預測能力等面向評估，各類指標已皆能符合學術上對模型品質的要求，故概念性模型中，各潛在變數的因果關係於理論或實務的應用上，應具有其價值性。

15-5　以兩階段法建立HCM模型

HCM有四種不同的類型，建模時可運用重複指標法或兩階段法。Ringle et al.（2012）曾提及，在形成性－形成性類型或反映性－形成性類型的HCM中，評鑑結構模型時，HOC除會受LOC所預測外，也會被其他的前置變數影響。在這種情形下，使用重複指標法並不適合。因此，Hair et al.（2014）建議使用兩階段法。

15-5-1　範例模型簡介

本節的範例模型是第13章論文【探討線上商家的服務品質對消費者忠誠度之影響】之概念性模型的擴展。研究模型中，將包含一個反映性－形成性類型的HCM構念（線上服務品質）、兩個一階構念（電子口碑與線上忠誠度構念）。HOC構念（線上服務品質構念, OS）為二階形成性構念，其LOC構念有6個，分別為效率性（os1）、完成性（os2）、隱私性（os3）、回應性（os4）、補償性（os5）以及聯絡性（os6）。且每個LOC皆為反映性構念，其中效率性有3個指標、完成性有3個指標、隱私性有4個指標、回應性有3個指標、補償性有4個指標，而聯絡性則有3個指標，如表15-11。據此，建立論文【探討線上商家的服務品質對消費者忠誠度之影響】之概念性模型圖，如圖15-10所示。

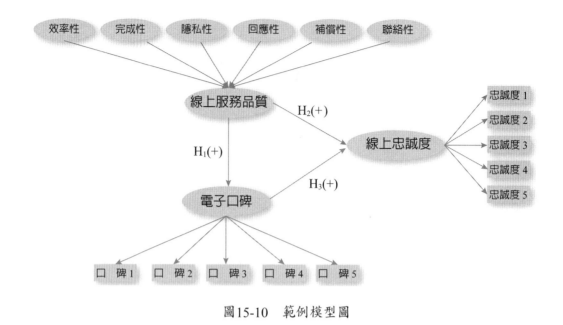

圖15-10　範例模型圖

15-5-2　研究假設

根據圖15-10所建立之概念性模型圖，該研究將提出下列研究假設，盼能透過市場調查所蒐集的資料，運用結構方程模型分析，以驗證這些假設的成立與否，並釐清線上服務品質、電子口碑、線上忠誠度之間的關係，這些研究假設分述如下：

假設一（H_1）：線上服務品質對電子口碑有正向影響。

假設二（H_2）：線上服務品質對線上忠誠度有正向影響。

假設三（H_3）：電子口碑對線上忠誠度有正向影響。

15-5-3　構念之操作型定義與衡量

本研究所提出之概念性模型（假設模型），包含以「線上服務品質」為基礎，衡量消費者的「電子口碑」與「線上忠誠度」，以探討諸變數間的影響關係。本研究以過去相關文獻為研究問項基礎，再按本研究所研究之情境進行修改，以符合本研究之目的。以下為本研究之研究變數的操作型定義之陳述。

(一) 線上服務品質

線上服務品質構念，為反映性—形成性類型的二階HCM構念，主要是參考

Parasuraman et al.（2005）的E-S-QUAL量表而來。線上服務品質構念（屬HOC，名稱OS）具有6個LOC構念，分別為效率性（os1）、完成性（os2）、隱私性（os3）、回應性（os4）、補償性（os5）以及聯絡性（os6）。且每個LOC皆為反映性構念，其中效率性有3個指標、完成性有3個指標、隱私性有4個指標、回應性有3個指標、補償性有4個指標，而聯絡性則有3個指標。另外，尚須注意的是，由於線上服務品質構念的指標型態為形成性的，為顧及後續能以重複分析法（redundancy analysis）檢驗形成性構念的收斂效度，必須為線上服務品質構念增列1題以上的整體性題項（Hair et al., 2014）。因此，在本範例中，線上服務品質構念將新增1題整體性題項：「整體而言，線上商家的服務品質是可接受的」。總計，線上服務品質構念共有21個題項，皆屬李克特七點尺度量表（Likert 7-point scale）。表15-11即為線上服務品質構念之操作型定義與衡量題項。

表15-11　線上服務品質的操作型定義與衡量題項

構念	操作型定義	衡量題項
效率性 os1	顧客能快速、方便的進入該線上商家網站的程度。	1. 在這個線上商家可以很容易地找到我需要的產品或服務（os1_1）。 2. 在這個線上商家可以使我很快地完成交易（os1_2）。 3. 這個線上商家提供了清楚有條理的資訊（os1_3）。
完成性 os2	線上商家能正確完成交易、且約定時間商品能準時送達的程度。	4. 這個線上商家一旦接受訂單，就會信守交貨的承諾（os2_1）。 5. 這個線上商家會很快地運交我所訂的產品（os2_2）。 6. 這個線上商家對於出售的產品有品質保證（os2_3）。
隱私性 os3	線上商家保證不外洩消費者個資以及購物相關等資料的能力。	7. 這個線上商家會保護我的購物行為之相關資訊（os3_1）。 8. 這個線上商家不會將我的個資外洩（os3_2）。 9. 這個線上商家會保護我的信用卡資訊（os3_3）。 10.這個線上商家會保護我過往的交易紀錄（os3_4）。
回應性 os4	消費者遇到問題時，線上商家能提供協助，處理相關問題的能力。	11.這個線上商家提供便利的退貨機制（os4_1）。 12.這個線上商家能妥善處理客戶之退貨申請（os4_2）。 13.這個線上商家能快速的回應我的問題（os4_3）。
補償性 os5	對於承諾未履行的退貨、交易金額的補償程度。	14.當這個線上商家交易發生問題時，會主動補償我損失（os5_1）。 15.當訂單未能準時送達時，這個線上商家會主動補償我（os5_2）。 16.這個線上商家能適時且妥善的處理我的退貨要求（os5_3）。 17.這個線上商家於補償客戶損失時，相當爽快（os5_4）。
聯絡性 os6	消費者能透過網路或電話方式與線上商家直接進行聯絡的程度。	18.這個線上商家能提供可快速聯絡的管道（os6_1）。 19.這個線上商家能提供線上咨詢服務（os6_2）。 20.當我有問題時，這個線上商家有提供電話客服的服務（os6_3）。
整體性題項		21.整體而言，線上商家的服務品質是可接受的（os_g）。

(二) 電子口碑

電子口碑構念採用Goyette et al.（2010）所發展之量表，共有5個題項（皆為反映性），以衡量消費者對於購買後，將其個人意見與其他人以電子平臺等方式進行交流的意願。各題項皆以李克特七點尺度衡量（1 = 非常不同意、7 = 非常同意），其內容如表15-12。

表15-12　電子口碑的操作型定義與衡量題項

構念	操作型定義	衡量題項
電子口碑 OW	消費者對於購買後，將其個人意見與其他人以電子平臺等方式進行交流的意願。	1. 我會推薦這個線上商家（ow1）。 2. 我會為這個線上商家說出正面評價（ow2）。 3. 我會很榮幸的向其他人說我是這間線上商家的顧客（ow3）。 4. 我會強烈建議其他人在這間線上商家購物（ow4）。 5. 我多會向其他人稱讚這間線上商家（ow5）。

(三) 線上忠誠度

線上忠誠度構念採用Anderson & Srinivasan（2003）所發展之量表，共有5個題項（皆為反映性），以衡量消費者對於線上商家具有偏好，進而有重複購買或做出正面推薦等行為的傾向。各題項皆以李克特七點尺度衡量（1 = 非常不同意、7 = 非常同意），其內容如表15-13。

表15-13　線上忠誠度的操作型定義與衡量題項

構念	操作型定義	衡量題項
線上忠誠度 OL	消費者對於線上商家具有偏好，進而有重複購買或做出正面推薦等行為的傾向。	1. 購買這個線上商家的產品對我來說是最好的選擇（ol1）。 2. 我是這個線上商家的忠實顧客（ol2）。 3. 當我有需求時，我會優先選擇這個線上商家的產品（ol3）。 4. 我願意繼續購買這個線上商家的產品（ol4）。 5. 我會向親朋好友推薦這個線上商家的產品（ol5）。

15-5-4 以兩階段法繪製HCM模型圖

▶ 範例15-4

參考第15-5-1節中對範例模型的說明，論文【探討線上商家的服務品質對消費者忠誠度之影響】的問卷題項，如表15-11～15-13。其資料檔為FM_Online Store.csv，由於概念性模型屬HCM模型（二階），且屬反映性—形成性類型，故請嘗試使用兩階段法建立研究模型圖。

　　本範例模型屬反映性—形成性類型的HCM。因此，將遵循Hair et al.（2014）的建議使用兩階段法來建模。基本上，在SmartPLS中繪製模型圖的過程相當簡單，但仍須遵守下列程序：

(一) 新建專案。

(二) 匯入資料檔。

(三) 繪製各構念的測量模型。

(四) 建立各構念的關係。

　　以兩階段法建立模型的過程中，第一階段將先建立「線上服務品質」的HCM模型，以取得各LOC構念的得分。取得得分資料並錄入資料檔後，於第二階段再建立整體研究模型。

　　第11章中，本書已示範過建立工作空間（E:\my_pls）的過程。本章中亦將沿用這個工作空間，因此須將新專案（命名為2ND_2ST_Online Store）建立在工作空間「E:\my_pls」中。其過程如下：

操作 步驟

　　步驟1：建立專案。於工作空間「E:\my_pls」中，新建專案。開啓「SmartPLS 3」後，先調整或確認目前的工作空間已處於「E:\my_pls」中。然後執行「File/Create New Project」，隨即跳出「Create Project」視窗，於視窗的「Name:」輸入欄中輸入新專案名稱「2ND_2ST_Online Store」，然後按「OK」鈕。

　　步驟2：專案建好後，會於主視窗的左上角標示出該專案名稱「2ND_2ST_Online Store」。該專案下會包含兩個項目，一爲「Double-click to import data!」項目；另一爲「2ND_2ST_Online Store」項目。「Double-click to import data!」項目將用以匯入資料檔，而「2ND_2ST_Online Store」項目將用以繪製模型圖。

步驟3：匯入資料檔。匯入前，資料檔必須先準備好，其格式必須為csv檔或txt檔。本範例論文之資料檔名稱為「FM_Online Store.csv」，其內包含256個有效樣本。首先，於「2ND_2ST_Online Store」專案內的「Double-click to import data!」項目上快按兩下，以開啟「Please choose a file」視窗，然後選擇欲匯入的檔案，在此為「FM_Online Store.csv」，選取該檔案後，再次出現「Create Project」視窗，由於視窗的「Name:」輸入欄中已自動填入所欲匯入的資料檔名稱「FM_Online Store.csv」，按「OK」鈕，即可匯入資料檔。資料匯入後，SmartPLS會即時的將各指標的描述性統計量求算出來，並提供資料檔的相關訊息，如遺漏值數量（missing value）、遺漏值標記（missing value marker）、樣本大小（sample size）、指標個數（Indicators）等。

須特別注意的是，此時的「FM_Online Store.csv」中，只有根據回收問卷所輸入的資料，亦即除受訪者基本資料項外，應該只包含31個欄位（線上服務品質有21題、電子口碑有5題與線上忠誠度有5題），尚無包含LOC的相關資料，如效率性（os1）、完成性（os2）、隱私性（os3）、回應性（os4）、補償性（os5）以及聯絡性（os6）等欄位。

步驟4：以兩階段法建立HCM構念模型。本範例的概念性模型中，包含一個HCM構念（線上服務品質）。在此將先進入第一階段以重複指標法建立線上服務品質的測量模型。

首先，於主視窗的左上角「2ND_2ST_Online Store」專案內，執行「File/Create New Path Model」於工具列按 ![New Path Model] 鈕，即可開啟「Create New Path Model」視窗，於該視窗「Name:」輸入欄後輸入新模型的名稱「2ND_1ST_Online Store」後，按「OK」鈕。即可於「2ND_2ST_Online Store」專案中新建一個模型圖「2ND_1ST_Online Store.splsm」。「2ND_1ST_Online Store.splsm」即為第一階段之線上服務品質的測量模型圖。

步驟5：繪製線上服務品質的測量模型。線上服務品質為形成性HOC，它包含6個反映性LOC。首先，於主視窗的左上角「2ND_2ST_Online Store」專案內的「2ND_1ST_Online Store」模型圖上快按兩下，以於主視窗的右

半邊開啓空白的「2ND_1ST_Online Store.splsm」頁面，同時主視窗的左下角也同步出現「Indicators」頁面，以顯示所有的指標名稱（若沒出現，按Show All Indicators ⏳ 鈕即可）。

於左下角的「Indicators」頁面中，同時選取os1_1～os1_3等三個指標，然後拖曳至空白「2ND_1ST_Online Store.splsm」頁面中的適當位置，即可畫出「效率性」構念（os1）的反映性測量模型。然後，應用同樣的方法，依序畫出完成性（os2）、隱私性（os3）、回應性（os4）、補償性（os5）以及聯絡性（os6）等構念的反映性測量模型。

接著，同時選取os1_1～os6_3等20個指標，然後拖曳至「2ND_1ST_Online Store.splsm」頁面中的適當位置，即可畫出「線上服務品質」構念（OS）的反映性測量模型。

最後於「線上服務品質」構念（OS）與各LOC構念（os1～os6）間建立形成性指標線，完成後即可建立「線上服務品質」構念的HCM模型，如圖15-11。

步驟6：執行參數估計，以取得os1～os6等構念的得分。顯示出模型圖後，執行「Calculate/PLS Algorithm」或按 ▣ Calculate 後，選擇「PLS Algorithm」功能，即可開啓「Partial Least Squares Algorithm」視窗，注意在此請將「Weighting Scheme」設定為「Factor」，其餘設定如圖12-2，設定好後，就可啓動執行參數估計的程序。

「PLS Algorithm」執行成功後，選擇「PLS Algorithm (Run No.1)」標籤頁面下半部的「Latent Variable」分報表，就可於視窗顯示出os1～os6等構念的得分，如圖15-12。

步驟7：將os1～os6等構念的得分資料新增至「FM_Online Store.csv」中。於圖15-12的畫面中，按右上方的「Excel Format」鈕，以複製各構念的得分資料。接著以Excel軟體開啓「FM_Online Store.csv」，於最後一個欄位後面（以本範例而言，選取儲存格AM1），直接按鍵盤「Ctrl+V」，已貼上剛才於SmartPLS視窗中所複製的資料，貼上後，刪除不必要的資料（如OS欄位），只保留os1～os6等欄位，如圖15-13。「FM_Online Store.csv」存檔後，即完成兩階段法的第一階段之工作了。

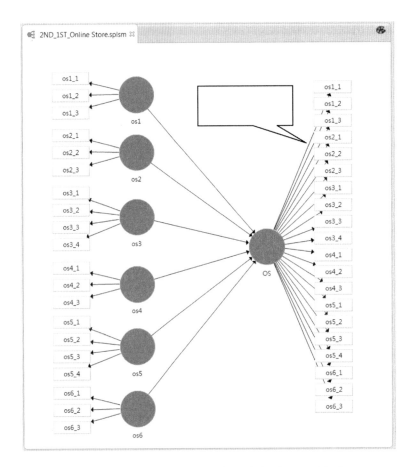

圖15-11　「線上服務品質」構念的HCM模型

OS	os1	os2	os3	os4	os5	os6
-0.692	-0.279	0.278	-0.347	-0.579	-0.347	-1.116
-0.348	0.708	-1.159	-0.878	-0.565	0.523	0.032
-1.098	-1.259	0.842	-0.525	-0.594	-1.408	-0.661
-1.632	-1.250	-1.969	-0.897	1.083	-2.436	0.249
-0.798	-0.279	-0.023	-0.329	-1.149	-0.994	0.025
-1.045	0.219	-1.138	-1.264	-0.594	-0.352	-0.430
-1.912	-1.748	-1.969	-1.065	-0.609	-2.243	0.935
-0.919	-0.279	-0.565	0.594	-0.850	-0.594	-1.809
-0.922	-0.272	-0.002	-0.911	-0.025	-0.787	-0.885
-1.134	-0.770	-0.855	-0.544	0.573	-1.216	-0.898
-1.108	-0.777	-0.011	-1.280	-0.310	-1.176	0.025
-0.575	0.699	-0.574	-1.271	-0.565	0.088	-0.206
-1.199	-0.026	-0.303	-1.436	-1.389	-0.164	-0.885

圖15-12　os1～os6等構念的得分

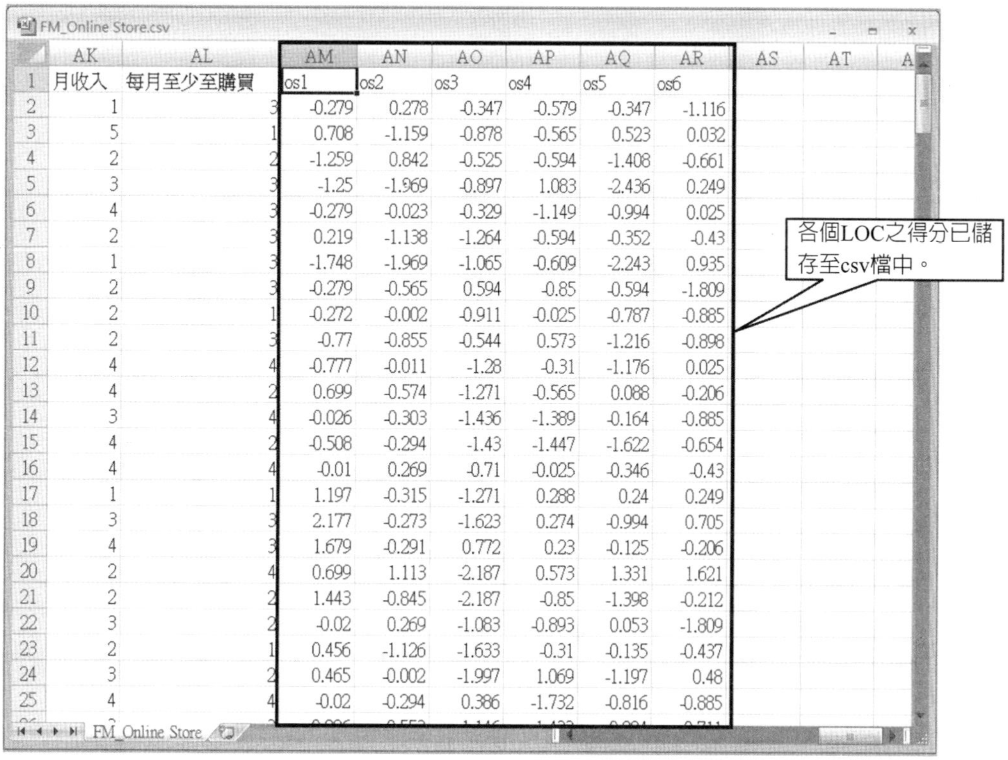

FM_Online Store.csv

	AK	AL	AM	AN	AO	AP	AQ	AR
1	月收入	每月至少至購買	os1	os2	os3	os4	os5	os6
2	1	3	-0.279	0.278	-0.347	-0.579	-0.347	-1.116
3	5	1	0.708	-1.159	-0.878	-0.565	0.523	0.032
4	2	2	-1.259	0.842	-0.525	-0.594	-1.408	-0.661
5	3	3	-1.25	-1.969	-0.897	1.083	-2.436	0.249
6	4	3	-0.279	-0.023	-0.329	-1.149	-0.994	0.025
7	2	3	0.219	-1.138	-1.264	-0.594	-0.352	-0.43
8	1	3	-1.748	-1.969	-1.065	-0.609	-2.243	0.935
9	2	3	-0.279	-0.565	0.594	-0.85	-0.594	-1.809
10	2	1	-0.272	-0.002	-0.911	-0.025	-0.787	-0.885
11	2	3	-0.77	-0.855	-0.544	0.573	-1.216	-0.898
12	4	4	-0.777	-0.011	-1.28	-0.31	-1.176	0.025
13	4	2	0.699	-0.574	-1.271	-0.565	0.088	-0.206
14	3	4	-0.026	-0.303	-1.436	-1.389	-0.164	-0.885
15	4	2	-0.508	-0.294	-1.43	-1.447	-1.622	-0.654
16	4	4	-0.01	0.269	-0.71	-0.025	-0.346	-0.43
17	1	1	1.197	-0.315	-1.271	0.288	0.24	0.249
18	3	3	2.177	-0.273	-1.623	0.274	-0.994	0.705
19	4	3	1.679	-0.291	0.772	0.23	-0.125	-0.206
20	2	4	0.699	1.113	-2.187	0.573	1.331	1.621
21	2	2	1.443	-0.845	-2.187	-0.85	-1.398	-0.212
22	3	2	-0.02	0.269	-1.083	-0.893	0.053	-1.809
23	2	1	0.456	-1.126	-1.633	-0.31	-0.135	-0.437
24	3	2	0.465	-0.002	-1.997	1.069	-1.197	0.48
25	4	4	-0.02	-0.294	0.386	-1.732	-0.816	-0.885

圖15-13　於「FM_Online Store.csv」中新增os1～os6等構念的得分

步驟8：繪製研究模型圖。至此，開始進入兩階段法的第二階段了。第二階段中將繪製研究的整體模型圖（2ND_2ST_Online Store.splsm）。然而除使用的專案名稱（在此爲2ND_2ST_Online Store）、整體模型圖名稱（在此爲2ND_2ST_Online Store.splsm）與資料檔（在此爲FM_Online Store.csv）與範例13-1不同外，完整的繪製整體模型圖過程，皆與範例13-1完全相同。故請讀者自行回顧，在此不再贅述。完成後的整體模型圖，如圖15-14。

步驟9：詳細操作過程，讀者亦可自行參閱影音檔「ex15-4.wmv」。

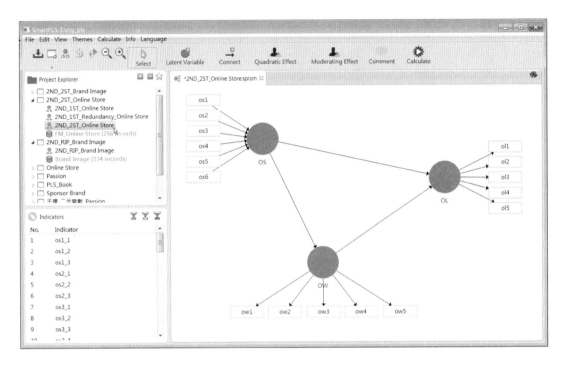

圖15-14　整體模型圖（2ND_2ST_Online Store.splsm）

15-5-5　評鑑測量模型與結構模型

進行結構方程模型分析時，我們仍將遵守先測量模型、後結構模型的評鑑方式。

本節的範例模型使用兩階段法建模。第一階階段的模型主要是建立「線上服務品質」構念的HCM模型，第二階段再建立整體模型圖。因此，評鑑測量模型時，亦分為兩階段。說明如下：

第一階段：主要將評鑑「線上服務品質」構念中，反映性LOC構念的內部一致性（組合信度）、指標信度、收斂效度（平均變異抽取量）與區別效度與形成性HOC構念的形成性指標的收斂效度、共線性診斷與形成性指標之權重的顯著性。在這過程中，有關形成性HOC構念之評鑑部分，在第二階段就會討論到，故可納入第二階段的評鑑中。因此，於第一階段中，對於測量模型的評鑑，將只針對反映性LOC構念，也就是說，必須針對效率性（os1）、完成性（os2）、隱私性（os3）、回應性（os4）、補償性（os5）以及聯絡性（os6）檢核

其內部一致性（組合信度）、指標信度、收斂效度（平均變異抽取量）與區別效度。對於反映性測量模型的評鑑，讀者可自行回顧第12章。

第二階段：主要將評鑑整體模型的測量部分，整體模型中包含一個形成性構念（線上服務品質）與兩個反映形構念（電子口碑、線上忠誠度）。由於本範例只是第13章範例模型之擴展，於第二階段中的整體模型完全相同於第13章的範例模型，故評鑑過程完全一模一樣，讀者亦可自行回顧第13章的範例13-2。

至於，結構模型的分析部分則較爲簡單，並無形成性或反映性之分，可完全參照第14章的作法，不再贅述。

第16章

中介效果的檢驗

若自變數對依變數有顯著的影響效果，而此效果是透過第三方變數而達到影響時，則此第三方變數即稱為中介變數。中介變數的相關議題在一般的期刊論文中非常熱門，其檢定的方法也不少。但最常用以檢定中介效果是否存在的方法，大致有三種，分別為Baron and Kenny法、Sobel test法與Bootstrap法（拔靴法）。這些方法，在本章中將會詳細予以介紹。本章並特別針對Bootstrap法以範例方式帶領讀者實際演練，以熟稔其檢定過程。

◆ 16-1　中介效果簡介 ◆

若自變數（independent variable）對依變數（dependent variable）有顯著的影響效果，而此效果是透過另一變數而達到影響時，則此變數即稱為中介變數（mediator variables），如圖16-1。通常中介變數可以用來解釋自變數是經由什麼途徑而影響了依變數。而其間的影響程度（大小或方向）即稱為中介效果（mediating effect）。

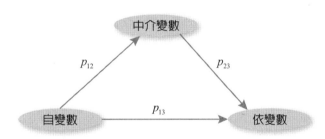

圖16-1　中介效果示意圖

依此概念，一般檢測中介變數的方式為，首先，自變數對依變數要具有顯著影響效果（先決條件）；其次，若檢視自變數和中介變數的關係時，自變數對中介變數的影響效果也要顯著；最後，同時探討自變數、中介變數對依變數的影響效果時，中介變數對依變數的影響效果要顯著，且自變數對依變數的影響效果會顯著減弱或變為不顯著。在此情況下，若自變數對依變數之影響程度變為0，則稱該中介變數具有完全中介效果（full mediation）；而若自變數對依變數之影響效果只是減弱而已，但仍具顯著性，則稱該中介變數具有為部分中介效果（partial mediation）。

16-2　檢驗中介效果的方法

根據過往文獻顯示，檢驗中介效果的方法大致上有三種：Baron and Kenny法、Sobel法與Bootstrap法。Baron and Kenny法可透過階層迴歸分析而實現；Sobel法與Bootstrap法則常運用在第二代統計技術中，如CB-SEM、PLS-SEM。

一、Baron and Kenny法

依據Baron and Kenny（1986）所提出的中介四條件法，圖16-1中的中介變數是否具有顯著的中介效果，需要符合下列四個條件：

條件1：自變數必須對依變數具有顯著的影響力（迴歸係數α），如圖16-2a。

條件2：自變數必須對中介變數具有顯著的影響力，如圖16-2b。

條件3：自變數與中介變數同時作為預測變數，對依變數作迴歸分析時，中介變數必須對依變數有顯著影響，如圖16-2c。

條件4：在第三個條件的迴歸模型中（圖16-2c），自變數對依變數的迴歸係數（β）必須顯著的小於自變數單獨預測依變數時的迴歸係數（亦即，$\beta < \alpha$），或甚至是變為不顯著（$\beta = 0$）。

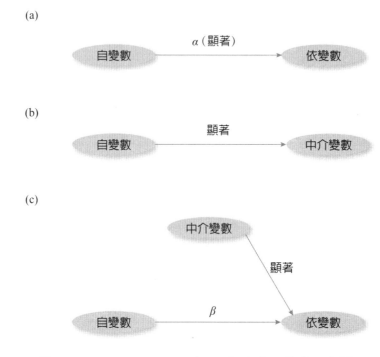

圖16-2　Baron and Kenny（1986）中介四條件示意圖

　　此外，在中介變數被控制之下，若自變數對依變數的影響程度變為0（即不顯著之意），則稱具有完全中介效果；若自變數對依變數之影響小於條件1的情況（即$\beta < \alpha$），但仍具顯著性，則稱為部分中介效果。

二、Sobel test法

　　一般而言，傳統上檢驗中介變數最常使用的方法是Baron and Kenny（1986）所提出的檢驗程序，依據他們的主張，構成中介變數的四條件皆成立時，中介變數才會存在。然而，自變數對於依變數的總效果（total effect）是由間接效果（indirect effect）與直接效果（direct effect）所構成（Mackinnon, Lockwood, Hoffman, West, and Sheets, 2002；Preacher and Hayes, 2004）。其中，間接效果是指自變數透過中介變數而影響依變數的效果；而直接效果則是指在控制間接效果的影響後，自變數對於依變數的影響效果。據此，Mackinnon等人（2002）與Preacher and Hayes（2004）認為僅依據Baron and Kenney（1986）的中介變數檢驗會忽略了間接效果的影響。因此，建議利用數學化公式Sobel test來檢驗間接效果的顯著性，若Sobel test的Z值 > 1.96（在0.05的顯著水準下），則表示中介效果顯著。Sobel（1982）中介效果公式為：

$$Z = \frac{a \times b}{\sqrt{b^2 \times S_a^2 + a^2 \times S_b^2}} \qquad (式16\text{-}1)$$

a：自變數對中介變數之未標準化路徑係數

b：中介變數對依變數之未標準化路徑係數

S_a：自變數對中介變數之未標準化路徑係數的標準誤

S_b：中介變數對依變數之未標準化路徑係數的標準誤

　　這個公式中，只要能知道a、b、S_a與S_b就可以代入公式，而得到Z值。但是，也有軟體可以運用於計算Sobel Z值以檢測中介效果，這個軟體是知名學者Andrew F. Hayes, Ph.D.（http://www.afhayes.com/）所開發，而且是免費軟體，可自由下載。取得軟體後，再安裝至SPSS中，即可輕鬆的執行Sobel test。

三、Bootstrap法（拔靴法）

　　雖然，近年來許多期刊論文（尤其是運用CB-SEM的論文）皆使用Sobel test來檢驗中介變數。但也有學者認為進行Sobel test時，資料必須符合常態分配的條件太過於嚴苛，因為實務上許多資料集是不符合常態分配的。此外，以標準化常態值（Z值）的絕對值是否大於1.96來研判中介效果的顯著與否，這也不太合理。因為，Z值大於

1.96，實務上並不一定就代表顯著。

解決上述問題時，可利用屬無母數領域的Bootstrap技術。Bootstrap技術可透過多次的拔靴取樣過程，而得到多個（通常5,000個）估計結果，透過這些結果所形成的分配，可重新估計間接效果的標準誤（Standard Error, STERR），進而計算出t值與信賴區間。當：

1. 當間接效果值的95%信賴區間不不包含0時，則間接效果顯著。
2. 間接效果值／標準誤≧1.96，間接效果也顯著。

由於Bootstrap法並不對變數、樣本分配或統計結果的分配進行特定的假設，且可用於小樣本，故使用上較無限制，特別適合於PLS-SEM中（Hair et al., 2014）。此外，相較於Sobel test，Bootstrap法也具有較高的統計檢定力（Hair et al., 2014）。

此外，欲評估中介效果的大小時，可使用解釋變異量比例（variance accounted for, VAF值）。VAF值的意義為間接效果占整體效果（即直接效果加上間接效果）的比例。以圖16-1而言，$VAF = (p_{12} \times p_{23})/(p_{12} \times p_{23} + p_{13})$。若：

1. VAF值 < 20%，表示無中介效果。
2. 20% < VAF值 < 80%，表示部分中介效果。
3. VAF值 > 80%，表示完全中介效果。

◆ 16-3　本章範例模型介紹 ◆

在本節中，將透過一個範例模型，運用Bootstrap法檢驗中介效果。在SmartPLS中，只要執行「Bootstrapping」功能，就可對模型中各變數的直接效果或間接效果進行檢定。特別的是，在SmartPLS 3.2.7以上的版本，已能檢驗多重中介效果，所謂多重中介效果即是代表同一對自變數與依變數間，有多個不同的中介變數存在之意，本節中的範例模型，就是一個多重中介模型。

16-3-1　範例模型簡介

論文「第一線服務人員工作熱情與工作滿意度關係之研究：情緒勞務策略的中介角色」之主要目的在於運用二元熱情模型（Dualistic Model of Passion）（Vallerand et al., 2003），以探究具不同工作熱情類型的第一線服務人員，如何透過情緒勞務策略

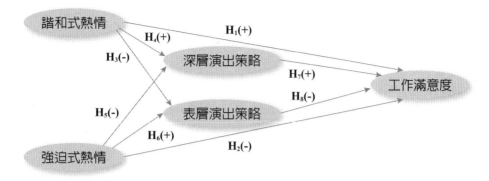

圖16-3　概念性模型

的採用，而對工作滿意度產生影響。其概念性模型如下：

H₁：第一線服務人員對工作的諧和式熱情會正向直接影響工作滿意度。

H₂：第一線服務人員對工作的強迫式熱情會負向直接影響工作滿意度。

H₃：第一線服務人員對工作的諧和式熱情會負向影響表層演出策略的採用。

H₄：第一線服務人員對工作的諧和式熱情會正向影響深層演出策略的採用。

H₅：第一線服務人員對工作的強迫式熱情會負向影響深層演出策略的採用。

H₆：第一線服務人員對工作的強迫式熱情會正向影響表層演出策略的採用。

H₇：第一線服務人員採用的深層演出策略會正向影響工作滿意度。

H₈：第一線服務人員採用的表層演出策略會負向影響工作滿意度。

H₉：具諧和式熱情的第一線服務人員會透過深層演出策略的採用，以提升工作滿意度（即：深層演出策略於諧和式熱情與工作滿意度間扮演正向的中介角色）。

H₁₀：具強迫式熱情的第一線服務人員由於常採用表層演出策略，導致減少工作滿意度（即：表層演出策略於強迫式熱情與工作滿意度間扮演負向的中介角色）。

16-3-2　研究變數之操作型定義

本範例模型中所操作的變數分別為工作熱情、情緒勞務策略與工作滿意度，各變數之操作型定義詳述如下：

(一) 工作熱情（passion for work）

熱情（passion）是一種感情表達的抽象概念，Vallerand et al.（2003）曾定義熱情為個體將某種活動自我定義為重要且喜愛，並願意投入大量的時間與精力，而所展現出強烈傾向的一種態度。並認為熱情具有兩種型態，而提出了二元熱情模型的概念。在Vallerand et al.（2003）的二元熱情模型中，將熱情分為兩種型態，一為「諧和式熱情」（harmonious passion）；另一為「強迫式熱情」（obsessive passion）。因此，本研究中將依據Vallerand et al.（2003）所提出之「二元熱情模型」，而將工作熱情分為兩個不同的熱情型態，其操作型定義如下：

1. 諧和式熱情：屬自主性內化的熱情型態，指個人具有意願，且能促動個體自願與樂意從事所選擇的工作。
2. 強迫式熱情：屬非自決性內化的熱情型態，指個人被工作的模式所控制，個體非自願性的從事所選擇的工作。

(二) 情緒勞務策略（emotional labor strategies）

Grandey（2000）指出「情緒勞務」係指服務人員在面對顧客時，為使所展現的情緒能符合組織規範，針對情緒進行調節時所做的努力。而常採用於調整情緒的策略分為「深層演出策略」（deep acting strategy）與「表層演出策略」（surface acting strategy）兩種。因此，本研究將以Grandey（2000）所提出之「情緒勞務」概念作為定義，其包括第一線人員提供顧客服務行為時，個體發自內心的認同感，所採用的「深層演出策略」，以及個體掩飾內在情緒所採用的「表層演出策略」兩個構面，其操作型定義如下：

1. 深層演出策略：第一線服務人員在提供顧客服務時，個體內心抱持喜悅與具有認同感，所採用的情緒策略。
2. 表層演出策略：第一線服務人員在提供顧客服務時，個體掩飾內心情緒與壓抑真實感受，所採用的情緒策略。

(三) 工作滿意度（job satisfaction）

本研究根據Greenhaus, Parasuraman, and Wormley（1990）之研究，將工作滿意度的操作型定義設定為，個體在組織內進行工作的過程中，對工作本身及工作狀態（包括工作環境、工作狀態、工作方式、工作壓力、挑戰性、工作中的人際關係等等）有良性感受的心理狀態。

16-3-3 問卷設計

　　本研究將探討「工作熱情」、「情緒勞務策略」與「工作滿意度」三者間的關係，以釐清不同熱情型態的餐廳第一線服務人員所採取的情緒勞務策略，與情緒勞務策略於「工作熱情」與「工作滿意度」的關係間所扮演的中介角色。因此，實證研究將針對餐廳第一線服務人員發放問卷進行調查。於問卷設計的方面，將依據過往相關文獻之研究結果與相關的研究量表，建構出符合本研究題旨之量表內容。

(一) 工作熱情

　　本研究將依據Vallerand et al.（2003）所發展的二元熱情量表，並參考其研究結果制定符合本研究主題之熱情量表。原始二元熱情量表中，各問項原出現的「活動」二字，已於2003年經Vallerand and Houlfort兩位學者在研究工作熱情時，更換為「工作」二字。因此，本研究主要參考Vallerand and Houlfort（2003）的工作熱情量表，以作為衡量個體工作熱情之工具。

　　量表內容含有諧和式熱情與強迫式熱情等兩個構面，各七題（如表16-1）。採李克特七點評量尺度測量，分為「完全不同意」、「很不同意」、「不同意」、「沒意見」、「同意」、「很同意」、「完全同意」等1至7分七個級別進行評量，比較兩構面得分後，衡量受試者在兩個分量表的認同程度，藉以區分出熱情的類型。

表16-1　工作熱情之題項

構面	衡量項目
諧和式熱情 HP	1.我的工作能讓我獲得更充實且多元的經驗（pa1_1）。
	2.我能坦然面對工作中可能發生的事，包含愉快或不愉快（pa1_2）。
	3.我很喜歡現在這份具有獨特型態的工作（pa1_3）。
	4.現在這份工作不會影響到我日常生活（pa1_4）。
	5.現在這份工作對我而言是一種熱情，且我能操控這熱情（pa1_5）。
	6.我現在的工作能讓我有難忘的經驗（pa1_6）。
	7.我非常喜愛我的工作（pa1_7）。
強迫式熱情 OP	1.我的生活中不能沒有工作（pa2_1）。
	2.有一種力量驅使我要去工作（pa2_2）。
	3.難以想像無法工作時，生活會變得如何（pa2_3）。
	4.我的心情會受到工作上的影響（pa2_4）。
	5.我若克制自己不去工作，會感到難過（pa2_5）。
	6.工作對我而言似乎到迷戀的程度（pa2_6）。
	7.我會因能不能工作而讓心情產生波動（pa2_7）。

(二) 情緒勞務策略

　　Grandey（2000）指出「情緒勞務」意指第一線員工在面對顧客時，爲了符合組織規範必須調整自己的情緒，進而耗費心力來調節情緒表達的歷程。第一線員工爲因應情緒勞務而常採用於調整情緒的策略，可分爲「深層演出策略」與「表層演出策略」兩種。本研究將採用Grandey（2000）所編製的情緒勞務策略量表，其中深層演出策略有6個題項、表層演出策略則有5個題項。並採用李克特（Likert scale）的七點評量尺度，從「非常不同意（一分）至非常同意（七分）」進行評量，如表16-2。

(三) 工作滿意度

　　本研究將採用Greenhaus, Parasuraman, and Wormley（1990）的工作滿意度量表，共5個題項。衡量時採用李克特七點評量尺度，從「非常不同意（一分）至非常同意（七分）」進行評量，如表16-3。

表16-2　情緒勞務策略之題項

構面	衡量項目
深層演出 DA	1.我在服務過程中，會試著不只是外在表現出親切與和善等情緒，而會去體會與感受在工作中必須要有的表現（el1_1）。
	2.我在服務過程中，會儘量讓自己在面對顧客時是「發自內心」的表現出親切與和善（el1_2）。
	3.我為了工作上的需要，即使心情不好，也會讓自己暫時忘卻不愉快，並展現出好心情來面對顧客（el1_3）。
	4.我在服務過程中，會儘量克服內心的不好情緒，並真誠地以親切和善的態度服務顧客（el1_4）。
	5.我面對顧客時的內心感受與外在表現是一致的（el1_5）。
	6.我在服務過程中，儘管顧客無理，仍會以顧客立場看待，並真誠地為顧客解決問題（el1_6）。
表層演出 SA	1.我在服務過程中，所需展現出的適切儀態，對我而言像是在演戲（el2_1）。
	2.我在面對顧客提供服務時，會隱藏內心真正感受，讓自己表現出特有的表情與儀態（el2_2）。
	3.我認為工作中所需的親切感，只要適時的展現一下就好（el2_3）。
	4.我在服務過程中，為了表現出適切的服務態度，我會像戴面具般的掩飾內心真正感受（el2_4）。
	5.我在服務過程中，只願偽裝工作時應展現的情緒，不願改變自己當下的內心感受（el2_5）。

表16-3　工作滿意度之題項

構面	衡量項目
工作滿意度 JS	我對目前於工作上所取得的成就，感到滿意（jsa1）。
	我對目前於整體職涯目標所達成的狀況，感到滿意（jsa2）。
	我對目前由工作上所獲得的回報（實質或心理），感到滿意（jsa3）。
	我對晉升目標，目前所達成的狀況，感到滿意（jsa4）。
	我對發展新技能目標，目前的達成狀況，我感到滿意（jsa5）。

16-4　檢驗中介效果的範例

▶ 範例16-1

參考第16-3節中對範例模型的說明，論文【第一線服務人員工作熱情與工作滿意度關係之研究：情緒勞務策略的中介角色】的問卷題項，如表16-1～16-3。其資料檔為Passion.csv，試建立研究模型，並運用Bootstrap法探討情緒勞務策略的中介效果是否顯著？

　　在本範例中，將運用Bootstrap法來檢驗「情緒勞務策略」的中介效果是否顯著。其次，由圖16-3的概念性模型來看，模型中將有四個間接效果存在，分別為「諧和式熱情→深層演出策略→工作滿意度」、「諧和式熱情→表層演出策略→工作滿意度」、「強迫式熱情→深層演出策略→工作滿意度」與「「強迫式熱情→表層演出策略→工作滿意度」。故本範例所檢定的中介效果應屬多重中介效果。檢定過程如下：

操作 步驟

步驟1：直接開啟模型圖。於工作空間「E:\my_pls」中，已建好一名為「Passion」的專案。專案中也已畫好名為「Passion.splsm」的模型圖，該模型圖所配適的資料檔為「Passion_臺中.csv」，共有298筆資料。請於「Passion.splsm」上快按兩下，即可開啟本範例的模型圖，如圖16-4所示。模型圖中，HP代表諧和式熱情、OP為強迫式熱情、DA為深層演出策略、SA為表層演出策略、JS則為工作滿意度。

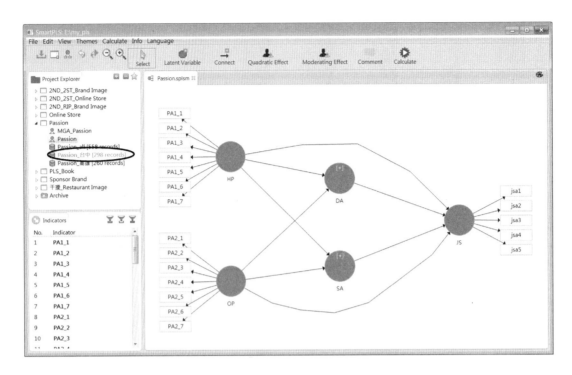

圖16-4 　「Passion.splsm」的模型圖

步驟2：估計參數。顯示出模型圖後，執行「Calculate/PLS Algorithm」或按 　 後，選擇「PLS Algorithm」功能以估計參數。執行成功後，即可於「PLS Algorithm (Run No.1)」標籤頁面中顯示各類的參數估計結果。

步驟3：進行參數估計值的檢定。於Smart PLS主視窗中，先調回原始模型圖畫面（Passion.splsm），然後執行「Calculate/Bootstrapping」或按 　 後，選擇「Bootstrapping」功能，即可出現「Bootstrapping」設定視窗。建議研究者可進行如圖12-5的設定方式，以得到正確且有效的結果。

步驟4：查看參數估計值的檢定結果。執行「Bootstrapping」功能成功後，視窗中將新增一個「Bootstrapping (Run No.1)」標籤頁。在「Bootstrapping (Run No.1)」標籤頁中，於視窗下半部選取「Path Coefficients」分報表，即可顯示出各路徑關係的檢定結果，如圖16-5。另外，於視窗下半部再選取「Specific Indirect Effects」分報表，即可顯示出間接效果的檢定結果，如圖16-6。

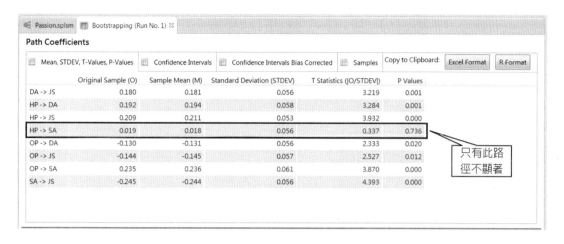

圖16-5　各路徑係數的檢定結果

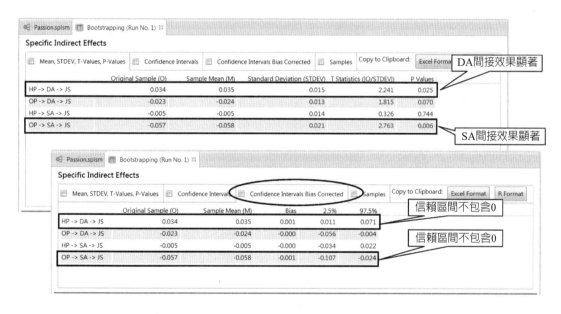

圖16-6　各間接效果的檢定結果

步驟5：製作中介效果檢定表（如表16-4）。填製中介效果檢定表各欄位的方法如下：

1. 由圖16-5找到「HP→JS」與「OP→JS」等路徑之直接效果值分別為0.209、-0.144與t值分別為3.392、2.527。

2. 由圖16-6找到「HP→DA→JS」、「OP→DA→JS」、「HP→SA→JS」與「OP→SA→JS」等四個路徑之間接效果值分別

為0.034、-0.023、-0.005、-0.057與t值分別為2.241、1.815、0.326、2.763。且「HP→DA→JS」與「OP→SA→JS」之間接效果值的修正偏誤後信賴區間（Confidence Intervals Bias Corrected）皆不包含0。

3. 整體效果值等於直接效果加上間接效果。

4. VAF＝間接效果值／整體效果值

完成後的中介效果檢定表，如表16-4。

步驟6：詳細操作過程，讀者亦可自行參閱影音檔「ex16-1.wmv」。

表16-4　中介效果檢定表

自變數	中介變數	依變數	直接效果	間接效果	整體效果	VAF	假設
諧和式熱情（HP）	深層演出策略（DA）	工作滿意度（JS）	0.209*（3.932）	0.034*（2.241）	0.243	13.99%	H9成立
諧和式熱情（HP）	表層演出策略（SA）		0.209*（3.932）	-0.005（0.326）	0.204	2.45%	不顯著
強迫式熱情（OP）	深層演出策略（DA）		-0.144*（2.527）	-0.023（1.815）	-0.167	13.77%	不顯著
強迫式熱情（OP）	表層演出策略（SA）		-0.144*（2.527）	-0.057*（2.763）	-0.201	28.36%	H10成立

註：1.「*」表p＜0.05
　　2.（）內數值為t值

▶ **總結**

模型經使用拔靴法檢定多重中介效果後，彙整檢定資料如表16-4。由表16-4可明顯看出，有兩個中介效果顯著：

1. 深層演出策略於諧和式熱情與工作滿意度的關係間，扮演著中介角色，其間接效果值為0.034，t值為2.241，顯著。故假設9成立，即具諧和式熱情的第一線服務人員會透過深層演出策略的採用，以提升工作滿意度。然而其VAF值只有13.99%，代表深層演出策略只具有微弱的部分中介效果。

2. 表層演出策略於強迫式熱情與工作滿意度的關係間，扮演著中介角色，其間接效果值為-0.057，t值為2.763，顯著。故假設10成立，即具強迫式熱情的第一線服務人員會透過表層演出策略的採用，導致減少工作滿意度。而其VAF值有28.36%，代表表層演出策略具有部分中介效果。

第17章
干擾效果的檢驗

　　干擾變數或多群組分析，在結構方程模型中算是個重要的分析技巧。也是國際期刊上常見討論的議題。干擾變數除本身對依變數會有主效用之外，干擾變數與自變數的交互作用也會對依變數有所影響影響。而在多群組分析中，常會將原始的樣本依特定的類別型變數而分群（通常分為兩群），然後再比較各分群中測量模型或結構模型中的所有參數（如因素負荷量、路徑係數）是否相等。如果多群組分析的目的是檢測測量模型中的所有參數是否相等時，通常稱之為測量恆等性（measurement invariance）檢測或測量一致性（measurement equivalence）檢測。而用在結構模型時，則稱為模型泛化（model generalization）的檢測。測量恆等性與模型泛化議題相當熱門，但是研究者往往懼於其驗證過程稍嫌複雜而卻步。然而，SmartPLS卻能輕易解決這類困擾。

17-1　干擾效果簡介

　　干擾變數（moderating variables）又稱為調節變數或情境變數，它是指會影響自變數與依變數之間關係的方向或強度的變數，如圖17-1。干擾變數可以是質性的（qualitative）（例如：性別、種族……），也可以是量化的（quantitative）（例如：薪資……）。例如：學生的智商會影響其成績表現，但是其間關係的強度或許也會因為學生用功程度的不同而有所改變，在此「用功程度」就是一種干擾變數。

　　干擾變數與自變數一樣，對依變數都會有顯著的影響，但干擾變數除本身的主效用之外，也要檢視干擾變數與自變數的交互作用對依變數的影響，也就是說，干擾變數具有干擾自變數對依變數之關係的作用。以迴歸的角度而言，所謂干擾變數就是它干擾了自變數與依變數間的關係式，包括方向與大小。以相關而言，自變數與依變數間的相關會因干擾變數水準的不同而得到不同的相關性。以ANOVA而言，干擾效用存在的話，則表示干擾變數與自變數的交互作用顯著。

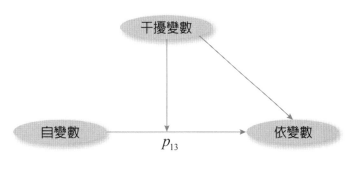

圖17-1　干擾效果示意圖

　　干擾效果（或稱爲調節效果、緩衝效果）的檢驗方式，基本上可分爲兩大類進行討論。一類是所涉及的變數（自變數、依變數和干擾變數）都是可以直接觀測的外顯變數（manifest variable），另一類是所涉及的變數中至少有一個是潛在變數的情形。當所涉及的變數都屬於外顯變數時，可以使用階層迴歸分析法或ANOVA加以分析；而屬潛在變數時，則只能使用結構方程模型了。

　　在SmartPLS中，干擾效果的檢定大致上有三個方向的運用：

1. 連續型干擾效果。
2. 類別型干擾效果。
3. 測量恆等性－多群組分析。

　　以下的小節，將針對上述三個運用方向，逐一進行詳細的說明。

◆ 17-2　本章範例模型介紹 ◆

　　本章所將介紹的範例模型也是一份實際的碩士論文之概念性模型，題名爲「景觀餐廳意象、知覺價值與忠誠度－轉換成本的干擾效果」。這篇論文中，將檢定「轉換成本」的干擾效果是否存在？模型的構念中，「景觀餐廳意象」構念爲反映性－反映性類型HCM，其餘「知覺價值」、「忠誠度」與「轉換成本」都是一階構念。

17-2-1　概念性模型

　　本研究透過相關文獻整理、分析、推論與建立假說後，引導出景觀餐廳意象對知覺價值及忠誠度皆具有正向直接顯著的影響；知覺價值對忠誠度亦具有正向直接顯著的影響等假設。自變數爲消費者於景觀餐廳中所感受到的商店意象（image），其包含六個子構念，分別爲商品、服務、便利、商店環境、促銷及附加服務。此外，依變數則爲消費者的忠誠度；而處於自變數與依變數之間的中介變數則是消費者所認知的知覺價值。最後，本研究亦將檢驗轉換成本的干擾效果。由此，本研究所建構的消費者忠誠度之概念性模型，其架構將如圖17-2所示。

17-2-2　研究假設

　　根據圖17-2所建立之概念性模型圖，本研究將提出下列研究假設，盼能透過市場調查所蒐集的資料，運用結構方程模型分析，驗證這些假設的成立與否，以探討景觀

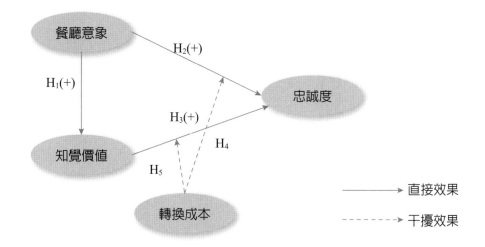

圖17-2　概念性模型圖

餐廳意象、知覺價值與忠誠度間的關係，並釐清轉換成本於其間關係的干擾效果，這些研究假設分述如下：

假設一（H_1）：景觀餐廳意象對知覺價值具有正向直接顯著的影響。

假設二（H_2）：景觀餐廳意象對忠誠度具有正向直接顯著的影響。

假設三（H_3）：知覺價值對忠誠度具有正向直接顯著的影響。

假設四（H_4）：轉換成本會干擾景觀餐廳意象與消費者忠誠度間的關係。

假設五（H_5）：轉換成本會干擾知覺價值與消費者忠誠度間的關係。

17-2-3　潛在變數之操作型定義與衡量

為了檢驗上述之研究假說，本研究試圖將概念性模型予以操作化，並建構相對應的問項。根據圖17-2的概念性模型，本論文之研究變數包含景觀餐廳意象、知覺價值、忠誠度與轉換成本等。以下為本研究之研究變數的操作型定義之陳述，至於原始問卷請讀者自行參閱附錄三。

(一) 景觀餐廳意象

Martineau（1958）認為在消費者決策中，有一種力量在運作，使消費者傾向惠顧與自我意象一致的商店，他將這種力量稱之為商店意象。據此，本研究將景觀餐廳意象定義為一種包含功能性特質、心理層面屬性及長期經驗的態度，本質上是複雜而

非單獨的特性，它是消費者心中對景觀餐廳的整體意象，透過與其他餐廳比較後所產生之知覺的主觀想法，內化爲個人知覺的整體意象。衡量上，將參考陳榮芳、葉惠忠、蔡玉雯、李麗娟（2006）及Kisang、Heesup and Tae-Hee（2008）所使用之商店意象的衡量問項，再依古坑華山景觀餐廳現場實察作修改與刪減。因此，將採用商品、服務、便利、商店環境、促銷及附加服務等六個子構念，計二十一個問項，衡量景觀餐廳意象。衡量時，將以Likert的七點尺度衡量，分別以「極不同意」、「很不同意」、「不同意」、「普通」、「同意」、「很同意」與「極爲同意」區分成七個等級，並給予1、2、3、4、5、6、7的分數，分數愈高表示景觀餐廳消費者對商店意象的感受同意程度愈高。表17-1將顯示出景觀餐廳意象構念之子構念與衡量題項。

表17-1　景觀餐廳意象構念的衡量題項

構念	衡量題項
商品 im1	1. 餐飲品質好，新鮮度佳（im1_1）。 2. 餐飲商品種類多，選擇性高（im1_2）。 3. 餐飲價格合理（im1_3）。 4. 菜單內容會不定時更換（im1_4）。
服務 im2	5. 服務人員親切有禮，服裝整齊（im2_1）。 6. 服務人員會主動提供餐點之訊息（im2_2）。 7. 服務人員結帳時，快速準確（im2_3）。 8. 服務人員出餐快速，等待食物時間短（im2_4）。
便利 im3	9. 營業時間滿足需要（im3_1）。 10. 周邊交通便利，地點易達（im3_2）。 11. 停車空間足夠（im3_3）。
商店環境 im4	11. 店內裝潢高雅舒適，氣氛良好（im4_1）。 12. 燈光音樂宜人（im4_2）。 13. 店內環境舒適整潔（im4_3）。 14. 走道空間寬敞，不會影響鄰座客人的交談（im4_4）。
促銷 im5	16. 配合節慶主題性有促銷活動（im5_1）。 17. 發行貴賓卡成立會員俱樂部（im5_2）。 18. 提供商品折價券（im5_3）。
附加服務 im6	19. 店內提供無線上網（im6_1）。 20. 可使用信用卡付款（im6_2）。 21. 提供書報雜誌閱讀（im6_3）。

(二) 知覺價值

Zeithaml（1988）定義知覺價值為消費者對產品或服務衡量其「所獲得的東西」和「所付出的代價」後，對產品效用所做的整體性評估，此即指顧客對產品或服務的知覺評價結果，也就是知覺利益（perceived benefits）與知覺成本（perceived costs）之間的抵換結果。本研究所指的知覺價值為消費者在付出的知覺成本（包含貨幣與非貨幣的成本）與獲得的知覺利益之間的落差，其為影響消費者購買意願的因素之一。衡量上，將參考Yang and Peterson（2004）所使用之問項作為衡量依據，再依古坑華山景觀餐廳現場實察做修改與刪減，並經過檢測修正問卷，結果共有四題，如表17-2所示。

(三) 忠誠度

Oliver（1997）將顧客忠誠度的定義為消費者重複購買某商品或使用某特定服務的高度承諾，先產生於消費者態度層面，進而表現於外在購買行為，即使面臨情境改變或是競爭者的影響，仍不會改變對於該產品或服務未來持續性使用的意願與行為。本研究所指之忠誠度為顧客對某產品或服務維持長久關係之承諾，表現於行為或是態度兩方面，其為企業長久獲利之要素之一。衡量上，將參考簡惠珠（2006）所使用之問項作為衡量依據，再依古坑華山景觀餐廳現場實察作修改與刪減，並經過檢測修正問卷，共有五題，如表17-3所示。

表17-2　知覺價值構念衡量的題項

構念	衡量題項
知覺價值 pv	1. 和其他同業相較，本餐廳服務或商品非常吸引我（pv1）。 2. 和其他同業相較，本餐廳物超所值（pv2）。 3. 和其他同業相較，本餐廳提供了較多的免費服務（pv3）。 4. 和其他同業相較，本餐廳提供比我預期更高的價值（pv4）。

表17-3　忠誠度構念衡量的題項

構念	衡量題項
忠誠度 ly	1. 本餐廳會是我優先的選擇（ly1）。 2. 我願意再來本餐廳消費（ly2）。 3. 我認為我是本餐廳的忠實顧客（ly3）。 4. 我會向本餐廳申請貴賓卡（ly4）。 5. 我會主動向親朋好友介紹本餐廳（ly5）。

(四) 轉換成本

Jones et al.（2000）認為影響轉換意願之因素不應只有消費者對品牌的評價，也應該包含消費者在客觀條件的限制下對轉換至其他業者的成本評估。因此定義轉換成本為能增加轉換困難度或妨礙消費者轉換行為之相關因素，如有形的貨幣成本及無形的時間、精神成本，這些概念統稱為轉換障礙（switch barriers）。本研究所指之將轉換成本定義為在產品或服務轉換過程中，所需額外花費之有形或無形成本的評估。衡量上，將參考Yang and Peterson（2004）所使用之問項作為衡量依據，再依古坑華山景觀餐廳現場實察作修改與刪減，並經過檢測修正問卷，共有三題，如表17-4所示。

表17-4　轉換成本構念衡量的題項

構念	衡量題項
轉換成本 sc	1. 我覺得轉換到另一間餐廳是費時費力的（sc1）。 2. 轉換到另一間餐廳需花費較高的成本（sc2）。 3. 我覺得要轉換到其他餐廳消費是一件麻煩的事（sc3）。

17-3　連續型干擾效果

當結構模型中的某特定路徑的係數值會受到某連續型變數的影響，而改變路徑係數的方向或大小時，這種干擾效果就稱為連續型干擾效果。例如：圖17-1中，當干擾變數的值較高時，P_{13}的值為正；但當干擾變數的值較低時，P_{13}的值為負。也就是說，自變數與依變數間的關係會受到連續型干擾變數的值而改變。當然，若無顯著的干擾效果存在時，那麼，自變數與依變數間的關係即為恆定。

17-3-1　建立交互作用項的方法

干擾變數與中介變數之最大的差異在於，干擾變數不受自變數的影響，而中介變數會受自變數的影響。因此，對於「自變數→依變數」的關係變化，若以傳統統計學來看，其實就是種由干擾變數與自變數間之交互作用項（interaction items）所引起的效果。然而，進行連續型變數的干擾效果檢定時，研究者並非直接以干擾變數的觀察值與自變數形成連續型的交互作用項，然後再來觀察交互作用項對依變數的影響效果。而是先將連續型干擾變數轉化為乘積項（product term）後，再觀察交互作用項

所造成的變化是否顯著。由此，應不難理解，於進行連續型干擾效果檢定時，研究者應關注兩個重點，一爲連續型干擾變數轉化爲乘積項的方法；二爲交互作用項的形成方式。

(一) 連續型干擾變數轉化爲乘積項的方法

在SmartPLS的干擾效果檢定過程中，於產生交互作用項前，針對連續型干擾變數與自變數的先行處理過程，即稱爲「乘積項產生」（product item generation）過程。原始干擾變數的觀察值與自變數若能經過適當的轉換將有利於避免未來產生的交互作用項和原始的自變數、干擾變數間的共線性問題產生。而這些轉換後的連續型干擾變數與自變數又稱爲乘積項（product item）。乘積項的產生過程大致有三種選項，如圖17-3：

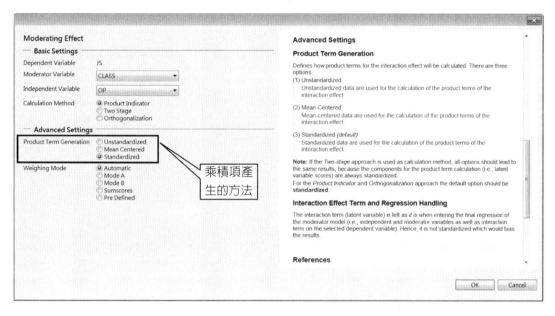

圖17-3 乘積項的產生方式

1. 非標準化過程（Unstandardized）

採用本方法製作乘積項時，將不會把干擾變數之觀察值資料予以標準化，而是使用原始觀察資料。因此，用於分析干擾效果的交互作用項即是干擾變數原始觀察值與自變數原始觀察值的乘積。

2. 置中平減（或稱中心化）法（Mean Centered）

　　根據Aiken & West（1991）的研究，在進行干擾效果檢定前，若能針對干擾變數的觀察值以置中平減法或標準化法進行預處理，則將有助於避免多元共線性問題的發生。置中平減的作法，是利用描述性統計分析將干擾變數觀察值的平均數求出。接著將各觀察值減掉該平均數後創造出新的觀察值（統稱為乘積項）。然後，再利用這些置中平減後的觀察值來形成交互作用項。也就是說，未來用於分析干擾效果的交互作用項即是干擾變數之置中平減後數值與自變數之置中平減後數值的乘積。

3. 標準化（Standardized）法

　　類似置中平減法，標準化法是SmartPLS產生乘積項時預設的方法。標準化法會先將干擾變數與自變數的觀察值予以標準化，所產生的標準化觀察值即為乘積項。後續即可利用這些標準化觀察值形成交互作用項。亦即，未來用於分析干擾效果的交互作用項即是擾變數之標準化觀察值與自變數之標準化觀察值的乘積。

(二) 交互作用項的形成方式

　　PLS-SEM中有兩種常用的交互作用項建立方法：乘積指標法（product indicator approach）與兩階段法（two-stage approach）。

1. 乘積指標法

　　乘積指標法的作法係將自變數（外衍潛在變數）以及干擾變數之各指標的觀察值先予以平減化後再相乘，以產生交互作用項的方法，如圖17-4。圖17-4中，Y_1與M都是屬於具有兩個反映性指標的構念，Y_1為自變數、M為干擾變數，$Y_1 \times M$即為交互作用項（構念）。$Y_1 \times M$構念共具有四個指標（皆為反映性），每個指標都是自變數以及干擾變數之各指標的平減化觀察值的乘積。

2. 兩階段法

　　由圖17-4顯見，自變數與干擾變數皆為反映性構念。但是，當自變數與干擾變數為形成性構念時，乘積指標法並不適用，在這種情形下，Hair et al.（2014）建議使用兩階段法。透過兩階段法就可使乘積指標法運用於形成性構念中。兩階段法的執行步驟如下：

階段1：於模型中，先刪除交互作用項，只保留主要效果構念。然後進行估計，以求取潛在變數的得分（latent variable score, LVS），並將該得分資料新增至資料檔中並存檔。

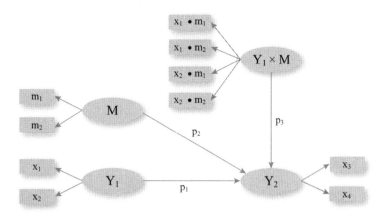

圖17-4　乘積指標法

階段一

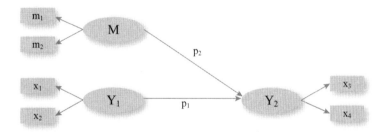

階段二

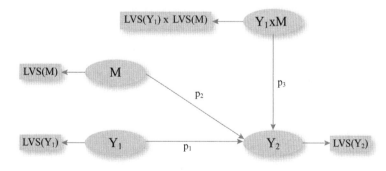

圖17-5　兩階段法

階段2：以自變數的得分與干擾變數的得分，分別當作主效果（自變數與干擾變
　　　　數）的單一指標。然後，將自變數的得分與干擾變數的得分相乘，而成
　　　　為交互作用項的單一指標，如圖17-5。

兩階段法不僅適合於形成性測量模型，也適合於所有構念皆為反映性的測量模型（Hair et al., 2014）。Henseler and Chin（2010）的模擬研究發現，若研究的主軸較強調於參數估計的正確性與假設的驗證時，則乘積指標法會是較好的方法；而若研究者較關注於預測時，那麼就應使用兩階段法。

17-3-2 檢定連續型干擾效果

▶ 範例17-1

參考第17-2節中對範例模型的說明，論文【景觀餐廳意象、知覺價值與忠誠度—轉換成本的干擾效果】的問卷題項，如表17-1～17-4。其資料檔為Mo_Restaurant Image.csv，請依概念性模型建立研究模型圖，並檢驗轉換成本的干擾效果是否存在？

依題意，論文「景觀餐廳意象、知覺價值與忠誠度—轉換成本的干擾效果」中，將檢定「轉換成本」的干擾效果是否存在？模型的構念中，「景觀餐廳意象」構念為反映性—反映性類型HCM，其餘「知覺價值」、「忠誠度」與「轉換成本」都是一階構念。故將依循Hair et al.（2014）的建議，可利用重複指標法建立主效果模型（干擾_主效果_RIP_Restaurant Image.splsm），如圖17-6。

由於「轉換成本」構念的指標觀察值屬於連續型資料，因此檢驗其干擾效果時，將使用連續型干擾變數檢定程序。在此，將檢驗兩種干擾效果，

假設四（H_4）：轉換成本會干擾景觀餐廳意象與消費者忠誠度間的關係。

假設五（H_5）：轉換成本會干擾知覺價值與消費者忠誠度間的關係。

其步驟如下：

操作 步驟

步驟1：直接開啟模型圖。於工作空間「E:\my_pls」中，已建好一名為「干擾_Restaurant Image」的專案。專案中也已畫好名為「干擾_主效果_RIP_Restaurant Image.splsm」的模型圖，該模型圖所配適的資料檔為「Mo_Restaurant Image.csv」，共有367筆資料。請於「干擾_主效果_RIP_Restaurant Image」項目上快按兩下，即可開啟本範例的模型圖，如圖17-6所示。模型圖中，IM代表景觀餐廳意象構念、PV為知覺價值構

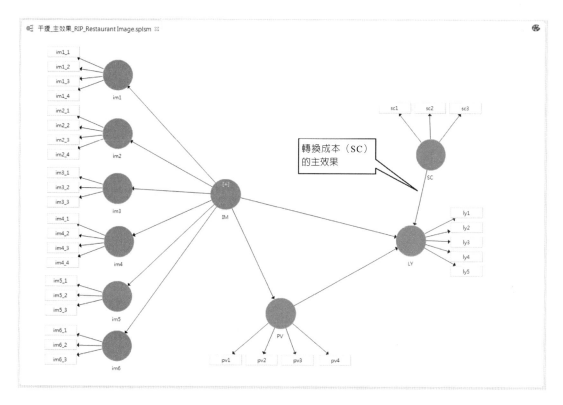

圖17-6　主效果模型（干擾_主效果_RIP_Restaurant Image.splsm）

念、LY為忠誠度構念、SC為轉換成本構念。

步驟2：新增交互作用項。首先將驗證SC於「IM→LY」的路徑上是否具有干擾效果。故SC除於依變數「LY」上具有主效果外，應該尚有交互作用項。先選取「LY」，然後按滑鼠右鍵，待出現快顯功能表後，選取「Add Moderating Effect」功能，即可跳出「Moderating Effect」設定視窗。

步驟3：設定「Moderating Effect」視窗。「Moderating Effect」視窗已顯示「Dependent Variable」為「LY」，接著將「Moderator Variable」設定為「SC」、「Independent Variable」設定為「IM」。交互作用項的計算方式（Calculation Method）設定為「Product Indicator」，最後於進階設定中，為避免共線問題產生請設定以「Mean Centered」方式產生乘積項，如圖17-7。

步驟4：完成交互作用項的設定。於「Moderating Effect」視窗設定完成後，按

「OK」鈕後，即可於原始模型圖中建立「SC x IM」的交互作用項。並請將交互作用項的名稱改爲「SC x IM」，如圖17-8。

步驟5：估計參數並運用拔靴法檢驗各參數的顯著性。在原始模型圖畫面（干擾_主效果_RIP_Restaurant Image.splsm）中，執行「Calculate/Algorithm」與「Calculate/Bootstrapping」以估計參數並運用拔靴法檢驗各參數的顯著性。

步驟6：查看參數估計值的檢定結果。執行「Bootstrapping」功能成功後，視窗中將新增一個「Bootstrapping (Run No.1)」標籤頁。在「Bootstrapping (Run No.1)」標籤頁中，於視窗下半部選取「Path Coefficients」分報表，即可顯示出各路徑關係的檢定結果，如圖17-9。

由圖17-9可見，「SC x IM→LY」的路徑係數值爲-0.04，t值爲2.350，大於1.96，顯見「SC」的干擾效果顯著。即轉換成本會干擾「景觀餐廳意象→忠誠度」的路徑關係。

步驟7：查看簡單斜率分析（simple slope analysis）結果。在「PLS Algorithm (Run No.1)」標籤頁中，於視窗下半部選取「Simple Slope Analysis」分報表，即可以顯示簡單斜率分析圖，如圖17-10。

若交互作用項達顯著，則簡單斜率分析上的直線會呈現不平行的狀態，

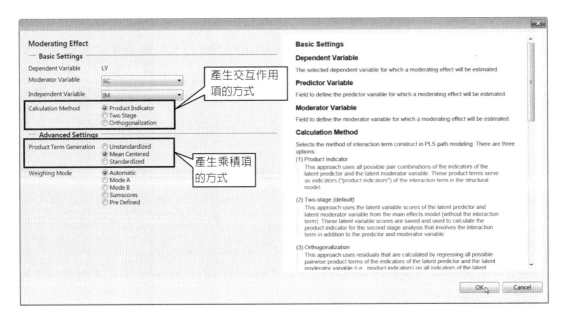

圖17-7　「Moderating Effect」設定視窗

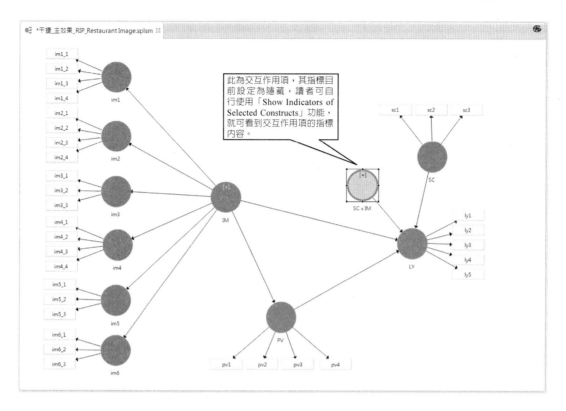

圖17-8　完成交互作用項的設定

Path Coefficients

	Original Sample (O)	Sample Mean (M)	Standard Deviation (STDEV)	T Statistics (|O/STDEV|)	P Values
IM -> im4	0.822	0.823	0.021	39.665	0.000
IM -> im3	0.791	0.792	0.023	34.934	0.000
IM -> im6	0.773	0.773	0.026	29.465	0.000
IM -> im5	0.757	0.758	0.028	26.687	0.000
IM -> im1	0.757	0.757	0.034	22.240	0.000
IM -> im2	0.752	0.753	0.034	22.256	0.000
IM -> PV	0.507	0.509	0.047	10.690	0.000
PV -> LY	0.256	0.253	0.063	4.044	0.000
SC -> LY	0.230	0.227	0.056	4.111	0.000
IM -> LY	0.215	0.216	0.055	3.903	0.000
SC x IM -> LY	-0.040	-0.047	0.017	2.350	0.019

圖17-9　交互作用項「SC x IM」的檢定

甚至相交。由圖17-10的簡單斜率分析可發現，以轉換成本分別在平均數正、負一個標準差的情況下，在低轉換成本時（紅線）的斜率似乎輕微的大於高轉換成本時（綠線）。代表著低轉換成本時，「景觀餐廳意象→忠誠度」的路徑關係較強，而高轉換成本時「景觀餐廳意象→忠誠度」的路徑關係較弱（即干擾效果爲負之意）。

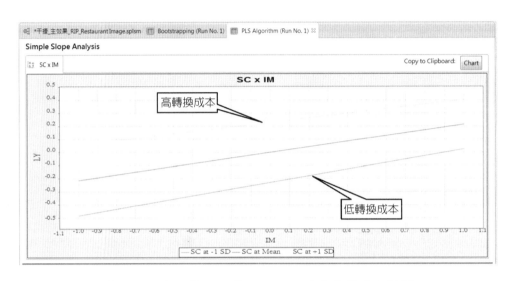

圖17-10　交互作用項「SC x IM」的簡單斜率分析圖

步驟8：檢驗SC於「PV→LY」的路徑上是否具有干擾效果。接著，於模型圖畫面（干擾_主效果_RIP_Restaurant Image.splsm）中，選取交互作用項「SC x IM」，然後於其上快按滑鼠兩下，就可再度開啟「Moderating Effect」視窗。此時，請將「Independent Variable」設定爲「PV」，其他設定不變，就可建立「SC x PV」的交互作用項。將交互作用項的名稱改爲「SC x PV」，就可完成交互作用項「SC x PV」的設定工作。

步驟9：重複步驟5到步驟7的執行過程，就可得到交互作用項「SC x PV」的檢定結果（圖17-11）與簡單斜率分析圖（圖17-12）。

步驟10：由圖17-11可見，「SC x PV→LY）」的路徑係數值爲-0.017，t值爲0.808，小於1.96，顯見「SC」的干擾效果並不顯著。即轉換成本不會干擾「知覺價值→忠誠度」的路徑關係。再由圖17-12的簡單斜率分析可發現，所有的直線呈現平行狀態，轉換成本於「知覺價值→忠誠度」上的干擾效果並不顯著。

*干擾_主效果_RIP_Restaurant Image.splsm | PLS Algorithm (Run No. 2) | Bootstrapping (Run No. 2)

Path Coefficients

Mean, STDEV, T-Values, P-Values | Confidence Intervals | Confidence Intervals Bias Correcte... | Samples | Copy to Clipboard: Excel Format | R Format

	Original Sample (O)	Sample Mean (M)	Standard Deviation ...	T Statistics (|O/STDE...	P Values
IM -> LY	0.213	0.213	0.055	3.888	0.000
IM -> PV	0.507	0.508	0.047	10.845	0.000
IM -> im1	0.757	0.757	0.034	22.258	0.000
IM -> im2	0.752	0.750	0.035	21.642	0.000
IM -> im3	0.791	0.790	0.022	36.031	0.000
IM -> im4	0.822	0.822	0.021	39.610	0.000
IM -> im5	0.757	0.757	0.028	26.882	0.000
IM -> im6	0.773	0.773	0.026	30.297	0.000
PV -> LY	0.273	0.274	0.067	4.096	0.000
SC -> LY	0.232	0.229	0.058	3.966	0.000
SC x PV -> LY	-0.017	-0.022	0.020	0.808	0.419

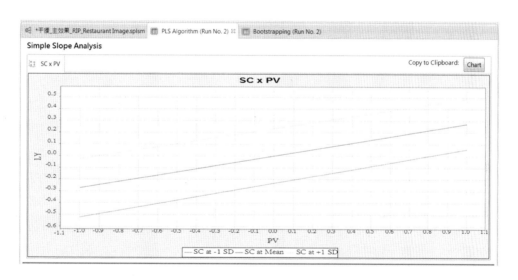

圖17-11　交互作用項「SC x PV」的檢定

圖17-12　交互作用項「SC x PV」的簡單斜率分析圖

步驟11：詳細操作過程，讀者亦可自行參閱影音檔「ex17-1.wmv」。

▶ 總結

經檢驗轉換成本分別於「景觀餐廳意象→忠誠度」與「知覺價值→忠誠度」等路徑之干擾效果後，將檢定結果彙整成表17-5。由表17-5可知，轉換成本於「知覺價值→忠誠度」路徑上的干擾效果並不顯著。

而「SC x IM→LY」的路徑係數值為-0.04，t值為2.350，大於1.96，顯見「SC」的干擾效果顯著。即轉換成本會干擾「景觀餐廳意象→忠誠度」的路徑關係。且由於「SC x IM→LY」的路徑係數值為負，或由圖17-10的簡單斜率分析結果，可推論：當景觀餐廳的特質屬低轉換成本時，「景觀餐廳意象→忠誠度」的路徑關係較強，而高轉換成本時「景觀餐廳意象→忠誠度」的路徑關係較弱。也就是說，當景觀餐廳的特質屬低轉換成本時，業者於經營或行銷上，應著重於景觀餐廳意象的形塑，如此才能增強消費者的忠誠度。而屬高轉換成本時，則忠誠度可能會因高轉換成本的因素，而維持於一定的水準，導致較無法確認意象的形塑對忠誠度的真正影響效果。

表17-5　干擾效果檢定表

假設	路徑	係數值	t值	檢定結果
H_4	SC x IM→LY	-0.04	2.350	成立
H_5	SC x PV→LY	-0.017	0.808	不成立

17-4　類別型干擾效果

當結構模型中的某特定路徑的係數值會受到類別型變數的干擾時，此時的干擾效果就稱為類別型干擾效果。這種類別型干擾變數通常就是指受訪者的基本資料項，如性別、婚姻狀態、工作年資（一年以上或以下）、收入（高或低）等類別型資料。

▶ 範例17-2

參考第17-2節中對範例模型的說明，論文【景觀餐廳意象、知覺價值與忠誠度─轉換成本的干擾效果】的問卷題項，如表17-1～17-4。其資料檔為Mo_Restaurant Image.csv，請依概念性模型建立研究模型圖，並檢驗受訪者性別的干擾效果是否存在？

在SmartPLS中，若研究者所關注的議題是某特定路徑的關係，是否會受類別型變數的干擾時，就屬於本範例所要示範的「類別型干擾效果」。另一方面，若研究者所關注的議題是模型中所有的路徑關係，是否會受類別型變數的干擾時，那就屬於「多群組分析」（multi-group analysis）的範疇了。

在本範例中，我們將檢驗「景觀餐廳意象→忠誠度」的路徑關係，是否會受到受

訪者性別的干擾。故應使用類別型干擾效果的檢驗程序進行驗證。詳細步驟如下：

操作 步驟

步驟1：直接開啟模型圖。於工作空間「E:\my_pls」中，已建好一名為「干擾_Restaurant Image」的專案。專案中也已畫好名為「干擾_原始_RIP_Restaurant Image.splsm」的模型圖，該模型圖所配適的資料檔為「Mo_Restaurant Image.csv」，共有367筆資料。請於「干擾_原始_RIP_Restaurant Image」項目上快按兩下，即可開啟本範例的模型圖。模型圖中，IM代表景觀餐廳意象構念、PV為知覺價值構念、LY為忠誠度構念。

步驟2：新增「性別」主效果。由於將驗證「性別」於「IM→LY」的路徑上是否具有干擾效果。因此，於依變數「LY」上，應先設定「性別」主效果。設定時，首先在左下角的「Indicators」頁面中，選取「性別」指標，然後拖曳至模型中的適當位置，即可畫出具單一指標的構念，請將該構念的名稱更名為「性別」。接著再從「性別」構念端畫連接線至依變數「LY」，如此即可於原始模型中，新增「性別」主效果。

步驟3：新增交互作用項。首先將驗證「性別」的干擾效果。故「性別」除於依變數「LY」上具有主效果外，應該尚有交互作用項。先選取「LY」，然後按滑鼠右鍵，待出現功能表後，選取「Add Moderating Effect」功能，即可跳出「Moderating Effect」設定視窗。

步驟4：設定「Moderating Effect」視窗。「Moderating Effect」視窗已顯示「Dependent Variable」為「LY」，接著將「Moderator Variable」設定為「性別」、「Independent Variable」設定為「IM」。交互作用項的計算方式（Calculation Method）設定為「Product Indicator」，最後於進階設定中，請設定以「Unstandardized」方式產生乘積項，如圖17-13。之所以用「Unstandardized」方式產生乘積項是因為「性別」本身已是一個二分類變數，不用再進行轉換的緣故。

步驟5：完成交互作用項的設定。於「Moderating Effect」視窗設定完成後，按「OK」鈕後，即可於原始模型圖中建立「性別 x IM」的交互作用項。並請將交互作用項的名稱改為「性別 x IM」，如圖17-14。

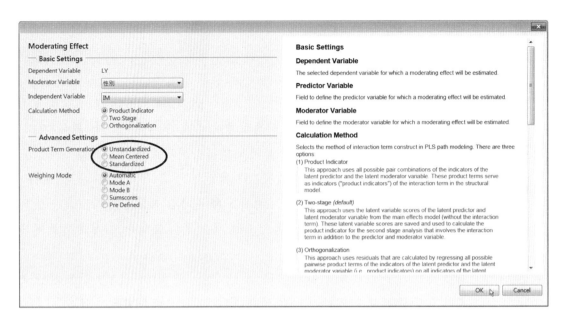

圖17-13　「Moderating Effect」設定視窗

步驟6：估計參數並運用拔靴法檢驗各參數的顯著性。在原始模型圖畫面（干擾_原始_RIP_Restaurant Image.splsm）中，執行「Calculate/Algorithm」與「Calculate/Bootstrapping」以估計參數並運用拔靴法檢驗各參數的顯著性。

步驟7：查看參數估計值的檢定結果。執行「Bootstrapping」功能成功後，視窗中將新增一個「Bootstrapping (Run No.1)」標籤頁。在「Bootstrapping (Run No.1)」標籤頁中，於視窗下半部選取「Path Coefficients」分報表，即可顯示出各路徑關係的檢定結果，如圖17-15。

由圖17-15可見，「性別 x IM→LY」的路徑係數值為0.114，t值為1.653，小於1.96，顯見「性別」的干擾效果並不顯著。即性別並不會干擾「景觀餐廳意象→忠誠度」的路徑關係。

步驟8：詳細操作過程，讀者亦可自行參閱影音檔「ex17-2.wmv」。

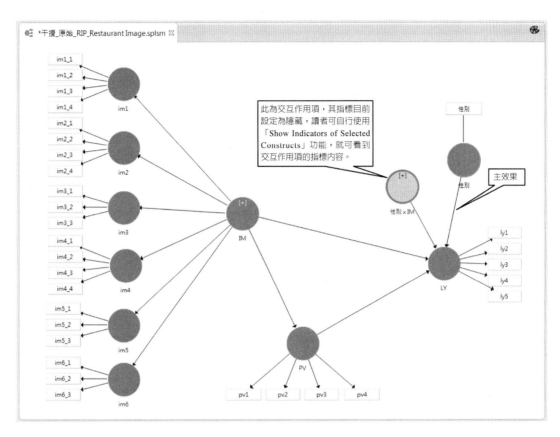

圖17-14　完成交互作用項（性別 x IM）的設定

Path Coefficients

	Original Sample (O)	Sample Mean (M)	Standard Deviation (STDEV)	T Statistics (|O/STDEV|)	P Values
IM -> LY	0.008	-0.045	0.151	0.055	0.956
IM -> PV	0.507	0.507	0.047	10.713	0.000
IM -> im1	0.757	0.756	0.035	21.772	0.000
IM -> im2	0.752	0.752	0.034	22.078	0.000
IM -> im3	0.791	0.791	0.022	35.417	0.000
IM -> im4	0.822	0.823	0.021	39.586	0.000
IM -> im5	0.757	0.757	0.029	25.660	0.000
IM -> im6	0.773	0.774	0.026	29.882	0.000
PV -> LY	0.352	0.352	0.056	6.303	0.000
性別 -> LY	-0.366	-0.439	0.194	1.887	0.059
性別 x IM -> LY	0.114	0.142	0.069	1.653	0.099

圖17-15　交互作用項「性別 x IM」的檢定

▶ **總結**

本範例之主要目的在檢驗受訪者性別是否會干擾「餐廳意象→忠誠度」的關係。經干擾效果分析後，由圖17-15顯見，交互作用項「性別 x IM」對忠誠度（LY）的干擾效果值為0.114，t值為1.653，小於1.96，不顯著。因此推論「性別」的干擾效果並不顯著。即性別並不會干擾「景觀餐廳意象→忠誠度」的路徑關係。

17-5　多群組分析

多群組分析的檢定內容與類別型干擾效果相當類似，都是以類別型的變數當作干擾變數，所不同的是多群組分析所關注的議題是模型中所有的路徑關係，是否會受類別型變數的干擾。也就是說，多群組分析所重視的是群組間的差異是否存在。而類別型變數在多群組分析中所扮演的角色通常就是「分群」的功能。因此，多群組分析中，會將原始的樣本依特定的類別型變數而分群（通常分為兩群），然後再比較各分群中測量模型或結構模型中的所有參數（如因素負荷量、路徑係數）是否相等。如果多群組分析的目的是檢測測量模型中的所有參數是否相等時，通常稱之為測量恆等性（measurement invariance）檢測或測量一致性（measurement equivalence）檢測。而用在結構模型時，則稱為模型泛化（model generalization）的檢測。

測量恆等性的檢測常會使用在量表開發的論文或跨文化、性別差異等跨群組的研究中。在有關跨群組的研究中，研究者均會詳實的依據理論架構建立模型，並對模型中的各構念提出若干的指標變數（或題項），並請受試者就本身實際情況進行李克特式評估，以取得評估結果（樣本資料）。分析資料時，研究者也常依不同的構念對各題項進行加總平均，以求取受試者在各構念上的分數，最後依此結果以比較不同族群間的差異性或進行因果模型驗證。然而，值得注意的是，上述構念分數的計算卻可能是有問題的，其原因在於研究者並未確認每道測量題目對不同族群的受試者而言，是否具有相等的意義（施俊名、吳裕益，2008），此即所謂的測量恆等性問題。如Meredith（1993）就曾提及在進行跨群組的比較研究前，必須要先確保量表具有測量恆等性，亦即每道測量題目與所屬構念之間的因素負荷量、變異數與共變數以及誤差變異量，在不同族群之間必須是恆等的，否則原始分數及潛在構念分數計算出來的結果若不相同，則將導致衍生出許多爭議以及錯誤的結果推論（Cheung & Rensvold, 1998）。在SmartPLS中，進行測量恆等性時，將只專注在指標的因素負荷量或權重

的估計值，於兩群體間是否具有顯著的差異。當然，研究者通常都是希望由類別型變數所劃分的各群組間的差異是不顯著的。

而多群組分析技術若被使用在結構模型時，其討論的議題則大部分是在檢測研究者所開發之模型的可泛化程度（generalizability）或穩健程度。所謂模型的可泛化程度意味著概念性模型，不會因受訪者特質、抽樣地點的差異而產生變化，模型中各構念間的路徑關係會恆久不變之意。一般運用結構模型分析的論文，常於蒐集一個資料集後，即開始驗證研究者所建立的概念性模型（假設模型），從而獲致分析結果，進而驗證各構念因果關係是否顯著，再透過與文獻對話而進行討論，最後論述具體研究成果與意涵。然而，卻也不難發現，這類論文的研究限制常出現類似下列的文字敘述。基本上，這些限制其實都屬於模型的泛化（概化、一般化）問題。

一、本研究採用立意抽樣法以尋找已婚之自行車活動參與者為研究對象。在此抽樣方式下，研究結果的推廣性難免受限。

二、本研究之活動對象為自行車活動參與者，可能無法概化至所有遊憩活動，後續研究可進一步延伸至其他遊憩活動參與者，並藉以檢驗研究模式的效度延展性。

三、本研究僅針對中部地區自行車活動參與者進行調查研究，並未包含其他地區之自行車活動參與者，後續研究可考慮將研究對象擴展至其他地區之自行車活動參與者，以探討研究模式的適用性。

有趣的是，研究者明知這些問題都屬模型的泛化問題，然卻也未曾於其論文中，檢驗泛化問題。最主要的原因在於，或許研究者驗證出所提出的概念性模型後，已經有氣無力了，實在懶得再去蒐集另一群組的資料集來檢驗泛化問題；也或許怕冒風險，因為資料具有隨機性，新蒐集的資料集於檢驗泛化問題時不一定能成功，而避免落入「了時又了力」、「拿磚塊砸腳」的窘境；更大的原因，也或許研究者認為，能以目前的研究為基礎，由泛化問題而可再衍生出另一篇論文也說不定。

在SmartPLS中，進行多群組分析時，檢定因素負荷量、權重（測量恆等性）或路徑係數（模型泛化）的方法有三種：

一、Partial Least Squares Multi-Group Analysis（PLS-MGA）

在SmartPLS中的PLS-MGA法，是以Henseler et al.（2009）的MGA法為基礎所開發出來的（Sarstedt et al., 2011）。PLS-MGA方法是種以PLS-SEM拔靴結果為基礎，

而對兩分群進行差異性檢定的無母數顯著性檢定技術。在顯著水準為0.05的情形下，PLS-MGA顯著性（significance）若小於0.05時，則兩群組的差異性就顯著。

二、參數檢定法（Parametric Test）

顧名思義，參數檢定法就是一種以參數顯著性檢定為基礎的檢定法，當進行跨群組的恆等性檢定時，在SmartPLS中，就可利用參數檢定法就各群組的PLS-SEM結果進行跨群組的差異性檢定。進行此檢定時，會先假設兩群組中的特定參數之變異數「相等」，然後再就該參數於兩群組間的差異性進行檢定。

三、Welch-Satterthwait檢定法（Welch-Satterthwait Test）

Welch-Satterthwait檢定法與參數檢定法相似，也是一種以參數顯著性檢定為基礎的檢定法，當進行跨群組的恆等性檢定時，會利用PLS-SEM的估計結果進行跨群組的差異性檢定。與參數檢定法最大的不同是進行此檢定時，會先假設兩群組中的特定參數之變異數「不相等」，然後再就該參數於兩群組間的差異性進行檢定。

▶ 範例17-3

陳同學完成論文【第一線服務人員工作熱情與工作滿意度關係之研究：情緒勞務策略的中介角色】（請參考第16-3節的範例模型說明）之資料蒐集（Passion_臺中.sav, 298份有效樣本）後，即刻進行統計分析，待論文完稿後，隨即投稿某國際知名期刊。2個月後，收到期刊首次的審核意見。其中，有位匿名審核者提出了下列問題：

The paper deals with an interesting topic, but at this stage I do not have the impression that it is suitable for publication. I would elaborate on the theoretical background as well as the empirical study. Especially, a second study is desirable to see whether the results can be replicated. Moreover, a second data collection would offer the possibility to integrate moderators and additional dependent variables, and thus, increase the paper's contribution.

試問，陳同學該如何回應審核者的意見？

當然，期刊投稿過程中，審核者的意見也是見仁見智。不過，對於投稿者來說，為了稿件能被接受，投稿者應有的認知是「審核者最大，遵從便是」。

陳同學閱讀了審核者上述的審核意見後，尤其是「whether the results can be replicated」這句話，當下心就死了一半，因為遇到大麻煩了。原因在於，審核者的

重點就是在質疑陳同學於論文中所建之概念性模型的泛化問題。原則上，要解決這類的模型泛化問題，必須再蒐集一份異質性的資料集（如調查地點不同），然後再配適概念性模型一次，看看兩次結果中，各路徑係數是否具有差異性，若差異性顯著不存在，那麼就可推論概念性模型具有泛化性，亦即模型穩健，可一般化、概化至不同調查群組。

這真是個須要花時間、體力、耐力與心力，而且還不一定有好結果的任務啊！但是「做雞著筅，做人著反」，人在屋簷下，不得不低頭呀！認命吧！於是，陳同學只得再到另一地點（高雄），重新再進行問卷調查一次，且總共蒐集了260份有效樣本（Passion_高雄.sav），經分析完成後，寄修訂版回期刊。不久後，陳同學又再次收到了新的審核意見，如下：

Thank you for your adaptations which are totally fine to me. I have one minor issue: I would appreciate more information on sample 1 and sample 2, and how they are related or differ.

這當然是值得慶祝啦！因為再小修說明一下，高雄樣本和臺中樣本的差異性後，一篇頂級SSCI論文就到手了啊！接下來，就來示範陳同學檢驗模型泛化的過程吧！

操作步驟

步驟1：資料檔介紹。在本範例中，總共蒐集了兩個資料集，一為「Passion_高雄.sav」；另一為「Passion_臺中.sav」。兩個原始資料集中，除「工作熱情」、「情緒勞務策略」與「工作滿意度」等構念之主要題項（共30題）外，尚包含了「性別」、「婚姻狀況」、「年齡」、「教育」、「年資」等類別型受訪者基本資料。這些類別型的資料，為了將來能進行多群組分析，已將其值進行分組規劃，例如：性別分為女(1)、男(2)兩組；婚姻狀況分為未婚(1)、已婚(2)兩組；年齡分為20歲以下(1)、20歲以上(2)兩組；教育分為大學以下(1)、大學以上(2)兩組；年資分為一年以下(1)、一年以上(2)兩組。最後，為了將來檔案合併後，能分辨樣本的來源，因此，於資料檔中新增了一個變數「地點」，其值為1時，代表高雄；2則代表臺中。

步驟2：合併檔案。為了能運用多群組分析方式驗證模型的泛用性，須先將兩個資料集合併。合併後的檔案將命名為「Passion_all.csv」。進行多群組分析時，模型將配適「Passion_all.csv」，然後以6個類別變數分別當作分組變數，以檢驗跨群組（兩群）間，結構模型的路徑係數是否全部相等（模型泛化性）。

首先，在SPSS中開啟「Passion_高雄.sav」，然後，執行「資料／合併檔案／新增觀察值」。待開啟【選取檔案】對話框後，選取「Passion_臺中.sav」，然後按【開啟】鈕。隨即開啟【從……新增觀察值】對話框後，檢查變數都相同後，直接按【確定】鈕，即可完成合併檔案的作業。合併完成後，為能於SmartPLS中進行分析，請將檔案再另存新檔為「Passion_all.csv」。

步驟3：開啟研究模型並配適新的資料檔。於SmartPLS中選取「Passion」專案，請執行「File/Import Data File」，就可匯入資料檔「Passion_all.csv」。資料檔匯入完成後，尚須設定成「作用中檔案」，才能正確配適模型檔，首先於專案內點選「Passion_all.csv」，然後執行「File/Select Active Data File」，就可將「Passion_all.csv」設定為作用中檔案，並配適「MGA_Passion.splsm」模型圖，如圖17-16。

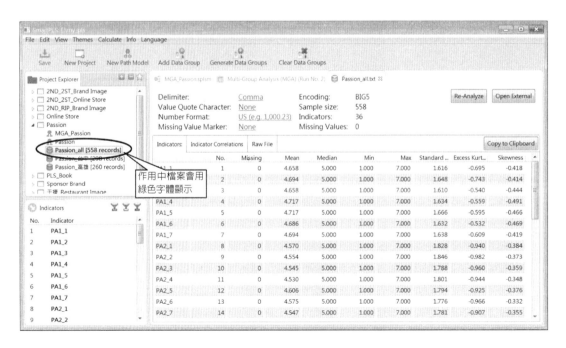

圖17-16　「Passion_all.csv」已匯入

步驟4：依類別型資料設定分群。匯入「Passion_all.csv」後，於開啓資料檔的
情況下（如圖17-16），按視窗上方的「Add Data Group」鈕，即可開啓
「Configure Data Group」視窗，首先對「地點」進行分群（1爲高雄；2
則代表臺中）。

於「Configure Data Group」視窗中，「Group Name」欄位中先輸入第
一個分群的名稱「高雄」，接著依圖17-17的設定內容，即可依類別型
資料「地點」而將「Passion_all.csv」分成兩群組（高雄、臺中）。設
定完成後，從圖17-18就可看出，兩依地點分群的群組樣本數。例如：
高雄有260個樣本；而臺中則有298個樣本。

步驟5：依步驟4，請讀者將「性別」分爲女、男兩群；「婚姻狀況」分爲未
婚、已婚兩群；「年齡」分爲20歲以下、20歲以上兩群；「教育」分爲
大學以下、大學以上兩群；「年資」分爲一年以下、一年以上兩群。完
成分群後，於「Passion_all.txt」視窗的「Data Group」頁面中，即可看

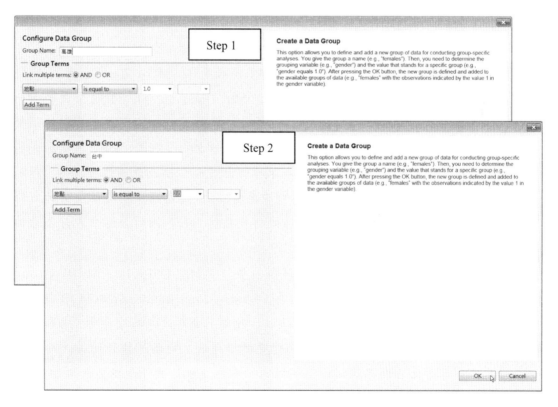

圖17-17　設定「地點」分群

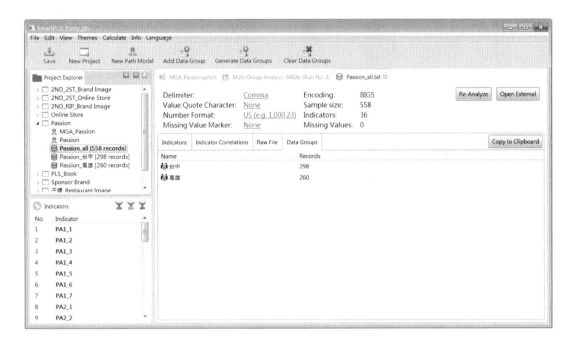

圖17-18　「地點」分群設定完成

到已分群的12個群組，如圖17-19所示。

步驟6：開啓模型圖。專案「Passion」中已畫好名爲「MGA_Passion.splsm」的模型圖，本模型圖與第16章所介紹的「Passion.splsm」模型圖一模一樣。請於「MGA_Passion」項目上快按兩下，即可開啓本範例的模型圖，如圖17-20所示。模型圖中共有5個構念，分別爲：HP代表諧和式熱情、OP爲強迫式熱情、DA爲深層演出策略、SA爲表層演出策略、JS則爲工作滿意度。此外，模型圖中共有8個假設路徑，多群組分析的目的就是要去檢驗這8個假設路徑之路徑係數，在不同的分群中，都不會具有顯著性的差異。

步驟7：進行多群組分析。顯示出模型圖後，執行「Calculate/Multi-Group Analysis (MGA)」。即可開啓「Multi-Group Analysis (MGA)」設定視窗，由於要檢定模型的泛化，故「地點」分群的效果最重要，若模型參數不會因調查地點不同，而能維持模型既有的路徑關係的話，那麼模型基本上已具有泛化性了。因此，首先就來檢驗「地點」分群的MGA分析。於「Multi-Group Analysis (MGA)」設定視窗中，在「Setup」

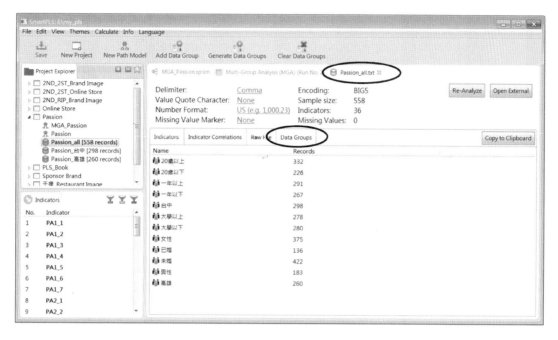

圖17-19　完成6類分群（共12分群）

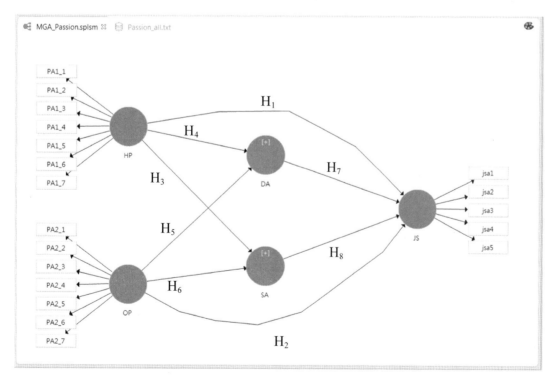

圖17-20　「MGA_Passion.splsm」的模型圖

頁面先將「Group A」設定為高雄；「Group B」設定為臺中，再完成「Partial Least Squares」頁面與「Bootstrapping」頁面的設定後，如圖17-21。按「Start Calculation」鈕即可開始執行多群組分析。

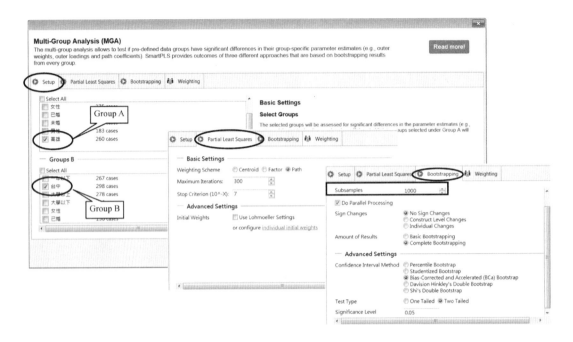

圖17-21　「Multi-Group Analysis (MGA)」視窗的設定

步驟8：查看多群組分析的結果。執行完成後，就可顯示出多群組分析的結果。由視窗的下方選擇「Path Coefficients」，將會顯示出結構模型中8條路徑在兩地點的差異檢定結果，建議研究者可分別查看PLS-MGA、Parametric Test與Welch-Satterthwait Test等三種差異性檢定的結果，如圖17-22。

步驟9：由圖17-22三種檢定結果皆顯示，在結構模型的8個路徑係數的檢定中，所有的顯著性（p-Value）皆大於0.05，顯見，結構模型的8個路徑係數不會因調查地點不同而產生差異，故符合模型可泛化的檢測原則。接著，請讀者自行針對「性別」、「婚姻狀況」、「年齡」、「教育」、「年資」等分群進行多群組分析，並製作表17-6（以PLS-MGA檢定法為例，且表格內數值為PLS-MGA檢定之p-value）。

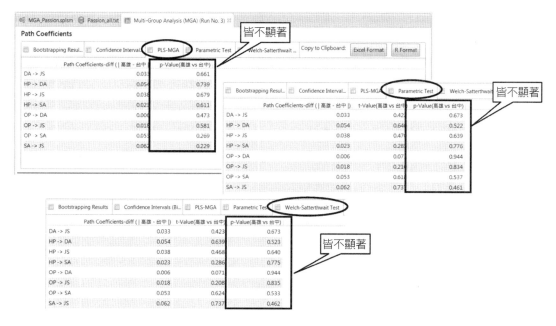

圖17-22　「地點」分群之差異性檢定結果

表17-6　多群組分析結果表（PLS-MGA檢定法）

路徑	地點	性別	婚姻狀況	年齡	教育	年資
DA -> JS	0.661	0.495	0.487	0.355	0.826	0.424
HP -> DA	0.739	0.200	0.422	0.478	0.188	0.472
HP -> JS	0.679	0.964	0.139	0.637	0.141	0.217
HP -> SA	0.611	0.909	0.275	0.693	0.815	0.741
OP -> DA	0.473	0.627	0.849	0.795	0.514	0.524
OP -> JS	0.581	0.906	0.289	0.966	0.961	0.533
OP -> SA	0.269	0.497	0.382	0.739	0.524	0.268
SA -> JS	0.229	0.342	0.452	0.059	0.214	0.830

註：表格內數值為PLS-MGA檢定之顯著性（p-value）。

步驟10：製作決策。由表17-6可明顯看出，經「地點」、「性別」、「婚姻狀況」、「年齡」、「教育」、「年資」等分群進行多群組分析後，結構模型的8個路徑係數，並不會因分群而產生差異，顯見概念性模型具有可泛化性或可稱模型具有可複製性（model replication）。

步驟11：詳細操作過程，讀者亦可自行參閱影音檔「ex17-3.wmv」。

▶ 總結

　　本範例的主要目的在於檢驗概念性模型是否具有泛化性。爲能順利進行多群組分析，共蒐集了兩個資料集，一個是高雄資料集，包含有260個樣本；另一個爲臺中資料集，包含有298個樣本。概念型模型中共有8個假設路徑，爲證明概念型模型可泛化（也就是證明這8個假設路徑之路徑係數，在不同的分群中，都不會具有顯著性的差異），研究者除以地點進行分群外，另對受訪者的基本屬性進行分群，如性別、婚姻狀況、年齡、教育、年資等。多群組分析時，即檢驗8個假設路徑之路徑係數，不會因群組不同而產生顯著性差異。檢驗結果如表17-6，由表17-6可明顯看出，經「地點」、「性別」、「婚姻狀況」、「年齡」、「教育」、「年資」等分群進行多群組分析後，結構模型的8個路徑係數，確實並不會因分群而產生差異，顯見概念性模型具有可泛化性或可稱模型具有可複製性（model replication）。

參考文獻

方世榮（2005）。統計學導論。臺北：華泰。

王智弘、湯雅云（2016）。贊助品牌之自我形象一致性對贊助企業品牌權益之影響。行銷評論，13(3)，291-311。

王俊明（2004）。問卷與量表的編製及分析方法。國立體育學院（http://websrv5.ncpes.edu.tw/~physical/ index-0.htm）。

吳明隆（2007）。結構方程模式：AMOS的操作與應用。臺北：五南。

吳明隆、涂金堂（2005）。SPSS與統計應用分析。臺北：五南。

吳明隆（2008）。SPSS操作與應用——問卷統計分析實務。臺北：五南。

吳統雄（1984）。電話調查：理論與方法。臺北：聯經出版事業公司。

吳統雄（1985）。態度與行爲之研究的信度與效度：理論、應用、反省。民意學術專刊，夏季號，29-53。

余民寧（2006）。潛在變數模型：SIMPLIS的應用。臺北：高等教育。

李承傑、董旭英（2017）。偏最小平方法結構方程模型。科學發展月刊，539，20-25。

周浩、龍立榮（2004），共同方法偏差的統計檢驗與控制方法。心理科學進展，12卷，6期，942-950。

邱皓政（2004）。結構方程模式：LISREL的理論、技術與應用。臺北：雙葉。

邱皓政（2005）。量化研究法（二）：統計原理與分析技術。臺北：雙葉。

邱皓政（2006）。量化研究與統計分析：SPSS中文視窗版資料分析範例解析。臺北：五南。

施俊名、吳裕益（2008）。大學生身心健康量表構念效度驗證之研究。教育研究與發展期刊，4(4)，201-229。

陳榮方、葉惠忠、蔡玉雯、李麗娟（2006）。顧客忠誠度、生活型態及商店形象之結構關係模式分析——以高雄市連鎖咖啡店爲例。高雄應用科技大學學報，35，145-160。

黃芳銘（2002）。結構方程模型理論與應用。臺北：五南。

黃俊英（1999）。企業研究方法。臺北：東華。

彭台光、高月慈、林鉦棽（2006）。管理研究中的共同方法變異：問題本質、影響、測試和補救。管理學報，23卷，1期，77-98。

楊國樞、文崇一、吳聰賢、李亦園（2002）。社會及行爲科學研究法。臺北：東華。

葉重新（1999）。心理測驗。臺北：三民。

簡惠珠（2006）。顧客價值、價格知覺、顧客滿意度、轉換成本對顧客忠誠度影響之研究——以量販店爲例。碩士論文，成功大學高階管理碩士班，台南。

譚克平（2008）。極端值判斷方法簡介。台東大學教育學報，19(1)，131-150。

蕭文龍（2018）。統計分析入門與應用：SPSS中文版+SmartPLS 3（第二版）。臺北市：碁峰出版社。

劉正山、莊文忠（2012）。項目無反應資料的多重插補分析。臺灣選舉與民主化調查（TEDS）2012年國際學術研討會：成熟中的臺灣民主：TEDS2012調查資料的分析。臺灣選舉與民主化調查（TEDS）規劃與推動委員會主辦。

湯凱程（2013）。探討線上商家的服務品質對消費者力量之影響。東吳大學未出版碩士論文，臺北市。

Aaker, D. A. (1996). Building strong brand. NY: The Free Press.

Aiken, L. S., & West, S. G. (1991). Multiple regression: Testing and interpreting interactions. Newbury Park, CA: Sage.

Anderson, J. C. & Gerbing, D. G. (1988). Structural equation modeling in practice: A review and recommended two-step approach. Psychological Bulletin, 103(May), 411-423.

Anderson, R. E. & Srinivasan, S. S. (2003). E satisfaction and e-loyalty: A contingency framework. Psychology and Marketing, 20(2), 123-138.

Bagozzi, R., & Yi, Y. (1988). On the evaluation of structural equation models. Journal of the academy of marketing science, 16(1), 74-94.

Barclay, D., Higgins, C., & Thompson, R. (1995). The Partial Least Squares (PLS) Approach to Causal Modeling: Personal Computer Adoption and Use as an Illustration. Technology Studies, 2, 2, 285-309.

Baron, R. M. & Kenny, D. A. (1986). The moderator-mediator variable distinction in social psychological research: conceptual, strategic, and statistical considerations. Journal of Personality and Social Psychology, 51(6), 1173-1182.

Becker, J.-M., Klein, K. & Wetzels, M. (2012). Hierarchical Latent Variable Models in PLS-SEM: Guidelines for Using Reflective-Formative Type Models. Long Range Planning, 45(5-6), 359-394.

Bentler, P. M., & Bonett, D. G. (1980). Significance Tests and Goodness-of-Fit in the Analysis of Covariance Structures, Psychological Bulletin, 88: 588-600.

Blalock, H. M. (1964). Causal inferences in nonexperimental research. Chapel Hill, NC: University of North Carolina Press.

Bollen, K.A. (1989). Structural Equations with Latent Variables, New York: Wiley.

Bollen, K. A., & Davis, W. R. (2009). Causal indicator models: Identification, estimation, and testing. Structural Equation Modeling, 16(3), 498-522.

Bollen, K. A. & Lennox, R. (1991) Conventional Wisdom on Measurement: A Structural Equation Perspective. Psychological Bulletin, 110, 305-314.

Bollen, K. A., & Long, J. S. (1993). Testing structural equation models. Newbury Park, CA: Sage.

Chaudhuri, A. (2001). The relationship of brand attitudes and brand performance: The role of brand loyalty. Journal of Marketing Management, 9(3), 1-9.

Cheung, G. W., & Lau, R. S. (2008). Testing mediation and suppression effects of latent variables: Bootstrapping with structural equation models. Organizational Research Methods, 11(2), 296-325.

Cheung, G. W., & Rensvold, R. B. (1998). Cross-cultural comparisons using non-invariant measurement items. Applied Behavioral Science Review, 6(1), 93-110.

Chin, W. W. (2010). How to Write Up and Report PLS Analyses. in Handbook of Partial Least Squares: Concepts, Methods and Applications in Marketing and Related Fields, V. E. Vinzi, W. W. Chin, J. Henseler, and H. Wang (eds.), Berlin: Springer, pp. 655-690.

Churchill, G. A. (1979). A paradigm for developing better measures of marketing constructs. Journal of Marketing Research, 16, 64-73.

Cohen, J. (1988). Statistical power analysis for the behavioral sciences (2nd edition). Hillsdale, NJ: Erlbaum.

Cornwell, T. B. (2008). State of the art and science in sponsorship-linked marketing. Journal of Advertising, 37(3), 41-55.

Cronbach, L. J. (1990). Essentials of psychological testing (5th ed.). New York: Happer Collins.

Curran, P. J., West, S. G., & Finch, J. F. (1996). The robustness of test statistics to non-normality and specification error in confirmatory factor analysis. Psychological Methods, 1, 16-29.

Davison, A. C., & Hinkley, D. V. (1997). Bootstrap methods and their application. Cambridge: Cambridge University Press.

Diamantopoulos, A. (2006). The error term in formative measurement models: interpretation and modeling implications. Journal of Modelling in Management, 1, 7-17.

Diamantopoulos, A. (2008). Formative indicators: introduction to the special issue. Journal of Business Research, 61, 1201-1202.

Diamantopoulos, A., Riefler, P., & Roth, K. P. (2008). Advancing formative measurement models. Journal of Business Research, 61, 1203-1218.

Diamantopoulos, A., & Siguaw, J. A. (2006). Formative versus reflective indicators in organizational measure development: a comparison and empirical illustration. British Journal of Management, 17, 263-282.

Diamantopoulos, A., & Winklhofer, H. M. (2001). Index Construction with Formative Indicators: An Alternative to Scale Development. Journal of Marketing Research(38), 269-277.

Duane Davis (2004). Business Research for Decision Making. sixth edition, Belmont: Duxbury Press.

Edwards, J. R., & Bagozzi, R. P. (2000). On the nature and direction of relationships between constructs and measures. Psychological Methods, 5, 155-174.

Efron, B., &Tibshirani, R. J. (1993). An introduction to the bootstrap. New York: Chapman &Hall.

Esposito Vinzi, V., Trinchera, L., & Amato, S. (2010). PLS path modeling: From foundations to recent developments and open issues for model assessment and improvement. In V. Esposito Vinzi, W. Chin, J. Henseler, & H. Wang (Eds.), Handbook of partial least squares: Concepts, methods and applications (pp. 47-82). New York, NY: Springer.

Fornell, C. (1982). A second generation of multivariate analysis: an overview, In Fornell, C.(Ed.), A Second Generation of Multivariate Analysis , Vol. 1, Praeger, New York, NY, pp. 1-21.

Fornell, C. (1987). A second generation of multivariate analysis: classification of methods and implications for marketing research, In Houston, M.J. (Ed.), Review of Marketing , American Marketing Association, Chicago, IL, pp. 407-450.

Fornell, C. & Larcker, D. F. (1981). Evaluating structural equation models with unobservable variables and measurement error. Journal of Marketing Research, 18, 39- 50.

Gaski, J. F., & Nevin, J. R. (1985). The differential effects of exercised and unexercised power sources in a marketing channel. Journal of Marketing Research, 22(2), 130-142.

Gefen, D., Straub, D. W., & Boudreau, M. C. (2000). Structural Equation Modeling and Regression: Guidelines for Research Practice. Communications of the Association for Information Systems, 4(7), 1-70.

Geisser, S. (1974). A Predictive Approach to the Random Effects Model. Biometrika, 61(1), 101-107.

Gold, A. H., Malhotra, A., & Segars, A. H. (2001). Knowledge management: an organizational capabilities perspective. Journal of Management Information Systems, 18(1), 185-214.

Gorsuch, R. L. (1983). Factor analysis. Hillsdale, NJ: Lawrence Erlbaum.

Götz, O., Liehr-Gobbers, K., & Krafft, M (2010). Evaluation of structural equation models using the partial least squares (PLS) approach. In: V. Esposito Vinzi, W. W. Chin, J. Henseler & H. Wang(Eds.), Handbook of partial least squares: Concepts, methods, and applications. Berlin: Springer-Verlag.

Goyette, I., Ricard, L., Bergeron, J., and Marticotte, F. (2010). e-WOM Scale: Word-of Mouth Measurement Scale for e-Services Context. Canadian Journal of Administrative Science, 27 (1):5-23.

Grandey, A. A. (2000). Emotion regulation in the workplace: A new way to conceptualize emotional labor. Journal of Occupational Health Psychology, 5(1), 95-110.

Greenhaus, J. H., Parasuraman, S., & Wormley, W. M. (1990). Effects of race on organizational experiences, job performance evaluations, and career outcomes. Academy of Management Journal, 33(1), 64-86.

Hair, J. F., Anderson, R. E., Tatham, R. L., & Black, W. C. (1998). Multivariate data analysis. New Jersey: Prentice-Hall.

Hair, J.F., Hult, G.T., Ringle, C., & Sarsedt, M. (2014). A Primer on Partial Least Squares Structural Equation Modeling (PLS-SEM). Washington, DC: Sage Publications.

Hair, J. F., Hult, G. T. M., Ringle, C. M., & Sarstedt, M. (2017). A Primer on Partial Least Squares Structural Equation Modeling (PLS-SEM). 2nd Ed., Thousand Oakes, CA: Sage.

Hair, J. F., Ringle, C. M., & Sarstedt, M. (2011, Spring). PLS-SEM: Indeed a silver bullet. Journal of Marketing Theory and Practice, 19(2), 139-151.

Hair, J. F., Sarstedt, M., Pieper, T. M., & Ringle, C. M. (2012a). The Use of Partial Least Squares Structural Equation Modeling in Strategic Management Research: A Review of Past Practices and Recommendations for Future Applications. Long Range Planning, 45 (5-6), 320-340.

Hair, J. F., Sarstedt, M., Ringle, C. M., & Mena, J. A. (2012b). An Assessment of the Use of Partial Least Squares Structural Equation Modeling in Marketing Research. Journal of the Academy of Marketing Science, 40 (3), 414-433.

Henseler, J., Ringle, C. M., & Sinkovics, R. R. (2009). The use of partial least Squares path modeling in international marketing. In R. R. Sinkovics & P. N.Ghauri (Eds.), Advances in International Marketing (Vol. 20, pp. 277-320). Bingley: Emerald.

Henseler, J., Ringle, C. M., & Sarstedt, M. (2015). A New Criterion for Assessing Discriminant Validity in Variance-based Structural Equation Modeling., Journal of the Academy of Marketing Science, 43(1): 115-135.

Hu, L.T., & Bentler, P. M. (1999). Fit Indices in Covariance Structure Modeling: Sensitivity to Underparameterized Model Misspecification, Psychological Methods, 3(4), 424-453.

Hulland, J. (1999). Use of partial least squares in strategic management research: A review of four recent studies. Strategic Management Journal, 20(2), 195-204.

Jarvis, C. B., MacKenzie, S. B. & Podsakoff, P. M. (2003). A critical review of construct indicators and measurement model misspecification in marketing and consumer research. Journal of Consumer Research, 30, 199-218.

Jones, M. A., Mothersbaugh D. L. & Beatty S. E. (2002). Why customers stay: Measuring the underlying dimensions of services switching costs and managing their differential strategic outcomes. Journal of Business Research, 55, 441-450.

Jöreskog, K. G. (1973). A general method for estimating a linear structural equation system. Structural Models in the Social Sciences. A. S. Goldberger and O.D. Duncan, Eds., Academic Press, New York.

Jöreskog, K. G., & Sörbom, D. (1989). LISREL 7: A guide to the program and applications (2nd ed.). Chicago: SPSS Inc.

Kaiser, H. F. (1958). The varimax criterion for analytic rotation in factor analysis. Psychometrika, 23(3), 187-200.

Keesling, J. W. (1972). Maximum likelihood approaches to causal analysis. Ph. D. Dissertation, University of Chicago.

Kelley, T. L. (1939). The selection of upper and lower groups for the validation of test item. Educational Psychology, 30, 17-24.

Kerlinger, F. N. & Lee, H. B. (1999), Foundations of behavioral research, 4th ed., New York: Macmillan.

Kisang, R., Heesup, H., & Tae-Hee, K. (2008). The relationships among overall quick-casual restaurant image, perceived value, customer satisfaction, and behavioral intentions. International Journal of Hospitality Management, 27 459-469.

Kline, R. B. (1998). Principles and practice of structural equation modeling. New York: Guilford Press.

Lau, R. S., & Cheung, G. W. (2012). Estimating and comparing specific mediation effects in complex latent variable models. Organization Research Methods, 15(1), 3-16.

Likert, R. (1932). A technique for the measurement of attitudes. Archives of Psychology, 22(140), 1-55.

Lohmöller, J.-B. (1989). Latent Variable Path Modeling with Partial Least Squares, Physica: Heidelberg.

MacKenzie, D.I., Nichols, J.D., Royle, J.A., Pollock, K.H., Bailey, L.L. & Hines, J.E. (2005) Occupancy Estimation and Modeling: Inferring Patterns and Dynamics of Species Occurrence. Elsevier, San Diego, CA.

MacKinnon, D. P., Lockwood, C. M., Hoffman, J. M., West, S. G., & Sheets, V. (2002). A comparison of methods to test mediation and other intervening variable effects. Psychological Methods, 7, 83-104.

Martineau, P. (1958). The personality of the retail store. Harvard Business Review, 36, 47-55.

Mazodier, M. & Merunka, D. (2012). Achieving brand loyalty through sponsorship: The role of fit and self-congruity. Journal of the Academy of Marketing Science, 40(6), 807-820.

Nunnally, J. C. (1967). Psychometric theory, New York, NY: McGraw-Hill Book Company.

Nunnally, J. C., & Bernstein, I. H. (1994). Psychometric Theory (3rd ed.). New York: McGraw-Hill.

Oliver, R. L. (1997). Satisfaction: A behavioral perspective on the consumer. Boston, MA: Irwin, McGrew-Hill.

Parasuraman, A., Zeithaml, V. A., & Berry, L. L. (1988). SERVQUAL: A multiple-item scale for measuring consumer perceptions of service quality. Journal of Retailing, 64(1), 12-40.

Podsakoff, P. M., MacKenzie, S., & Lee, J. Y. (2003). Common method bias in behavioral research: A critical review of the literature and recommended remedies. Journal of Applied Psychology, 88(5), 879-903.

Podsakoff, N. P., Shen, W., & Podsakoff, P. M. (2006). The role of formative measurement models in strategic management research: Review, critique and implications for future research. In D. J. Ketchen, & D. D. Bergh (Eds.), Research methodology in strategy and management (Vol. 3, pp. 197-252). Burlington, MA: Elsevier.

Preacher, K. J., & Hayes, A. F. (2004). SPSS and SAS procedures for estimating indirect effects in simple mediation models. Behavior Research Methods, Instruments, & Computers, 36, 717-731.

Ringle, C. M., Wende, S., & Will, A. (2005). SmartPLS 2.0 M3 (beta). Hamburg. Retrieved from http://www.smartpls.de.

Ringle, C.M., Sarstedt, M., & Straub, D.W. (2012). A Critical Look at the Use of PLS-SEM in MIS Quarterly. MIS Quarterly, 36 (1), iiiexiv.

Roscoe, J. T. (1975). Fundamental research statistics for the behavior sciences (2nd ed.). NY : Holt, Rinehart and Winston.

Shiffler, R. E. (1988). Maximum Z score and outliers. The American Statistician, 42(1), 79-80.

Sirgy, M. J., Grewal, D., Mangleburg, T. F. & Park, J. O. (1997). Assessing the predictive validity of two methods of measuring self-image congruence. Journal of the Academy of Marketing Science, 25(2), 229-241.

Sirgy, M. J., Lee, D. J., Johar, J. S. & Tidwell, J. (2008). Effect of self-congruity with sponsorship on brand loyalty. Journal of Business Research, 61(10), 1091-1097.

Sobel, M. E. (1982). Asymptotic confidence intervals for indirect effects in structural equation models. Sociological Methodology, 13, 290-313.

Spearman C. E. (1904). The proof and measurement of association between two things. American Journal of Psychology, 15, 72-101.

Steven, J. P. (1990). Intermediate statistics: A modern approach. Hillsdale, New Jersey: Lawrence Erlbaum Associates.

Stokburger-Sauer, N., Ratneshwar, S. & Sen, S. (2012). Drivers of consumer-brand identification. International Journal of Research in Marketing, 29(4), 406-418.

Stone, M. (1974). Cross-Validatory Choice and Assessment of Statistical Predictions. Journal of the Royal Statistical Society, 36(2), 111-147.

Sweeney, J. C., & Soutar, G., (2001), Consumer perceived value: The development of multiple item scale, Journal of Retailing, 77(2), 203-222.

Teo, T. S. H., Srivastava, S. C., & Jiang, L. (2008). Trust and electronic government success: an empirical study. Journal of Management Information Systems, 25(3), 99-132.

Vallerand, R. J., Blanchard, C., Mageau, G. A., Koestner, R., Ratelle, C., Léonard, M., Gagné, M., & Marsolais, J. (2003). Les Passions de L'Âme: On obsessive and harmonious passion. Journal of Personality and Social Psychology, 85 (4), 756-767.

Vallerand, R. J., & Houlfort, N. (2003). Passion at work: Toward a new conceptualization. In D. Skarlicki, S. Gilliland, & D. Steiner (Eds), Social issues in management: Vol. 3. Emerging perspectives of values in organizations (pp. 175-204). Greewich, CT: Information Age Publishing.

Wetzels, M., Schroder, G. O., & Oppen, V. C. (2009). Using PLS path modeling for assessing hierarchical construct models: guidelines and empirical illustration. MIS Quarterly, 33(1), 177- 195.

Williams, L. J. & Hazer, J. T. (1986). Antecedents and consequence of satisfaction and commitment in turnover models: A reanalysis using latent variable structural equation models. Journal of Applied Psychology, 71, 219-231.

Wold, H. (1985). Partial least squares. In S. Kotz, and N. L. Johnson, (Eds.), Encyclopedia of Statistical Sciences, Vol. 6 (pp. 581-591). New York: Wiley.

Wright, S. (1921). Correlation and causation. Journal of Agriculture Research, 20, 557-585.

Yang, Z., & Peterson, R. T. (2004). Customer perceived value, satisfaction, and loyalty: The role of switching costs. Psychology and Marketing, 21(10), 799-822.

Yoo, B. & Donthu, N. (2001). Developing and validating a multidimensional consumer-based brand equity scale. Journal of Business Research, 52, 1-14.

Zeithaml, V. A. (1988). Consumer perceptions of price, quality and value: A means-end model and synthesis of evidence. Journal of Marketing, 52(3), 2-22.

附錄一　品牌形象、知覺價值對品牌忠誠度關係之研究

一、問卷內容

問卷編號： _____

> 親愛的先生、小姐您好：
>
> 　　這是一份學術性的研究問卷，目的在了解品牌形象、知覺價值對品牌忠誠度的影響程度，您的寶貴意見，將是本研究成功的最大關鍵。問卷採不記名方式，全部資料僅作統計分析之用，絕不對外公開，請安心填寫。懇請您撥幾分鐘協助填答問卷，謝謝您的熱心參與。
>
> 　　敬祝您　順心如意
>
> 　　　　　　　　　　　　　　　　　　　　　　　　　　　　　　研究所
>
> 　　　　　　　　　　　　　　　指導教授：　　　　博士
>
> 　　　　　　　　　　　　　　　研 究 生：　　　　敬上

※請針對您的服務經驗，回答下列相關問項，請於□中打「✓」，謝謝！

第一部分：品牌形象	極不同意	很不同意	不同意	普通	同意	很同意	極為同意
1.85度C的產品風味很特殊。	□	□	□	□	□	□	□
2.85度C的產品很多樣化。	□	□	□	□	□	□	□
3.85度C和別的品牌有明顯不同。	□	□	□	□	□	□	□
4.85度C很有特色。	□	□	□	□	□	□	□
5.85度C很受歡迎。	□	□	□	□	□	□	□
6.我對85度C有清楚的印象。	□	□	□	□	□	□	□
7.85度C的經營者正派經營。	□	□	□	□	□	□	□
8.85度C形象清新。	□	□	□	□	□	□	□
9.85度C讓人聯想到品牌值得信任。	□	□	□	□	□	□	□
第二部分：知覺價值	極不同意	很不同意	不同意	普通	同意	很同意	極為同意
1.我認為85度C的產品，其品質是可以接受的。	□	□	□	□	□	□	□

第二部分：知覺價值	極不同意	很不同意	不同意	普通	同意	很同意	極為同意
2.我喜歡購買85度C的產品。	☐	☐	☐	☐	☐	☐	☐
3.我會想使用85度C的產品。	☐	☐	☐	☐	☐	☐	☐
4.使用85度C的產品後，會讓我感覺很好。	☐	☐	☐	☐	☐	☐	☐
5.我認為85度C的產品價格不甚合理。	☐	☐	☐	☐	☐	☐	☐
6.我認為以此價格購買85度C的產品是不值得的。	☐	☐	☐	☐	☐	☐	☐
7.我認為85度C的產品，能符合大部分人的需求。	☐	☐	☐	☐	☐	☐	☐
8.使用85度C的產品後，能讓其他人對我有好印象。	☐	☐	☐	☐	☐	☐	☐
第三部分：品牌忠誠度	極不同意	很不同意	不同意	普通	同意	很同意	極為同意
1.購買85度C的產品對我來說是最好的選擇。	☐	☐	☐	☐	☐	☐	☐
2.我是85度C的忠實顧客。	☐	☐	☐	☐	☐	☐	☐
3.當我有需求時，我會優先選擇85度C。	☐	☐	☐	☐	☐	☐	☐
4.我願意繼續購買85度C的產品。	☐	☐	☐	☐	☐	☐	☐
5.我會向親朋好友推薦85度C的產品。	☐	☐	☐	☐	☐	☐	☐

第四部分：基本資料，請於☐中打「✓」。

1. 性別： ☐女 ☐男
2. 婚姻狀況： ☐未婚 ☐已婚
3. 年齡： ☐20歲以下 ☐21～30歲 ☐31～40歲 ☐41～50歲 ☐51～60歲 ☐61歲以上
4. 目前職業： ☐軍公教 ☐服務業 ☐製造業 ☐買賣業 ☐自由業 ☐家庭主婦 ☐學生 ☐其他（請註明_____）
5. 教育程度： ☐國小（含）以下 ☐國中 ☐高中（職） ☐專科 ☐大學 ☐研究所（含）以上
6. 平均月收入： ☐15,000元以下 ☐15,001～30,000元 ☐30,001～45,000元 ☐45,001～60,000元 ☐60,001～75,000元 ☐75,001~90,000元 ☐90,001～120,000元 ☐120,001元以上
7. 您認為85度C的哪些特色很吸引您？ ☐咖啡 ☐糕點 ☐服務 ☐氣氛
8. 請在下列的連鎖咖啡店中，指出三家您最常去商店？並依頻率高低標出1、2、3的次序（1為最常去）。 ☐星巴克 ☐85度C ☐7-11 city café ☐麥當勞 ☐三皇三家 ☐伯朗 ☐怡客

本問卷到此結束，非常感謝您的耐心填答，謝謝！！

二、概念性模型

　　本附錄所將介紹的範例模型是一份實際的碩士論文之概念性模型（conceptual model），題名為「品牌形象、知覺價值對品牌忠誠度關係之研究」。基本上，這是一篇還算簡單，但結構完整的碩士論文，非常適合初學者模擬。一般而言，研究的初心者往往都是從模擬前輩的研究方法（methodology）開始，所該重視的是過程的嚴謹性，而不是其成果。再深入點，學會基本功後，那麼研究者所該重視的即是創意了。

　　該研究透過相關文獻整理、分析、推論與建立假設，引導出品牌形象正向影響知覺價值、品牌忠誠度；知覺價值正向影響品牌忠誠度；品牌形象透過知覺價值間接顯著正向影響品牌忠誠度等假設。研究中所使用的變數分別為自變數、依變數以及中介變數等三項。自變數為消費者所認知的品牌形象，其包含三個子構面分別為品牌價值、品牌特質與企業聯想。此外，依變數則為消費者對品牌的忠誠度。而處於自變數與依變數之間的中介變數則是消費者所知覺的價值感，其包含四個子構面分別為品質價值、情感價值、價格價值與社會價值等。由此，該研究所建構的消費者品牌忠誠度之概念性模型，其架構將如圖附1-1所示。

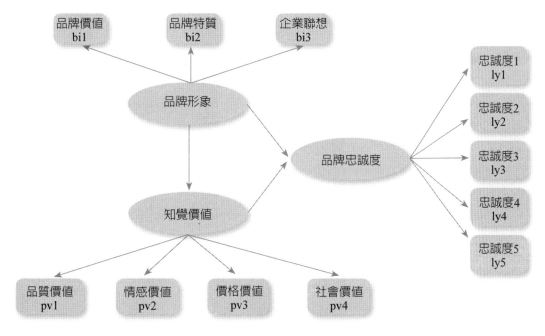

圖附1-1　概念性模型圖

三、研究假設

根據圖附1-1所建立之概念性模型圖，該研究將提出下列研究假設，盼能透過市場調查所蒐集的資料，運用驗證性因素分析、結構方程模型，驗證這些假設的成立與否，並釐清品牌形象、知覺價值、品牌忠誠度之間關係，這些研究假設分述如下：

假設一：品牌形象對知覺價值有正向影響。

假設二：品牌形象對品牌忠誠度有正向影響。

假設三：知覺價值對品牌忠誠度有正向影響。

假設四：品牌形象透過知覺價值間接的顯著正向影響品牌忠誠度。

四、潛在變數之操作型定義與衡量

為了檢驗上述之研究假說，本研究試圖將概念性架構予以操作化，並建構相對應的問項。根據圖附1-1的概念性模型，本研究之觀察變數包含品牌知名度、品牌形象與品牌忠誠度等。以下為本研究之研究變數的操作型定義之陳述，至於原始問卷請讀者自行參閱附錄一。

（一）品牌形象

Aaker（1996）曾以消費者對獨特產品類別或品牌聯想來闡釋品牌形象。認為品牌形象係建構在三種知覺層面上，即品牌對應產品價值、品牌對應個人特質及品牌對應組織（企業）聯想，由於此論點較契合本研究之衡量標的與推論，因此本研究將應用Aaker（1996）所主張的品牌形象之構成三要素，即品牌價值、品牌特質與企業聯想等，作為衡量品牌形象構面的指標，表附1-1顯示為品牌形象構面之操作型定義與衡量題項。

表附1-1　品牌形象的操作型定義與衡量題項

構面	操作型定義	衡量題項
品牌價值 bi1	消費者對此一品牌的功能性利益與品質之知覺	1. 85度C的產品風味很特殊（bi1_1）。 2. 85度C的產品很多樣化（bi1_2）。 3. 85度C和別的品牌有明顯不同（bi1_3）。
品牌特質 bi2	消費者對此一品牌的情感連結與自我表現聯想	4. 85度C很有特色（bi2_1）。 5. 85度C很受歡迎（bi2_2）。 6. 我對85度C有清楚的印象（bi2_3）。
企業聯想 bi3	消費者對此一品牌的提供者或製造者的情感連結	7. 85度C的經營者正派經營（bi3_1）。 8. 85度C形象清新（bi3_2）。 9. 85度C讓人聯想到品牌值得信任（bi3_3）。

（二）知覺價值

知覺價值是來自於讓顧客期望自產品所獲得的利益高於消費者長期付出的成本。本研究採用Sweeney and Soutar（2001）所提出的四類知覺價值，即品質價值、情感價值、價格價值與社會價值等做為知覺價值的衡量基準，並以此發展知覺價值構面的評量問項，表附1-2詳列知覺價值構面之操作型定義與衡量題項。

表附1-2　知覺價值的操作型定義與衡量題項

構面	操作型定義	衡量題項
品質價值 pv1	來自對產品的知覺品質或期望效果	1. 我認為85度C的產品，其品質是可以接受的（pv1_1）。 2. 我不會對85度C之產品的品質，感到懷疑（pv1_2）。
情感價值 pv2	來自對於產品的感覺或感動	3. 我會想使用85度C的產品（pv2_1）。 4. 使用85度C的產品後，會讓我感覺很好（pv2_2）。
價格價值 pv3	來自長期或短期的投入金錢成本	5. 我認為85度C的產品價格合理（pv3_1）。 6. 我認為以此價格購買85度C的產品是值得的（pv3_2）。
社會價值 pv4	來自產品對社會自我認知的影響	7. 我認為85度C的產品，能符合大部分人的需求（pv4_1）。 8. 使用85度C的產品後，能讓其他人對我有好印象（pv4_2）。

（三）品牌忠誠度

依據文獻分析，在本研究中，品牌忠誠度主要將探討顧客受品牌知名度與品牌形象之影響，對品牌之忠誠行為的產出結果，研究目的偏重於實務運用性質，因此參考Chaudhuri and Holbrook（2001）、Odin, Odin and Valette-Florence（1999）、Yoo and Donthu（2001）之主張，以單構面之題項衡量品牌之忠誠行為，題項內容則包含：品牌忠誠行為、再購意願及衍生行為等。表附1-3顯示品牌忠誠度的操作型定義與衡量題項。

表附1-3　品牌忠誠度的操作型定義與衡量題項

構面	操作型定義	衡量題項
品牌忠誠度 ly	消費者對同一品牌的購買經驗與行為承諾	1. 購買個案公司的產品對我來說是最好的選擇（ly1）。 2. 我是個案公司的忠實顧客（ly2）。 3. 當我有需求時，我會優先選擇個案公司的產品（ly3）。 4. 我願意繼續購買個案公司的產品（ly4）。 5. 我會向親朋好友推薦個案公司的產品（ly5）。

附錄二 遊客體驗、旅遊意象與重遊意願關係之研究

一、問卷內容

問卷編號：＿＿＿＿＿＿＿＿

親愛的先生、小姐您好：

　　這是一份學術性的研究問卷，目的在了解遊客體驗、旅遊意象對重遊意願的影響程度，您的寶貴意見，將是本研究成功的最大關鍵。問卷採不記名方式，全部資料僅作統計分析之用，絕不對外公開，請安心填寫。懇請您撥幾分鐘協助填答問卷，謝謝您的熱心參與。

　　敬祝您　順心如意

研究所

指導教授：　　　　博士

研究生：　　　　敬上

※請針對您的服務經驗，回答下列相關問項，請於□中打「✓」，謝謝！

第一部分：遊客體驗	極不同意	很不同意	不同意	普通	同意	很同意	極為同意
1.秀麗的山水風景，非常吸引我。	□	□	□	□	□	□	□
2.豐富的歷史文物，非常吸引我。	□	□	□	□	□	□	□
3.我覺得這次旅遊，非常富有趣味。	□	□	□	□	□	□	□
4.我覺得這次旅遊，行程豐富精彩。	□	□	□	□	□	□	□
5.看到美麗的景緻，令我心情放鬆。	□	□	□	□	□	□	□
6.看到豐富的文物，能激發我思古之情。	□	□	□	□	□	□	□
7.看到美麗的景緻，讓我感到歡樂愉快。	□	□	□	□	□	□	□
8.當地的景色，令我感動。	□	□	□	□	□	□	□
9.當地歷史文物，令我感動。	□	□	□	□	□	□	□
10.透過這次旅遊，頗發人省思，令我有所思考。	□	□	□	□	□	□	□
11.透過這次旅遊，引發我的好奇心。	□	□	□	□	□	□	□
12.透過這次旅遊，引發我去做一些聯想或靈感的啟發。	□	□	□	□	□	□	□
13.透過這次旅遊，能激發我創意思考。	□	□	□	□	□	□	□

第一部分：遊客體驗	極不同意	很不同意	不同意	普通	同意	很同意	極為同意
14.看到美景，我很想分享觀賞的心得。	☐	☐	☐	☐	☐	☐
15.看到歷史文物，我很想分享觀賞的心得。	☐	☐	☐	☐	☐	☐
16.看到美景，我很想拍照、錄影留念。	☐	☐	☐	☐	☐	☐
17.看到歷史建物，我很想拍照、錄影留念。	☐	☐	☐	☐	☐	☐
18.我會想購買與當地相關的紀念品。	☐	☐	☐	☐	☐	☐
19.透過這次旅遊，讓我產生環境維護的認同感。	☐	☐	☐	☐	☐	☐
20.會因美麗的景緻，而聯想到西拉雅國家風景區。	☐	☐	☐	☐	☐	☐
21.透過這次旅遊，西拉雅會成為我平常談論的話題。	☐	☐	☐	☐	☐	☐

第二部分：旅遊意象	極不同意	很不同意	不同意	普通	同意	很同意	極為同意
1.自然風景優美。	☐	☐	☐	☐	☐	☐
2.平埔族文化保存良好。	☐	☐	☐	☐	☐	☐
3.知名度高。	☐	☐	☐	☐	☐	☐
4.開車環湖賞景令人愉悅。	☐	☐	☐	☐	☐	☐
5.整體氣氛令人心情放鬆。	☐	☐	☐	☐	☐	☐
6.通往本風景區交通便利。	☐	☐	☐	☐	☐	☐
7.遊憩安全設施良好。	☐	☐	☐	☐	☐	☐
8.地方公共服務設施完善。	☐	☐	☐	☐	☐	☐
9.整體旅遊環境乾淨。	☐	☐	☐	☐	☐	☐
10.旅遊資訊充足。	☐	☐	☐	☐	☐	☐
11.相關服務人員能提供遊客迅速且即時的服務。	☐	☐	☐	☐	☐	☐
12.區內相關服務人員的服務態度良好。	☐	☐	☐	☐	☐	☐
13.旅遊活動的各項安排均能提供遊客便利。	☐	☐	☐	☐	☐	☐
14.個人平均旅遊花費價格合理。	☐	☐	☐	☐	☐	☐
15.收費合理。	☐	☐	☐	☐	☐	☐

第三部分：重遊意願	極不同意	很不同意	不同意	普通	同意	很同意	極為同意
1.到西拉雅風景區旅遊，對我來說是最好的選擇。	☐	☐	☐	☐	☐	☐	☐
2.我將會是西拉雅風景區的忠實遊客。	☐	☐	☐	☐	☐	☐	☐
3.當我有旅遊需求時，我會優先選擇西拉雅風景區。	☐	☐	☐	☐	☐	☐	☐
4.我願意繼續到西拉雅風景區旅遊。	☐	☐	☐	☐	☐	☐	☐
5.我會向親朋好友推薦到西拉雅風景區。	☐	☐	☐	☐	☐	☐	☐

第四部分：基本資料，請於□中打「✓」。

1. 性別：　　　　　□女　□男
2. 婚姻狀況：　　　□未婚　□已婚
3. 年齡：　　　　　□20歲以下　□21～30歲　□31～40歲　□41～50歲　□51～60歲　□61歲以上
4. 目前職業：　　　□軍公教　□服務業　□製造業　□買賣業　□自由業　□家庭主婦　□學生
　　　　　　　　　□其他（請註明＿＿＿＿＿＿）
5. 教育程度：　　　□國小（含）以下　□國中　□高中（職）　□專科　□大學
　　　　　　　　　□研究所（含）以上
6. 平均月收入：　　□15,000元以下　　□15,001～30,000元　□30,001～45,000元
　　　　　　　　　□45,001～60,000元　□60,001～75,000元　□75,001～90,000元
　　　　　　　　　□90,001～120,000元　□120,001元以上
7. 請問你認為西拉雅風景區有哪些特色？（可複選）
　　□平埔族文化　□風景優美　□交通便利　□旅遊資訊充足
8. 請在下列的國家風景區中，指出三個您最常去的風景區？並請依到訪頻率的高低，標示出1、2、3的次序（1為最常去）。
　　□大鵬灣　□日月潭　□西拉雅　□阿里山　□北海岸　□參山　□嘉南濱海

本問卷到此結束，非常感謝您的耐心填答，謝謝！！

二、概念性模型

　　該研究透過相關文獻整理、分析、推論與建立假說，引導出遊客體驗對旅遊意象、重遊意願具有正向顯著影響；旅遊意象對重遊意願具有正向顯著影響等假設。研究中所使用的變數分別為自變數、依變數以及中介變數等三項。自變數為遊客所感受的旅遊體驗，其包含五個子構面，分別為感官體驗、情感體驗、思考體驗、行動體驗與關聯體驗。此外，依變數則為遊客的重遊意願。而處於自變數與依變數之間的中介變數則是遊客所知覺的旅遊意象，其包含四個子構面分別為產品意象、品質意象、服務意象與價格意象等。由此，該研究所建構的遊客重遊意願之概念性模型，其架構將如圖附2-1所示。

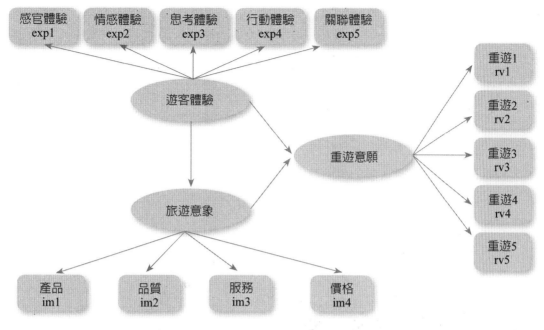

圖附2-1　概念性模型圖

三、研究假設

　　根據圖附2-1所建立之概念性模型圖，該研究將提出下列研究假設，盼能透過市場調查所蒐集的資料，運用驗證性因素分析、結構方程模型，驗證這些假設的成立與否，並釐清遊客體驗、旅遊意象與重遊意願間的關係，這些研究假設分述如下：

　　假設一：遊客體驗對旅遊意象有正向影響。

　　假設二：遊客體驗對重遊意願有正向影響。

　　假設三：旅遊意象對重遊意願有正向影響。

　　假設四：遊客體驗透過旅遊意象間接的顯著正向影響重遊意願。

四、潛在變數之操作型定義與衡量

　　為了檢驗上述之研究假說，本研究試圖將概念性架構予以操作化，並建構相對應的問項。根據圖附2-1的概念性模型，本研究之觀察變數包含遊客體驗、旅遊意象與重遊意願等。以下為本研究之研究變數的操作型定義之陳述。

（一）遊客體驗

　　Pine and Gilmore（1998）體驗是無法觸摸的，但可以分享與流傳，雖然感受體

驗的剎那，時空已成為往事，但是烙印在體驗者心中的感受卻是可以長久流傳的（夏業良、魯煒，2003）。體驗本身是一種內化的感受，很難導出具體的假設，故本研究利用Schmitt（1999）所提出的五項體驗形式：感官體驗、情感體驗、思考體驗、行動體驗以及關聯體驗，給予操作型定義運用定量的方法，衡量遊客體驗之感受程度，表附2-1顯示為遊客體驗構面之操作型定義與衡量題項。

（二）旅遊意象

本研究所稱之旅遊意象，主要是參考多位學者之研究整理出產品意象、品質意象、服務意象與價格意象等四個構面作為探討旅遊意象的基礎，表附2-2顯示為旅遊意象構面之操作型定義與衡量題項。

（三）重遊意願

重遊意願意指凡曾到過個案風景區從事體驗活動之遊客，有意願再重遊或推薦他人之機率。主要是根據Jones and Sasser（1995）將遊客重遊意願定義為顧客對特定風景區的依戀或好感。遊客重遊意願之衡量方式，將以任何時點詢問遊客未來是否再度重遊特定風景區的意願，以及重遊行為是指遊客願意再次旅遊某一目的地或同一國家內之其他景點（Kozak, 2001）的概念為依據，定義重遊意願之操作型定義與衡量題項，如表附2-3。

表附2-1　遊客體驗的操作型定義與衡量題項

構面	操作型定義	衡量題項
感官體驗 exp1	遊客於感官上所體驗到的感受。	1.秀麗的山水風景，非常吸引我（exp1_1）。 2.豐富的歷史文物，非常吸引我（exp1_2）。 3.我覺得這次旅遊，非常富有趣味（exp1_3）。 4.我覺得這次旅遊，行程豐富精彩（exp1_4）。
情感體驗 exp2	遊客於情感連結上所體驗到的感受。	5.看到美麗的景緻，令我心情放鬆（exp2_1）。 6.看到豐富的文物，能激發我思古之情（exp2_2）。 7.看到美麗的景緻，讓我感到歡樂愉快（exp2_3）。 8.當地的景色，令我感動（exp2_4）。 9.當地歷史文物，令我感動（exp2_5）。
思考體驗 exp3	旅遊後，所引發的思考、聯想或靈感的啟發。	10.透過這次旅遊，頗發人省思，令我有所思考（exp3_1）。 11.透過這次旅遊，引發我的好奇心（exp3_2）。 12.透過這次旅遊，引發我做一些聯想與靈感啟發（exp3_3）。 13.透過這次旅遊，能激發我創意思考（exp3_4）。

表附2-1　遊客體驗的操作型定義與衡量題項（續）

構面	操作型定義	衡量題項
行動體驗 exp4	透過旅遊活動，所引發的具體行動。	14.看到美景，我很想分享觀賞的心得（exp4_1）。 15.看到歷史文物，我很想分享觀賞的心得（exp4_2）。 16.看到美景，我很想拍照、錄影留念（(exp4_3）。 17.看到歷史建物，我很想拍照、錄影留念（exp4_4）。
關聯體驗 exp5	透過旅遊活動，所引發的認同感。	18.我會想購買與當地相關的紀念品（exp5_1）。 19.透過這次旅遊，讓我產生環境維護的認同感（exp5_2）。 20.會因美麗的景緻，而聯想到西拉雅國家風景區（exp5_3）。 21.透過這次旅遊，西拉雅會成為我平常談論的話題（exp5_4）。

表附2-2　旅遊意象的操作型定義與衡量題項

構面	操作型定義	衡量題項
產品 im1	遊客對旅遊地點的印象。	1.自然風景優美（im1_1）。 2.平埔族文化保存良好（im1_2）。 3.知名度高（im1_3）。
品質 im2	遊客對旅遊地點之相關設施品質的印象。	4.開車賞景令人愉悅（im2_1）。 5.整體氣氛令人心情放鬆（im2_2）。 6.通往本風景區交通便利（im2_3）。 7.遊憩安全設施良好（im2_4）。 8.地方公共服務設施完善（im2_5）。
服務 im3	遊客對旅遊地點之服務品質印象。	9.整體旅遊環境乾淨（im3_1）。 10.旅遊資訊充足（im3_2）。 11.相關服務人員能提供遊客迅速且即時的服務（im3_3）。 12.區內相關服務人員的服務態度良好（im3_4）。 13.旅遊活動的各項安排均能提供遊客便利（im3_5）。
價格 im4	遊客對旅遊地點之相關花費的印象。	14.個人平均旅遊花費價格合理（im4_1）。 15.收費合理（im4_2）。

表附2-3　重遊意願的操作型定義與衡量題項

構面	操作型定義	衡量題項
重遊意願 rv	遊客對同一旅遊地點的體驗與行為承諾。	1.到西拉雅風景區旅遊，對我來說是最好的選擇（rv1）。 2.我將會是西拉雅風景區的忠實遊客（rv2）。 3.有旅遊需求時，我會優先選擇西拉雅風景區（rv3）。 4.我願意繼續到西拉雅風景區旅遊（rv4）。 5.我會向親朋好友推薦到西拉雅風景區（rv5）。

附錄三　景觀咖啡廳商店意象、知覺價值、忠誠度與轉換成本的關係

一、問卷內容

問卷編號：＿＿＿＿＿＿＿＿

親愛的先生、小姐您好：

　　這是一份學術性的研究問卷，目的在了解景觀咖啡廳商店意象、知覺價值、忠誠度與轉換成本的關係，您的寶貴意見，將是本研究成功的最大關鍵。問卷採不記名方式，全部資料僅作統計分析之用，絕不對外公開，請安心填寫。懇請您撥冗協助填答問卷，謝謝您的熱心參與。

　　敬祝您　順心如意

研究所

指導教授：　　　　博士
研 究 生：　　　　敬上

※請針對您的消費經驗，回答下列相關問項，請於□中打「✓」，謝謝！

第一部分：景觀咖啡廳商店意象	極不同意	很不同意	不同意	普通	同意	很同意	極為同意
1. 餐飲品質好，新鮮度佳。	□	□	□	□	□	□	□
2. 餐飲商品種類多，選擇性高。	□	□	□	□	□	□	□
3. 餐飲價格合理。	□	□	□	□	□	□	□
4. 菜單內容會不定時更換。	□	□	□	□	□	□	□
5. 服務人員親切有禮，服裝整齊。	□	□	□	□	□	□	□
6. 服務人員會主動提供餐點之訊息。	□	□	□	□	□	□	□
7. 服務人員結帳時，快速準確。	□	□	□	□	□	□	□
8. 服務人員出餐快速，等待食物時間短。	□	□	□	□	□	□	□
9. 營業時間滿足需要。	□	□	□	□	□	□	□
10.周邊交通便利，地點易達。	□	□	□	□	□	□	□
11.停車空間足夠。	□	□	□	□	□	□	□
12.店內裝潢高雅舒適，氣氛良好。	□	□	□	□	□	□	□

第一部分：景觀咖啡廳商店意象	極不同意	很不同意	不同意	普通	同意	很同意	極為同意
13.燈光音樂宜人。	☐	☐	☐	☐	☐	☐	☐
14.店內環境舒適整潔。	☐	☐	☐	☐	☐	☐	☐
15.走道空間寬敞，不會影響鄰座客人的交談。	☐	☐	☐	☐	☐	☐	☐
16.配合節慶主題性有促銷活動。	☐	☐	☐	☐	☐	☐	☐
17.發行貴賓卡成立會員俱樂部。	☐	☐	☐	☐	☐	☐	☐
18.提供商品折價券。	☐	☐	☐	☐	☐	☐	☐
19.店內提供無線上網。	☐	☐	☐	☐	☐	☐	☐
20.可使用信用卡付款。	☐	☐	☐	☐	☐	☐	☐
21.提供書報雜誌閱讀。	☐	☐	☐	☐	☐	☐	☐
第二部分：知覺價值	極不同意	很不同意	不同意	普通	同意	很同意	極為同意
1.和其他同業相較，本餐廳服務或商品非常吸引我。	☐	☐	☐	☐	☐	☐	☐
2.和其他同業相較，本餐廳物超所值。	☐	☐	☐	☐	☐	☐	☐
3.和其他同業相較，本餐廳提供了較多的免費服務。	☐	☐	☐	☐	☐	☐	☐
4.和其他同業相較，本餐廳提供比我預期更高的價值。	☐	☐	☐	☐	☐	☐	☐
第三部分：忠誠度	極不同意	很不同意	不同意	普通	同意	很同意	極為同意
1.本餐廳會是我優先的選擇。	☐	☐	☐	☐	☐	☐	☐
2.我願意再來本餐廳消費。	☐	☐	☐	☐	☐	☐	☐
3.我認為我是本餐廳的忠實顧客。	☐	☐	☐	☐	☐	☐	☐
4.我會向本餐廳申請貴賓卡。	☐	☐	☐	☐	☐	☐	☐
5.我會主動向親朋好友介紹本餐廳。	☐	☐	☐	☐	☐	☐	☐
第四部分：轉換成本	極不同意	很不同意	不同意	普通	同意	很同意	極為同意
1.我覺得轉換到另一間餐廳是費時費力的。	☐	☐	☐	☐	☐	☐	☐
2.轉換到另一間餐廳需花費較高的成本。	☐	☐	☐	☐	☐	☐	☐
3.我覺得要轉換到其他餐廳消費是一件麻煩的事。	☐	☐	☐	☐	☐	☐	☐

第五部分：基本資料，請於□中打「✓」。

1. 性別：　　　　　□ 女　□ 男
2. 婚姻狀況：　　　□ 未婚　□ 已婚
3. 年齡：　　　　　□ 20歲以下　□ 21～30歲　□ 31～40歲　□ 41～50歲
　　　　　　　　　　□ 51～60歲　□ 61歲以上
4. 目前職業：　　　□ 軍公教　□ 服務業　□ 製造業　□ 零售業　□ 自由業　□ 家庭主婦　□ 學生
　　　　　　　　　　□ 其他（請註明_____）
5. 教育程度：　　　□ 國小（含）以下　□ 國中　□ 高中（職）　□ 專科　□ 大學
　　　　　　　　　　□ 研究所（含）以上
6. 平均月收入：　　□ 15,000元以下　　□ 15,001～30,000元　□ 30,001～45,000元
　　　　　　　　　　□ 45,001～60,000元　□ 60,001～75,000元　□ 75,001～90,000元
　　　　　　　　　　□ 90,001～120,000元　□ 120,001元以上
7. 消費次數：　　　□ 1次　□ 2次　□ 3次　□ 4次　□ 5次（含）以上

本問卷到此結束，非常感謝您的耐心填答，謝謝！！

二、概念性模型

本研究透過相關文獻整理、分析、推論與建立假說後，引導出景觀咖啡廳意象對知覺價值及忠誠度皆具有正向直接顯著影響；知覺價值對忠誠度亦具有正向直接顯著影響等假設。自變數為消費者於景觀咖啡廳中所感受到的商店意象（image），其包含六個子構面，分別為商品、服務、便利、商店環境、促銷及附加服務。此外，依變數則為消費者的忠誠度；而處於自變數與依變數之間的中介變數則是消費者所認知的知覺價值。最後，本研究亦將檢驗轉換成本的干擾效果。由此，本研究所建構的消費者忠誠度之概念性模型，其架構將如圖附3-1所示。

三、研究假設

根據圖附3-1所建立之概念性模型圖，本研究將提出下列研究假設，盼能透過市場調查所蒐集的資料，運用驗證性因素分析、結構方程模型，驗證這些假設的成立與否，以探討景觀咖啡廳意象、知覺價值與忠誠度間的關係，並釐清轉換成本於其間關係的干擾效果，這些研究假設分述如下：

假設一（H_1）：景觀咖啡廳意象對知覺價值具有正向直接顯著影響。

假設二（H_2）：景觀咖啡廳意象對忠誠度具有正向直接顯著影響。

假設三（H_3）：知覺價值對忠誠度具有正向直接顯著影響。

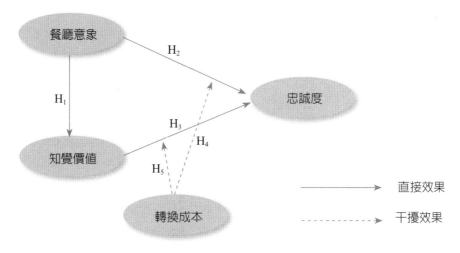

圖附3-1　概念性架構圖

假設四（H_4）：轉換成本會干擾景觀咖啡廳意象與消費者忠誠度間的關係。

假設五（H_5）：轉換成本會干擾知覺價值與消費者忠誠度間的關係。

四、潛在變數之操作型定義與衡量

為了檢驗上述之研究假說，本研究試圖將概念性模型予以操作化，並建構相對應的問項。根據圖附3-1的概念性模型，本論文之研究變數包含景觀咖啡廳意象、知覺價值、忠誠度與轉換成本等。以下為本研究之研究變數的操作型定義之陳述。

（一）景觀咖啡廳意象

Martineau（1958）認為在消費者決策中，有一種力量在運作，使消費者傾向惠顧與自我意象一致的商店，他將這種力量稱之為商店意象。據此，本研究將景觀咖啡廳意象定義為一種包含功能性特質、心理層面屬性及長期經驗的態度，本質上是複雜而非單獨的特性，它是消費者心中對景觀咖啡廳的整體意象，透過與其他餐廳比較後所產生之知覺的主觀想法，內化為個人知覺的整體意象。衡量上，將參考陳榮芳、葉惠忠、蔡玉雯、李麗娟（2006）及Kisang、Heesup and Tae-Hee（2008）所使用之商店意象的衡量問項，再依古坑華山景觀咖啡廳現場實察作修改與刪減。因此，將採用商品、服務、便利、商店環境、促銷及附加服務等六個子構面，計二十一個問項，衡量景觀咖啡廳意象。衡量時，將以Likert的七點尺度衡量，分別以「極不同意」、「很不同意」、「不同意」、「普通」、「同意」、「很同意」與「極為同意」區分成七個等級，並給予1、2、3、4、5、6、7的分數，分數愈高表示景觀咖啡廳消費者

對商店意象的感受同意程度愈高。表附3-1將顯示出景觀咖啡廳意象構面之子構面與衡量題項。

(二) 知覺價值

Zeithaml（1988）定義知覺價值為消費者對產品或服務衡量其「所獲得的東西」和「所付出的代價」後，對產品效用所做的整體性評估，此即指顧客對產品或服務的知覺評價結果，也就是知覺利益（perceived benefits）與知覺成本（perceived costs）之間的抵換結果。本研究所指之知覺價值為消費者在付出的知覺成本（包含貨幣與非貨幣的成本）與獲得的知覺利益之間的落差，為影響消費者購買意願的因素之一。衡量上，將參考Yang and Peterson（2004）所使用之問項作為衡量依據，再依古坑華山景觀咖啡廳現場實察做修改與刪減，並經過檢測修正問卷，結果共有四題，如表附3-2所示。

(三) 忠誠度

Oliver（1997）將顧客忠誠度的定義為消費者重複購買某商品或使用某特定服務的高度承諾，先產生於消費者態度層面，進而表現於外在購買行為，即使面臨情境改變或是競爭者的影響，仍不會改變對於該產品或服務未來持續性使用的意願與行為。本研究所指之忠誠度為顧客對某產品或服務維持長久關係之承諾，表現於行為或是態度兩方面，其為企業長久獲利之要素之一。衡量上，將參考簡惠珠（2006）所使用之問項作為衡量依據，再依古坑華山景觀咖啡廳現場實察做修改與刪減，並經過檢測修正問卷，共有五題，如表附3-3所示。

(四) 轉換成本

Jones et al.（2000）認為影響轉換意願之因素不應只有消費者對品牌的評價，也應該包含消費者在客觀條件的限制下對轉換至其他業者的成本評估。因此定義轉換成本為能增加轉換困難度或妨礙消費者轉換行為之相關因素，如有形的貨幣成本及無形的時間、精神成本，這些概念統稱為轉換障礙（switch barriers）。本研究所指之將轉換成本定義為在產品或服務轉換過程中，所需額外花費之有形或無形成本的評估。衡量上，將參考Yang and Peterson（2004）所使用之問項作為衡量依據，再依古坑華山景觀咖啡廳現場實察做修改與刪減，並經過檢測修正問卷，共有三題，如表附3-4所示。

表附3-1　景觀咖啡廳意象構面的衡量題項

構面	衡量題項
商品 im1	1.餐飲品質好，新鮮度佳（im1_1）。 2.餐飲商品種類多，選擇性高（im1_2）。 3.餐飲價格合理（im1_3）。 4.菜單內容會不定時更換（im1_4）。
服務 im2	5.服務人員親切有禮，服裝整齊（im2_1）。 6.服務人員會主動提供餐點之訊息（im2_2）。 7.服務人員結帳時，快速準確（im2_3）。 8.服務人員出餐快速，等待食物時間短（im2_4）。
便利 im3	9.營業時間滿足需要（im3_1）。 10.周邊交通便利，地點易達（im3_2）。 11.停車空間足夠（im3_3）。
商店環境 im4	11.店內裝潢高雅舒適，氣氛良好（im4_1）。 12.燈光音樂宜人（im4_2）。 13.店內環境舒適整潔（im4_3）。 14.走道空間寬敞，不會影響鄰座客人的交談（im4_4）。
促銷 im5	16.配合節慶主題性有促銷活動（im5_1）。 17.發行貴賓卡成立會員俱樂部（im5_2）。 18.提供商品折價券（im5_3）。
附加服務 im6	19.店內提供無線上網（im6_1）。 20.可使用信用卡付款（im6_2）。 21.提供書報雜誌閱讀（im6_3）。

表附3-2　知覺價值構面衡量的題項

構面	衡量題項
知覺價值 pv	1.和其他同業相較，本餐廳服務或商品非常吸引我（pv1）。 2.和其他同業相較，本餐廳物超所值（pv2）。 3.和其他同業相較，本餐廳提供了較多的免費服務（pv3）。 4.和其他同業相較，本餐廳提供比我預期更高的價值（pv4）。

表附3-3　忠誠度構面衡量的題項

構面	衡量題項
忠誠度 ly	1.本餐廳會是我優先的選擇（ly1）。 2.我願意再來本餐廳消費（ly2）。 3.我認為我是本餐廳的忠實顧客（ly3）。 4.我會向本餐廳申請貴賓卡（ly4）。 5.我會主動向親朋好友介紹本餐廳（ly5）。

表附3-4　轉換成本構面衡量的題項

構面	衡量題項
轉換成本 sc	1.我覺得轉換到另一間餐廳是費時費力的（sc1）。 2.轉換到另一間餐廳需花費較高的成本（sc2）。 3.我覺得要轉換到其他餐廳消費是一件麻煩的事（sc3）。

附錄四　電信業服務品質問卷

第一部分：

※請針對您的消費經驗，回答下列相關問項，請於□中打「✓」，謝謝！

	非常不同意	不同意	無意見	同意	非常同意
1.服務中心附近停車很方便。	□	□	□	□	□
2.服務中心、通路點之設置具有普及性、便利性。	□	□	□	□	□
3.專人為顧客導引之服務，令人滿意。	□	□	□	□	□
4.服務人員之服裝、儀容相當整齊。	□	□	□	□	□
5.服務人員的禮儀及談吐，令人滿意。	□	□	□	□	□
6.障礙申告、維修之總修復時間，令人滿意。	□	□	□	□	□
7.營業處所已設有陳情申訴部門及免費諮詢電話。	□	□	□	□	□
8.未服務前的等候時間令人不耐煩。	□	□	□	□	□
9.營業服務的時間能符合用戶需求。	□	□	□	□	□
10.能及時完成異動作業（如費率更改、地址變動）。	□	□	□	□	□
11.備有電子佈告欄提供重要電信訊息（如促銷、新業務訊息）。	□	□	□	□	□
12.完成服務所花費的全部時間相當長。	□	□	□	□	□
13.服務人員會主動協助客戶解決問題。	□	□	□	□	□
14.服務人員的專業知識頗佳。	□	□	□	□	□
15.計費、交易資料之正確性，令人擔憂。	□	□	□	□	□
16.客戶資料之保密程度，頗受質疑。	□	□	□	□	□
17.能準時寄發繳費通知單及收據。	□	□	□	□	□
18.備有報紙、雜誌供客戶打發時間。	□	□	□	□	□
19.備有電信文宣或專業期刊提供客戶新資訊。	□	□	□	□	□
20.話費能維持合理價位。	□	□	□	□	□
21.臨櫃繳費之排隊等候時間相當短。	□	□	□	□	□
22.繳納電信費用相當方便。	□	□	□	□	□
23.能即時的處理客戶抱怨與不滿。	□	□	□	□	□
24.備有舒適空間及足夠座椅供客戶使用。	□	□	□	□	□
25.營業場所之佈置及內外環境整潔，令人滿意。	□	□	□	□	□

	非常不同意	不同意	無意見	同意	非常同意
26.櫃檯已清楚標示其服務項目。	☐	☐	☐	☐	☐
27.申請業務之手續相當繁雜。	☐	☐	☐	☐	☐
28.能提供即時的服務動態資訊。	☐	☐	☐	☐	☐
29.服務人員對於顧客有關之各項諮詢能立即給予滿意回覆。	☐	☐	☐	☐	☐
30.服務人員不因忙著服務消費者而忽略了其他的消費者。	☐	☐	☐	☐	☐

第二部分

　　以不記名方式，請問您一些個人基本資料，供統計分析之用且不公開，請安心作答。（請於適當的「☐」內打「✓」，以下所有問題皆為單選）

1. 性別：(1) ☐ 男　(2) ☐ 女
2. 婚姻：(1) ☐ 未婚　　(2) ☐ 已婚
3. 年齡：(1) ☐ 20歲以下　(2) ☐ 21～30歲　(3) ☐ 31～40歲　(4) ☐ 41～50歲　(5) ☐ 51～60歲
4. 學歷：(1) ☐國中以下　(2) ☐高中　(3) ☐專科　(4) ☐大學　(5) ☐研究所以上
5. 職業：(1) ☐軍公教　(2) ☐農　(3) ☐工　(4) ☐商　(5) ☐自由業　(6) ☐學生
　　　　(7) ☐家管　　(8) ☐無業／待業　(9) ☐其他
6. 您每月平均所得：
　　(1) ☐ 10,000元以下　　(2) ☐ 10,001～20,000元　(3) ☐ 20,001～30,000元
　　(4) ☐ 30,001～40,000元　(5) ☐ 40,001～50,000元　(6) ☐ 50,001元以上
7. 請問您使用的門號系統為哪一家？
　　(1)☐ 中華電信　(2)☐ 臺灣大哥大　(3)☐ 遠傳　(4)☐ 臺灣之星　(5)☐ 亞太

附錄五　澎湖休閒漁業觀光意象原始問卷

親愛的遊客，您好！

　　首先感謝您願意填寫這份問卷。此問卷的目的在於了解您對澎湖休閒漁業的態度與看法，及對構成澎湖休閒漁業意象之相關屬性的重要程度。您的回答並沒有所謂的對與錯，敬請放心填答！您的意見對我們而言非常寶貴，作答結果僅供學術研究之用，絕對保密。再次感謝您的支持與協助。

敬祝　身體健康 萬事如意

大學旅遊事業管理研究所

指導教授：　　　博士

研究生：　　　敬上

※問卷作答方式：

本問卷並沒有標準答案，請由選項中勾選出最能代表您心中想法的答案。

◎範例：若題目為：「到澎湖旅遊花費不多」

　　　　對於這樣的說法，如果您覺得「花費」這件事對您而言「非常重要」：

　　　　則您應該在「屬性重視度」欄中的「非常重要」項做勾選，如下表❶處所示。

　　　　同時，實際上，如果您卻「不同意」，「到澎湖旅遊花費不多」的說法時：

　　　　則您應該在「屬性認同度」欄中的「不同意」項做勾選，如下表處❷所示。

	屬性重視度						屬性認同度				
	非常不重要	不重要	普通	重要	非常重要		非常不同意	不同意	普通	同意	非常同意
1.到澎湖旅遊花費不多。	□	□	□	□	Ⅴ	※	□	Ⅴ	□	□	□
					❶			❷			

請描述您對澎湖休閒漁業相關問題的重視程度與認同程度：

下列問項主要在探究當您參與澎湖休閒漁業旅遊行程時（以下簡稱「行程」），您對該行程之相關意象的重視度與認同度。	屬性重視度						屬性認同度				
	非常不重要	不重要	普通	重要	非常重要		非常不同意	不同意	普通	同意	非常同意
1.本行程具高知名度。	☐	☐	☐	☐	☐	※	☐	☐	☐	☐	☐
2.參與行程可以回味漁村往日的氛圍。	☐	☐	☐	☐	☐	※	☐	☐	☐	☐	☐
3.澎湖居民的態度友善且好客。	☐	☐	☐	☐	☐	※	☐	☐	☐	☐	☐
4.參與行程可以實際體驗漁村文化。	☐	☐	☐	☐	☐	※	☐	☐	☐	☐	☐
5.先民所展現的智慧（如石滬漁法），令人欽佩。	☐	☐	☐	☐	☐	※	☐	☐	☐	☐	☐
6.參與行程令我對澎湖漁村建築的保存狀況，感到珍惜。	☐	☐	☐	☐	☐	※	☐	☐	☐	☐	☐
7.參與行程可以了解漁村的風俗民情。	☐	☐	☐	☐	☐	※	☐	☐	☐	☐	☐
8.可以觀賞到獨特的地質與地形景觀。	☐	☐	☐	☐	☐	※	☐	☐	☐	☐	☐
9.澎湖的休閒漁業擁有豐富且未受破壞／干擾的生態環境資源。	☐	☐	☐	☐	☐	※	☐	☐	☐	☐	☐
10.澎湖具有海洋資源豐富、海岸線長與傳統漁作等多樣化的休閒漁業環境。	☐	☐	☐	☐	☐	※	☐	☐	☐	☐	☐
11.設施與天然的景點／景觀相互融合。	☐	☐	☐	☐	☐	※	☐	☐	☐	☐	☐
12.澎湖的海洋資源，存在一些特有種的海洋生物。	☐	☐	☐	☐	☐	※	☐	☐	☐	☐	☐
13.具有當地特色的漁村建築。	☐	☐	☐	☐	☐	※	☐	☐	☐	☐	☐
14.澎湖的漁村建築風格反映了順應環境及生活文化的特色。	☐	☐	☐	☐	☐	※	☐	☐	☐	☐	☐
15.澎湖的休閒漁業富有歷史性且具有先民智慧傳承的特色。	☐	☐	☐	☐	☐	※	☐	☐	☐	☐	☐
16.澎湖的休閒漁業環境具有傳統的漁村特色。	☐	☐	☐	☐	☐	※	☐	☐	☐	☐	☐
17.行程具備多樣化的活動遊程。	☐	☐	☐	☐	☐	※	☐	☐	☐	☐	☐
18.行程有夜間的海洋產業體驗活動。	☐	☐	☐	☐	☐	※	☐	☐	☐	☐	☐
19.澎湖的商店具有融合自然和地方休閒漁業的特性。	☐	☐	☐	☐	☐	※	☐	☐	☐	☐	☐
20.澎湖的休閒漁業環境，有完善（備）路標設置和資訊設備。	☐	☐	☐	☐	☐	※	☐	☐	☐	☐	☐
21.澎湖休閒漁業的旅遊資訊取得很容易。	☐	☐	☐	☐	☐	※	☐	☐	☐	☐	☐
22.旅遊景點基礎設施很完善。	☐	☐	☐	☐	☐	※	☐	☐	☐	☐	☐
23.在用餐地點得到良好的接待。	☐	☐	☐	☐	☐	※	☐	☐	☐	☐	☐
24.在購物地點得到良好的服務。	☐	☐	☐	☐	☐	※	☐	☐	☐	☐	☐
25.注重服務態度與品質。	☐	☐	☐	☐	☐	※	☐	☐	☐	☐	☐

下列問項主要在探究當您參與澎湖休閒漁業旅遊行程時（以下簡稱「行程」），您對該行程之相關意象的重視度與認同度。	屬性重視度						屬性認同度				
	非常不重要	不重要	普通	重要	非常重要		非常不同意	不同意	普通	同意	非常同意
26.可以發現具有當地特色的手工藝品和傳統美食。	☐	☐	☐	☐	☐	※	☐	☐	☐	☐	☐
27.澎湖的休閒漁業旅遊不會擁擠吵雜。	☐	☐	☐	☐	☐	※	☐	☐	☐	☐	☐
28.環境是乾淨衛生且經過精心規劃。	☐	☐	☐	☐	☐	※	☐	☐	☐	☐	☐
29.可以感受到當地特色民情。	☐	☐	☐	☐	☐	※	☐	☐	☐	☐	☐
30.提供安全、舒適的休閒漁業旅遊環境。	☐	☐	☐	☐	☐	※	☐	☐	☐	☐	☐
31.澎湖的休閒漁業環境空氣新鮮且整潔。	☐	☐	☐	☐	☐	※	☐	☐	☐	☐	☐
32.本行程有適合孩童玩樂的相關活動。	☐	☐	☐	☐	☐	※	☐	☐	☐	☐	☐

個人背景變項（此部分皆為單選題）

1. 性別：　　　　☐ 男　☐ 女
2. 婚姻狀況：　　☐ 已婚　☐ 未婚　☐ 其他_____
3. 年齡：　　　　☐ 18～25歲　☐ 26～35歲　☐ 36～45歲　☐ 46～55歲　☐ 56歲及以上
4. 職業：　　　　☐ 學生　☐ 軍公教　☐ 農林漁牧　☐ 商　☐ 工　☐ 自由業　☐ 退休人員
　　　　　　　　☐ 其他_____
5. 收入：　　　　☐ 20,000元以內　☐ 20,001～40,000元　☐ 40,001～60,000元　☐ 60,001～80,000元
　　　　　　　　☐ 80,001元以上
6. 教育程度：　　☐ 國中以下　☐ 國中　☐ 高中（職）　☐ 大專　☐ 研究所及以上
7. 居住地：　　　☐ 北部（基隆、宜蘭、臺北、桃園、新竹）
　　　　　　　　☐ 中部（苗栗、臺中、彰化、雲林、南投）　☐ 南部（嘉義、臺南、高雄、屏東）
　　　　　　　　☐ 東部（花蓮、臺東）
　　　　　　　　☐ 離島（澎湖、金門、馬祖）　☐ 大陸地區　☐ 其他國或地區_____
8. 旅遊花費：　　☐ 4,000元以內　☐ 4,001～5,500元　☐ 5,501～7,000元　☐ 7,001～8,500元
　　　　　　　　☐ 8,501～10,000元　☐ 10,000元以上　☐ 免費（未含往返澎湖的機票及船票）
9. 交通工具：　　☐ 飛機　☐ 船　☐ 兩者皆有
10. 旅遊類型：　　☐ 套裝行程　☐ 招待旅遊　☐ 自由行　☐ 半自助（住宿含交通）　☐ 背包客
　　　　　　　　☐ 其他_____
11. 旅遊資訊來源：
　　☐ 親友　☐ 報章雜誌　☐ 電子媒體　☐ 廣告傳單　☐ 旅遊業者　☐ 網路　☐ 其他_____
12. 旅遊天數：　　☐ 二天　☐ 三天　☐ 四天　☐ 五天　☐ 六天　☐ 七天以上
13. 曾到澎湖旅遊的次數：
　　☐ 第一次　☐ 二次　☐ 三次　☐ 四次　☐ 五次以上

本問卷到此結束，謝謝您的支持與協助！

附錄六　醫院服務品質問卷

問卷編號：＿＿＿＿＿＿＿＿＿

> 親愛的先生、小姐您好：
>
> 　　這是一份學術性的研究問卷，目的在了解您對醫院服務品質的感覺及看法，您的寶貴意見，將是本研究成功的最大關鍵。問卷採不記名方式，全部資料僅作統計分析之用，絕不對外公開，請安心填寫。懇請您撥幾分鐘協助填答問卷，謝謝您的熱心參與。
>
> 　　敬祝您　順心如意
>
> 　　　　　　　　　　　　　　　　　　　　　　國立　　　　管理研究所
>
> 　　　　　　　　　　　　　　　　　　　　　　指導教授：　　　博士
>
> 　　　　　　　　　　　　　　　　　　　　　　研 究 生：　　　敬上

※請針對您的服務經驗，回答下列相關問項，請於□中打「✓」，謝謝！

第一部分：服務品質	極不同意	很不同意	不同意	普通	同意	很同意	極為同意
1.醫院擁有現代化的設備。	□	□	□	□	□	□	□
2.醫院的實體設施相當完善。	□	□	□	□	□	□	□
3.醫院服務人員的穿著整潔、清爽。	□	□	□	□	□	□	□
4.醫院有完善的業務或服務說明資料。	□	□	□	□	□	□	□
5.醫院附近停車很方便。	□	□	□	□	□	□	□
6.候診時，醫院備有舒適空間及足夠座椅。	□	□	□	□	□	□	□
7.這家醫院對病患詳盡解釋病情。	□	□	□	□	□	□	□
8.當病患遭遇問題時，醫院會盡力協助解決。	□	□	□	□	□	□	□
9.這家醫院在病患第一次就診時就能對症下藥。	□	□	□	□	□	□	□
10.這家醫院能在門診時段內準時為病患服務。	□	□	□	□	□	□	□
11.這家醫院所提供服務能保持不犯錯的記錄。	□	□	□	□	□	□	□
12.醫院對病患的個人資料能善盡保密之責。	□	□	□	□	□	□	□
13.醫院會告訴病患執行服務的正確時間。	□	□	□	□	□	□	□
14.醫院服務人員能夠提供病患立即性的服務。	□	□	□	□	□	□	□
15.醫院服務人員能以病患為尊。	□	□	□	□	□	□	□

第一部分：服務品質	極不同意	很不同意	不同意	普通	同意	很同意	極為同意
16.醫院服務人員常保高度的服務病患意願。	☐	☐	☐	☐	☐	☐	☐
17.醫院服務人員不會因為太忙碌而疏於回應顧客。	☐	☐	☐	☐	☐	☐	☐
18.繳費之排隊等候時間相當短。	☐	☐	☐	☐	☐	☐	☐
19.服務人員的行為建立了病患對醫療服務的信心。	☐	☐	☐	☐	☐	☐	☐
20.治療時讓病患覺得很安全。	☐	☐	☐	☐	☐	☐	☐
21.醫院服務人員能保持對病患的禮貌態度。	☐	☐	☐	☐	☐	☐	☐
22.醫院服務人員有足夠的專業知識因應病患的問題。	☐	☐	☐	☐	☐	☐	☐
23.計費資料之正確性，令人滿意。	☐	☐	☐	☐	☐	☐	☐
24.服務人員會主動協助病患解決問題。	☐	☐	☐	☐	☐	☐	☐
25.醫院會給予不同病患不同的關懷。	☐	☐	☐	☐	☐	☐	☐
26.醫院會因應病患的需要訂定適當的服務執行時間。	☐	☐	☐	☐	☐	☐	☐
27.醫院會給予不同病患不同的照顧。	☐	☐	☐	☐	☐	☐	☐
28.醫院的人員了解病患的特殊需要。	☐	☐	☐	☐	☐	☐	☐
29.醫院服務人員對病患能給予個別化的服務。	☐	☐	☐	☐	☐	☐	☐
30.醫院服務人員對病患的病情能感同身受。	☐	☐	☐	☐	☐	☐	☐

五南圖書研究生工具書

書號：1H0M 定價：380元

多層次模式與縱貫資料分析
Mplus 8 解析應用
書號：1H0J 定價：680元

統計分析與R
書號：1HA4 定價：680元

給論文寫作者的統計指南
書號：1H98 定價：580元

不用數字的研究
書號：1HAA
定價：500元

量化研究與統計分析
書號：1H47
定價：690元

應用統計分析——SPSS的運用
書號：1H0N
定價：560元

經濟與財務數學——使用R語言
書號：1H0K
定價：980元

R軟體在國貿上的實務應用
書號：1H0G
定價：760元

生物醫學統計 使用STaTa分析
書號：1H0F
定價：880元

實驗研究法與共變數分析
書號：1H0H
定價：560元

愛上統計學
書號：1H50
定價：580元

統計學原理與應用
書號：1H90
定價：650元

SPSS與統計分析
書號：1H84
定價：850元

R軟體統計應用分析實務
書號：1H97
定價：1200元

R軟體統計分析實務
書號：1HA5
定價：980元

量化資料分析 SPSS與EXCEL
書號：1H93
定價：580元

stata 在財務金融與經濟分析的應用
書號：1HA8
定價：1000元

stata 在結構方程模型及試題反應理論的應用
書號：1H0C
定價：800元

論文統計分析實務 SPSS 與 AMOS的運用
書號：1H61
定價：920元

財金統計學 使用R語言
書號：1HA7
定價：850元

統計學基於R的應用
書號：1HA6
定價：580元

大數據語意分析 整合篇
書號：1H0A
定價：220元

Minitab 統計應用分析實務
書號：1H94
定價：690元

Minitab與統計分析
書號：1H96
定價：580元

當代整合分析 理論與實務
書號：1H0B
定價：680元

論文寫作與量化研究
書號：1H59
定價：850元

論文寫作要領
書號：1H68
定價：400元

整合分析軟體CMA 簡介與操作實務
書號：1H91
定價：350元

傳統整合分析 理論與實務：ESS & EXCEL
書號：1H95
定價：850元

調查研究方法
書號：1H85
定價：400元

如何編製優質的問卷
書號：1H62
定價：350元

量表編製 理論與應用
書號：1H45
定價：350元

當虛擬實境和人工智慧帶步走
書號：RM37
定價：400元

五南文化事業機構
WU-NAN CULTURE ENTERPRISE

地址：106臺北市和平東路二段339號4樓
電話：02-27055066 轉824、889 業務助理 林小姐

五南財經異想世界

R軟體系列書籍

R軟體在決策樹的實務

1HOG

作　者：吳明隆、張毓仁
出版日期：2017年5月
定　價：760元
輔助教材：PPT
ISBN：978-957-11-9149-2

內容簡介

　　內容詳細介紹不同套件函數在決策樹的使用方法、模型效度檢定法，決策樹與複迴歸分析、邏輯斯分析與區別分析的綜合應用。搭配範例解說，讓學習更能事半功倍。書籍內容適合大專院校學生、研究生，更適合對R軟體統計分析有興趣的研究者。

R語言：量表編製、統計分析與試題反應理論

1HOT

作　者：陳新豐
出版日期：2018年4月
定　價：520元
輔助教材：PPT
ISBN：978-957-11-9613-8

內容簡介

本書特色
◎詳細說明量化研究中資料處理。
◎扎實的統計方法說明，提供不同情境的分析範例。
◎以圖片詳實說明操作流程，同時輔助學習R語言。

財金統計學：使用R語言（附光碟）

1HA7

作　者：林進益
出版日期：2016年10月
定　價：850元
輔助教材：PPT
ISBN：978-957-11-8845-4

內容簡介

　　畢其功於一書！一本學通「統計學觀念」與「R語言使用」。以「電腦思考方式」取代「手算及背誦」，幫助您快速處理龐大統計資料。利用臺灣實際的財務金融資料做統計分析，臨場感十足。

經濟與財務數學：使用R語言（附光碟）

1HOK

作　者：林進益
出版日期：2017年11月
定　價：980元
輔助教材：PPT
ISBN：978-957-11-9404-2

內容簡介

　　從基本的算術、函數圖形，到微積分、機率論、線性代數與隨機微積分，由淺入深，帶您用R語言來學習數學。取代紙筆的計算！透過電腦模擬，反而更容易理解繁瑣的數學模型與推導過程。使用R語言快速運算與豐富的繪製圖形功能，學習反而更有效率。

五南文化事業機構
WU-NAN CULTURE ENTERPRISE

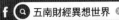
f 五南財經異想世界

地址：106 臺北市和平東路二段 339 號 4 樓
電話：02-27055066 轉 824、889 業務助理 林小姐

國家圖書館出版品預行編目資料

結構方程模型分析實務：SPSS與SmartPLS的
運用／陳寬裕著.－－初版.－－臺北市：五南
圖書出版股份有限公司, 2018.09
　　面；　公分
ISBN 978-957-11-9886-6（平裝）
1.統計套裝軟體　2.統計分析
512.4　　　　　　　　　　　107013658

1H1L

結構方程模型分析實務：
SPSS與SmartPLS的運用

作　　者 ― 陳寬裕

發 行 人 ― 楊榮川

總 經 理 ― 楊士清

總 編 輯 ― 楊秀麗

主　　編 ― 侯家嵐

責任編輯 ― 黃梓雯

文字校對 ― 許宸瑞

封面設計 ― 盧盈良

出 版 者 ― 五南圖書出版股份有限公司

地　　址：106台北市大安區和平東路二段339號4樓

電　　話：(02)2705-5066　　傳　　真：(02)2706-6100

網　　址：https://www.wunan.com.tw

電子郵件：wunan@wunan.com.tw

劃撥帳號：01068953

戶　　名：五南圖書出版股份有限公司

法律顧問　林勝安律師

出版日期　2018年9月初版一刷
　　　　　2024年2月初版三刷

定　　價　新臺幣650元